Baedekers
Allianz · Reiseführer
Deutsche Weinstraße

Baedekers
Allianz 🏛 Reiseführer

Städte in aller Welt

Amsterdam	Hamburg	Paris
Athen	Hongkong	Potsdam
Bangkok	Istanbul	Prag
Barcelona	Jerusalem	Rom
Berlin	Köln	San
Brüssel	Kopenhagen	Francisco
Budapest	Lissabon	St. Petersburg
Dresden	London	Singapur
Düsseldorf	Madrid	Stuttgart
Florenz	Moskau	Tokio
Frankfurt	München	Venedig
am Main	New York	Wien

Reiseländer · Großräume

Ägypten	Israel	Österreich
Asien	Italien	Polen
Belgien	Japan	Portugal
Dänemark	Jugoslawien	Schweiz
Deutschland	Kanada	Skandinavien
Deutschland · Ost	Karibik	Spanien
Deutschland · West	Luxemburg	Thailand
Frankreich	Marokko	Tschechische Republik ·
Griechenland	Mexiko	Slowakische Republik
Großbritannien	Mittelmeer	Tunesien
Irland	Niederlande	USA

Regionen · Inseln · Flüsse

Andalusien	Ibiza	Sardinien
Bodensee	Ischia	Schwäbische
Burgund	Kalifornien	Alb
Costa Brava	Korsika	Seychellen
Elbe	Loire	Sizilien
Florida	Mallorca	Südtirol
Gran Canaria	Malta	Teneriffa
Griechische	Provence ·	Tessin
Inseln	Côte d'Azur	Toskana
Harz	Rhein	Türkische Küsten
Hawaii	Ruhrgebiet	Zypern

Städte in Deutschland und der Schweiz

Augsburg	Freiburg	Mainz
Bamberg	Hannover	Mannheim
Basel	Heidelberg	Nürnberg
Berlin (gr. + kl.)	Kiel	Regensburg
Bonn	Konstanz	Trier
Bremen	Leipzig	Wiesbaden ·
Darmstadt	Lübeck	Rheingau

Baedekers Allianz  Reiseführer

Deutsche Weinstraße

VERLAG KARL BAEDEKER

Hinweise zur Benutzung dieses Reiseführers

Sternchen (Asterisken) als typographisches Mittel zur Hervorhebung bedeutender Bau- und Kunstwerke, Naturschönheiten und Aussichten, aber auch guter Unterkunfts- und Gaststätten hat Karl Baedeker im Jahre 1844 eingeführt; sie werden auch in diesem Reiseführer verwendet: Besonders Beachtenswertes ist durch * einen vorangestellten 'Baedeker-Stern', einzigartige Sehenswürdigkeiten sind durch ** zwei Sternchen gekennzeichnet.

Zur raschen Lokalisierung der Reiseziele auf der beigegebenen Reisekarte sind die entsprechenden Koordinaten der Kartennetzmaschen jeweils neben der Überschrift in Rotdruck hervorgehoben: Neustadt an der Weinstraße D 5/6.

Wenn aus der Fülle von Unterkunfts-, Gast- und Einkaufsstätten nur eine wohlüberlegte Auswahl getroffen ist, so sei damit gegen andere Häuser kein Vorurteil erweckt.

Da die Angaben eines solchen Reiseführers in der heute so schnellebigen Zeit fast ständig Veränderungen unterworfen sind, kann für die Richtigkeit keine absolute Gewähr übernommen werden. Auch lehrt die Erfahrung, daß sich Irrtümer nie gänzlich vermeiden lassen. Für Berichtigungen und Verbesserungsvorschläge ist die Baedeker-Redaktion – Marco-Polo-Zentrum · D(W)-7302 Ostfildern 4 – stets dankbar.

Impressum

Ausstattung:
157 Abbildungen (Bildnachweis am Ende des Buches)
16 graphische Darstellungen, 6 Grundrisse, 6 Stadtpläne, 4 Sonderkarten, 1 Panoramakarte, 1 große Reisekarte (Kartenverzeichnis am Ende des Buches)

Textbeiträge: Dipl. Ing. Otto U. Brandt, Werner G. Drews, Dieter Hörner
Beratung: Zentrale für Tourismus Südliche Weinstraße, Landau in der Pfalz
Bearbeitung: Baedeker-Redaktion (Andrea Wurth)

Kartographie: Gert Oberländer, München; Waldemar Aniol, Waldeck; Mairs Geographischer Verlag, Ostfildern (Reisekarte)

Gesamtleitung: Dr. Peter H. Baumgarten, Baedeker Stuttgart

1. Auflage 1993

Urheberschaft:
Verlag Karl Baedeker GmbH, Ostfildern 4 (Kemnat) bei Stuttgart
Nutzungsrecht:
Mairs Geographischer Verlag GmbH & Co., Ostfildern 4 (Kemnat) bei Stuttgart

Satz (Typotext): Gerda Kaul, Wendlingen
Textfilme: Gerda Kaul, Wendlingen
Reproduktionen: Filderscan, Ostfildern 4 (Kemnat)
Druck: Merkur-Druck Mayer, Ostfildern 4 (Kemnat)
Buchbinderische Verarbeitung: Sigloch GmbH, Leonberg

Der Name *Baedeker* ist als Warenzeichen geschützt.
Alle Rechte im In- und Ausland sind vorbehalten.
Jegliche – auch auszugsweise – Verwertung, Wiedergabe, Vervielfältigung, Übersetzung, Adaption, Mikroverfilmung, Einspeicherung oder Verarbeitung in EDV-Systemen ausnahmslos aller Teile dieses Werkes bedarf der ausdrücklichen Genehmigung durch den Verlag Karl Baedeker GmbH.
Printed in Germany
ISBN 3-87504-551-3   Gedruckt auf 100% chlorfrei gebleichtem Papier

Inhalt

Seite

Die wichtigsten Reiseziele auf einen Blick   vordere Umschlaginnenseite

Vorwort 7

Zahlen und Fakten 9
Allgemeines · Wirtschaft · Naturraum · Geologie · Klima · Pflanzen und Tiere · Naturschutz

Geschichte 20

Berühmte Persönlichkeiten 24

Pfälzer Wein 27
Weingeographie · Rebsorten · Wirtschaftliche Bedeutung · Kellertechnik · Das Weinetikett · Weinkultur

Kunst und Kultur 41
Kunstdenkmäler an der Weinstraße · Weindorf und Winzerhaus · Pfälzer Dialekt

Die Pfalz in Zitaten 47

Reiseziele von A bis Z 51
Albersweiler · Altdorf · Altleiningen · Annweiler am Trifels · Battenberg · Bad Bergzabern · Billigheim-Ingenheim · Birkweiler · Böchingen · Bockenheim an der Weinstraße · Burrweiler · Carlsberg · Dackenheim · Deidesheim · Dernbach · Dirmstein · Dörrenbach · Bad Dürkheim · Ebertsheim · Edenkoben · Edesheim · Eisenberg · Ellerstadt · Elmstein · Eschbach · Essingen · Esthal · Eußerthal · Forst · Frankweiler · Freimersheim · Freinsheim · Friedelsheim · Gerolsheim · Gleisweiler · Gleiszellen-Gleishorbach · Göcklingen · Gommersheim · Großkarlbach · Grünstadt · Hainfeld · Haßloch · Herxheim am Berg · Herxheim bei Landau · Hettenleidelheim · Heuchelheim-Klingen · Ilbesheim · Impflingen · Kallstadt · Kapellen-Drusweiler · Kindenheim · Kirchheim an der Weinstraße · Kirrweiler · Kleinkarlbach · Klingenmünster · Lambrecht · Landau in der Pfalz · Laumersheim · Leinsweiler · Lindenberg · Maikammer · Meckenheim · Neidenfels · Neuleiningen · Neustadt an der Weinstraße · Niederkirchen · Oberotterbach · Obrigheim · Pleisweiler-Oberhofen · Quirnheim · Ramberg · Ranschbach · Rhodt unter Rietburg · Rinnthal · Rohrbach · Ruppertsberg · St. Martin · Schweigen-Rechtenbach · Siebeldingen · Silz · Speyer · Steinfeld · Venningen · Vorderweidenthal · Wachenheim · Wattenheim · Weidenthal · Weisenheim am Berg · Weyher · Wissembourg (Weißenburg) · Worms · Zellertal

Praktische Informationen von A bis Z 213
Anreise · Auskunft · Aussichtspunkte · Autobusverbindungen · Burg- und Schloßschenken · Cafés · Einkäufe, Souvenirs · Essen und Trinken · Ferien auf Bauern- und Winzerhöfen · Ferienwohnungen · Freizeitangebote · Freizeitparks · Gaststätten und Restaurants · Heilbäder und Heilquellenkurbetriebe · Hotels und Gasthöfe · Jugendherbergen · Karten und Wanderführer · Kunstausstellungen, Galerien · Kutsch- und Planwagenfahrten · Lehrpfade · Museen · Museumseisenbahn · Musik · Naturdenkmäler · Notrufe · Radwandern · Reisezeit · Reiten · Schwimmbäder · Sport · Theater · Veranstaltungskalender · Verhalten in Wald und Flur · Wanderheime, Rasthäuser, Naturfreundehäuser · Wandern · Winzergenossenschaften der Rheinpfalz

Register 268

Verzeichnis der Karten, Pläne und graphischen Darstellungen im Reiseführer 271

Bildnachweis 272

Reisekarte .... am Ende des Buches

Liebe Leserin, lieber Leser,

Baedeker ist ständig bemüht, die Qualität seiner Reiseführer noch zu steigern und ihren Inhalt weiter zu vervollkommnen. Hierbei können ganz besonders die Erfahrungen und Urteile aus dem Benutzerkreis als wertvolle Hilfe gar nicht hoch genug eingeschätzt werden. Vor allem **Ihre Kritik, Berichtigungen und Verbesserungsvorschläge sind uns stets willkommen.** Sie helfen damit, die nächste Auflage noch aktueller zu gestalten.
Bitte schreiben Sie in jedem Falle an die

Baedeker-Redaktion
Karl Baedeker GmbH
Marco-Polo-Zentrum
Postfach 31 62
D(W)-7302 Ostfildern 4 (Kemnat).

Der Verlag dankt Ihnen im voraus bestens für Ihre Mitteilungen. Jede Einsenderin und jeder Einsender nimmt an einer jeweils zum Jahresende unter Ausschluß des Rechtsweges stattfindenden Verlosung von drei JRO-LEUCHTGLOBEN teil. Falls Sie gewonnen haben, werden Sie benachrichtigt. Ihre Zuschrift sollte also neben der Angabe des Buchtitels und der Auflage, auf welche Sie sich beziehen, auch Ihren Namen und Ihre Anschrift enthalten. Die Informationen werden selbstredend vertraulich behandelt und die persönlichen Daten nicht gespeichert.

Vorwort

Dieser Reiseführer gehört zur neuen Baedeker-Generation.

In Zusammenarbeit mit der Allianz Versicherungs-AG erscheinen bei Baedeker durchgehend farbig illustrierte Reiseführer im handlichen Format. Die Gestaltung entspricht den Gewohnheiten modernen Reisens: Nützliche Hinweise werden in der Randspalte neben den Beschreibungen herausgestellt. Diese Anordnung gestattet eine einfache und rasche Handhabung.

Der vorliegende Band hat die ganze Deutsche Weinstraße – zwischen Bockenheim im Norden und Schweigen-Rechtenbach im Süden – zum Thema, beschreibt jedoch darüber hinaus auch etliche lohnende Reiseziele im näheren Umfeld. Er ist mit der freundlichen und engagierten Unterstützung der beteiligten Kommunen in den rheinland-pfälzischen Landkreisen Südliche Weinstraße und Bad Dürkheim sowie im Donnersbergkreis, der Städte Landau in der Pfalz und Neustadt an der Weinstraße entstanden. Allen Personen und Institutionen, die der Baedeker-Redaktion mit ihrem Spezialwissen sowie den unerläßlichen orts- und sachkundigen Auskünften zur Seite gestanden sind, sei an dieser Stelle ausdrücklich gedankt.

Der Reiseführer ist in drei Hauptteile gegliedert: Im ersten Teil wird über die Pfalz im allgemeinen, Wirtschaft, Naturraum, Geologie, Klima, Pflanzen und Tiere, Naturschutz, Geschichte, berühmte Persönlichkeiten, den Pfälzer Wein sowie Kunst und Kultur berichtet. Eine kleine Sammlung von Literaturzitaten leitet über zum zweiten Teil, in dem die einzelnen Reiseziele entlang der Deutschen Weinstraße beschrieben werden. Daran schließt ein dritter Teil mit reichhaltigen praktischen Informationen, die dem Besucher das Zurechtfinden vor Ort erleichtern. Sowohl die Reiseziele als auch die Informationen sind in sich alphabetisch geordnet.

Baedekers Allianz · Reiseführer zeichnen sich durch Konzentration auf das Wesentliche sowie Benutzerfreundlichkeit aus. Sie enthalten eine Vielzahl eigens entwickelter Pläne und zahlreiche farbige Abbildungen. Zu diesem Reiseführer gehört als integrierender Bestandteil eine ausführliche Reisekarte, auf der die im Text behandelten Reiseziele anhand der jeweils angegebenen Kartenkoordinaten zu lokalisieren sind.

Wir wünschen Ihnen mit Baedekers Allianz · Reiseführer viel Freude und einen lohnenden Aufenthalt an der Deutschen Weinstraße!

Baedeker
Verlag Karl Baedeker

Zahlen und Fakten

"Die Pfalz hat schon oft genug die Aufmerksamkeit der Zeitgenossen auf sich gezogen und blieb wunderlicherweise für die große Reisewelt dennoch ein unbekanntes Land, das man vom Hörensagen besprach und nach den Zeitungen beurteilte..."

Vorbemerkung

Dieses Urteil des pfälzischen Volkskundlers August Becker, der im 19. Jh. das Standardwerk zur Pfalz verfaßte ("Die Pfalz und die Pfälzer", 1858) hat, auf das Gebiet der Deutschen Weinstraße bezogen, seine Gültigkeit noch nicht ganz eingebüßt – und das, obwohl dieser geschichtsträchtige Landstrich zwischen Pfälzer Wald und Rheinebene eine Fülle von Naturschönheiten und Sehenswürdigkeiten auf engstem Raum vereint. Die zahlreichen gepflegten Weinbaugemeinden, von Rebhängen umgeben, und die erhabenen Burgruinen auf den bewaldeten Höhen des Pfälzer Waldes sind die Hauptanziehungspunkte an der Touristikroute, doch es locken auch schön gelegene Erholungsorte, sehenswerte Baudenkmäler und Stadtbilder sowie eine abwechslungsreiche Landschaft mit vielfältiger Flora und Fauna. Ein überdurchschnittlich mildes Klima läßt im Frühjahr die Mandel- und Obstbäume blühen und im Sommer neben den Weintrauben verschiedenste exotische Früchte gedeihen. Vorbildlich ist das gut ausgebaute Wanderwege- und Radwegenetz, das den Besucher dazu einlädt, den Natur- und Kulturraum "Deutsche Weinstraße" nicht nur mit dem Auto, sondern auch zu Fuß oder mit dem Fahrrad zu erkunden.

Allgemeines

Die Deutsche Weinstraße ist die an den hügeligen Ausläufern des Pfälzer Waldes entlangführende Touristikroute, die etwas südlich des 50. Breitengrades bei Bockenheim beginnt und etwa 35 km westlich von Karlsruhe in Schweigen an der deutsch-französischen Grenze endet. Sie wurde 1935 aus politischen und wirtschaftlichen Gründen von Joseph Bürckel ins Leben gerufen. Die Bezeichnung des Verkehrsweges übertrug sich auf die Landschaften entlang der Weinstraße, die unter den Namen Oberhaardt (von Schweigen-Rechtenbach bis Neustadt), Mittelhaardt (von Neustadt bis Bad Dürkheim) und Unterhaardt (von Bad Dürkheim bis Bockenheim) geläufig sind.

Lage und Ausdehnung

Die landwirtschaftlich intensiv genutzte Region zwischen Pfälzer Wald und Rheinebene liegt im Ausstrahlungsbereich wirtschaftsstarker Verdichtungsräume: Im Norden ist dies der Ballungsraum Rhein-Main mit den den Zentren Frankfurt am Main, Wiesbaden, Mainz und Darmstadt, im Osten erstreckt sich der Verdichtungsraum Rhein-Neckar mit den Städten Mannheim, Ludwigshafen und Heidelberg, im Südosten liegt Karlsruhe, und im Westen grenzen Kaiserslautern und Pirmasens an das im vorliegenden Buch beschriebene Gebiet.

Das Gebiet der Deutschen Weinstraße ist Teil des Bundeslandes Rheinland-Pfalz und des Regierungsbezirks Rheinhessen-Pfalz mit Sitz in Neustadt a. d. Weinstraße.
Seit der Verwaltungsreform 1969 sind die Gemeinden an der Weinstraße den drei Landkreisen Südliche Weinstraße (früher Landkreis Landau-Bad Bergzabern), Bad Dürkheim und dem Donnersbergkreis (früher Kreis Kirchheimbolanden und Kreis Rockenhausen) zugeordnet. Kreisfrei sind die Städte Neustadt a. d. Weinstraße und Landau.

Politische Gliederung

◀ *Blick von den Rebhängen auf Winzerdörfer an der Südlichen Weinstraße*

Wirtschaft

Wirtschaft

Weinwirtschaft

Der Weinanbau hat eine lange Tradition an der Weinstraße und bestimmt heute mehr denn je das Landschaftsbild dieser Region. Bis zu 40 % der landwirtschaftlich genutzten Fläche werden von Rebhängen beansprucht, die hauptsächlich an den flachhügeligen Ausläufern des Pfälzer Waldes liegen. Die Bedeutung des Weinanbaus als Wirtschaftsfaktor bemißt sich nicht so sehr an der verhältnismäßig kleinen Zahl der hauptberuflich im Anbau und der Erzeugung Beschäftigten, sondern vielmehr an der großen Zahl derer, die in den indirekt mit dem Weinbau beschäftigten Branchen wie Weinwerbung und -vertrieb, Fremdenverkehr und den Institutionen der Weinwirtschaft tätig sind.

Land- und Forstwirtschaft

Neben reinen Weinanbaubetrieben existieren auch Gemischtbetriebe, wo neben Wein Sonderkulturen (Sonnenblumen, Spargel, Tabak, Obst) sowie Getreide und Hackfrüchte angebaut werden. Dies gilt insbesondere für die nicht direkt an der Weinstraße, sondern bereits in der Rheinebene liegenden Gemeinden.

Naturraum

Durch die großen Waldbestände des unmittelbar angrenzenden Haardtgebirges kommt der Forstwirtschaft eine gewisse wirtschaftliche Bedeutung zu, wenngleich die Zahl der Beschäftigten verhältnismäßig gering ist. Mehr Arbeitsplätze bietet dagegen die holzverarbeitende Industrie, die sich vorwiegend im südlichen Teil der Weinstraße angesiedelt hat.

Land- und Forstwirtschaft (Fortsetzung)

Im Donnersbergkreis im nördlichen Teil der Weinstraße ist neben dem Weinanbau das produzierende Gewerbe ein starker Wirtschaftsfaktor. Branchenschwerpunkte bilden die metallverarbeitende Industrie, der Maschinen- und Apparatebau sowie die Nahrungsmittel- und Genußmittelherstellung. Mittelständische Handwerksbetriebe bilden das wirtschaftliche Fundament im Landkreis Bad Dürkheim, wobei ein Drittel der Erwerbstätigen im Rhein-Neckarraum (Ludwigshafen) Beschäftigung findet. Im Süden der Weinstraße kam es in den letzten 20 Jahren zur Ansiedlung einer Autozulieferungsindustrie.

Industrie

Der Dienstleistungssektor spielt insbesondere in den Heilbäder- und Kurorten sowie in Bad Dürkheim und in den kreisfreien Städten Landau und Neustadt a. d. Weinstraße eine beachtliche Rolle, da hier eine Vielzahl von Institutionen und Behörden ihren Sitz haben.

Dienstleistungssektor

Zu einem wichtigen Erwerbszweig hat sich in den vergangenen Jahrzehnten der Fremdenverkehr entwickelt. Das belegen sowohl die steigende Kapazität als auch das differenzierte Angebot an Unterkunftsmöglichkeiten (die Auswahl reicht von Hotels gehobener Klasse bis zu preisgünstigen Privatunterkünften). Stetig gewachsen sind auch die Freizeit- und Urlaubsmöglichkeiten entlang der Weinstraße. Viele Weinbaubetriebe verbinden die Weinerzeugung mit dem Ausschank und Verkauf der Produkte bzw. mit der Vermietung von Gästezimmern. Das milde Klima und die Nähe zu einem der größten Waldgebiete Deutschlands begünstigten den Ausbau der Weinstraße zu einer Ferienregion – ein Prozeß, der im Bereich der südlichen Weinstraße bereits weiter vorangeschritten ist als im Norden der Touristikroute.

Tourismus

Naturraum

Das Gebiet um die Deutsche Weinstraße zieht sich von der deutsch-französischen Grenze in Schweigen nordwärts durch die Landschaften von Ober-, Mittel- und Unterhaardt bis Bockenheim westlich von Worms. Den Ostrand des Raumes bildet der Rhein, und im Westen markiert der Pfälzer Wald die natürliche Grenze.
Der östliche Rand des Pfälzer Waldes, Haardt genannt, steigt in mehreren Stufen und Brüchen von den Höhen des Mittelgebirges in Richtung Oberrheinische Tiefebene hinunter. Die Deutsche Weinstraße selbst verläuft durch tertiäres Hügelland, dessen besondere Kennzeichen ausgedehnte Weingärten, Eßkastanienalleen und Mandelbaumhaine sind.

Allgemeines

Landschaftsbild

Der Pfälzer Wald bildet die landschaftlich überaus reizvolle Westgrenze des Raumes um die Deutsche Weinstraße. Dieses Buntsandstein-Mittelgebirge gipfelt in der 673 m hohen Kalmit und reicht vom Elsaß im Süden bis zum sog. 'Pfälzer Gebrüch' im Norden. Das von dichten Mischwäldern bedeckte Bergland ist stark zertalt und weist viele bizarre Felsformationen auf, die oft klangvolle oder gar hochtrabende Namen haben wie 'Teufelstisch' oder 'Pfälzer Dolomiten'.
Landschaftlich besonders schön ist das Gebirge in einem Bereich von rund 1800 km², der als Naturpark Pfälzer Wald ausgewiesen ist. Hier sind auch viele Sehenswürdigkeiten versteckt, die man von der Weinstraße aus

Pfälzer Wald

Naturraum

Haardtrand und Rheinebene

Pfälzer Wald (Fortsetzung)

leicht besuchen kann. Im Südosten des Pfälzer Waldes öffnet sich der Wasgau, der ins nördliche Elsaß überleitet. Der Gebirgsrand des Pfälzer Waldes ist durch Hebungsvorgänge im Gebirge einerseits und durch den Einbruch des Oberrheingrabens andererseits geprägt. Gebirgsrandschollen sind in Richtung Rheingraben abgekippt.

Haardt

Als 'Haardt' (= mittelhochdeutsch 'Wald') bezeichnet man den östlichen Rand des Pfälzer Waldes, der relativ steil von den höchsten Erhebungen des linksrheinischen Mittelgebirges zum Oberrheingraben abfällt. Charakteristisch ist das Schollenmosaik, das sich infolge des Grabenbruchs herausgebildet hat. Im östlichen Teil der Haardt kommt tertiäres Hügelland zum Vorschein, das im Bereich der Kleinen Kalmit 270 m ü.d.M. erreicht. Ausgedehnte Weingärten und -felder sowie eine geradezu mediterran anmutende Vegetation mit Mandelbäumen und Eßkastanien prägen das Bild. Markante, zumeist in west-östlicher Richtung verlaufende kleine Flußtäler gliedern die Haardt und gestalten die Hügelzone. Weite, flurbereinigte Rebflächen kontrastieren zu lieblichen Bachläufen, die oft noch von Gehölzstreifen begleitet werden.

Die Vorbergzone wird von mesozoischen und tertiären Schollen gebildet, die in mehreren Stufen zum Rheingraben hin abbrechen. Buntsandstein, Muschelkalk, Keuper, Juraformationen und tertiäre Kalke bestimmen die Morphologie. In das teilweise sehr bewegte Relief sind Wasserläufe ziemlich tief eingeschnitten. Vereinzelt treten markante Erhebungen hervor, so beispielsweise die Kleine Kalmit bei Landau sowie die Hügel bei Bockenheim und Grünstadt.

Rheinpfalz

Im Lee des Pfälzer Waldes dehnt sich die Rheinpfalz als zweitgrößtes zusammenhängendes Weinbaugebiet (nach Rheinhessen) Deutschlands aus. Knapp 23 000 ha sind von diversen Rebsorten bestanden. Das Gebiet reicht von der deutsch-französischen Grenze bis hinauf in den Raum Grünstadt – Bockenheim.

Pfälzer Rheinebene

Als Teil der Oberrheinischen Tiefebene schließt im Osten des beschriebenen Raumes die Pfälzer Rheinebene an, die im Durchschnitt 50 m tiefer liegt als die Vorgebirgszone. Die tief abgesunkenen Rheingrabenschollen sind im Landschaftsbild nicht auszumachen. Vielmehr breiten sich hier quartäre Sedimente aus. Die verschiedenen Rheinzuflüsse haben zudem größere Schwemmfächer ausgebildet. Die Sand- und Schotterflächen sind zumeist von Wald bestanden. Dazwischen erstrecken sich etwa 20 m hohe Riedel. Diese wurden in der letzten Eiszeit mit Löß bedeckt und eignen sich daher sehr gut für den Wein- und Gemüseanbau.

Im Norden schließt sich die nahezu waldfreie Landschaft Rheinhessen an. Sie wird landwirtschaftlich stark genutzt. Etwa 24 000 ha dieses Raumes stehen dem Weinbau zur Verfügung.

Naturraum (Fortsetzung) Rheinhessen

Geologie

Entscheidend für die Modellierung des Naturraumes an der Deutschen Weinstraße sind die tektonischen Vorgänge, die sich seit dem frühen Tertiär in diesem Raume abspielen. Es sind dies der Einbruch des Oberrheingrabens und die Heraushebung der Randgebirge, insbesondere des Pfälzer Waldes. Meeresvorstöße im Tertiär haben ebenso ihre Spuren hinterlassen wie globale klimatische Umwälzungen, die sich zuletzt in den Eiszeiten des Quartärs bemerkbar machten. Die Inwertsetzung des Naturraumes durch den Menschen in den letzten 2000 Jahren hat weitere Veränderungen im Landschaftsbild erbracht.

Allgemeines

Oberrheingraben

Der etwa 300 km lange und 30 bis 50 km breite Oberrheingraben erstreckt sich zwischen Basel im Süden und Mainz im Norden. Die Tiefebene wird im Westen von den Randgebirgen Pfälzer Wald (Haardt) und Vogesen, im Osten von Odenwald und Schwarzwald begrenzt. Der Grabenbruch, bereits im Erdaltertum als Teil der Mittelmeer-Mjösen-Zone angelegt, ist als eingebrochener Scheitel einer Grundgebirgsaufwölbung zu betrachten. Diese Aufwölbung des Erdmantels im südwestdeutschen Raum ist im Zusammenhang mit der beginnenden Alpenfaltung zu sehen, hervorgerufen durch das nordwärtige Driften der Afrikanischen Platte gegen die Eurasische Platte.

Entwicklungsgeschichte

Vor rund 48 Mio. Jahren begann der Scheitel des südwestdeutschen Grundgebirgsgewölbes einzubrechen. Nach und nach entstand eine Grabenzone, an deren Rändern die Reste des Gewölbes stehenblieben oder gar noch herausgehoben worden sind. Diese starken tektonischen Kräften ausgesetzten heutigen Randgebirge dachen sich auf der dem Rhein abgewandten Seite sanft ab. Zum Rhein hin fallen sie relativ steil in mehreren Staffelbrüchen ab.

Grabenbruch

Zeitweise konnte das Meer von Süden und von Norden in den Oberrheingraben vordringen. Im Oligozän bestand eine Verbindung zwischen dem

Oligozän-Meer

Geologie

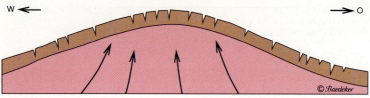

W ← → O

Aufwölbung des Grundgebirges. Bildung von Zugspalten und Zerrgräben im Deckgebirge.

■ Grundgebirge (Granit, Gneis)   ■ Deckgebirge (Buntsandstein, Muschelkalk, Keuper)

Entstehung des Oberrheingrabens

■ Tertiäre Ablagerungen   ▨ Quartäre Ablagerungen

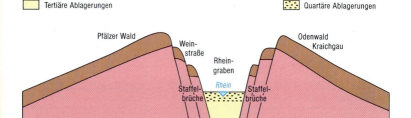

Einbruch des Scheitels im Tertiär. Staffelbrüche am Grabenrand. Auffüllung des Rheingrabens durch Sedimentation im Tertiär und im Quartär.

Oligozän-Meer (Fortsetzung)	Nordmeer und der Tethys (zentrales Mittelmeer, das bis ins frühe Tertiär bestand). Damals wurden erhebliche Mengen an Kalk abgelagert. Noch heute kann man in manchem Weinberg fossile Reste von Meerestieren (u.a. Muscheln, Haifischzähne) finden. Auch die Entstehung von (bescheidenen) Erdöllagerstätten in der Südpfalz ist letztendlich auf diese Meeresvorstöße zurückzuführen.
Krustenabsenkung	Die Erdkruste ist im Bereich des Oberrheingrabens stellenweise bis zu 4500 m abgesenkt. Im Tertiär wurden bis zu 3300 m mächtige terrestrische und marine Sedimentpakete abgelagert. Im Pleistozän kamen beachtliche Schottermengen dazu, die im Raum Heidelberg/Mannheim mehrere Hundert Meter mächtig sind.
Anhebung der Randgebirge	Der Pfälzer Wald wurde in dieser Zeit um rund 1200 m herausgehoben, wobei die auf dem variskischen Grundgebirge lagernden mesozoischen Schichten (Buntsandstein, Muschelkalk, Keuper, Lias und Dogger) flächig abgetragen worden sind. Durch die starke Sedimentation sind die tief abgesenkten Bruchschollen zugedeckt und als solche im Landschaftsbild nicht mehr zu erkennen.
Schergraben	Im späten Tertiär bewirkte die Gebirgsbildung der Alpen eine enorme Spannung in der Erdkruste, von der auch der Rheingraben erfaßt wurde. Während der südliche und der nördliche Teil des Grabens erneut absanken, wurde der mittlere Teil, in dem heute die Vorbergzone des Pfälzer Waldes liegt, emporgepreßt. Die Grabenflanken verschoben sich gegeneinander, und es kam zur Ausbildung eines Schergrabens.
Aktuelle Situation	Verschiedene Messungen in den letzten Jahren haben ergeben, daß die Eintiefung und Weitung des Oberrheingrabens und die Hebung speziell des Pfälzer Waldes noch nicht abgeschlossen sind. Mit einem Betrag von 1 mm pro Jahr nimmt sich diese Bewegung zwar bescheiden aus, doch sind geothermische Anomalien (Erdwärme), an tektonische Störungen

Geologie

gebundene Mineral- und Thermalquellen (u.a. Bad Bergzabern, Bad Dürkheim) und gelegentliche Erdbeben wichtige Indizien für anhaltende Veränderungen im deutschen Südwesten.

Aktuelle Situation (Fortsetzung)

Grabenrandschollen

Geologisch besonders interessant sind die tief eingeschnittenen Flußtäler, die aus dem Pfälzer Wald heraustreten. Sie haben örtlich das im Paläozoikum (Erdaltertum) angelegte Grundgebirge mit seinen Graniten und Gneisen freigelegt. Gut studieren kann man das 'Urgestein' in verschiedenen Aufschlüssen, so beispielsweise im Triefenbachtal bei Edenkoben, im Queichtal bei Albersweiler und im Kaiserbachtal bei Waldhambach.

Paläozoikum

Das Mesozoikum (Erdmittelalter) ist im Bereich der südlichen Weinstraße (Raum Frankweiler – Schweigen) gut aufgeschlossen: Buntsandstein, Muschelkalk und Keuper sowie Unterer Jura (Liastone). Die gesamte mesozoische Gesteinsfolge durchmißt man auf der kurzen Strecke von Siebeldingen nach Birkweiler.

Mesozoikum

Das Tertiär ist in Gestalt von Meeresablagerungen (Kalke, Tone, Sande, Mergel) und von Flußsedimenten (Schotter, Kiese, Sande) vertreten, die inzwischen zu festen Konglomeraten aus Buntsandstein, Muschelkalk und Keuper verbacken sind. Dazwischen findet man etliche Fossilien, so beispielsweise Haifischzähne, Austern- und sonstige Muschelschalen. Sehr schön sind diese Konglomeratfolgen bei Rechtenbach, Birkweiler, Frankweiler und Asselheim aufgeschlossen. Die marinen Sedimente des Oligozän beinhalten auch die Erdöllagerstätten im Raum Landau. Hier werden derzeit etwa 60 000 t des 'Schwarzen Goldes' pro Jahr gefördert.

Tertiär

Besonders mächtige und widerständige Kalkablagerungen sind im Miozän entstanden. Musterbeispiel ist die Kleine Kalmit (270 m ü.d.M.) bei Ilbesheim, die als höchste Erhebung im Grenzbereich zwischen den mesozoischen und tertiären Randschollen herausmodelliert ist. Weitere markante Tertiärhügel sind der Felsberg bei Herxheim, der Mischelsberg und der Spielberg bei Bad Dürkheim sowie der Annaberg bei Leistadt.

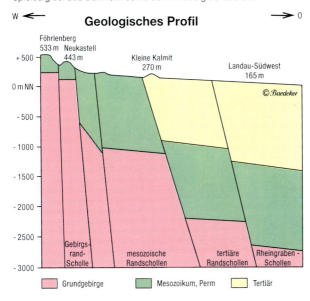

Klima

Geologie (Fortsetzung) Quartär

Quartäre Ablagerungen überdecken heute weite Flächen der Landschaft an der Weinstraße. Neben großen Schotter-, Kies- und Sandpaketen stehen mehr oder weniger mächtige Lößdecken, die vor allem während der letzten Eiszeit angeweht worden sind, an. Diese mineralreichen äolischen Sedimente sind bei Dirmstein 6 m und bei Arzheim gar 12 m mächtig. Auf dem Löß haben sich tiefgründige und sehr fruchtbare Braunerden gebildet.

Klima

Lage

Das Gebiet der Weinstraße erstreckt sich in einer Höhenlage von 100 bis 300 m ü. d. M. in der Vorhügelzone und auf den Riedeln zwischen dem Pfälzer Wald und dem Rhein. Es gehört zu den klimatisch besonders begünstigten Räumen in Deutschland.

Hauptwindrichtung

Die vorherrschend aus westlichen und südwestlichen Richtungen kommenden Luftmassen müssen den durchschnittlich 400 m höheren Pfälzer Wald übersteigen, bevor sie als föhnähnliche, trockene Fallwinde über die Vorhügelzone streichen.
Die über dem Pfälzer Wald aufsteigenden Luftmassen sorgen dort für starke Wolkenbildung. Im Lee des Gebirges, also über der Vorhügelzone, wo auch die Deutsche Weinstraße liegt, und über dem westlichen Rheintal gibt es wenig Wolken.

Niederschläge

Damit verbunden sind geringe Niederschlagsmengen und eine relativ hohe Sonnenscheindauer. Im eher ungeschützten Süden des beschriebenen Raumes beträgt die Jahresniederschlagsmenge rund 700 mm. Im weit besser vom Pfälzer Wald geschützten Nordosten des Raumes sinkt die Jahresniederschlagsmenge unter die 500-mm-Marke ab.

Frühlingsboten: Blühende Mandelbäume

In der kalten Jahreszeit werden weniger als 20 Schneetage registriert. Längere Kälteperioden sind selten und nur dann höchst unangenehm, wenn Kaltluft aus dem Nordosten einströmt.

Klima (Fortsetzung) Winter

Höhenlage und Strahlungsintensität lassen den Frühling an der Weinstraße besonders bald einziehen. Ende März blühen schon die Mandelbäume. Dennoch ist bis Mitte Mai mit Kaltlufteinbrüchen zu rechnen. Ebenfalls früh treten Sommer- und Hitzetage auf. Die durchschnittliche Mitteltemperatur liegt im Juli in der Regel bei 18 °C. Sie kann zwischen Landau und Grünstadt die 19°-C-Marke übersteigen. In der Rheinebene kann es im Sommer recht schwül werden.

Frühling, Sommer

Warme Luftmassen sorgen im September und Oktober für längere Schönwetterperioden. In den länger werdenden Nächten erfolgt jedoch eine stärkere Abkühlung, mit der Nebelbildung in den Niederungen einhergeht. Mit ersten Frösten ist ab Mitte Oktober zu rechnen. Im November können aufgrund von Inversionswetterlagen hochreichende Nebeldecken entstehen, die sich oft tagelang halten.

Herbst

Für den Weinbau höchst bedeutsam sind die herbstlichen Bodennebel, Kaltluftströme und Kaltluftseen. Die Vorbergzone des Pfälzer Waldes ragt normalerweise aus dem herbstlichen Nebelmeer der Rheinebene heraus. Im Herbst fließt kalte Luft aus den Fluß- und Bachtälern folgend aus dem Pfälzer Wald heraus in Richtung Rhein. Am Gebirgsfuß des Pfälzer Waldes kann es zur Ausbildung einer sog. Warmen Hangzone kommen. So kann der Temperaturunterschied zwischen dem Queichtal und den Hängen bei Frankweiler bis zu 10 °C betragen!

Nebel

Pflanzen und Tiere

Die klimabegünstigte und fruchtbare Landschaft an der Weinstraße ist natürlicher Standort für die Pflanzengesellschaften von Eichen-Hainbuchenwald sowie Perlgras-Buchenwald. In den Fluß- und Bachniederungen herrscht Auwald, vor allem Erlenbruchwald vor. Schon früh war dieser Naturraum anthropogener Überformung ausgesetzt, d.h. die Wälder wurden für die Landwirtschaft und seit der Römerzeit auch für den Weinbau gerodet. Nach und nach stellten sich Pflanzen ein, die der Weinstraße ein geradezu mediterranes Gepräge verleihen. Neben der Weinrebe ist heute die aus dem Mittelmeergebiet eingeführte Edelkastanie (Eßkastanie) das Wahrzeichen der Weinstraße, es gedeihen aber auch Zitronen, Pfirsiche und Kiwis. Ende März erblühen die Mandelbäume. Nach und nach stehen die unterschiedlichsten Obstbaumsorten in Blüte. Einen Hauch von Exotik verleihen der Weinstraße auch die Maulbeerbäume, die Feigen, die stachligen Gleditsien, die Hibiskussträucher und die Blauglockenbäume. Ferner zieren verschiedene Zedernarten Parks und Gärten entlang der Deutschen Weinstraße.
Die ursprüngliche Vegetation ist auf einzelne Restflächen zurückgedrängt. Charakteristisch sind Halbtrocken- und Trockenrasen. Hier erblühen im Frühling Küchenschellen und Adonisröschen. Im Sommer gefallen Fransenenzian und verschiedene Astern. Auf den Silikatböden des Buntsandstein wachsen vorzugsweise Eßkastanien. Daneben gedeihen hier Salbei-Gamander, Habichtskraut, Goldrute, Glockenblume und Besenginster, aber auch Traubeneiche und Vogelbeere gehören dazu.

Flora

Das Rebland, soweit vom Gifteinsatz befreit, bietet Nischen für allerlei Wildpflanzen. Zu diesen zählen Traubenhyazinthe, Wildtulpe, Milchstern, Ackergelbstern und Ehrenpreis. Ursprüngliche 'Weinbaubegleiter' sind Scharbockskraut, Gelbes Windröschen, Vogelmiere, Lerchensporn, Pfeilkresse, Osterluzei, Kamille, Ackerringelblume und diverse Storchschnabelarten.

17

Pflanzen und Tiere

Eßkastanien

Feigen

Weinrebe

Die Rebfläche entlang der Deutschen Weinstraße ist rund 200 km² groß. Mehr als 150 Mio. Rebstöcke prägen das Landschaftsbild. Die Weinrebe gehört zur Familie der Vitaceae und ist erst in römischer Zeit aus südlichen Gefilden in die Pfalz eingeführt worden. Zur Herauszüchtung robuster, klimabeständiger Sorten hat man sich in der Vergangenheit mit Erfolg der zahlreichen, in den Auwäldern der Oberrheinischen Tiefebene früher einmal heimischen Wildrebsorten bedient.

Fauna

Im Rebland an der Weinstraße findet man eine artenreiche Tierwelt. Die frischen Knospen und Triebe der Weinstöcke werden von Rehen, Hasen und Kaninchen geschätzt. Amseln, Drosseln und vor allem Stare bevorzugen die heranreifenden Trauben, so daß die Winzer vielerorts abschreckende Geräte (Vogelscheuchen, Lärmerzeuger usw.) installiert oder Netze gespannt haben. Verschiedene Meisen- und Grasmückenarten, Laubsänger, Goldammer, Rotkehlchen und Zaunkönig kann man ebenfalls beobachten. Auch die eigentlich im Mittelmeerraum heimische Zaunammer, der Stieglitz und das Rebhuhn fühlen sich hier wohl.

Gelegentlich erspäht man auch einen Wiedehopf oder einen Fasan. Recht breitgefächert ist die Palette der Insekten: Rebläuse, etliche Heuschrecken- und Hautflüglerarten, Rote Spinnen, diverse kleine Schmetterlinge (u. a. Traubenwickler), Rüsselkäfer, Milben sowie mehrere Dutzend Bienen- und Wespenarten.

Weinbergschnecke

Besonders auffällig ist die sog. Hosenbiene mit ihren stark behaarten Hinterbeinen. Unter Naturschutz steht die in manchen Jahren massenhaft vorkommende Weinbergschnecke.

Überraschend vielfältig ist die Welt der Kleinreptilien, Lurche und Kröten. Dazu gehören Mauereidechsen, Blindschleichen, Glattnattern und bis zu 1 m lange Ringelnattern. Leider sehr selten geworden sind die Smaragdeidechsen, die jetzt unter strengem Schutz stehen. Hin und wieder kann man einen Feuersalamander oder eine Kreuzkröte sehen. Am Rand des Pfälzer Waldes treten gelegentlich zahlreiche Kreuzkröten auf.

Fauna (Fortsetzung)

Etliche Kleinsäugetiere, so z.B. Spitzmäuse, Haselmäuse, Siebenschläfer und (ganz wenige) Hamster, bevölkern das Gebiet entlang der Weinstraße.

Naturschutz

Der Bereich westlich der Bundesstraßen B 38 und B 271 (Linie Bad Bergzabern – Landau – Grünstadt) ist als Landschaftsschutzgebiet ausgewiesen und dem Naturpark Pfälzerwald zugeordnet. Einerseits soll hier die Erhaltung und Wiederherstellung der Leistungsfähigkeit des Naturhaushaltes gewährleistet sein, andererseits soll die Vielfalt, Eigenart und Schönheit des Landschaftsbildes erhalten werden, wobei die Bedeutung dieses Naturraumes für Erholungszwecke im Vordergrund steht.

Zahlreiche Einzelschöpfungen der Natur sind im Bereich der Deutschen Weinstraße als Naturdenkmale geschützt. Hierbei handelt es sich meist um erdgeschichtlich bedeutsame Aufschlüsse (Steinbrüche), Felsen, Quellen, Wasserläufe, Baumgruppen und einzel stehende alte Bäume. Besonders sehenswerte Naturdenkmale sind unter → Praktische Informationen genauer beschrieben.

Naturdenkmale

Seit einiger Zeit werden Flächen, die in landschaftsökologischer Hinsicht bedeutsam sind, als "Geschützte Landschaftsbestandteile" ausgewiesen. Auch hier steht die Sicherung der Leistungsfähigkeit des Naturhaushaltes im Vordergrund. Daneben wird eine Wiederbelebung des Landschaftsbildes angestrebt.

Geschützte Landschaftsbestandteile

In diesen rechtsverbindlich festgesetzten Schutzräumen steht die Erhaltung von Lebensgemeinschaften und Lebensstätten bestimmter wildwachsender Pflanzenarten und wildlebender Tierarten im Vordergrund. Als Naturschutzgebiete oder Flächennaturdenkmale werden auch Gebiete ausgewiesen, deren besonderer Schutz aus wissenschaftlichen, naturgeschichtlichen oder landeskundlichen Gründen oder wegen ihrer Seltenheit, Eigenart und Schönheit erforderlich ist. Alle Handlungen, die zu einer Zerstörung, Beschädigung oder Veränderung des Naturschutzgebietes bzw. seiner Bestandteile oder zu einer nachhaltigen Störung führen können, sind nach Maßgabe näherer Bestimmungen verboten.

Naturschutzgebiete

Ausgewiesene Naturschutzgebiete an der Deutschen Weinstraße sind der Grünstadter Berg, der Gerstenberg bei Bockenheim, der Felsenberg bei Herxheim, der Annaberg bei Leistadt, die Kleine Kalmit bei Ilbesheim (Landau), die Königswiese-Loschbusch bei Neustadt-Geinsheim, der Heidewald bei Ellerwald und die Birkenheide sowie der Wolfsberg und der Vogelsang-Hang bei Neustadt.

Seit einiger Zeit sind Bestrebungen im Gange, unter ökologischen Gesichtspunkten schützenswerte Lebensräume etlicher vom Aussterben bedrohter Pflanzen und Tiere untereinander zu vernetzen. Als Bindeglieder dienen Bachauen, Brachflächen, Hecken-, Gebüsch- und Waldsäume. Ferner ist vorgesehen, auch innerhalb der Rebfluren ökologische Nischen anzulegen und diese mit den anderen Biotopen zu vernetzen. Wie eine solche Biotopvernetzung aussehen kann, läßt sich gut zwischen Bockenheim und Schweigen-Rechtenbach studieren, wo man mehrere Dutzend Schutzflächen miteinander verbunden hat.

Biotopvernetzung

Geschichte

vor 100 000 Jahren	Auf dem Gebiet der heutigen Pfalz sind erste Menschenspuren aus der Altsteinzeit nachweisbar (Faustkeilfunde).
um 4500 v. Chr.	Entstehung einer bäuerlichen Kultur.
800 v. Chr.	In der Pfalz sind erste Keltenansiedlungen bekannt.
450–300 v. Chr.	Höhepunkt der keltischen Kultur: Fürstengrab von Bad Dürkheim. Die Funde belegen, daß die Kelten Handelskontakte zum Mittelmeer unterhalten haben.
1. Jh. v. Chr.	Der Germanenstamm der Nemeter dringt in die Vorderpfalz ein.
10 v. Chr.	Beginn der römischen Herrschaft. Die Pfalz gehört zur Provinz Gallia Belgica (Hauptstadt Reims).
83/84 n. Chr.	"Germania Superior" wird als römische Provinz gegründet. Noviomagus (Speyer) wird dabei Hauptort. Die Nemeter werden zu Verbündeten Roms. Einführung des Weinbaus durch die Römer, was die Funde von Winzermessern, Bacchus-Reliefs und Glasgefäßen mit Wein belegen.
3. Jh.	Immer wieder dringen Alemannen auch in die linksrheinischen Regionen von Obergermanien vor.
4. Jh.	Erste Hinweise auf die Christianisierung der Pfalz.
454	Mit dem Tod von Aetius endet die römische Herrschaft.
ca. 506	Die Franken unter der Führung des Merowingerkönigs Chlodwig besiegen die Alemannen und besiedeln die Pfalz.
nach 561	Bei der Teilung des Frankenreiches kommt die Pfalz zu Austrasien, dem Ostreich.
629–638	Dagobert I. regiert das gesamte Frankenreich. Um den 'Wohltäter' bilden sich zahlreiche Legenden; so soll er die Klöster Weißenburg und Klingenmünster gestiftet haben.
843	"Propter vini copiam" (wegen der Fülle ihres Weines) wird die Pfalz im Vertrag von Verdun dem ostfränkischen Reich angegliedert.
1024–1125	Unter der Herrschaft der Salier wird das Gebiet der heutigen Pfalz zum Kernland des Reichs. Der im Jahre 1024 zum König gewählte Salier Konrad II. beginnt mit dem Bau des Domes in Speyer und gründet an der Stelle der ehemaligen salischen Stammburg das Kloster Limburg. Die Reichsfeste Trifels bei Annweiler wird erstmals erwähnt. Im 12. Jh. setzt eine zunehmende Besiedlung des Pfälzer Walds ein.
1138–1254	Auch während der Herrschaft der Staufer bleibt die Pfalz im Zentrum der Reichslande. Zahlreiche Burgen entstehen entlang des Haardtrandes. Die als Burgherren eingesetzten Adelsgeschlechter nutzen Schwächen des Königtums, um ihre Territorialherrschaft auszubauen. Im Norden sind dies die Grafen von Leiningen, im Süden konkurrieren die Kurpfalz und das Hochstift Speyer.
1156	Kaiser Friedrich Barbarossa überträgt seinem Stiefbruder Konrad die 'Pfalzgrafschaft bei Rhein'.

Geschichte

Der englische König Richard Löwenherz wird auf dem Trifels gefangengehalten.	1194
Kaiser Friedrich II. verleiht dem Wittelsbacher Ludwig von Bayern die rheinische Pfalzgrafschaft.	1214
In Speyer stirbt Rudolf von Habsburg und wird im Dom beigesetzt.	1291
Im Vertrag von Pavia wird die Trennung zwischen Bayern und der Pfalz besiegelt. Die Wittelsbacher trennen sich in eine pfälzische und in eine bayerische Linie.	1329
Nahezu die Hälfte der Einwohner der Pfalz fallen der Pest zum Opfer.	1348–1350
In der Goldenen Bulle Kaiser Karls V. wird das Kurrecht des 'Pfalzgrafen bei Rhein' bestätigt.	1356
Der Einfluß der Pfalz wird dadurch vergrößert, daß Kurfürst Ruprecht III. als Ruprecht I. zum König gewählt wird.	1400
Nach dem Tod Ruprechts I. wird das Erbe unter seine vier Söhne aufgeteilt, was zur Schwächung des reichspolitischen Einflusses der Kurpfalz führt.	1410
Der Bauernaufstand, dessen Ziel u.a. die Aufhebung der Leibeigenschaft ist, wird blutig niedergeschlagen. In der Schlacht bei Pfeddersheim werden die Heere der Aufständischen vernichtet.	1525
Die Reformation, die seit 1518 an der Universität Heidelberg Fuß gefaßt und in der Kurpfalz eine Heimstatt gefunden hatte, ist Anlaß für den Reichstag zu Speyer, der mit dem Protest der evangelischen Minderheit endete, die sich fortan "Protestanten" nennen.	1529
Ansiedlung von Protestanten aus Frankreich (Hugenotten) und den Niederlanden.	2. Hälfte des 16. Jh.s
Friedrich V. von der Pfalz wird zum König von Böhmen gewählt. Im Vorfeld dieses Wechsels war der Dreißigjährige Krieg (1618) ausgebrochen, der dazu führte, daß der 'Winterkönig' 1620 Krone und Land wieder verlor.	1619
Maximilian von Bayern erhält die Kurwürde.	1622
Im Verlauf des Dreißigjährigen Krieges wird die Pfalz von verschiedenen Besatzungsmächten beherrscht.	1618–1648
Karl Ludwig, der Sohn Friedrichs V., erhält eine verkleinerte Kurpfalz zurück. Die Verwüstungen des Krieges lösen eine Auswanderungswelle in andere deutsche Gebiete und nach Amerika aus. Durch die Zusicherung der Religionsfreiheit und materielle Vergünstigungen wandern gleichzeitig Siedler aus Frankreich, England, Holland, vor allem aber aus der Schweiz (Mennoniten) und Tirol in die Pfalz ein.	1648
Elisabeth Charlotte (Liselotte von der Pfalz→ Berühmte Persönlichkeiten), die Tochter von Kurfürst Karl Ludwig, heiratet den Bruder Ludwigs XIV.	1671
Der Versuch, durch die Heirat Liselottes das Vordringen der Franzosen an den Rhein zu verhindern, ist fehlgeschlagen. Nach dem Tod ihres Vaters und ihres Bruders erhebt Frankreich Anspruch auf die Pfalz. Im Pfälzischen Erbfolgekrieg zerstört Ludwig XIV. weite Teile der Pfalz. Im Frieden von Rijswijk behält er Landau.	1688–1697
Bau der Festung Landau nach Plänen des französischen Festungsbaumeisters Vauban.	1688–1691

21

Geschichte

Modell der Festungsstadt Landau von 1700/1710

1705	In der sog. Religionsdeklaration wird die völlige Religionsfreiheit garantiert.
18. Jh.	Auswanderung vieler Pfälzer nach Amerika und auch nach Rußland und Südosteuropa.
1777	Nach dem Tod von Kurfürst Maximilian III. erbt Karl Theodor das bayerische Herzogtum und verlegt seine Residenz von Mannheim nach München. Die Pfalz wird mit Bayern wieder vereint.
1792	In den Wirren der französischen Revolution wird die Pfalz Kriegsschauplatz und französisches Besatzungsgebiet.
	1793 finden hier die ersten freien Wahlen auf deutschem Boden statt.
1801	Der Friede von Lunéville bestätigt das linksrheinische Territorium als französisches Staatsgebiet.
	Einführung des "Code Napoleon".
1815	Landau wird nach dem zweiten Pariser Frieden wieder deutsch.
1816	Als Folge des Wiener Kongresses kommt die linksrheinische Pfalz erneut zu Bayern. Der "bayerische Rheinkreis" mit Regierungssitz in Speyer wird gebildet.
1832	Das Hambacher Fest, das heute als die Geburtsstätte der deutschen Demokratie gilt, vereinigt rund 30 000 Pfälzer unter der (verbotenen) schwarz-rot-goldenen Fahne.
1849	Der pfälzische Aufstand gegen die bayerische Oberhoheit wird von preußischen und Bundestruppen niedergeschlagen.

Geschichte

Zug zum Hambacher Schloß 1832

Deutsch-französischer Krieg und Gründung des Deutschen Kaiserreiches, dem auch das Königreich Bayern beitritt.	1870/1871
Die Rhein-Pfalz ist von Frankreich besetzt.	1918–1930
Mit Unterstützung der französischen Besatzungsmacht versuchen pfälzische Politiker vergeblich, die Pfalz von Bayern oder vom Reich zu lösen (in Speyer Proklamation einer "Autonomen Republik der Pfalz").	1923/1924
Weinrekordernten in den Jahren 1934–1936 führen zu Preisverfall und Absatzschwierigkeiten. Um die wirtschaftlich notleidende Region für den Fremdenverkehr zu erschließen, wird 1935 (neben verschiedenen Maßnahmen zur Verschönerung der Städte und Weindörfer) von Gauleiter Joseph Bürckel die Touristikroute Deutsche Weinstraße ausgerufen und ein Jahr später das Deutsche Weintor in Schweigen eingeweiht.	1934–1936
Evakuierung der Bevölkerung in den Grenzgebieten.	1939 und 1944
Die Pfalz wird mit dem Saargebiet zum Gau 'Saar-Pfalz' zusammengeschlossen.	1940
Aus der Pfalz, die zur französischen Besatzungszone gehört, und dem südlichen Teil der Rheinprovinz entsteht im Jahre 1946 das Land Rheinland-Pfalz.	1945
Verwaltungsreform in Rheinland-Pfalz und Neuordnung der Landkreise: Neubildung des Landkreises Bad Dürkheim, Zusammenlegung des Kreises Kirchheimbolanden und Rockenhausen zum Donnersbergkreis und Bildung des Landkreises Südliche Weinstraße (früher: Landkreis Bad Bergzabern).	1969

Berühmte Persönlichkeiten

Hinweis

Die nachstehende, namensalphabetisch geordnete Liste vereinigt Persönlichkeiten, die durch Geburt, Aufenthalt, Wirken oder Tod mit der Pfalz verbunden sind und überregionale Bedeutung erlangt haben.

Friedrich Armand
von Bassermann-
Jordan
(1872–1959)

In Deidesheim wirkte der Weingutsbesitzer Dr. Friedrich Armand von Bassermann-Jordan, der als eine Autorität auf dem Gebiet des Weinbaus gilt. Der Sproß einer Politiker-Familie – sein Großvater Friedrich Daniel Bassermann war Mitglied der Deutschen Nationalversammlung 1848 – fühlte sich zeitlebens eng mit seiner pfälzischen Heimat verbunden. Er war Mitbegründer des Weinmuseums in Speyer und gründete die "Pfälzische Gesellschaft zur Förderung der Wissenschaften". Einen wichtigen Beitrag zur Weinbaugeschichte leistete er mit seinem dreibändigen Werk "Die Geschichte des Weinbaus unter besonderer Berücksichtigung der bayerischen Rheinpfalz" (1907 und 1923; Nachdruck 1975).

August Becker
(1828–1891)

Der in Klingenmünster geborene August Becker gilt als der 'Vater der pfälzischen Volkskunde'. Als junger Mann ging er 1847 nach München, um Schriftsteller zu werden, arbeitete als Journalist für verschiedene Zeitungen und machte 1854 durch seinen Roman "Jung Friedel" erstmals als Dichter auf sich aufmerksam. Was seinen eigenen Worten nach als Reisehandbuch begann, wurde zu einem Standardwerk der pfälzischen Volks- und Landeskunde und blieb bis heute ein überaus interessantes Nachschlagewerk über die Heimat des Autors. "Die Pfalz und die Pfälzer" erschien erstmals 1858, ein Jahr nach Wilhelm Heinrich Riehls Pfalzbeschreibung "Die Pfälzer". Daneben schuf August Becker mit seinen Heimatromanen "Die Nonnensusel" oder "Hedwig" lebensnahe zeitgenössische Darstellungen pfälzischen Familienlebens. Zahlreiche Erzählungen und Novellen, die meist in der Pfalz spielen, runden sein Lebenswerk ab.

Hans Geiger
(1882–1945)

Der Rutherford-Schüler wurde in Neustadt an der Weinstraße geboren. Nach Studien in Erlangen war er an der Universität Manchester an der Entdeckung des Atomkerns beteiligt. Sein bleibendes Verdienst ist jedoch die Konstruktion des ersten Geräts zum Nachweis der radioaktiven Strahlenteilchen, aus dem später der nach ihm benannte "Geigerzähler" wurde. 1928 stellte er auf einer Physikertagung in Kiel das neu geschaffene "Elektronenzählrohr" vor. Ab 1936 wirkte Hans Geiger als Leiter des Physikalischen Instituts an der Charlottenburger Technischen Hochschule und war auch Mitarbeiter am deutschen Kernenergie-Projekt.

Paul Henry
Thiry d'Holbach
(1723–1789)

Eine Gedenktafel in Edesheim erinnert daran, daß einer der führenden Naturwissenschaftler und Philosophen der französischen Aufklärung hier das Licht der Welt erblickte. Kindheit und Jugend verbrachte d'Holbach zumindest zeitweise in Edesheim; nach Studien in Leiden (1744 – 1748) übersiedelte er 1749 nach Paris und führte dort ein großes Haus, in dem die bedeutendsten Gelehrten seiner Zeit ein- und ausgingen. Eine lebenslange Freundschaft verband ihn mit Denis Diderot, dem (seit 1758 alleinigen) Herausgeber der "Encyclopédie". D'Holbach unterstützte dieses gewaltige Projekt sowohl finanziell als auch durch unzählige eigene Beiträge. Sein zweibändiges Hauptwerk "Système de la nature" erschien 1770 unter einem Pseudonym.

Hermann
Hollerith
(1860–1929)

Hermann Hollerith entstammt einer seit 300 Jahren im pfälzischen Großfischlingen ansässigen Familie. Der mit der Ehrendoktorwürde der Columbia-Universität ausgezeichnete Ingenieur und Unternehmer entwickelte das nach ihm benannte Hollerith-Lochkartenverfahren, das erstmals bei der amerikanischen Volkszählung 1890 angewendet wurde. Die Erfindung machte ihn zu einem Wegbereiter der modernen Datenverarbeitung.

Berühmte Persönlichkeiten

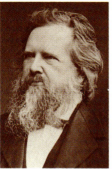

August Becker *Liselotte von der Pfalz* *Max Slevogt*

Aus seiner Firmengründung (Tabulating Maschine Co., 1896) entstand durch die Fusion mit anderen Firmen das internationale Unternehmen International Business Machines (IBM).

Hermann Hollerith (Fortsetzung)

Der aus Landau gebürtige Konrad Krez geriet schon früh in den Bann der studentischen Freiheitsbewegungen. Im Frühjahr 1848 gehörte er dem Freicorps "Von der Tann" an, ein Jahr später marschierte er im badisch-pfälzischen Aufstand bei den Freischaren mit. Die Mitgliedschaft in den studentischen Freicorps und ein von ihm verfaßtes Pamphlet mit dem Aufruf zum Tyrannenmord reichten aus, um den Querdenker in Abwesenheit zum Tode zu verurteilen. Der Hinrichtung entzog er sich durch die Flucht ins benachbarte Elsaß und von dort nach Nordamerika (1851), wo er eine Familie gründete und schon bald zu einem hochgeschätzten Anwalt aufstieg. Zeitlebens nahm er aktiv teil am politischen Geschehen in seiner neuen Heimat und kämpfte für seine freiheitlichen Ideen. 1862 zog er als Brigadegeneral in den amerikanischen Bürgerkrieg und bildete ein Freiwilligen-Regiment, das vorwiegend aus Deutschstämmigen bestand. Von seiner engen Verbundenheit mit der alten Heimat zeugen seine zahlreichen Gedichte, deren berühmtestes, "An mein Vaterland", mit den Worten beginnt: "Land meiner Väter, länger nicht das meine, so heilig ist kein Boden wie der Deine...".

Konrad Krez (1828–1897)

Als Tochter des Kurfürsten Karl Ludwig von der Pfalz geboren, heiratete Elisabeth Charlotte, genannt Liselotte, im Jahre 1671 den Bruder von König Ludwig XIV. von Frankreich und lebte mehr als 50 Jahre als Herzogin von Orléans am französischen Hof. Wegen ihres ungestümen und urwüchsigen Temperaments, das auch durch die Etikette am Hof von Versaille nicht gebändigt wurde, erfreute sich bei den Pfälzern stets großer Beliebtheit. Ihre (veröffentlichten) Briefe, in denen sie ohne jede Beschönigung das von Intrigen bestimmte Leben am französischen Königshof schildert, sind eine unschätzbare Quelle für die Kulturgeschichte des Adels. Die politische Heiratsverbindung brachte für die Pfalz nicht den gewünschten Schutz vor den Expansionsgelüsten des starken französischen Nachbarn – im Gegenteil: Die Erbansprüche Frankreichs nach dem Tod von Liselottes Bruder (1688) führten zum Pfälzischen Erbfolgekrieg (1688–1697), durch den die Pfalz schwere Verwüstungen und tiefes Elend zu erdulden hatte.

Liselotte von der Pfalz (1652–1722)

Das Bildnis des berühmten "Santa Claus", des amerikanischen Weihnachtsmannes, das heute noch zur Weihnachtszeit an allen US-Kaufhäusern prangt, ist ebenso seine Erfindung wie die heute noch gebräuchlichen symbolischen Wappentiere der großen amerikanischen Parteien – der Elefant für die Republikaner und der Esel für die Demokraten. Doch Thomas

Thomas Nast (1840–1902)

Berühmte Persönlichkeiten

Thomas Nast
(Fortsetzung)

Nast nur als den 'Vater' einprägsamer Symbolfiguren vorzustellen, würde ihm bei weitem nicht gerecht werden. Der in Landau Geborene, der im Alter von sechs Jahren mit seinen Eltern nach New York kam, gilt als der Erfinder der politischen Karikatur in Amerika. Sein Forum waren die großen amerikanischen Wochen- oder Tageszeitungen wie "Harpers Weekly" , wo er von 1862 bis 1886 veröffentlichte. Nast nutzte das Medium der satirischen Zeichnung für seine politische Überzeugungsarbeit (er unterstützte in den 1870er Jahren den Wahlkampf der Republikaner), klagte gesellschaftliche Mißstände an und bekämpfte Korruption und Machtmißbrauch.

Martha Saalfeld
(1898–1976)

Schon während ihres Studiums der Kunstgeschichte und Philosophie bei Karl Jaspers in Heidelberg zog es Martha Saalfeld, die in Landau geboren wurde, zur Literatur. In der "Heimaterde", der Zeitschrift des Literarischen Vereins der Pfalz, veröffentlichte sie ihre ersten Sonette. Im Jahr 1925 erschien der Gedichtband "Der unendliche Weg". Hermann Hesse, mit dem sie in angeregtem Briefwechsel stand, erkannte und förderte ihr Talent, "weil ihre Gedichte wirkliche Dichtungen sind". Während der Zeit des Nationalsozialismus als Schriftstellerin mit Berufsverbot belegt, arbeitete sie als Assistentin in verschiedenen Apotheken; der Krieg zwang sie auch zu mehrfachen Ortswechseln. Erst 1948 kehrte sie – mittlerweile mit dem Graphiker Werner vom Scheidt verheiratet – in ihre Heimat zurück und ließ sich in Bad Bergzabern nieder, wo sie bis zu ihrem Tod lebte. Hier entstanden neben Gedichten u. a. die Romane "Pan ging vorüber" (1954), "Anna Morgana" (1956) sowie die "Judengasse" (1965).

Franz von
Sickingen
(1481–1523)

Durch den Humanisten Ulrich von Hutten kam der Reichsritter Franz von Sickingen in Berührung mit der Lehre Martin Luthers, der er sich schnell anschloß. Seine Ebernburg bei Bad Münster am Stein wurde daraufhin zur "Herberge der Gerechtigkeit", in der katholische Priester, die zu der reformatorischen Lehre übergewechselt waren, Aufnahme fanden. Auf der Höhe seiner Macht wagte Sickingen 1522/1523 im sog. Ritterkrieg den Griff nach dem säkularisierten, ehemals geistlichen Kurfürstentum Trier mit dem Ziel, selbst die Kurwürde zu erringen. Auf seiner Burg Landstuhl bei Kaiserslautern wurde er von den verbündeten Heeren der Trierer, Hessen und Pfälzer angegriffen und erlag dort seinen schweren Verwundungen.

Philipp Jakob
Siebenpfeiffer
(1789–1845)

Das Hambacher Fest des Jahres 1832, das als Geburtstag der deutschen Demokratie gilt, ist eng mit dem Namen Philipp Jacob Siebenpfeiffers verbunden. Siebenpfeiffer, der ärmlichen Verhältnissen enstammte, war 1818 bayerischer Landkommissär in Homburg/Saar. Erst ab 1830 interessierte er sich für Politik und kritisierte – zwischenzeitlich Journalist geworden – in seiner Zeitschrift "Rheinbaiern" die politischen Verhältnisse in Bayern. Als Ideengeber und als eine der führenden Persönlichkeiten des Hambacher Festes wurde er 1833 zwar vom Vorwurf des Hochverrats freigesprochen, aber wegen Beamtenbeleidigung zu zwei Jahren Gefängnis verurteilt. Der Festnahme entzog er sich durch die Flucht in die Schweiz, wo er 1845 starb.

Max Slevogt
(1868–1932)

Gemeinsam mit Max Liebermann und Lovis Corinth gehört der Maler Max Slevogt zu den bedeutendsten Vertretern des deutschen Impressionismus. Der in Landshut geborene wirkte nach Studium und Auslandsaufenthalten vor allem in Berlin, wo er 1899 der "Berliner Sezession" beitrat und ab 1917 als Akademieprofessor beschäftigt war. Im Jahre 1914 erwarb er von seinen Schwiegereltern ein Hofgut oberhalb von Leinsweiler und richtete sich dort seinen Alterssitz ein. Die Beschäftigung mit der pfälzischen Wahlheimat fand ihren Niederschlag in einer Fülle von Landschaftsdarstellungen, die durch ihre lichtvolle Palette gefallen. Dem künstlerischen Werk von Max Slevogt kann man an der Deutschen Weinstraße sowohl in seinem als Slevogthof bekannten Anwesen, als auch in dem oberhalb von Edenkoben gelegenen Schloß Ludwigshöhe begegnen, wo in einer ständigen Ausstellung ca. 120 Werke gezeigt werden.

Pfälzer Wein

Weingeographie

Weinbau wird an der Deutschen Weinstraße an den Gebirgshängen der Haardt in einer Höhe von 100 bis gut 300 m und auf den östlichen Vorhügeln (Richtung Rhein) bis ins Flachland betrieben. Die besonders guten Böden dieser Landschaft sind eine Folge der geologischen Entwicklung. Als der Rheingraben im mittleren Tertiär einbrach, führte das an den Bruchrändern (heute das Haardt-Gebirge) zu starken tektonischen Verschiebungen der Gesteinsschichten. Die Gesteinsarten Muschelkalk, Buntsandstein, Keuper und auch Urgestein (Granit) wurden im Laufe der Entwicklung von Meeresablagerungen überdeckt und die großen Staubstürme des Pleistozäns wehten dann fruchtbaren Löß an.

Geologie, Boden

Vom Zellertal über Grünstadt bis nach Kallstadt haben diese Ablagerungen zu kalkreichen, steinigen Lehm- und schweren Tonböden geführt. Auf ihnen wachsen milde, weiche, auch kernige Weine. Etwa auf der Linie Weisenheim am Sand – Freinsheim – Bad Dürkheim ließen die Tertiär-Meere ebenfalls große Ablagerungen zurück, vor allem Sand und Kies, aus denen trockene Sandböden (leicht erwärmbar) sowie lehmige Sand- und sandige Lehmböden entstanden. Auf den leichten Sandböden wachsen samtige, warme, feurige (rote), auf den Lehmböden nuancenreiche, elegante, fruchtige Weine. Weiter im Süden, in der Umgebung von Bad Dürkheim, Forst und Neustadt-Hambach, findet sich vulkanisches Gestein (Basalt und Porphyr). Hier, in der Mittelhaardt, reifen große Weine und reiche Qualitäten. Im Bereich 'Südliche Weinstraße' gibt es bei Frankweiler – Siebeldingen Buntsandstein und tonigen Keuperboden, bei Burrweiler die einzige Schieferlage der Pfalz. Hier gedeihen auf Schieferton klassische Rieslinge. Ganz im Süden, zwischen Schweigen und Bad Bergzabern, haben Muschelkalksedimente zur Entwicklung kalkreicher, kräftiger Lehm- und Tonböden geführt. Auf ihnen reifen körperreiche, gehaltvolle Weine. Zusammenfassend läßt sich sagen, daß im Bereich 'Mittelhaardt' lockere, sandig-leichte Lehmböden vorherrschen, an der 'Südlichen Weinstraße' dagegen kräftigere Lehm- und Lößböden.

Das Gebiet der Deutschen Weinstraße ist identisch mit der 'Rheinpfalz', einem von 13 Anbaugebieten in Deutschland. Diese Anbaugebiete sind keine Verwaltungseinheiten, sondern Naturräume mit vergleichbaren klimatischen und geologischen Bedingungen. Mit 23 000 ha Rebfläche ist die Rheinpfalz nach dem benachbarten Anbaugebiet 'Rheinhessen' (24 000 ha Rebfläche) das zweitgrößte deutsche Weinbaugebiet mit 160 Mio. Rebstöcken, die im Durchschnitt jährlich 2,4 Mio. hl Wein liefern.

Anbaugebiet

Das Deutsche Weingesetz von 1971 unterteilt größere 'bestimmte Anbaugebiete' in 'Bereiche', in denen die Wachstumsbedingungen für Weine relativ einheitlich sind, so daß Weine mit gleichartiger Geschmacksprägung und gemeinsamen Qualitätsmerkmalen hergestellt werden können. Ein Bereich faßt eine mehr oder weniger große Zahl von Lagen (s. u.) zusammen und wird von mehreren benachbarten Weinbaugemeinden gebildet. Qualitätsweine mit Prädikat (z. B. Kabinett, Spätlese usw.) müssen aus Traubengut eines Bereichs erzeugt sein.

Bereiche

Das bestimmte Anbaugebiet Rheinpfalz gliedert sich in die Bereiche 'Mittelhaardt-Deutsche Weinstraße' (von Bockenheim im Norden einschließlich dem Zellertal bis Neustadt-Diedesfeld im Süden) und 'Südliche Weinstraße' (von Maikammer bis Schweigen). Die Mittelhaardt umfaßt rund 9400 ha Ertragsrebfläche, die Südliche Weinstraße 11 250 ha. Letztere ist damit der größte deutsche Bereich überhaupt.

Weingeographie

Weinanbaugebiet Rheinpfalz
Großlagen

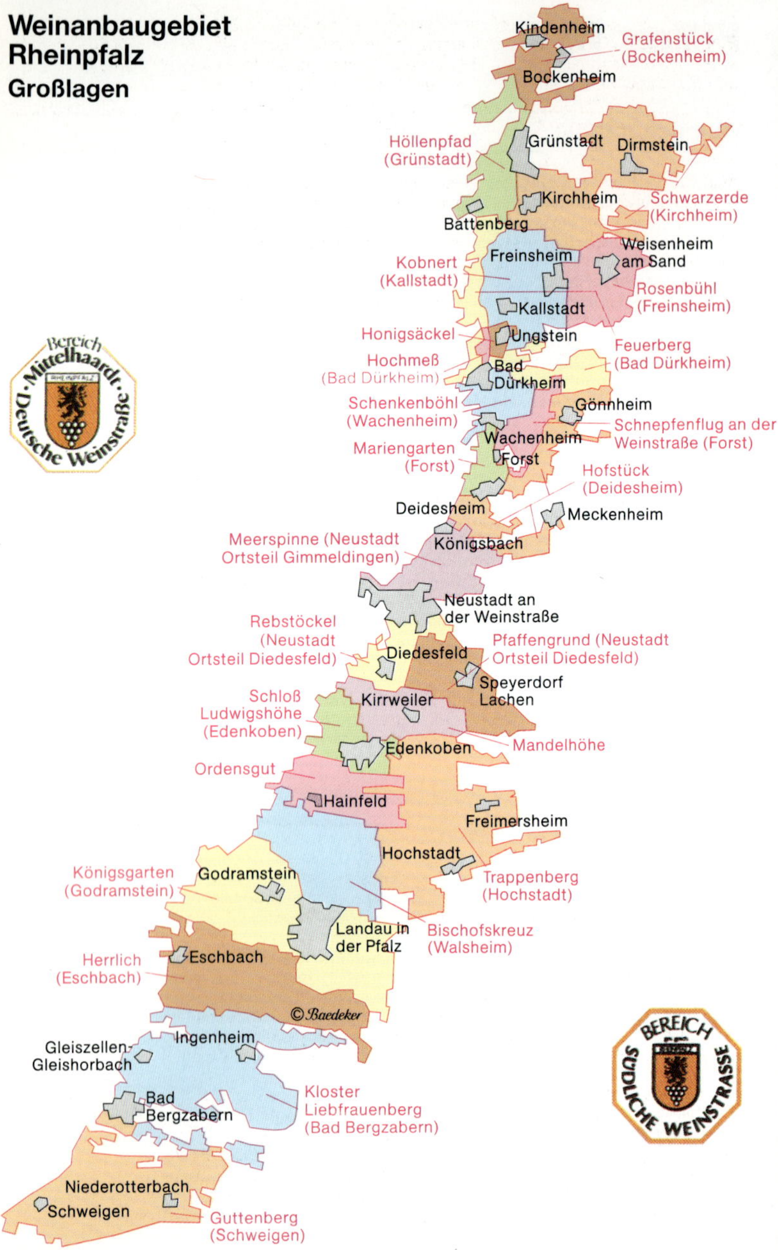

Kindenheim

Grafenstück (Bockenheim)

Bockenheim

Höllenpfad (Grünstadt)

Grünstädt

Dirmstein

Kirchheim

Schwarzerde (Kirchheim)

Battenberg

Weisenheim am Sand

Kobnert (Kallstadt)

Freinsheim

Rosenbühl (Freinsheim)

Kallstadt

Honigsäckel

Ungstein

Feuerberg (Bad Dürkheim)

Hochmeß (Bad Dürkheim)

Bad Dürkheim

Schenkenböhl (Wachenheim)

Gönnheim

Mariengarten (Forst)

Wachenheim

Schnepfenflug an der Weinstraße (Forst)

Forst

Hofstück (Deidesheim)

Deidesheim

Meckenheim

Meerspinne (Neustadt Ortsteil Gimmeldingen)

Königsbach

Neustadt an der Weinstraße

Rebstöckel (Neustadt Ortsteil Diedesfeld)

Diedesfeld

Pfaffengrund (Neustadt Ortsteil Diedesfeld)

Speyerdorf Lachen

Schloß Ludwigshöhe (Edenkoben)

Kirrweiler

Ordensgut

Edenkoben

Mandelhöhe

Hainfeld

Freimersheim

Hochstadt

Königsgarten (Godramstein)

Godramstein

Trappenberg (Hochstadt)

Landau In der Pfalz

Bischofskreuz (Walsheim)

Herrlich (Eschbach)

Eschbach

© Baedeker

Gleiszellen Gleishorbach

Ingenheim

Kloster Liebfrauenberg (Bad Bergzaben)

Bad Bergzabern

Niederotterbach

Schweigen

Guttenberg (Schweigen)

Bereich Mittelhaardt · Deutsche Weinstraße

Bereich Südliche Weinstrasse

28

Rebsorten

Als Lage wird vom Weingesetz eine bestimmte abgegrenzte Rebfläche (Hang, Hügel, Talkessel o. ä.) bezeichnet, deren Boden- und kleinklimatischen Verhältnisse einheitlich sind, so daß Wein einer einheitlichen Qualität und Geschmacksrichtung gewonnen werden kann. Diese kleinste weingeographische Einheit sollte mindestens 5 ha groß sein (Ausnahmen sind möglich) und sinnfällig von anderen Flurstücken abgegrenzt sein, z. B. durch Straßen oder Bäche. Solche eng abgegrenzten Weinberge werden 'Einzellage' genannt.

Als Großlagen werden Zusammenfassungen von Einzellagen bezeichnet, wenn aufgrund gleichartiger Bedingungen über eine größere topographische Einheit hinweg (etwa ein Bergrücken, ein längeres Tal) gleichwertige Weine gleichartiger Geschmacksrichtung erzeugt werden. An einer Großlage können auch mehrere Weinbaugemeinden des bestimmen Anbaugebietes oder Bereichs teilhaben. Wenn Qualitätsweine eine Lagebezeichnung tragen, müssen wenigstens 85 % des Inhalts von Weintrauben der auf dem Etikett genannten Lage stammen.

Die Lagen werden in die amtliche Weinbergsrolle eingetragen. Dabei muß – gleich, ob Einzel- oder Großlage – dem Lagenamen ein Gemeinde- oder Ortsname vorangestellt werden; die Lagenbezeichnung enthält also den Herkunftsort eines Weins. Die Lagenbezeichnungen haben nicht selten eine jahrhundertelange Geschichte und sind kulturhistorisch sehr interessant. Für die oft bildhaften Rebflurbezeichnungen haben unterschiedlichste Oberbegriffe Pate gestanden, v. a. Bodenart oder -farbe (Schwarzerde, Schwarzer Letten, Kieselberg, Rotenberg, Steinkopf), heimische Pflanzen (Mandelgarten, Kastanienbusch, Mandelhöhe, Kirschgarten, Rosenbühl bzw. Rosenberg), Tiere (Schnepfenflug, Fuchsmantel, Hasenzeile, Bienengarten, Elster) oder die Namen bzw. der Stand früherer Besitzer (Klostergarten, Kirchenstück, Jesuitengarten, Bischofskreuz, Nonnengarten und Pfaffengrund).

Das bestimmte Weinbaugebiet Rheinpfalz umfaßt im Bereich Mittelhaardt-Deutsche Weinstraße 17 Großlagen und 217 Einzellagen, im Bereich Südliche Weinstraße 9 Großlagen und 116 Einzellagen. Angebaut werden Reben in 170 Weinbaugemeinden. Die Anzahl der Lagen ändert sich gelegentlich durch Auflassung von Weinbergen, Zusammenlegungen u. ä., da die Flurbereinigung noch nicht überall abgeschlossen ist.

Weingeographie (Fortsetzung)
Lagen

Rebsorten

In der Pfalz sind 26 Rebsorten zum Anbau zugelassen, davon 18 weiße und 8 rote Rebsorten; nur etwa die Hälfte dieser Sorten spielt eine wesentliche wirtschaftliche Rolle. Nachfragetrends haben in den letzten Jahren zu Änderungen bei Neuanpflanzungen geführt. So werden verstärkt Rotweinsorten gepflanzt; 1989 waren fast 50 % aller neu gesetzten Rebstöcke Rotwein-Reben. Bei den weißen Sorten kehrt man von den Neuzüchtungen zu den klassischen alten Rebsorten zurück, wovon besonders der Riesling profitiert hat. Waren vor 10 Jahren noch rund 3 000 ha mit dieser Edelrebe bestockt, so sind es heute bereits über 4 000 ha. Auch der Weißburgunder und der Gewürztraminer sind wieder stärker vertreten; die Neuzüchtungen Kerner, Bacchus und Faberrebe fallen dagegen zurück.

Allgemeines

Der Riesling gilt als die edelste unter den weißen deutschen Rebsorten. Er ist robust (winterhart) und verlangt wegen seiner späten Reife (Lesebeginn nicht vor Ende September) beste Lagen, stellt aber an den Boden nur geringe Ansprüche. Typisch für den Wein ist seine rassige, fruchtige Säure, die ihn besonders haltbar macht. Bedingt durch die unterschiedlichen Böden schmeckt der Riesling in der Mittelhaardt feinfruchtig, spritzig, elegant, an der Südlichen Weinstraße dagegen kräftiger, stahliger, markanter und körperreicher.

Klassische Weißweinsorten
Riesling

29

Rebsorten

Silvaner

Auch der Silvaner ist eine alte Traditionsrebe in der Pfalz. Während er einmal fast zwei Drittel der rheinpfälzischen Rebfläche beanspruchte, ging der Anbau nach 1945 stark zurück und beträgt heute nur noch rund 8 % des Anbaugebietes. Die Rebsorte gelangte wahrscheinlich im 18. Jh. über Österreich und Franken in die Rheinpfalz, noch um 1930 wurde er bei den Winzern als "Österreicher" gehandelt. Der Silvaner reift etwa 8–10 Tage nach dem Müller-Thurgau, benötigt mittlere bis gute Lagen und einen kräftigen Boden. Der Silvaner wird auf Löß mild und duftig, auf kräftigem Boden füllig und körperreich. Insgesamt ist er durch verhaltene, feine Säure gekennzeichnet, das Bukett ist relativ neutral und dezent.

Müller-Thurgau

Ein 'junger' Klassiker ist der Müller-Thurgau, benannt nach dem Rebenzüchter Prof. Müller aus dem schweizerischen Kanton Thurgau, dem vor über 100 Jahren im Institut für Weinbau und Rebenzüchtung Geisenheim (Rheingau) die erste gezielte Kreuzung zweier Rebsorten (Riesling x Silvaner) gelang. Der Müller-Thurgau reift früh und ist mit geringen bis mittleren Lagen zufrieden, braucht aber kräftige, tiefgründige Böden, weshalb er zur Hauptrebe der ganzen Rheinpfalz avancierte (besonders in der "Südlichen Weinstraße", ca. 3200 ha Rebfläche). Die Sorte ergibt milde, blumig-harmonische Weine mit fruchtigem Bukett bei ausgewogenem Säureanteil.

Ruländer

Diese Rebsorte wird auch Grauer Burgunder genannt (Pinot gris) und dürfte ihre Heimat in Burgund haben. Im Jahre 1711 entdeckte der Kaufmann Johann Ruland den Rebstock in einem Garten in Speyer und vermehrte die Sorte. Der Ruländer liebt gute Lagen mit durchlässigen, tiefgründigen und kalkhaltigen Böden und reift mittelfrüh bis spät. Bei später Lese entstehen hervorragende Auslesen und Beerenauslesen. Der Ruländer ist vollmundig und körperreich, d. h. extrakt- und alkoholreich, besitzt aber nur wenig Säure.

**Gewürztraminer
Roter Traminer**

Hohe Ansprüche an Boden und Klima stellt der Traminer, dessen Name vermutlich auf den Weinort Tramin in Südtirol zurückgeht. Seit etwa zwei Jahren wird der Traminer wieder verstärkt an der Deutschen Weinstraße, seinem Hauptanbaugebiet in Deutschland, gepflanzt. Seine Trauben werden von rötlichen bis rosaroten Beeren gebildet, deren Saft aber weiß ist. Auf kräftigen Böden gedeihen Weine mit viel Körper und Aroma, auf leichteren milde, harmonische Weine. Traminer entwickeln ein intensives Bukett, das oft an Wildrosen erinnert, und gilt als Liebhaberwein.

Weißburgunder

Der Weißburgunder (Pinot blanc) ist höchstwahrscheinlich eine Mutation des Ruländers und wird in der Rheinpfalz wieder verstärkt angebaut; er erfordert gute Lagen, am besten mit kalkhaltigen Böden. Weißer Burgunder zeichnet sich durch feine, pikante Säure und ein dezentes Bukett aus.

Die wichtigsten weißen Neuzüchtungen

Für Neuzüchtungen gibt es verschiedene Gründe, deren wesentlichste eine höhere Ertragssicherheit (geringere Frostempfindlichkeit und größere Resistenz gegen Krankheiten und Schädlinge) und die Erschließung neuer Märkte bzw. der Geschmackswandel der Verbraucher sein dürften. Neuzüchtungen brauchen meist Jahrzehnte, bis sie sich durchgesetzt haben; der 1929 gezüchtete Kerner z. B. konnte sich erst ab 1970 richtig verbreiten, heute teilt er sich mit dem Silvaner in Deutschland den 3. Platz in der Rebsortenstatistik, in der Rheinpfalz steht er an 3. Stelle mit ca. 11% Anteil an der Rebfläche.

Kerner

Der Kerner wurde an der Staatl. Lehr- und Versuchsanstalt für Weinbau in Weinsberg (Württemberg) aus Trollinger und Riesling gezüchtet (sein Name stammt von dem dort Mitte des 19. Jh.s ansässigen Arzt und Dichter Justinus Kerner). Er braucht mittlere bis gute Lagen, einfache Böden (z. B. lehmige Sandböden) genügen. Die Erträge des Kerners liegen über denen des Rieslings, er reift mittelfrüh und kann hohe Mostgewichte erreichen. Kerner-Weine wirken frisch, lebhaft bis herzhaft, sie besitzen eine fruchtige Säure und ein feines Bukett.

Rebsorten

Terrassenartig fallen die Rebhänge zur Rheinebene ab

Morio-Muskat

Der Morio-Muskat ist ein Pfälzer Kind. Dem Rebenzüchter Peter Morio gelang 1933 auf dem Geilweilerhof (der heutigen Bundesforschungsanstalt für Rebenzüchtung) in Siebeldingen die Kreuzung von Silvaner und Weißburgunder. Auf den mittleren Lagen und den tiefgründigen fetten Lehmböden fühlt sich der Morio-Muskat wohl und bringt große Erträge. Der Wein hat ein kräftiges Muskatbukett, zuweilen auch einen Rosenton. Bei hohem Reife- und relativ geringem Säuregrad wirkt er wuchtig und füllig, sonst frisch und duftig. Sein Geschmack wird unterschiedlich beurteilt: Was den einen als intensives Aroma begeistert, gereicht anderen zu der Qualifizierung "Parfümwein".

Scheurebe

Die aus der Kreuzung von Silvaner und Riesling entstandene Rebsorte ist eine der ältesten Neuzüchtungen. Sie gelang dem Rebenzüchter Georg Scheu aus Alzey im Jahre 1916, setzte sich aber erst in den dreißiger Jahren durch. Die Sorte stellt relativ hohe Anforderungen an das Mikroklima, dagegen geringe an den Boden. Die Scheurebe ergibt fruchtige, harmonische, oft körperreiche Weine mit rassiger, eleganter Säure, ihr Duft erinnert an das Aroma schwarzer Johannisbeeren.

Huxelrebe

Als Kreuzung zwischen Gutedel und Courtillier musqué entstand die Huxelrebe. Sie braucht mittlere Lagen mit lockeren, durchlässigen Böden und reift früh (noch vor dem Müller-Thurgau). Da die Erträge groß sind, müssen sie aus Qualitätsgründen beschränkt werden. Der Wein ist gekennzeichnet durch ein dezent-blumiges Muskatbukett bei frischer Säure.

Bacchus

Die nach dem griechisch-römischen Weingott benannte Neuzüchtung aus (Silvaner x Riesling) x Müller-Thurgau entstand um 1933 auf dem Geilweilerhof. Die Sorte gedeiht gut auf tiefgründigen, nährstoffreichen Böden und reift vor dem Müller-Thurgau. Bacchus-Weine sind frisch und gefällig, oft auch extraktreich, ihr blumiges Bukett hat einen leichten Muskatton und eher geringe Säure.

Rebsorten

Traubenblüte

Rotweintrauben

Ortega	Diese Rebsorte wurde an der Bayerischen Landesanstalt für Wein-, Obst- und Gartenbau in Veitshöchheim aus Müller-Thurgau und Siegerrebe (auch eine Neuzüchtung) gekreuzt. Die nach dem spanischen Philosophen Ortega y Gasset benannte Rebe reift früh und erreicht hohe Mostgewichte, sie begnügt sich mit einfachen Lagen und Böden. Die Weine sind gehaltvoll und kräftig, weisen ein feines Bukett, aber nicht immer genug Säure auf. Längere Flaschenreife ist empfehlenswert.
Faberrebe	Die aus Alzey stammende Faberrebe ist eine Kreuzung aus Weißburgunder und Müller-Thurgau. Diese Neuzüchtung reift früh, vor dem Müller-Thurgau; sie braucht ähnliche Lagen wie der Müller-Thurgau. Die Faberrebe liefert frisch-fruchtige, harmonische Weine mit dezentem Rosenton oder leichtem Muskataroma und lebendiger Säure.
Rotwein Allgemeines	Nach einem bis in die achtziger Jahre anhaltenden Rückgang des Rotweinanbaus in der Rheinpfalz werden Rotweinsorten verstärkt neu gepflanzt. Mit einer Rebfläche von 2600 ha steht die Rheinpfalz heute an 3. Stelle unter den deutschen Rotwein-Anbaugebieten.
Blauer Spätburgunder (Blauburgunder)	Der Spätburgunder gilt als edelste Rotweinsorte Deutschlands. Er verlangt gute Lagen mit tiefgründigen, kalkhaltigen, warmen Böden, wo er mittelfrüh bis spät reift. Besonders an der Mittelhaardt gibt es entsprechende Standorte. Spätburgunder ist dunkelrot, körperreich, gehaltvoll und samtig, gelegentlich weist er einen Mandelton auf.
Portugieser	Der Portugieser stammt nicht, wie der Name vermuten läßt, aus Portugal, sondern höchstwahrscheinlich aus Niederösterreich. Von dort kam die Rebe im 19. Jh. in die Pfalz. Sie begnügt sich mit leichten, sandigen oder kiesigen Böden und reift relativ früh. Der Portugieser wächst kräftig und bildet große Blätter, die sich im Herbst zunehmend leuchtend rot färben. Die großen Trauben tragen mittelgroße, pflaumenblaue, duftende Beeren,

Rebsorten

Weiße Rebsorten ...   *... überwiegen an der Weinstraße*

die reiche Erträge liefern. Der Wein ist mild und süffig, dabei aber fruchtig. Seine zartrote Farbe wird verschiedentlich durch Verschnitt mit farbstarkem Wein (Deckwein) 'aufgerötet'.

Portugieser (Fortsetzung)

Vor etwa zehn Jahren noch kaum bekannt und höchstens als 'Deckwein' für farbschwachen Portugieser benutzt, hat der Dornfelder seit einigen Jahren seinen Platz unter den Rotweinen erobert. Die Sorte wurde in der Staatlichen Lehr- und Versuchsanstalt Weinsberg von August Herold aus zwei anderen roten Neuzüchtungen (Helfensteiner und Heroldrebe) gekreuzt und bringt mittlerweile auch in der Rheinpfalz gute Erträge. Sie stellt hohe Ansprüche an den Boden und findet sowohl in der Mittelhaardt als auch an der Südlichen Weinstraße gute Standorte. Die Rebe ist etwas frost- und blüteempfindlich, ihre großen Trauben sind lockerbeerig und von tiefdunkelblauer Farbe. Dornfelder ist vollmundig bei wenig betonter Säure, seine Farbe ist ein dunkles, oft schwärzliches Rot, das an südländische Weine erinnert.

Dornfelder

Diese alte Rebsorte droht auszusterben und wird in Deutschland nur noch an der Deutschen Weinstraße in kleinen Mengen angebaut. Die Rebe, vermutlich eine Mutation des Spätburgunders, wurde um 1870 im Elsaß entdeckt und gelangte von dort in die benachbarte Pfalz, wo sie heute noch auf leichten, etwas kalkhaltigen Böden am besten gedeiht. In Österreich ist sie heute am stärksten verbreitet.
Der St. Laurent ist gegen Spätfröste und in der Blüte empfindlich. Deshalb sind seine Erträge etwas unsicher, aber von allgemein guter Qualität. Ihren Namen erhielt die Rebsorte vom Kalendertag des hl. Laurentius (10. August), dem Zeitpunkt, zu dem die Sorte normalerweise auszureifen beginnt. Die Farbe des Weins ist ein kräftiges Dunkelrot, sein Bukett ist feinfruchtig und erinnert an Kirschen. Jung zeigt sich der Wein herb, markant und säurereich, nach einigen Jahren der Reife samtig, vollmundig und mit angenehmem Gerbstoffgehalt.

St. Laurent

Wirtschaftliche Bedeutung

Vollernter ...   ... und Handlese

Wirtschaftliche Bedeutung

Allgemeines

Das Bundesland Rheinland-Pfalz, zu dem das Anbaugebiet Rheinpfalz (Deutsche Weinstraße) gehört, ist das Hauptweinbauland Deutschlands (jede 4. Flasche deutschen Weins wird hier produziert) und besitzt als einziges einen eigenen Weinbauminister (der auch für Landwirtschaft und Forstwirtschaft zuständig ist). Es gibt hier rund 11 500 Weinbaubetriebe, davon ca. 3000 Vollerwerbsbetriebe. Etwa 650 Betriebe vermarkten ihre Weine selbst.

Winzergenossenschaften

Zur Produktion und Vermarktung des Weins haben sich die Weinbauern vielfach zu Winzergenossenschaften zusammengeschlossen. Der Anbau geschieht in eigener Regie; die geernteten Trauben werden an die Genossenschaft, an der die Winzer beteiligt sind, zur Weiterverarbeitung geliefert, d. h. zur Kelterung, zum Ausbau und zur Abfüllung. Auch den Absatz übernimmt die Genossenschaft. In der Rheinpfalz bestehen 23 Winzergenossenschaften unterschiedlicher Größe und Mitgliederzahl (→ Praktische Informationen, Winzergenossenschaften). Fast alle Kellereien verfügen über eine hochmoderne technische Ausrüstung und eine neuzeitliche Kellertechnik. Eine der größten, die Gebietswinzergenossenschaft "Deutsches Weintor" in Ilbesheim (Südliche Weinstraße), zählt rund 1280 Mitglieder, die knapp 1000 ha Rebfläche bewirtschaften. Die 621 Stahltanks der Genossenschaft fassen ca. 25,5 Mio. l, dazu kommen 85 Holzfässer mit knapp 20 000 l Inhalt. Die Winzergenossenschaften beraten ihre Mitglieder in Fragen des Anbaus, der Düngung und Schädlingsbekämpfung und legen Qualitätsregeln fest.

Erntemengen

Wie bei allen Naturprodukten, deren Reifung witterungsabhängig ist, schwankt die Erntemenge der Weintrauben von Jahr zu Jahr. Trockene und heiße Sommer ergeben kleine Ernten, gut über die Vegetationszeit

Wirtschaftliche Bedeutung

verteilte Niederschläge bei ausreichender Wärme und Sonneneinstrahlung einen großen 'Herbst'. Andererseits beschränken qualitätsbewußte Winzer die Erntemenge, z. B. durch das Anschneiden einer geringeren Zahl von Augen, die später austreiben, und/oder durch das Ausdünnen im Spätsommer. Auch gilt seit 1990 eine Höchstmengenregelung, die verhindern soll, daß große Mengen minderer Qualität erzeugt werden, die dann nicht absetzbar sind.

Erntemengen (Fortsetzung)

Die steigenden Erträge und der gleichbleibende Weinkonsum in Deutschland legen es den Weinproduzenten nahe, nach neuen Möglichkeiten der Vermarktung ihrer Erzeugnisse zu suchen. So entstand beim Weinbauverband Rheinpfalz die Idee, ausgesuchte Weine zu Weinbrand zu destillieren und in Eichenholzfässern reifen zu lassen. Die besten Brennergebnisse des 1977 gestarteten Großversuchs wurden 1983 auf der "Intervitis" in Stuttgart der Öffentlichkeit präsentiert. Heute bieten über 900 Winzer und Kellereien im Pfälzer Weinbrand an. Der Absatz entwickelt sich gut, 1990 wurden 160000 Flaschen verkauft. Den gebietstypischen Ton verleihen dem Destillat vor allem die Rebsorten Müller-Thurgau und Morio-Muskat. Außer dem ursprünglichen VVSOP-Weinbrand (VVSOP = very very superior old pale) wird seit Dezember 1989 auch noch in kleinen Mengen das Spitzenprodukt XO aus besonders alten und sorgfältig ausgewählten Destillaten, mehrere Jahre in Fässern aus Limousin-Eiche gelagert, erzeugt.

Neue Produkte

Weinbrand

Da der Sektverbrauch in den letzten Jahren erheblich gestiegen ist, sah die Pfälzer Weinwirtschaft auch hier eine neue Absatzmöglichkeit, den 'Winzersekt b. A.'. Dieser Sekt muß charakteristisch für das Anbaugebiet und rebsortenrein sein. Er wird entweder von den Winzern selbst aus eigenem Traubengut erzeugt und mit Angabe von Jahrgang und Lage etikettiert oder als Gemeinschaftscuvée mehrerer Winzerbetriebe in den Handel gebracht, oder aber die Grundweine werden durch Sektkellereien im Lohnverfahren versektet, wie z. B. bei der bekannten Sektkellerei Schloß Wachenheim. An Rebsorten werden vor allem Riesling, Weißburgunder und (als seltene Rarität) Gewürztraminer für weißen und Spätburgunder und Dornfelder für roten Sekt verwendet. Die Herstellung selbst erfolgt sehr häufig nach der klassischen Champagnermethode, also durch Flaschengärung. An der Deutschen Weinstraße sind schon mehrere hundert Weingüter und Winzergenossenschaften an der Herstellung von Winzersekt beteiligt. Die Gesellschaft für Weinabsatz, hinter der der Weinbauverband steht, läßt einen "Riesling Sekt Rheinpfalz" in klassischer Flaschengärung herstellen, der an seiner Ausstattung erkennbar ist.

Schaumwein

Entwicklung der Weinmosternte in der Rheinpfalz nach ausgewählten Rebsorten

Rebsorte	Hektarertrag (hl)			Erntemenge (hl)		
	1985	1989	1991	1985	1989	1991
Müller-Thurgau	116,5	153,3	147,9	278982	730967	749382
Riesling	77,1	112,9	105,0	222268	380062	409892
Kerner	93,9	139,0	122,9	212818	335268	306293
Silvaner	82,6	132,8	130,0	156626	219319	213872
Scheurebe	95,8	123,7	120,1	128811	160739	142105
Morio-Muskat	60,4	160,8	145,3	99605	213342	149330
Bacchus	75,5	141,8	151,1	34646	65364	65129
Blauer Portugieser	78,3	148,4	144,1	122685	239141	290458
Blauer Spätburgunder	65,6	105,3	115,6	11472	27372	46461

Quelle: Statistisches Landesamt Rheinland-Pfalz

Kellertechnik

Winzeressig

Ein junger Winzer in Venningen bei Edenkoben begann vor einigen Jahren mit der Herstellung von Weinessig nach alten Rezepten und ist mit seinen wohlschmeckenden und ansprechend verpackten Erzeugnissen überregional bekannt geworden (Weinessiggut Doktorenhof, Venningen). Auch der Weinbauverband bietet seit neuestem einen Weinessig unter dem Namen 'Pfälzer Winzeressig' an. Das Produkt ist das Ergebnis einer Kooperation zwischen der Gesellschaft für Weinabsatz und der Firma Hengstenberg, Esslingen. Er wird aus naturvergorenen, reifen Weißweintrauben der bukettreichen Rebsorten Scheu, Morio-Muskat und Bacchus gewonnen und entwickelt einen dezenten, aromatischen Geschmack.

Pfälzer
Traubensaft

Der Pfälzer Traubensaft besteht zu 100 % aus dem Fruchtsaft lesefrischer Trauben. Er wird aus den Rebsorten Müller-Thurgau, Kerner, Silvaner, Riesling und Huxelrebe hergestellt und ausschließlich über Winzer und weinwirtschaftliche Betriebe der Rheinpfalz angeboten.

Kellertechnik

Weißwein

Die gelesenen Weintrauben werden auf ihre Qualität kontrolliert und gemahlen (gequetscht); die Maische wird gekeltert (abgepreßt). Da der frische Traubenmost Trübstoffe enthält, wird er meist entschleimt oder durch Separatoren (Zentrifugen) vorgeklärt. Wenn Verbesserung durch Trockenzuckerzusatz (nur bei Tafel- und einfachen Qualitätsweine in Grenzen erlaubt) notwendig ist, erfolgt sie jetzt.

Entscheidend für die spätere Qualität des Weins ist die Gärung, ein biochemischer Prozeß, bei dem auf den Trauben vorhandene Hefepilze oder zugesetzte Reinzuchthefen den Zucker (Traubenzucker, Fruchtzucker) in Alkohol und Kohlensäure spalten. Daneben werden in kleinen Mengen Glyzerin, Bernsteinsäure sowie wertvolle Geruchs- und Geschmacksstoffe gebildet. Die Gärung kann bis zu drei Wochen dauern, bei Auslesen und Beerenauslesen noch länger.

Nach der Gärung folgt der Abstich, d. h. das Umfüllen in einen sauberen Behälter. Hierbei wird der Jungwein von der Hefe getrennt. Nach mehr oder weniger langer Reifezeit im Tank oder im Faß wird der Wein erneut abgestochen (umgepumpt), mit Bentonit (Tonerde), Gelatine oder Kieselgurerde geklärt (geschönt) oder filtriert. Ob der Wein noch länger reift oder schon abgefüllt wird, hängt von der Sorte, der Qualität, vom Kellermeister, der Lagerkapazität und anderen Faktoren ab.

Rotwein

Die Rotweinbereitung weicht in einigen Punkten von der Weißweinherstellung ab. Nach der Lesegutkontrolle werden die Trauben grundsätzlich entrappt (heute auch z. T. schon bei weißen Trauben), d. h. von den Stielen getrennt, damit nicht zuviel Gerbstoffe in die Maische (und den Wein) gelangen. Danach werden die Trauben gemaischt. Da die roten Farbstoffe und auch wichtige Gerbstoffe in den Beerenschalen sitzen, müssen die Häute aufgeschlossen werden. Dies geschieht nach zwei Verfahren: durch Vergärung auf der Maische, das traditionelle Verfahren, bei dem die Beerenhäute durch den entstehenden Alkohol ausgelaugt werden, oder durch Maischeerhitzung. Gekeltert wird nach Ende der Maischevergärung. Klärung (Schönung), Abstich und weitere kellertechnische Behandlung sind ähnlich wie beim Weißwein. Die Kellermeister arbeiten hier aber erheblich individueller, etwa mit längerer Lagerung und Holzfaßausbau, weiterer Klärung etc.; durch Reifung in Holzfäßchen (Barriques, mit 225 l Fassungsvermögen) kann der Wein noch weitere Gerb- und Aromastoffe aufnehmen.

Verschiedene Weingüter und Kellereien verwenden z. T. andere Verfahren; das macht die Individualität des fertigen Weins und das Geheimnis seines besonderen Geschmacks aus.

Weinetikett

Pfälzer Weine – ein vielfältiges Angebot

Das Weinetikett

Das Weinetikett ist die Visitenkarte des Weins. Grundsätzlich gilt: Je höher die Qualitätsstufe, desto differenzierter und ausführlicher sind die Informationen, die es gibt.

Allgemeines

Zu den Angaben, die in jedem Fall auf der Weinetikette stehen müssen, gehört die Güteklasse. Durch das Weingesetz von 1971 ist die Zuordnung eines Weins zu den Qualitätsstufen 'Tafelwein', 'Qualitätswein bestimmter Anbaugebiete' (Q.b.A.) und 'Qualitätswein mit Prädikat' von genau festgelegten Mostgewichten abhängig: Tafelwein bis zu 44° Oechsle; Landwein ('Pfälzer Landwein') zwischen 50 und 60° Oechsle; Qualitätswein bestimmter Anbaugebiete 50–72° Oechsle (für Riesling z. B. 60° Oechsle). Die begrenzte Beigabe von Zucker zum Most ist bei Tafel- und Qualitätsweinen zur Anhebung des Alkoholgehalts erlaubt.

Güteklasse

Landwein
Tafelwein
Q.b.A.

Bei Qualitätsweinen mit Prädikat schwanken die Mostgewichte je nach Rebsorte und Anbaugebiet, liegen aber über denen des Q.b.A.-Weins. In der Rheinpfalz betragen sie bei Riesling und Portugieser 60°, bei Müller-Thurgau und Silvaner 62° Oechsle. Mit dem Prädikat 'Kabinett' wird ein ausgereifter Wein benannt, der seinen Geschmack ohne die Beimischung von Zucker entwickeln muß. Eine 'Spätlese' wird aus vollreifen Trauben nach Abschluß der allgemeinen Lese gewonnen. Für die 'Auslese' werden nur vollreife Trauben verwendet, die getrennt von den weniger reifen gekeltert werden. Für 'Beerenauslesen' werden nur edelfaule, überreife Trauben ausgewählt, die 120° Oechsle erreichen müssen. Auslesen und Beerenauslesen sind meist süß und sehr aromatisch. Die Verarbeitung von rosinenartigen Trauben bezeichnet man als 'Trockenbeerenauslese'. Eine Besonderheit ist der 'Eiswein', für den die Trauben lange nach der herbstlichen Ernte bei höchstens −7 °C gelesen werden und das Mostgewicht dem der Beerenauslese entsprechen muß.

Qualitätswein
mit Prädikat

Weinkultur

Weinetikett
(Fortsetzung)
Herkunft

Die Herkunft eines Weins wird gern auch in Verbindung mit der Qualitätsbezeichnung (z. B. 'Pfälzer Landwein') angegeben. Bei Tafel- und Qualitätsweinen erscheint der Name des Anbaugebiets (z. B. "Rheinpfalz") oder des Bereichs (z. B. "Südliche Weinstraße"), Lagenamen (Einzel- oder Großlage) werden nur bei Qualitätsweinen mit und ohne Prädikat genannt (z. B. "Gimmeldinger Meerspinne").

Inhalt

0,75 l oder 1 l (EG-Norm; "e").

Erzeuger bzw. Abfüller

Der Name des Erzeugers oder Abfüllers erscheint mit der Angabe des Orts oder Sitzes.

Amtliche Prüfungsnummer

Die zehnstellige Prüfungsnummer gibt Auskunft über die Prüfstelle (erste Ziffer), den Sitz des Erzeugers, die Betriebsnummer, das Jahr, in dem der Wein geprüft wurde und als wievielter Wein er an die Prüfstelle kam.

Freiwillige Angaben

Neben den gesetzlich vorgeschriebenen Angaben gibt es auch amtlich erlaubte, freiwillige Angaben auf dem Weinetikett, etwa zum Jahrgang (wenn mindestens 85% des Leseguts aus dem genannten Jahr stammen), zur Rebsorte (Riesling, Silvaner, Spätburgunder usw., wenn mindestens 85% aus dieser Sorte enthalten sind) und zur Geschmacksrichtung. Als "trocken" bezeichnet man herbe Weine mit höchstens 4 g/l Restzucker, halbtrockene Weine dürfen maximal 18 g/l enthalten (in keinem Fall mehr als der Gesamtsäuregehalt plus 10), für liebliche und süße Weine sind keine Grenzwerte festgelegt. Außerdem können der Restzuckergehalt und der Säuregehalt in Promille angegeben werden.

Die Weinflasche kann mit zusätzlichen Gütezeichen wie Prämierungssiegeln versehen sein. Ein solches Gütezeichen für die Weine der Rheinpfalz ist seit 1985 das Deutsche Weinsiegel mit dem typischen Gebietssymbol, dem Pfälzer Löwen, das von der Deutschen Landwirtschaftsgesellschaft vergeben wird. Trockene Weine tragen das Siegel in Gelb, halbtrockene Weine in Grün und liebliche Weine in Rot.

Weinkultur

Weinmuseen

Speyer

Historisches Museum der Pfalz, Abteilung Weinbau
6720 Speyer, Große Pfaffengasse 7 (nahe Kaiserdom)
Küferwerkzeuge, Fässer, riesige Holzkeltern, Krüge, Flaschen, Gläser, der älteste Wein der Welt in Glasflasche, etwa 300 n.Chr. abgefüllt und mit viel Harz konserviert. Geöffnet tgl. 9.00–17.00 Uhr.

Deidesheim

Museum für Weinkultur, im Rathaus
Weingläser (bes. Jugendstil), Amphoren, Krüge, Etiketten, Münzen mit Weinthematik, Figuren, Briefmarken mit Weinmotiven. Wichtige Literatur von Weinwissenschaftlern, darunter die Dissertation des ersten deutschen Bundespräsidenten Theodor Heuss über den Weingärtnerstand von Heilbronn.
Geöffnet Mi.–So., Fei. 16.00–18.00 Uhr.

Bad Dürkheim

Haus Catoir
Heimatmuseum mit Weinmuseum
6702 Bad Dürkheim, Römerstr. 20.
Geöffnet Mi. und Sa. 14.00–17.00, So. 9.00–12.00, 14.00–17.00 Uhr.

Weinkultur

Römisches Weingut Weilerberg
6702 Bad Dürkheim-Ungstadt
Antikes Kelterbecken. Ausgrabungen noch nicht abgeschlossen.

Bad Dürkheim-Ungstadt

Weinmuseum im Herrenhof
6730 Neustadt-Mußbach, Tel. (06321) 66772
Geöffnet April – Okt. So. 10.00 – 13.00, 14.00 – 17.00 Uhr.

Neustadt-Mußbach

Winzergenossenschaft 'Weingebiet'
6730 Mußbach-Gimmeldingen, An der Eselshaut 57

Neustadt-Gimmeldingen

Der älteste Weinberg Europas – wenn man so will, ein Freilichtmuseum – ist über 350 Jahre alt. Die im 17. Jh. gepflanzten Rebstöcke erwiesen sich als äußerst widerstandsfähig, denn sie überlebten sogar die Ende des 19. Jh.s aus den USA eingeschleppten Rebkrankheiten und die Reblaus. Der Wingert ist mit 300 Rebstöcken der Sorte Traminer bestockt, die zwar nicht immer gleichmäßig, aber doch regelmäßig tragen. Der Weinberg liegt am Ortsausgang des hübschen Weindorfes Rhodt unter Rietburg in der Edesheimer Straße, gegenüber der Winzergenossenschaft Rietburg. Bebaut und gepflegt wird das historische Stück durch das Weingut Arthur Oberhofer, 6736 Edesheim, Am Lindenberg 1, Tel. (06323) 5370. Dort werden auch die Trauben gekeltert und der Wein ausgebaut.

Ältester Weinberg Rhodt u. Rietburg

Weinlehrpfade

→ Praktische Informationen, Lehrpfade

Weinseminare

Eine Besonderheit des kulturellen Angebots an der Deutschen Weinstraße sind die Wein- und Sektseminare, bei denen man in schöner Umgebung und oft verbunden mit kulinarischen Genüssen, Wanderungen oder Radwanderungen, Wissenswertes über Weinwirtschaft und Kellertechnik erfahren kann. Sie werden an feststehenden Terminen meist wochenweise oder am Wochenende (Freitag bis Sonntag) durchgeführt. Gruppen können auch Sondertermine vereinbaren.

Deidesheimer Weinschule
Mehrere Termine im Jahr, meist im Spätsommer und Herbst. Sondertermine für Gruppen ab 12 Personen. Programm: Referate über Weinbeurteilung, Wein in der Küche, Geschichte des Weinbaus u. a.; Weinproben, Keller- und Weinbergsführungen.
Auskunft und Anmeldung: Amt für Fremdenverkehr, 6705 Deidesheim, Tel. (06326) 5021.

Veranstalter

Rheinpfalz – Weinpfalz, Gebietsweinwerbung
Chemnitzer Straße 3, 6730 Neustadt a. d. W., Tel. (06321) 912328/33
Wein- und Sektseminare zur Zeit der Weinlese in St. Martin und Bad Dürkheim (Anfang/Mitte Oktober – Anfang November). Programm: Wein-und-Sekt-Proben, Besichtigung eines Weinmuseums, Weinbergsbegehungen, Besichtigung eines Weinguts mit Weinprobe. Außerdem Wochenendseminare mit unterschiedlichen Themen und an wechselnden Orten.

Zentrale für Tourismus Südliche Weinstraße
Postfach 2124, 6730 Landau (Pfalz), Tel. (06341) 380148
Großes Weinseminar von Sonnabend bis Sonnabend in St. Martin; Termine: Ende September bis Ende Oktober. Programm: Vormittags theoretisches Weinseminar (Geschichte des Weins, Gestaltung eigener Weinproben). Nachmittags u. a. Busfahrt über die Südliche Weinstraße, große Weinprobe, Führungen, Fachexkursionen, 'Zungentest'.

Kunst und Kultur

Kunstdenkmäler an der Weinstraße

Die Pfalz und damit auch das Gebiet der Deutschen Weinstraße können auf eine wechselvolle Geschichte zurückblicken. Bedingt durch die territoriale Zersplitterung vom Mittelalter bis in die Zeit der Französischen Revolution sowie durch die Grenzlage zu Frankreich war sie über weite Strecken von Feldzügen, Kriegen und Verwüstungen geprägt, denen strategisch wichtige Städte, Herrschaftssitze, Burgen und Kirchen bevorzugt zum Opfer fielen. Dank intensiver konservatorischer Bemühungen sind viele dieser Bauwerke, insbesondere die Burgen, heute auch in ihrem Zustand als Ruinen bzw. mit den Veränderungen aus der jüngeren Vergangenheit beeindruckende Zeugnisse der Geschichte und lohnende Sehenswürdigkeiten. Für die einzelnen Jahrhunderte und Epochen werden im folgenden einige herausragende Beispiele genannt.

Allgemeines

Da im Gebiet der Deutschen Weinstraße keine großen Heerlager und römischen Städte existierten, sind die Funde aus dieser Zeit nicht allzu zahlreich. Die römische Besiedlung bestand wohl im wesentlichen aus Einzelhöfen (villa rustica), die in oder in der Nähe von Klingenmünster, Bad Dürkheim (Weingut in Ungstein), Bad Bergzabern und andernorts ausgegraben wurden. Zu den bedeutendsten Fundstücken aus römischer Zeit zählt ein in Neustadt-Gimmeldingen gesichertes Mithrasrelief, das sich heute im Historischen Museum in Speyer befindet.

Römische Zeit

Im Mittelalter lag die Pfalz im politischen Zentrum des Reiches und insbesondere unter den salischen und staufischen Herrschern und ihren Lehnsträgern vor Ort entfaltete sich eine reiche Bautätigkeit.

Mittelalter

An erster Stelle zu nennen sind hier der Bau des Kaiserdoms zu Speyer und in unmittelbarer zeitlicher Nähe dazu die Gründung der Benediktinerabtei Limburg bei Bad Dürkheim. Sowohl der Speyerer Dom wie auch die Ruine der Klosterkirche Limburg sind eindrucksvolle Beispiele frühromanischer monumentaler Baukunst in Deutschland. Die Ausstrahlung dieser beiden Kirchen auf die sakrale Architektur an der Weinstraße wird noch an der ehemaligen Klosterkirche St. Laurentius in Bad Dürkheim-Seebach, von der sich der romanische Chor und ein achteckiger Vierungsturm aus der Zeit um 1300 erhalten haben, sowie an der Pfarrkirche in Niederkirchen, deren Vierungsturm an die Westtürme der Limburg erinnert, nachvollziehbar. Der Kirchenbau in der Zeit der Gotik läßt sich an der Weinstraße vor allem in den Stiftskirchen in Landau und Neustadt exemplarisch betrachten. Viele gotische Dorfkirchen besitzen aus dieser Zeit nur noch den Chorturm (oft mit gewölbtem Chor), das Langhaus wurde in den meisten Fällen im 18. Jh. durch einen barocken Saal ersetzt. Gotische Kirchenausstattungen sind demzufolge eher selten und auf Einzelstücke (wie die hervorragend gearbeitete Kanzel in der Kirche in Ruppertsberg) beschränkt. Häufig sind die gotischen Baureste bzw. Chorräume mit Freskenzyklen ausgemalt (Wehrkirche in Dörrenbach, Kirche in Essingen).

Kirche

Während der Herrschaft der Salier, vor allem aber in staufischer Zeit entwickelte sich die Burg zu einer wichtigen profanen Bauaufgabe. Die zahlreichen, fast alle nur als Ruinen erhaltenen Burgen entlang des Haardtrandes bzw. oberhalb der Täler in der Haardt dienten der Kontrolle von Handelswegen oder der Sicherung von Territorium. Als Reichsfesten entstanden die Madenburg bei Eschbach, die Burg Landeck bei Klingenmünster

Burg

◀ *Krypta der Klosterkirche Limburg*

41

Kunstdenkmäler an der Weinstraße

Klosterkirche Limburg

Romanischer Turm in Colgenstein

Burg (Fortsetzung)
und der Trifels oberhalb von Annweiler. Von der einstigen Macht ihrer Besitzer, der Grafen von Leiningen, zeugt die Hardenburg bei Bad Dürkheim, die zu den größten Burganlagen der Pfalz gehört. Eine besondere Stellung beansprucht die Burg Neuleiningen, die nicht dem gängigen Grundrißschema der pfälzischen Burgen (Ober- und Unterburg, durch Felsenkeller verbunden, Oberburg mit Mauer und Graben, freistehendem Bergfried und Wohngebäude) folgt, sondern das in anderen europäischen Ländern stärker verbreitete Kastell zum Vorbild hat.

Stadtbefestigung
Einzigartig in ihrer fast vollständigen Erhaltung ist die mittelalterliche Stadtbefestigung in Freinsheim, die an der Schwelle zur Neuzeit vollendet wurde (1514).

16.–18. Jahrhundert
Zwei besonders schöne Beispiele pfälzischer Renaissancearchitektur sind in Bad Bergzabern erhalten: das Schloß der Herzöge von Pfalz-Zweibrücken und das Gasthaus zum Engel, einer der prächtigsten Profanbauten seiner Zeit. Das im 18. Jh. errichtete Schloß der Leininger Grafen in Bad Dürkheim wurde zerstört; barocke Adelswohnsitze (sowie eine Kirche mit originaler Ausstattung aus derselben Zeit) kann man u.a. noch in Dirmstein, dem ehemaligen Sommerrefugium der Speyerer Bischöfe, vorfinden. Ein regionalspezifischer Typ des Rathauses bildete sich im 16. Jh. heraus und ist heute u.a. noch im Rathaus von Dörrenbach und Ilbesheim vertreten. Das gemauerte Erdgeschoß dieser Gebäude birgt eine Halle mit Rundbogenöffnungen, während das Obergeschoß, zu dem eine seitliche, meist überdachte Freitreppe hinaufführt, in Fachwerk ausgeführt ist.

Von einem der gewaltigsten Bauprojekte im ausgehenden 17. Jh., dem Bau der Landauer Festung durch den französischen Festungsbaumeister Vauban, sind leider nur noch die beiden Festungstore (Deutsches Tor und Französisches Tor) zu sehen; das originale (!) Stadtmodell vermittelt ein anschauliches Bild von der Festungsstadt um 1700 (Heimatmuseum Landau, Villa Mahla).

Kanzel in Ruppertsberg *Mittelalterliche Fresken in Mühlheim*

Die Zugehörigkeit der Pfalz zu Bayern schlug sich auch in der Baukunst nieder, die in der ersten Hälfte des 19. Jh.s stark vom klassizistischen Historismus Münchner Prägung beeinflußt war. Herausragende Beispiele sind das für Ludwig I. erbaute Schloß Ludwigshöhe oberhalb von Edenkoben sowie Rathaus (heute Kurhaus) und Kirche in Bad Dürkheim. Besonders nachhaltig ist die Zeit der bayerischen Herrschaft in Landau präsent, wo noch ganze Straßenzüge mit stattlichen Gebäuden und aufwendigen Buntsandsteinfassaden erhalten sind. Der Fest- oder Konzertsaal, eine typische Bauaufgabe des 19. Jh.s, wird am Übergang zum 20. Jh. in Landau und Neustadt auf unterschiedliche Weise gelöst: noch ganz dem historischen Formenkanon des 19. Jh.s verpflichtet ist der Saalbau in Neustadt (1873), während die Festhalle in Landau (1905/1907) bereits den Einfluß des Jugendstils aufweist.

Kunstdenkmäler (Fortsetzung)
19. und 20. Jahrhundert

Weindorf und Winzerhaus

Eines der wesentlichen Merkmale der Landschaft an der Deutschen Weinstraße sind die in Rebhänge gebetteten Winzerdörfer, die sich in dichter Folge, oft im Abstand von nur wenigen Kilometern, aneinanderreihen. Wer jemals einen der Aussichtsberge oder eine Burgruine bestiegen hat, weiß auch, daß dieses Bild kein tourismusförderndes Klischee ist, sondern der Realität entspricht. Durch umsichtige Sanierungen und den sorgsamen Umgang mit der vorhandenen Bausubstanz konnten sich viele Dörfer ein Ortsbild bewahren, das die gewachsene Struktur nicht verleugnet und durch seinen Charme und seinen gepflegten Zustand besticht.

In der Regel handelt es sich um Straßendörfer ohne einen Platz als Dorfmittelpunkt; den Ortskern bildet die Durchgangsstraße selbst. Die Bebauung entlang der Hauptstraße ist geschlossen, ebenso in den meist sehr engen Nebenstraßen und -gassen. Einzelne traufständige Gebäude wie

Das pfälzische Weindorf

Weindorf und Winzerhaus

Typisches Winzerhaus   *Hausschmuck: Schlußsteine an den Hoftoren*

Das pfälzische Weindorf (Fortsetzung)

Kirchen, Pfarrhäuser oder große Weingüter durchbrechen die Reihung der giebelseitig stehenden Winzerhäuser. Die an den Hausmauern hochwachsenden Weinreben sowie die oft geradezu exotischen Pflanzen in den Innenhöfen verleihen den Winzerdörfern ein beinahe mediterranes Flair. Hinter den Angebäuden des Winzerhofs beginnen in der Regel schon die Weinberge, die man von fast allen Stellen im Dorf aus immer wieder im Blickfeld hat.

Das Winzerhaus

Den Mittelpunkt des Winzerhauses bildet der schmalrechteckige, ummauerte Hof, der sich in einer waagrechten oder rundbogigen Einfahrt, oft auch gekoppelt mit einem schmaleren Durchgang, zur Straße öffnet. Um ihn gruppieren sich mehrere Gebäude: ein zur Straße giebelseitiges, ein- bis zweistöckiges Wohngebäude über einem ebenerdigen Gewölbe(wein)keller sowie Stallungen, Schuppen und Remisen.
Differenzierungen gibt es in der Anzahl und der Anordnung der Gebäude. Am häufigsten trifft man auf die L-förmige Anlage, bei der die Stallungen hinter dem Wohnhaus angeordnet sind und die Scheuer mit Tenne und Vorratsräumen an der rückwärtigen Schmalseite des Hofs liegt. Eine Mauer grenzt ihn an seiner Längsseite zum Nachbaranwesen ab. Bei etwas größeren Winzerhöfen wird aus der zweiseitigen eine hufeisenförmige Anlage, die über ein zweites, wenngleich meist etwas niedrigeres Wohngebäude zur Straße hin verfügt, dessen Nutzung variiert. Es kann als Altenteil, aber auch als Werkstatt dienen.

Trotz der vielen Gemeinsamkeiten durch die seit Generationen vorgegebenen Gebäudeformen ergeben die Straßenzüge der Weindörfer ein abwechslungsreiches Bild, vor allem dank des individuellen Schmucks der einzelnen Häuser. Neben der bereits erwähnten Begrünung sei besonders auf die schönen Details wie die steinernen Schiebefensterläden und oder die phantasievoll gestalteten Schlußsteine der Torbogen (meist mit dem Erbauungsdatum) verwiesen.

Pfälzer Dialekt

Der französische Spracheinfluß, die mundartliche Verschiedenheit innerhalb der Landesgrenzen und mitunter die variierende Lautstärke des
gesprochenen Wortes erschweren zweifellos das Verständnis des dem
Rheinfränkischen zuzuordnenden Pfälzer Dialekts.

In vier 'Sprachinseln' ist die Pfalz aufgeteilt: Vorderpfälzer, Südpfälzer,
Westpfälzer und Nordpfälzer haben nicht nur ihre eigene Mentalität, sondern auch ihre eigene Mundart. Beispielhaft dafür ist das Wort "haben".
Hab, häb, hun und han lauten die vier Möglichkeiten im jeweiligen Sprach-
bereich. Wenn Pfälzer miteinander reden, dann verzehlen, babblen oder
schlawweren sie miteinander. Diskutieren heißt dischbediere, kreische
bedeutet schreien, und wenn einer gar plärrt, also weint oder sehr laut
schreit, kommen die gefühlsbetonten Pfälzer ganz schön in Bedrängnis,
auf gut pfälzisch gesprochen: in die Bredullie (französisch: bredouille).
Weit verbreitet und für den Auswärtigen nicht selten verwirrend ist auch die
Angewohnheit, anstatt "pf" nur "p" zu sprechen, oder – wie im Fall der
"Wappenschmiede" – das "ff" durch ein doppeltes "p" zu ersetzen.

Auffallend und umfangreich im Pfälzer Dialekt ist unter anderem das
Repertoire an Schimpfwörtern, darunter viele Kraftausdrücke, die durch-
aus nicht immer so ernst gemeint sind, wie sie in den Ohren derjenigen
klingen, die der 'Pälzer Schbrooch' unkundig sind.

Allgemeines

Typisch pfälzisch

Abodek	Apotheke
abberschde	abbürsten
a'lieche	anlügen, ein Anliegen
a'remble	anstoßen, anrempeln
Alla	also dann
allo	vorwärts
Bagasch	Gepäck oder eine kleine Gruppe
	von Personen (kann liebevoll oder sehr
	abwertend gemeint sein
e bissels	ein wenig
dusmaa	langsam, leise
duswit	schnell, sofort
Dreckschipp	Handschaufel
Drodwa	Trottoir
ebbes	etwas
kabutt	kaputt, ruiniert
Kehrwisch	Handfeger
läbsch	schlecht gewürzt, fad
Schossee	Landstraße
Vehikel	älteres Auto
Schebbleffel	Schöpflöffel
Schesslon	Couch
wisawie	gegenüber

Wein

Bizzler	Neuer Wein, voll im Gärvorgang stehend
en Drobbe	ein Tropfen
Federweißer	Neuer, noch von Hefe getrübter Wein
e Fläschel	eine kleine Flasche
Neier	Neuer Wein
Schobbe	ein halber Liter
Verdel	ein Viertel Wein
Woi, Wei	Wein

Pfälzer Dialekt

Speisen

Garrodde	Karotten
Gebredelde	Bratkartoffeln
Gequellde	in der Schale gekochte Kartoffel
Gemies	Gemüse
Griewewurscht	Blutwurst
Grumbeere	Kartoffel
Gudsel	Bonbon, Gebäck, Süßigkeiten, Gelee
Gummere	Gurken
Kanztrauwe	Johannisbeeren
Keschde	Kastanien
Knobloch,	
Knowlich	Knoblauch
Lewerknepp	Leberknödel
Pederle	Petersilie
Persching	Pfirsich
Quetsche	Zwetschgen
Saumache	Saumagen
Weck	Brötchen
Zwiwwle,	
Zwewwle	Zwiebeln

Kleine Auswahl pfälzischer Schimpfwörter

Affezibbel	Angeber (männlich und weiblich)
Bleedel, Dabbes	ungeschickter Mensch
Dabbschädel	nicht besonders intelligenter Mensch
Dibbelschisser	kleinlicher, übertrieben genauer Mensch
Ferzbeidel	Angeber
Filu	Gauner
Holwedolle	Depp, Trottel
Hoschbes	Spaßmacher, quirliger, unruhiger Mensch
Kanallje	Schuft
Laafaasch	unruhiger Mensch
Lumbedeifel	frecher, unkonventioneller Mensch
Lumbemensch	trickreiches weibliches Wesen
Mollekobb	sturer Mensch, Kaulquappe
Schlawiner	Schlaumeier, der gerne andere durch den Kakao zieht
Schode	Narr
Schussel	fahriger Mensch
Schwittjee	Schürzenjäger
Simbel	Einfaltspinsel (männlich)
Stierbeidel	sturer Mensch
Tranfunzel	schwerfälliges weibliches Wesen
Zäck	keine Auseinandersetzung scheuende Frau

Die Pfalz in Zitaten

In der Tat, – ich finde in der Flur um Landau täglich neue Schönheiten und der kälteste Nordwind kann mich nicht von ihr zurückschrecken. Hätt ich doch eines göttlichen Malers Pinsel, ich wollte Ihnen gleich einige Seiten von diesem vortrefflichen Amphitheater der Natur hinmalen, so lebhaft hat es sich meiner Phanthasie eingedrückt: Berge, die den Himmel tragen, Täler voll Dörfer zu ihren Füßen, die dort zu schlafen scheinen wie Jacob am Fuße seiner Himmelsleiter.

Jacob Michael Reinhold Lenz
Schriftsteller,
(1751–1792)

Mit Wohlgefallen ruht das Auge auf den schön geformten, in anmuthigen Gruppen hingelagerten Hügeln, hinter denen hohe, mit dichtem Wald bedeckte Berge sich erheben. Herrliche Kastanienwälder wechseln ab mit wohlgepflegten Rebenpflanzungen, und zahlreiche Dörfer, deren Aeusseres schon den Wohlstand der Bewohner verkündet, schimmern hervor aus den sie beschattenden Obsthainen. Kein Wunder, daß auch der Mensch hier, wo Alles um ihn her anlächelt, und die Natur seinen Bemühungen auf halbem Wege entegenkommt, regsameren und aufgewekteren Geistes ist, als da, wo ein undankbarer Boden sein ganzes Sinnen auf die Erde gerichtet hält.
Unverwüstliche Heiterkeit und edle Freimüthigkeit ist das beneidenswerthe Erbtheil des Bewohners an der Haardt, in dessen Besitz er sich, selbst beim Genusse eines nicht glänzenden Lebensloses, zu behaupten weiss.

Franz Weiss
Volkskundler
(1808–1843)

Aus: Die malerische und romantische Pfalz, 1840.

Annweilers Berge seh' ich wieder
Und ihre Burgdreifaltigkeit
In Ehren alt, vernarbt und bieder,
Kriegszeugen deutscher Kaiserzeit.
Dort Scharfenberg, die schlanke, feine,
Vor ihr der Felsklotz Anebos,
Und hier als dritter im Vereine
der Reichspfalz Trifels Steinkoloß.
Ihr Turm mit der Kapelle Erker,
Der einst die Reichskleinodien barg,
Des Löwenherzen Richard Kerker
Wächst mächtig aus des Felsen Mark.

Victor von Scheffel
Schriftsteller
(1826–1886)

Der unten beschriebene Weg führt durch den schönsten Theil der bairischen Pfalz, an dem rebenreichen Haardtgebirge entlang und durch das Annweiler Thal.
Die Reise ist um so belohnender, als man in der Pfalz dem Reisepöbel, der in dem engen Rheinthale auf den Dampfbooten nicht selten lästig wird, wenig begegnet. Die besten Pfälzer Weine, welche an Lieblichkeit und Feuer den bessern Rheinweinen nicht nachstehen, wachsen zu Königsbach, Rupertsberg, Deidesheim, Forst, zu Wachenheim, Dürkheim, Ungstein und Callstadt.

Baedekers
Reisehandbuch
Deutschland und
der österreichische Kaiserstaat
1846

Dürkheim (Jahreszeiten), schön am Abhang des Haardtgebirges und Eingang des Isenach-Thals gelegen. Ganz in der Nähe trauern die Trümmer des *Klosters Limburg, gegründet 1030, einst das Schloss des salischen Grafen Konrad des ältern, welcher 1024 zum Deutschen Könige gewählt wurde. Als des Königs ältester Sohn Konrad von der Burg stürzte und starb, erbauten König Konrad II. und Gisela, seine Gemahlinn, an deren Stelle ein Kloster, das 1504 von einem Grafen von Leiningen theilweise zerstört, dann dürftig wieder aufgebaut, später aber in Verfall gerathen ist. Die Aussicht von dem Bergkegel ist vortrefflich.

Die Pfalz in Zitaten

Baedekers
Reisehandbuch
Deutschland und
der österreichi-
sche Kaiserstaat
1846

Neustadt an der Haardt (Löwe, Post), höchst anmuthig gelegen. Von den Trümmern der Burg Winzingen, dem sogenannten *Haardter Schlösschen, hat man eine reizende und weite Aussicht; man erkennt deutlich die Bogen der Heidelberger Schloss-Terrasse. Auch die Aussicht von dem 1 St. entfernten Hambacher Schloss, durch die am 27. Mai 1832 hier statt gehabte Volksversammlung bekannt, jetzt Eigenthum des Kronprinzen von Baiern, der sie unter dem Namen *Maxburg ausbauen lässt, ist sehr schön. Von diesem Schlosse aus soll, einer Sage zufolge, Kaiser Heinrich IV. im J. 1077 seine Wanderung nach Canossa barfuss angetreten haben.

Landau (Schaaf, Schwan), deutsche Bundesfestung an der Queich, mit bairischer Besatzung, früh schon ein fester Platz, im 30jährigen Kriege siebenmal belagert und eingenommen, 1680 durch Ludwig XIV. von dem Deutschen Reiche losgerissen, 1686 durch Vauban in einem regelmässigen Achteck befestigt, dann von 1702−1713 in verschiedenen Händen, seit dem Rastadter Frieden (1714) bis 1814 französisch. Ueber den Thoren ist Ludwigs XIV. eitle Inschrift: *Nec pluribus impar* zu lesen.

Fusswanderer mögen von Landau den Weg nach der 2 St. entfernten *Madenburg oberhalb des Dorfes Eschbach, einschlagen, Trümmern einer 1680 von den Franzosen zerstörten Burg, auf einer Anhöhe, welche die reizendste Rundsicht in der ganzen Rheinpfalz gewährt. Man übersieht das ganze Rheinthal von Strassburg bis zum Melibocus, und westlich zahllose vulcanische Bergkegel mit den wunderlichsten Felsgebilden, alten Burgtrümmern nicht unähnlich. Ein Waldweg führt von hier in 1½ St. zu den Trümmern der *Burg Trifels, wohin 1193 der Engländer König Richard Löwenherz von Schloss Dürrnstein an der Donau gebracht und von Heinrich VI. gefangen gehalten wurde, bis der treue Sänger Blondel seinen Aufenthalt erkundete und die Seinigen ihn loskauften.
Die Gegend zwischen Annweiler und Dahn (St. Georg), 1 St. links von der Kaltebach, ist vorzüglich merkwürdig wegen der seltsamen Gestaltungen, welche der in allen Richtungen gespaltene und zerklüftete bunte Sandstein hier annimmt.

Wilhelm Heinrich
Riehl
Kulturhistoriker
(1823–1897)

… hier lockt die Anmut der Landschaft und die Fülle reizender Siedlungen, hier wucherte früher bereits jene allgemeine, schmeidigende Geistesbildung, welche den echten Haardtpfälzer glauben macht, daß er schon von der bloßen Luft seiner sonnigen Hügel gescheiter würde als andere Leute.

Aus: Die Pfälzer, 1857.

August Becker
Volkskundler
(1828–1891)

Denn da liegt sie (die Haardt; Anm. d. Red.) vor uns ihrer ganzen klassischen Schönheit wie eine jungfräulich geschmückte, glückliche Braut. Wir können sie links hinauf verfolgen bis an die Queich und rechts hinab bis Dürkheim und Grünstadt.
Nach Süden erheben die Berghäupter der oberen Haardt ihre geschlossenen Glieder und von ihren Gipfeln schauen die Maxburg und Rietburg und von ihrem weinumlaubten Gürtel blickt die Kropsburg, die Villa des königlichen Pfalzgrafen und die Kapelle von Burrweiler, hinter der sich das Bad Gleisweiler versteckt, alle überragend die hohe, ernste Kalmit. Nördlich zu unserer Rechten schauen die fröhlichen, hellglänzenden Weinorte der untern Haardt: Mußbach, Ruppertsberg, Wachenheim, Forst und andere herüber, über ihnen die alte Wachenburg und Limburg, bis die Battenburg und Neuleiningen in der Ferne verschweben; über diesem goldenen Weinlande streben die schönen Kuppeln des Weinbiets, des mächtigen Königsberges und des Peterskopfes empor. Wir selbst aber fahren gerade vor uns in den tiefen Talkessel, gleichsam ins Innere der Bergriesen, welche Neustadt und sein Tal umlagern; über ihm rechts Dorf Haardt und die alte Winzingerburg, links die schöne 'Kästenburg' von Hambach. (…)
Das Tal des Speyerbachs, welches bei Neustadt aus dem Gebirge tritt, scheidet die obere von der unteren Haardt so ziemlich in zwei gleichgroße Hälften, wovon die südliche – 'die obere Haardt' – sich als geschlossene,

Die Pfalz in Zitaten

August Becker
(Fortsetzung)

ernste Gebirgsmauer darstellt, ohne die bedeutenden Täler der 'untern Haardt'. Denn die Bächlein bilden nur enge, abschüssige Schluchten ohne Bevölkerung, bis sie in das Vorland an den Abhängen der Berge treten. Die untere Haardt wird dagegen von drei schönen und bewohnten Tälern durchbrochen, welche sich, in die Ebene kommend, bald verflachen, während sie westlich sich bis zur Wasserscheide des Hauptzugs der Vogesen ziehen. Das vor uns liegende Haardtgebirge macht sich von der Ebene aus gesehen ganz stattlich, da es vor seinem jähen Abfall in diese sich erst zu seiner vollen Höhe erhebt, ohne von davor liegenden Hügeln teilweise verdeckt zu werden. Gegen Norden hin bei Grünstadt werden die Berge zu Hügeln und senken sich in das fruchtbare Hügelland am Donnersberg und nach Rheinhessen ab (…).

Haben uns die alten Städte und Doms an den Ufern des Rheins besonders in die Vergangenheit, in die alten glanz- und leidvollen Tage versetzt, so lacht uns aus dem Lande, dem wir rasch entgegeneilen, so recht eine freundliche Gegenwart an, denn dieser vor uns liegende Strich Landes am Abhang der Haardt ist der freundlichste und mildeste, der bevölkertste und heiterste Deutschlands; es ist der rechte 'Wonnegau' des Reiches, die eigentliche Pfalz. Ununterbrochen ziehen sich die weiten, grünen Weingärten von der Queich herab über die Speyerbach an der reizenden unteren Haardt bis an die nördlichen Grenzen der Pfalz, auf einer Strecke von 12 Stunden und nicht etwa auf Felsen, wie sonst am Rheine, sondern auf den sanften und sonnigen Vorhöhen des Haardtgebirges bis weit herein in die Ebene. So ist die Haardt das größte Weinland Deutschlands und ihr Gewächshaus selbst in den schlechtesten Jahrgängen noch äußerst angenehm und genießbar. Wie schöne Eilande liegen in diesem grünen Rebenmeere Ort an Ort in Obsthainen oder Kastanienwäldern versteckt, während liebliche Mandel- und Pfirsichpflanzungen die Wege bekränzen, welche zu den alten Ruinen führen, die gleichsam die Ufer dieses grünen Meeres von Reben bewachen. (…)

Die feinsten Weine wachsen an der untern Haardt, nördlich von Neustadt. Dort herrscht der Pfahlbau, an der mittleren Haardt der Balken- oder Zeilenbau und an der oberen der Kammerbau, welcher die Menge mehr als die Güte des Weins bezweckt. (…)

Die Lebendigkeit, Beweglichkeit und Erregsamkeit des Haardtbewohners läßt die aller andern Pfälzer, wie vielmehr der übrigen Stämme Deutschlands hinter sich zurück. Wie sollte es auch zugehen, wenn die Bewohner der reizendsten Natur, mit dem lieblichsten und feurigsten Weine und all den andern Vorteilen natürlicher Anlage nicht das lustige und aufgeweckte Volk wären, das sie sind!

Aus: Die Pfalz und die Pfälzer, 1858.

Pfälzische Landschaft

Martha Saalfeld
Schriftstellerin
(1898–1976)

Die sanfte Linie! Und es übersteigt
sie keine kühnere. Da wölbt das Blau
der Beere sich am Holz und goldnes Grau
der edlen Äpfel und das Nächste neigt

Sich wie das Fernste. Schwankte je im Licht
ein Acker so wie dieser, so beschwingt,
so zarten Flügels? – Aber es gelingt
ein Zärtliches nur selten zum Gedicht.

Dann ist das Rauhe da: die braune Nuß,
die feiste Rübe, borstiges Getier
und Hopfenfelder und ein bitteres Bier
bei süßen Trauben; Saftiges zum Schluß,

Geschlachtetes. Noch vieles stellt sich ein:
Kastanien noch und Mandeln, Brot und Wein…

Reiseziele von A bis Z

Die im folgenden beschriebenen Städte und Orte liegen meist direkt an oder unweit der Deutschen Weinstraße; es sind aber auch einige mehr oder weniger abseits gelegene Ortschaften und Sehenswürdigkeiten einbezogen, die als Weinorte von Bedeutung sind oder als Ausflugsziele Erwähnung verdienen. Orte, die nicht als eigenes Hauptstichwort erscheinen, sondern als Umgebungsziel angehängt sind, lassen sich über das Register (S. 268) erschließen.

Vorbemerkung

Albersweiler   C 7

Landkreis: Südliche Weinstraße
Verbandsgemeinde: Annweiler am Trifels
Höhe: 250 m ü. d. M.
Einwohnerzahl: 2000
Weinanbaufläche: 140 ha

7 km westlich von Landau

Lage

Straße: B 10, L 512 (Deutsche Weinstraße)
Eisenbahn: Bahnhof an der Strecke Landau – Saarbrücken
Autobus: Linien Landau – Hauenstein, Landau – Ramberg

Verkehrs-anbindung

Albersweiler an der Queich ist eine hübsch gelegene, von Rebhängen umgebene Weinbaugemeinde zwischen Pfälzer Wald und Wasgau. Gute Wandermöglichkeiten bieten sich in den Waldungen oberhalb der Weingärten, die durch markierte Wanderwege erschlossen sind. In Hartsteinbrüchen in der Umgebung wird Granit, Gneis und Melaphyr abgebaut.
In einer Schenkungsurkunde des Klosters Weißenburg wird der Ort 1065 als Albrahteswilre erstmals genannt. Im Mittelalter lag die Gerichtshoheit bei der Stadt Landau, als Grundherren finden sich in den Urkunden einige Niederadelige. Zu Beginn der Neuzeit befand sich der Ortsteil südlich der Queich im Besitz von Pfalz-Zweibrücken, die nördliche Hälfte gehörte zur Grafschaft Scharfeneck und später zum Fürstentum Löwenstein-Wertheim.

Allgemeines und Geschichte

Sehenswertes

Einige Wohnhäuser des 17. bis 19. Jh.s, z. T. mit Fachwerk, sind erhalten. Gegenüber dem Bahnhof befindet sich eine ehemalige Wappenschmiede.

Wohnhäuser

Die ev. Kirche und die kath. Kirche St. Stephan wurden beide in den Jahren 1843 – 1846 nach Entwürfen des bayerischen Baumeisters August von Voit (1801 – 1870) in neoromanischem Stil errichtet.

Kirchen

Den Albersweiler Kanal ließ der französische Festungsbaumeister Sébastien le Prestre de Vauban (1633 – 1707) in den Jahren 1687 bis 1688 erbauen, um Material zum Bau der Festung → Landau zu transportieren.

Albersweiler Kanal

Zu Albersweiler gehört der in einem von Norden einmündenden Seitental gelegene Ortsteil St. Johann. Reste einer Ringmauer erinnern daran, daß hier bis zu seiner Auflösung im Jahre 1550 ein Kloster des kath. Reuerinnen- oder Magdalenerinnen-Ordens bestand. Fürst Carl Thomas von

Ortsteil St. Johann

◀ *Überall an der Weinstraße: Burgruinen und Weinberge*

Altleiningen

Burg Altleiningen

Burg Altleiningen (Fortsetzung)

sau-Saarbrücken Mitbesitzer, seit 1467 gehörte sie zur Linie Leiningen-Westerburg. 1795 kamen Ort und Burg zur Kurpfalz. An der Stelle der 1525 niedergebrannten Burg entstand in der ersten Hälfte des 17. Jh.s ein Nachfolgebau, der 1690 im Pfälzischen Erbfolgekrieg zerstört wurde. 1950 ging die Ruine in den Besitz des Landkreises über, der sie ausbaute und eine Jugendherberge, ein Schullandheim und ein beheiztes Schwimmbad einrichtete. Von Juni bis August finden auf der Burg Freilichtspiele statt.

Rundgang

Die großzügige Anlage hat einen dreieckigen Grundriß mit der Spitze nach Osten. Mauerreste von zwei der ehemals vier Türme einer älteren, im Bauernkrieg zerstörten Burg finden sich im Süden und Südwesten des Plateaus. Der Neubau aus dem 17. Jh. ist von der älteren Burg durch einen Graben und eine Schildmauer getrennt. Das dreiflügelige, dreigeschossige Gebäude mit nicht weniger als 157 Fensteröffnungen (von ehemals 365) bietet von der Talseite her einen imposanten Anblick.

Höningen

Ehemaliges Augustiner-Chorherrenstift

In der Ortschaft Höningen gründeten die Leininger Grafen im Jahre 1120 das Augustiner-Chorherrenstift Hegenehe. Das Kloster bestand bis 1569. Von 1573 bis 1630 beherbergten die nach einem Brand wiederhergestellten Gebäude eine Lateinschule, die 1729 neu gegründet und nach Grünstadt verlegt wurde. Teile der Klostermauer und eine Toreinfahrt mit Fußgängerpforte aus dem 13. Jh. sowie – aus dem 16. Jh. – ein zweigeschossiges Torhaus und die westliche Giebelfront des Konventsgebäudes sind die heute noch sichtbaren Überreste der Klosteranlage. Von der ehemaligen Klosterkirche St. Peter, einer 1142 geweihten, dreischiffigen Pfeilerbasilika, sind Teile der Westwand und der Mittelschiffarkaden sowie das romanische Hauptportal erhalten.

Westlich der Klosterkirche liegt die kleine ev. Kirche St. Jacob. Das romanische Gotteshaus aus dem 12. Jh. wurde später mehrfach verändert.
Bemerkenswert sind die Wandmalereien des 14. Jh.s mit Szenen aus dem
Leben Christi, die bemalte Barockempore (um 1720), ein Taufstein (um
1230) und einige Grabdenkmäler der Grafen von Leiningen aus dem 16.
und 17. Jahrhundert.

Höningen,
(Fortsetzung)
St. Jacob

Annweiler am Trifels

B/C 7

Landkreis: Südliche Weinstraße
Verbandsgemeinde: Annweiler
Höhe: 181 m ü.d.M.
Einwohnerzahl: 7000

14 km westlich von Landau

Lage

Straße: B 10
Eisenbahn: Bahnhof an der Strecke Landau – Saarbrücken
Autobus: Linien Landau – Annweiler, Annweiler – Ramberg, Landau –
Hauenstein, Annweiler – Bad Bergzabern

Verkehrs-
anbindung

Annweiler am Trifels liegt an der Queich, die den Pfälzer Wald und den
Wasgau trennt. Nach Speyer war es die zweitälteste freie Reichsstadt der
Pfalz. Die waldreiche Umgebung des anerkannten Luftkurortes mit seinen
bizarren, zum Klettern bestens geeigneten Felsgebilden und einem Netz
von Wanderwegen sowie die nahegelegenen Aussichtsberge, insbesondere das Dreigespann Trifels, Anebos und Scharfenberg ('Münz'), machen
Annweiler zu einem beliebten Ferienziel. In dem Ort ist eine mittelständische Industrie angesiedelt (Kartonagen, Glühlampen, Meßwerkzeuge).

Allgemeines

Als 'Annoville' wird der Ort 1086 erstmals erwähnt. 1116 gelangte er aus
dem Besitz des Straßburger Bischofs an den Staufer Friedrich Monoculus.
Kaiser Friedrich II. erhob Annweiler 1219 zur freien Reichsstadt. Im Jahre
1313 verpfändete Ludwig der Bayer Annweiler an die Kurpfalz, und so kam
es durch die Rupertinische Teilung 1410 an das Herzogtum Pfalz-Zwei-
brücken, bei dem es bis 1793 verblieb. Ab 1816 gehörte der Ort zum
Königreich Bayern. Zwischen 1910 und 1979 wurden die benachbarten
Dörfer Queichhambach, Gräfenhausen, Bindersbach und Sarnstall nach
Annweiler eingemeindet. Im Zweiten Weltkrieg erlitt die Stadt schwere
Schäden durch Bombenangriffe.

Geschichte

Sehenswertes

Trotz der schweren Verluste im Zweiten Weltkrieg hat sich Annweiler noch
so manch schönen Winkel und einige mittelalterliche Fachwerkhäuser
erhalten können. Folgende Gebäude seien besonders hervorgehoben:
Altenstraße 2, Ecke Rathausplatz, von 1634 mit zweigeschossigem Erker;
Altenstraße 12 (Gasthaus zum Löwen) von 1619 mit Treppenturm an der
Hofseite und Hauptstraße 33, ein Giebelhaus von 1600; ferner die Häuser
an der längs der Queich verlaufenden Wassergasse und in der Gerbergasse. Noch bis in die Mitte des 19. Jh.s nutzten hier die Gerber die Was-
serkraft der Queich zur Ausübung ihres Handwerks. Zwei der alten Was-
serräder sind sogar heute noch – allerdings nur zu Anschauungszwecken
– in Betrieb. Der schmale Durchlaß durch ein kleines Teilstück der alten
Stadtmauer am Ende der Wassergasse zum Meßplatz heißt Schipkapaß.
Von der alten Stadtbefestigung haben sich ebenfalls Reste, darunter der
Stumpf eines Halbturms von 1492, erhalten.
An die Zeit der bayerischen Verwaltung (19. Jh.) erinnern einige Häuser aus
rotem Sandstein.

Ortsbild

Wassergasse

55

Annweiler am Trifels

Wassergasse ...   ... und Fachwerkhaus in Annweiler

Rathausplatz, Rathaus

Den Mittelpunkt der Stadt bildet der nach dem Krieg völlig neu gestaltete Rathausplatz. Das mittelalterliche Rathaus war schon 1842/1844 durch einen Neubau in romanischem Stil ersetzt worden. Er wurde 1944 zerstört, und an seiner Stelle wurde 1950/1951 das jetzige Rathaus errichtet. Der schlichte, arkadengeschmückte Bau beherbergt auch das Büro für Tourismus. Die sitzende Figur aus rotem Sandstein an der Rathausecke stellt den Stadtgründer Kaiser Friedrich II. dar.

Kirchen

Die ev. Pfarrkirche ist ein 1787/1788 nach Entwürfen des Zweibrückener Baumeisters Wahl errichteter Saalbau mit eingezogenem Chor aus dem beginnenden 14. Jahrhundert. Sie wurde 1944 zerstört. Erhalten blieb jedoch der frühgotische, 1753 aufgestockte Turm mit einer Barockhaube. An ihn schließt sich die neue, 1950/51 erbaute Kirche in barockisierendem Stil an. Sehr viel älter ist dagegen die Friedhofskapelle am westlichen Ortsausgang, die 1429 als Kapelle "Unser lieben Frau" errichtet und erst 1569 nach Verlegung des Begräbnisplatzes aus der Stadt Friedhofskapelle wurde. Die 1932/1934 entdeckten, gotischen Wandmalereien aus der Erbauungszeit im Innern der Kirche sind wieder freigelegt.

Heimatmuseum

Im Fachwerkhaus Quodgasse 32 von 1746 befindet sich das Heimatmuseum. Gezeigt werden Exponate zur Volkskunde, zur Heimatgeschichte, zu Handel und Gewerbe des Ortes, Grabungsfunde, eine große Schmetterlingssammlung sowie Dokumente zu Kaiser Friedrich II., u.a. eine Kopie des Freiheitsbriefes aus dem Jahre 1219. Geöffnet tgl. April – Okt. 10.00 – 12.00, 15.00 – 17.00 Uhr; in den anderen Monaten nach Vereinbarung geöffnet; Anmeldung beim Büro für Tourismus im Rathaus, Tel. (06346) 2200.

Gerbermuseum

Mit dem Heimatmuseum verbunden ist ein weiteres kleines Museum, das dem traditionsreichsten Gewerbe der Stadt, dem Gerber-Handwerk, gewidmet ist.

Annweiler am Trifels

An der Ecke Landauer-/Saarlandstraße befindet sich der Hohenstaufensaal mit Platz für 700 Personen. In ihm sind sieben Großgemälde des Freskenmalers Adolf Keßler aus Godramstein bei Landau zur Geschichte der Hohenstaufen zu besichtigen (geöffnet tgl. außer Do. 10.00–18.00 Uhr). Weitere Fresken des Malers zum gleichen Thema befinden sich im Rathaussaal (geöffnet werktags 11.00–12.00 Uhr) und in der kath. Pfarrkirche St. Josef (geöffnet tgl. 10.00–18.00 Uhr). Die Fresken entstanden in der Zeit von 1937 bis 1957.

Hohenstaufensaal

Im Süden der Stadt markiert die Markwardanlage den Eingang zum unterhalb des Trifels gelegenen Annweiler Kurtal. Hier gibt es eine Reihe von Kur- und Freizeiteinrichtungen: Wassertretanlage, Lesesaal, Parkcafé, Musikpavillon, Minigolf, Naturlehrpfad, Waldsportlehrpfad, Trimm-Dich-Pfad und noch vieles andere. Im Ort selbst befindet sich ein beheiztes Schwimmbad.

Kuranlagen

Von den Höhen nördlich der Bahn hat man den berühmten 'Dreiburgenblick' auf Trifels, Anebos und Scharfenberg (s. u.).

*Dreiburgenblick

Umgebung von Annweiler

Zwischen Albersweiler und Annweiler zweigt eine Straße in nördliche Richtung ab zum Dorf Gräfenhausen (600 Einw.), das heute Ortsteil von Annweiler ist. Obgleich der Ort bereits im gebirgigen Pfälzer Wald liegt, ist hier, bedingt durch die Öffnung des Tals nach Süden, die Sonneneinstrahlung so hoch, daß Wein angebaut werden kann (Spätburgunder).

Ortsteil Gräfenhausen

Wenige Kilometer südwestlich von Annweiler am Trifels (Abzweigung nach rechts von der B 48) liegt Wernersberg (267 m ü. d. M., 1120 Einw.), das bereits 1283 erstmals urkundlich genannt wurde. Seit 1973 ist es Ortsgemeinde der Verbandsgemeinde Annweiler am Trifels. In den Neubau der kath. Pfarrkirche St. Philipp und Jacob (1967) sind der spätgotische Chorturm (heute Taufkapelle) und das barocke Langhaus als Querschiff miteinbezogen. Die Kirche bewahrt eine original gefaßte Madonna (um 1430).

Wernersberg

Von Annweiler leicht erreichbare Ausflugsziele sind u. a. der Große Adelberg (567 m ü. d. M.) mit Blick auf das Queichtal im Norden, der 'Wasgaublick' auf der Südspitze des Ebersberges (462 m ü. d. M.) und der Rehberg mit einem Aussichtsturm, beide südlich von Annweiler gelegen.

Aussichtspunkte

**Burg Trifels

Die Hauptanziehungspunkte in der Umgebung Annweilers sind zweifellos die unter dem Begriff 'Dreifaltigkeit' bekannten Burgen Trifels, Anebos und Scharfenberg ('Münz') im Südosten des Ortes. Während von Anebos und Scharfenberg nur Ruinen erhalten sind, beherrscht der auf der höchsten Erhebung (493 m ü. d. M.) liegende Trifels auch heute noch das Landschaftsbild.

Drei Burgen

Mit dem Pkw gelangt man von Annweiler auf der Trifelsstraße nach 6 km zum Parkplatz unterhalb der Burg. Von hier aus dauert der Aufstieg zum Trifels etwa 20 Minuten, für einen Fußmarsch von Annweiler zur Burg benötigt man etwa eine Stunde.

Anfahrt

Die im 11. Jh. errichtete Burg besaß für die Salier und noch mehr für die Staufer eine hohe strategische Bedeutung, in späteren Jahrhunderten wurde sie geradezu zum Symbol der einstigen königlichen Macht. Zwischen dem 12. und dem 14. Jh. nahmen hier die deutschen Herrscher immer wieder Quartier, außerdem diente die sichere Reichsfeste zeitweise

Geschichte

Annweiler am Trifels

Burg Trifels

Burg Trifels, Geschichte (Fortsetzung)

(1125–1273) als Aufbewahrungsort für die kostbaren Reichsinsignien und als Gefängnis für hohe politische Gefangene wie etwa den englischen König Richard Löwenherz, der von Kaiser Heinrich VI. 1193/1194 hier festgehalten wurde. Mit der schwindenden Königsmacht sank auch die Bedeutung dieser Burg. 1330 wurde der Trifels an die Kurpfalz verpfändet, 1410 kam er an das Herzogtum Pfalz-Zweibrücken und war Amtssitz der Herzöge bis 1635. Von da ab verfiel die Burg und wurde als Steinbruch genutzt.

Bereits im 19. Jh. gab es Pläne für die Rekonstruktion der Trifels-Burg und Aktivitäten zur Erhaltung der vorhandenen Reste. Der Wiederaufbau und Ausbau der Hauptburg nach Plänen des Münchner Architekten Rudolph Esterer begann in den 30er Jahren des 20. Jh.s und ist im Kontext mit dem damaligen Bestreben zu sehen, mittelalterliche Burgen, mit denen sich die staufische Königsmacht und Reichsherrlichkeit verband, als nationale Weihestätten wiedererstehen zu lassen.

Rundgang

Der vom Parkplatz aufsteigende Fußweg führt an den Eingang im Nordosten der Burganlage, vorbei an dem Brunnenturm aus dem 13. Jh. und der Bogenbrücke von 1882, die diesen mit der Hauptburg verbindet. Der Weg schlängelt sich durch die östliche Vorburg nach oben zum ersten Torbau (der untere Teil von 1569, darüber neues Mauerwerk). Danach biegt der Weg scharf nach links ab und führt steil ansteigend zum Eingangstor der Hauptburg und dahinter ins eigentliche, von einem breiten Zwinger umgebene Burgareal. Auf dem obersten Plateau steht der rechteckige, bis

Annweiler am Trifels

ins 3. Geschoß aus dem 13. Jh. stammende Bergfried (letztes Geschoß und Plattform von 1964/65) mit der Burgkapelle und der nach Süden an ihn anschließende Wohnbau (Palas), der 1938–1954 auf den Grundmauern des mittelalterlichen Gebäudes errichtet wurde. Sehenswert ist hier insbesondere das 2. Geschoß der Kapelle, in der Nachbildungen der Reichsinsignien (Reichskrone, Reichsapfel, Reichskreuz, Zepter) ausgestellt sind (die Originale befinden sich in Wien), sowie der im Palas eingerichtete Kaisersaal, eine Schöpfung des 20. Jh.s (1938–1954).

Burg Trifels, Rundgang (Fortsetzung)

Im Südosten der Hauptburg lag das Ritterhaus, in dessen Hof heute das 1955/1956 errichtete Kastellansgebäude steht. Südlich dahinter spitzt sich das Felsplateau auf eine schmale Brücke zu, die zu einer Aussichtsplattform führt, von der man den Anebos-Felsen und die Reste der Burg Scharfenberg im Blick hat. Ein schöner Rundblick bietet sich auch von der Plattform auf dem 4. Turmgeschoß.
Geöffnet Apr.–Sept. 9.00–18.00, März–Okt. 9.00–17.00, Nov.–Feb. Di.–So. 9.00–13.00 und 14.00–17.00 Uhr, Dez. geschlossen.

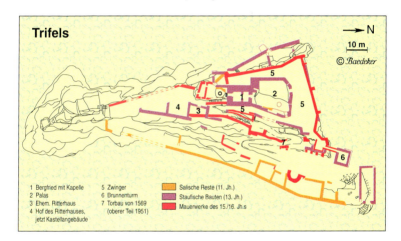

Die Burg Anebos auf dem mittleren der drei bewaldeten Berggipfel (481 m ü. d. M.) hat nur vom 12. Jh. bis zum Ende des 13. Jh.s bestanden. Von der Burganlage sind einige wenige Reste, u. a. vom Halsgraben an der Südseite, erhalten.

Ruine Anebos

Zum Schutz der Reichsfeste Trifels wurde zu Beginn des 12. Jh.s auf dem südlichsten der drei Gipfel (489 m ü. d. M.) die Burg Scharfenberg errichtet. Als Annweiler im Jahre 1219 das Münzprägerecht erhielt, war die Burg Münzprägestätte, weshalb sie auch unter dem Namen "Münz" bekannt ist. Mit Annweiler und dem Trifels ging die Burg Scharfenberg 1330 an die Kurpfalz und wurde im Bauernkrieg 1525 zerstört. Es steht noch der 20 m hohe, um 1200 erbaute Bergfried, der in der für staufische Zeit charakteristischen Buckelquader-Technik aufgeführt ist. Von der Ringmauer und dem Palas sind nur bescheidene Reste vorhanden.

Ruine Scharfenberg (Abb. S. 60)

Bad ...

→ Hauptname

Battenberg

Ruine Scharfenberg *'Blitzröhren' bei Battenberg*

Battenberg D 3

Landkreis: Bad Dürkheim
Verbandsgemeinde: Grünstadt-Land
Höhe: 300 m ü. d. M.
Einwohnerzahl: 500
Weinanbaufläche: 19,6 ha

Lage
4 km südwestlich von Grünstadt

Verkehrs-
anbindung
Straße: A 6, B 271
Eisenbahn: nächster Bahnhof Kirchheim a.d.W. an der Strecke Grünstadt
– Frankenthal (2 km)
Autobus: Linie Grünstadt – Bad Dürkheim

Allgemeines
Battenberg ist ein kleines, auf einem Bergvorsprung liegendes Weindorf
am östlichen Haardtrand. Es bietet einen weiten Blick über die Rheinebene
bis zu den Höhen des Odenwaldes und des Schwarzwaldes.

Geschichte
Gräber- und Münzfunde belegen eine Besiedlung bereits im dritten
nachchristlichen Jahrhundert, eine erste urkundliche Erwähnung als 'Bet-
tenberge' findet sich im Jahr 778 im Lorscher Codex. Der Ort war zunächst
klösterlicher Besitz, wurde 1240 Lehen der Grafen von Leiningen und blieb
bis 1798 leiningisches Herrschaftsgebiet.

St. Martin
Die ev. Pfarrkirche St. Martin ist ein spätromanisch-frühgotischer Bau aus
dem 13. Jh. mit einem quadratischem, kreuzrippengewölbtem Chor.

Burg Battenberg
Die nahegelegene Burg Battenberg läßt sich vom Ort aus zu Fuß (durch die
Weinberge oder über die Zufahrtsstraße) erreichen. Sie wurde zwischen

Bad Bergzabern

1237 und 1241 von Graf Friedrich III. von Leiningen errichtet und die meiste Zeit nur von den Gefolgsleuten der Leininger bewohnt. Es wird erzählt, daß im Pfälzischen Erbfolgekrieg (1688–1697), genauer gesagt am 22. Mai 1693, ein Leininger Graf mit dem französischen Marschall Tallard und seinem berüchtigten General Mélac während eines Mahles auf der Burg Battenberg den Brand des Heidelberger Schlosses beobachtet haben soll. 1785 wurde die Burg teilweise abgetragen und als Steinbruch benutzt. Von der wegen Baufälligkeit nur teilweise zugänglichen Burgruine sind die Ringmauer und das Untergeschoß eines Turms erhalten.

Burg Battenberg (Fortsetzung)

Unterhalb der Ruine, an der Straße nach Battenberg, fällt eine geologische Besonderheit ins Auge, die 'Blitzröhren' (da hier der Blitz einschlägt) genannten Gesteinsformen, die als Ablagerung einer eisenhaltigen Quelle entstanden sind.

'Blitzröhren'

Bad Bergzabern   C 8

Landkreis: Südliche Weinstraße
Verbandsgemeinde: Bad Bergzabern
Höhe: 200 m ü.d.M.
Einwohnerzahl: 6500
Weinanbaufläche: 76 ha

15 km südwestlich von Landau

Lage

Straße: A 65, B 38, B 42, B 48 (Deutsche Weinstraße)
Eisenbahn: Bahnhof Winden an der Strecke Karlsruhe – Landau (9 km)

Verkehrsanbindung

61

Bad Bergzabern

Kurviertel in Bad Bergzabern

Verkehrs-anbindung (Fortsetzung)	Autobus: Linien Landau – Schweigen, Landau – Schweighofen, Bad Bergzabern – Winden, Bad Bergzabern – Böllenborn, Bad Bergzabern – Annweiler, Bad Bergzabern – Dahn
*Kurort	Bad Bergzabern liegt am Hang des Liebfrauenberges am Ausgang des Erlenbachtales aus dem Wasgau im südlichsten Teil der Deutschen Weinstraße. Die Weinbaugemeinde ist Sitz der gleichnamigen Verbandsgemeinde und genießt überregionale Bekanntheit als Kurort, der seit 1964 den Namenszusatz 'Bad' führen darf. Bereits 1875 kamen Gäste in den damaligen Luftkurort, seit 1953 ist die Stadt staatlich anerkannter Kneippkur-, seit 1958 heilklimatischer Kurort und seit 1964 Kneippheilbad. Im Jahre 1969 wurde die verschüttete Heilquelle wiedererbohrt und sechs Jahre später ein von ihr gespeistes Thermalbad eröffnet. Seit 1975 ist Bad Bergzabern Staatsbad des Landes Rheinland-Pfalz.
Geschichte	Der Name 'Zabern' leitet sich entweder von einer römischen Siedlung namens 'taberna montanae' her, oder Zuwanderer aus Zabern am Rhein (Rheinzabern) gaben dem Ort, der 1150 erstmals genannt wird, seinen Namen. Überliefert ist, daß die Grafen von Zweibrücken hier in der 2. Hälfte des 12. Jh.s eine Wasserburg errichteten und den Ort befestigten. 1385 verkauften sie ihn an die Kurpfalz, und bei der pfälzischen Erbteilung 1410 kam er an das neu entstandene Herzogtum Pfalz-Zweibrücken, bei dem er bis 1794 verblieb. 1676 wurde er im Pfälzischen Erbfolgekrieg zerstört und dann wiederaufgebaut.

Sehenswertes

**Altstadt	Der mittelalterliche Stadtkern von Bad Bergzabern, einst von einer Stadtmauer umgeben, erstreckt sich im wesentlichen zwischen der Weinstraße im Süden und der Königstraße im Norden. Von der alten Stadtbefestigung

Bad Bergzabern

Schloß Bad Bergzabern *Gasthaus 'Zum Engel'*

sind noch der Dicke Turm an der Nordwestecke und der Storchenturm an der Südostecke der Altstadt erhalten.

Altstadt (Fortsetzung)

Schöne Patrizierhäuser, zum Teil in Fachwerk, findet man in der Königstraße (z. B. den Pfälzer Hof von 1752, einst Wohnung von Schloßbediensteten) und vor allem in der Marktstraße (z. B. Haus Nr. 29 aus dem 17. Jh.) sowie am Marktplatz. An dessen Ostseite steht die Marktapotheke, an der Westseite wird er begrenzt vom Rathaus, einem Barockgebäude von 1705, und dem sog. Wilmschen Haus (Nr. 44), das 1723 auf einem spätromanischen Kellergewölbe mit Säulen aus der Zeit um 1400 erbaut wurde.

Im Gewölbe des Wilmschen Hauses ist ein sehenswertes Zinnfigurenmuseum untergebracht. Die rund 20 000 Zinnfiguren, die der Buchhändler Kurt Wilms gesammelt, bemalt und zu 60 Szenen aus der Menschheitsgeschichte zusammengestellt hat, sind während der Geschäftszeiten der im Haus befindlichen Buchhandlung zu besichtigen.

Zinnfigurenmuseum

Das beherrschende Gebäude am Marktplatz ist die ev. Pfarrkirche, die sog. Marktkirche, die im Erdgeschoß nur durch einen schmalen Durchgang vom Wilmschen Haus getrennt, in den Obergeschossen aber mit diesem verbunden ist. Sie stammt in ihren ältesten Teilen aus den Jahren 1321–1326, wurde später mehrfach verändert und nach ihrer Zerstörung im Zweiten Weltkrieg wieder aufgebaut. Der dreiseitig geschlossene, früher gewölbte Chor ist seit Einsturz des Gewölbes 1897 flach gedeckt; das ursprünglich dreischiffige Langhaus präsentiert sich heute als flachgedeckter Saal. Im Süden steht der ehemals zur Stadtbefestigung gehörende Turm mit romanischem Unterbau, der im 14. Jh. zum Glockenturm ausgebaut wurde. 1772 erhielt er seine charakteristische Rokoko-Schieferhaube.

Marktkirche

Nach der Zerstörung im Zweiten Weltkrieg wurde die Kirche wieder aufgebaut.

Bad Bergzabern

＊Ehem. Schloß

In der Nordostecke der Altstadt liegt das ehem. Schloß der Herzöge von Pfalz-Zweibrücken, das 1527 an der Stelle einer früheren Wasserburg erbaut, 1543 erweitert und nach einem Brand 1676 in den Jahren 1720–1725 erneut verändert wurde. Der älteste der vier Gebäudeflügel, die einen rechteckigen Innenhof umschließen, ist der zweigeschossige Südtrakt an der Königstraße, der von zwei massigen Rundtürmen mit Barockhauben eingefaßt wird. An der Fassadenmitte führt eine doppelläufige Freitreppe zum Eingang hinauf. Ein viergeschossiger, polygonaler Treppenturm mit reich profiliertem spätgotischen Portal (1530) befindet sich an der Hofseite des Südflügels. Die übrigen Flügelbauten entstanden in einer 2. Bauperiode (1561–1579). Noch eindrucksvoller als die Frontseite des Schlosses präsentiert sich der Westflügel von der Schloßgasse her. Durch ihn führt eine Toreinfahrt mit prunkvollem, von zwei Atlanten getragenem Renaissance-Portalaufbau von 1579. An der Hofseite eine große Inschrifttafel mit Hinweis auf eine früher hier in einem Glockenturm befindliche Kunstuhr, die 1676 durch Brand zerstört und dann mit dem Turm abgebrochen wurde. Die niedrigeren, ebenfalls um einen Innenhof gruppierten Anbauten an den Nordflügel kamen wohl im 17. Jh. dazu. Das Schloß ist heute Sitz der Verbandsgemeindeverwaltung.

＊＊Gasthaus 'Zum Engel' (Abb. S. 63)

Ebenfalls an der Königsstraße, wenige Meter westlich des Schlosses, liegt der ehemalige Adelshof der Familie von Marx, heute Gasthaus 'Zum Engel', eines der eindrucksvollsten Renaissancehäuser der Pfalz (vor 1579 erbaut). Durch den schiefwinkligen Grundriß besitzt es zwei Schauseiten zur Straße hin, die von Volutengiebeln bekrönt sind. Die beiden Erker weisen kunstvolles Beschlagwerkornament auf. Das seitliche, ebenfalls reich verzierte Tor führt in einen Hof mit zwei Treppentürmen. Beachtenswert ist auch das zierliche schmiedeeiserne Wirtshausschild von 1800 über dem Eingang. Im 1. Stock des Hauses ist ein Heimatmuseum untergebracht.

Berg- oder Schloßkirche

Die ev. Bergkirche steht unweit des Gasthauses 'Zum Engel' in der Oberen Berggasse. Die flachgedeckte Saalkirche mit polygonalem Chor und je einem Säulenportal an der Ost- und an der Nordseite wurde 1720–1730 als Schloßkirche nach Plänen des schwedischen Baumeisters Jonas Erikson Sundahl erbaut. Hölzerne Emporen umziehen den ganzen Innenraum einschließlich Chor. In der Gruft sind Angehörige der herzoglichen Familie beigesetzt.

Kath. Pfarrkirche

Südwestlich der Altstadt am Ludwigsplatz steht die 1871 in neugotischem Stil erbaute kath. Pfarrkirche St. Martin, in der ein gemalter Altaraufsatz aus der Zeit um 1470 und zwei geschnitzte Heiligenfiguren (um 1480) bewahrt werden.

Spielzeugmuseum

Im Herbst 1990 wurde ein Spielzeugmuseum eröffnet (Weinstraße 12), in dem Puppen, Puppenstuben, Eisenbahnen, Dampfmaschinen und anderes nostalgisches Spielzeug gezeigt werden.

Kurviertel

Zum Kurviertel im Westen der Stadt gehören das Thermalbad mit Außenbecken (→ Praktische Informationen, Heilbäder und Heilquellenkurbetriebe), das Kurmittelhaus, das Haus des Gastes mit Wandelhalle und Wassertretanlagen sowie der Kurpark, der sich im oberen Erlenbachtal mit dem idyllischen Schwanenweiher fortsetzt. Es gibt auch einen Konzertplatz für das Kurorchester und Freizeitanlagen wie Tennisplätze und Minigolf.

Am Eingang zum Kurviertel soll der Bohämmer-Brunnen an die Bohämmerjagd erinnern. Dies war die Jagd mit Blasrohren auf eine 'Bohämmer' genannte Finkenart, die seit dem 14. Jahrhundert in Bergzabern betrieben und erst 1908 verboten wurde. Der Bohämmer-Jagdclub hält die Tradition dieser Jagd aufrecht, und interessierte Besucher können den Mitgliedern jeden Sonntag um 10.00 Uhr in ihrem Vereinshaus am Wonneberg im Südwesten des Ortes bei ihren Schießkünsten (natürlich nicht auf Vögel!) zuschauen.

Umgebung von Bad Bergzabern

Birkenhördt (230 m ü. d. M., 640 Einw.) ist ein ruhiges Walddorf im Wasgau, 5 km westlich von Bad Bergzabern im Tal des Erlenbachs gelegen. Der Ort besitzt schöne Fachwerkhäuser aus dem 17.–19. Jahrhundert. Die 1862 erbaute katholische Pfarrkirche St. Gallus bewahrt ein Gemälde von 1720 von Clemens Anton Leunenschloß mit der Darstellung Christi am Ölberg.

Birkenhördt

Als Ausgangspunkt für Wanderungen im Mundatwald (⟶ Schweigen-Rechtenbach), so z.B. zu den Aussichtspunkten Hohe Derst (561 m ü. d. M.), zur Burgruine Guttenberg (503 m ü. d. M.) und zum Stäffelsbergturm (480 m ü. d. M.), bietet sich der idyllische Ort Böllenborn an (332 m ü. d. M, 250 Einw.), der etwa 4 km südwestlich von Bad Bergzabern liegt.

Böllenborn

Im Ort selbst lohnt die ehemalige Wallfahrtskirche (heute kath. Kirche Mariä Geburt) einen Besuch. Ungewöhnlich ist der mit einem Netzgewölbe ausgestattete, zweiseitig geschlossene Chor aus der ersten, spätgotischen Bauphase. Das Langhaus wurde im 18. Jh. verändert. Bemerkenswert im Inneren sind der Hochaltar von 1746 mit einem Gnadenbild von 1657 und eine tönerne Pieta (erste Hälfte 15. Jh.).

Billigheim-Ingenheim $\qquad$ C 8

Landkreis: Südliche Weinstraße
Verbandsgemeinde: Landau-Land
Höhe: 145 m ü. d. M.
Einwohnerzahl: 3850
Weinanbaufläche: 700 ha

7 km südlich von Landau

Lage

Straße: A 65, B 38
Eisenbahn: nächster Bahnhof Rohrbach-Steinweiler an der Strecke Landau – Karlsruhe
Autobus: Linie Landau – Schweigen

Verkehrs-
anbindung

Im Jahre 1969 wurden die Ortschaften Billigheim, Appenhofen, Ingenheim und Mühlhofen, die beiden erstgenannten nördlich, die beiden anderen südlich des Klingbachs gelegen, zur Gemeinde Billigheim-Ingenheim zusammengefaßt. Der Ort besitzt ausgedehnte Weinanbauflächen.

Allgemeines

Appenhofen (230 Einw.) findet erstmals als 'Abbenhoua' Erwähnung. Als Herren des Orts werden genannt die Herren von Appenhofen, das Kloster Klingenmünster, die Ritter von Ochsenstein und das Bistum Speyer. Von 1709 bis 1816 (Übergang an Bayern) befand es sich im Alleinbesitz der Kurpfalz. Die etwas versteckt liegende Simultankirche St. Johann Baptist am nordöstlichen Ende des Ortes ist eine kleine gotische Anlage um 1400 mit Kreuzrippengewölbe im Chor und flachgedecktem Langhaus.

Appenhofen

Mühlhofen (485 Einw.) gehörte bereits im frühen Mittelalter zum Kloster Weißenburg, wo es 991 in den Zehntbüchern genannt wird. Das Kloster errichtete eine Kapelle und eine Mühle sowie um 1200 eine Burg, von der heute keine Reste mehr erhalten sind. Im späten Mittelalter und in der Neuzeit wechseln sich verschiedene Herren als Besitzer des Ortes ab (Kurpfalz, Frankreich, Bayern).

Mühlhofen

Die ev. Kirche von 1839–1841, an deren Planung August von Voit beteiligt war, weist Stilmerkmale des Spätklassizismus auf. Schöne Fachwerkhäuser finden sich im Ort vor allem in der Waldstraße.

Billigheim-Ingenheim

Obertor in Billigheim

Birkweiler

Billigheim

Allgemeines

Billigheim wurde 683 erstmals als 'Bolincheime' erwähnt. Die Gründung des Ortes liegt jedoch vermutlich in alemannischer Zeit. Das Reichsdorf kam durch Pfändung an die Grafen von Leiningen, ab 1361 an die Kurpfalz. Unter Kurfürst Friedrich I. dem Siegreichen wird Billigheim mit einem Wallgraben, einer Mauer und drei Toren befestigt. Von 1801 bis 1816 unterstand der Ort der französischen, danach der bayrischen Regierung.

Obertor

Das Ortsbild beeindruckt durch schöne Fachwerkhäuser aus dem 16. bis 19. Jahrhundert. Von der mittelalterlichen Stadtbefestigung hat sich das 1468 errichtete Obertor erhalten.

Ev. Pfarrkirche

An der Südseite des Marktplatzes liegt die spätgotische Kirche St. Martin, heute ev. Pfarrkirche. Ältester Gebäudeteil ist der romanische Turmunterbau aus dem 13. Jh., der im 16. Jh. erhöht und mit einer barocken Haube und Laterne versehen wurde. Der Chor wird um 1400 datiert, die Netzgewölbe in den Seitenschiffen um 1522. Das breite, heute flachgedeckte Mittelschiff war ursprünglich ebenfalls gewölbt. Bemerkenswert sind die Wandmalereien im Chor aus der Erbauungszeit (im 19. Jh. ergänzt).

Billigheimer Purzelmarkt

Alljährlich am 3. Wochenende im September wird der "Billigheimer Purzelmarkt", das älteste Volksfest der Pfalz, abgehalten. Der 1450 auf Veranlassung des Kurfürsten von Kaiser Friedrich III. gestiftete Markt ist bis heute ein gern besuchtes Ereignis mit Pferderennen, Wettspringen und vielen anderen Attraktionen.

Ingenheim

Geschichte

Die Anfänge von Ingenheim reichen vermutlich bis in frühmittelalterliche Zeit zurück, als Franken zwischen 451 und 500 in die Gegend einwanderten. Der Ort war zunächst Lehen des Klosters ⟶ Klingenmünster und befand sich seit 1350 im Besitz der Freiherrn von Gemmingen.

Ingenheim besitzt zwei bemerkenswerte Kirchen: die ev. Pfarrkirche, ein klassizistischer Saalbau von 1822/1823 und die kath. Kirche St. Bartholomäus, eine dreischiffige neugotische Hallenkirche mit Kreuzrippengewölbe von 1899/1900. Am westlichen Ortsausgang liegt der schon vor 1600 angelegte jüdische Friedhof mit einigen hervorragenden Grabmälern aus dem 19. Jahrhundert.

Ingenheim, Geschichte (Fortsetzung)

Sehenswertes

Birkweiler   C 7

Landkreis: Südliche Weinstraße
Verbandsgemeinde: Landau-Land
Höhe: 140–200 m ü.d.M.
Einwohnerzahl: 700
Weinanbaufläche: 200 ha

3 km westlich von Landau

Lage

Straße: B 10, L 512 (Deutsche Weinstraße)
Eisenbahn: Bahnhof Siebeldingen-Birkweiler an der Strecke Landau – Saarbrücken
Autobus: Linie Landau – Birkweiler

*Verkehrs-
anbindung*

Das malerische Winzerdorf Birkweiler liegt in Rebhänge eingebettet am Fuß des Hohenberges. Es grenzt mit seinen letzten Häusern unmittelbar an Siebeldingen und hat mit diesem einen gemeinsamen Bahnhof an der Eisenbahnstrecke Landau – Saarbrücken. Das Birkweiler Weinfest, das alljährlich am vierten Juliwochenende gefeiert wird, ist das älteste Winzerfest der Region. Der Ort ist an das Radwanderwegenetz "Südliche Weinstraße" angeschlossen.

Allgemeines

Das vermutlich im 6. oder 7. Jh. gegründete Birkweiler wird 1285 als 'Birkenwilre' erstmals urkundlich erwähnt. Bis zum Jahre 1410 gehörte es wie die Nachbargemeinde Siebeldingen zum reichsfreien Siebeldinger Tal und war dann bis 1794 kurpfälzisch.

Geschichte

Birkweiler ist ein typisches Winzerdorf mit alten, liebevoll restaurierten Stein- und Fachwerkhäusern aus dem 16. bis 18. Jh., die mit Rebstöcken, runden Torbögen und alten Steinmetzzeichen geschmückt sind. 1985 wurde Birkweiler zum "Schönsten Dorf" an der Deutschen Weinstraße gekürt. Die beiden Pfarrkirchen stammen aus dem 19. Jahrhundert.

⁕Ortsbild

Der Hohenberg (552 m ü.d.M.) hat einen Aussichtsturm und ist in einer Stunde Fußweg von Birkweiler zu ersteigen. Der Turm steht an der Stelle, an der die Franzosen nach 1793 einen optischen Telegraphen errichtet hatten.

Hohenberg

Böchingen   C 7

Landkreis: Südliche Weinstraße
Verbandsgemeinde: Landau-Land
Höhe: 180 m ü.d.M.
Einwohnerzahl: 700
Weinanbaufläche: 180 ha

5 km nordwestlich von Landau

Lage

Bockenheim

Böchingen, Verkehrs- anbindung (Fortsetzung)	Straße: A 65, B 38, L 512 (Deutsche Weinstraße) Eisenbahn: nächster Bahnhof Knöringen - Essingen an der Strecke Landau – Neustadt a.d.W. (4 km); Bahnhof Landau (5 km)
Allgemeines	Böchingen ist ein gepflegtes Weindorf etwa 2 km abseits der Deutschen Weinstraße mit vielen typischen Wohnhäusern des 17. bis 19. Jahrhunderts. Als 'Bochincheim' wird der Ort erstmals 767 im Lorscher Codex erwähnt. Ein Rittergeschlecht vom nahegelegenen Zeiskam hatte hier eine Burg, die im Dreißigjährigen Krieg zerstört wurde. Die Feist Belmont'sche Sektkellerei, einer der größten Sekthersteller in Deutschland, hat ihren Sitz in Böchingen.
Ev. Kirche	Die ev. Kirche St. Bartholomäus ist ein Saalbau von 1600, der im 18. Jh. um einen fünfseitigen Chorschluß nach Osten erweitert wurde. Bemerkenswert sind die dreiflügelige Empore (18. Jh.), die Rokoko-Orgel von 1793 und prächtige Grabmale (Renaissance) der Ritter von Zeiskam aus dem späten 16. Jahrhundert.
Barockschlößchen	Neben der Kirche steht das Barockschößchen der Ritter von Steinkallenfels aus dem 18. Jh. mit einer Freitreppe zum Mittelportal. Heute ist hier die Feist Belmont'sche Sektkellerei zu Hause.
Haus der Südostdeutschen	Im Jahre 1966 wurde das 'Haus der Südostdeutschen' seiner Bestimmung als Begegnungsstätte und Heimatmuseum übergeben (Prinz-Eugen-Straße 22; Besichtigung nach Voranmeldung). In der Ausstellung wird an die Auswanderung vieler Pfälzer und anderer Süddeutscher nach Südosteuropa, insbesondere in die Batschka und ins Banat (heute Rumänien) erinnert und ihre Kolonisation, die einstige Blüte der Region und schließlich der Niedergang bis zur Vertreibung in neuerer Zeit anschaulich dargestellt.

Bockenheim an der Weinstraße   **D 3**

	Landkreis: Bad Dürkheim Verbandsgemeinde: Grünstadt Land Höhe: 153 m ü.d.M. Einwohnerzahl: 2200 Weinanbaufläche: 411,5 ha
Lage	6 km nördlich von Grünstadt
Verkehrs- anbindung	Straße: A 61, B 47, B 271 Eisenbahn: Bahnhof Grünstadt (6 km) Autobus: Linie Grünstadt – Monsheim
Allgemeines und Geschichte	Bockenheim liegt unweit der Grenze zu Rheinhessen am Beginn der Deutschen Weinstraße und ist deren nördlichste Weinbaugemeinde. Erstmalig erwähnt als 'Buckenheim' oder 'Bucinheim' wurde es im 8. Jh. im Lorscher Codex. Die seit Ende des 13. Jh.s bestehenden Dörfer Klein- und Großbockenheim gehörten wie die meisten umliegenden Ortschaften den Grafen von Leiningen, die sich hier in der sogennannten Emichsburg ihren Wohnsitz bauen ließen. An manchen Stellen in Bockenheim finden sich noch Reste früherer Befestigungsanlagen. Im Jahr 1956 wurde Großbockenheim und Kleinbockenheim zu einer Gemeinde zusammengeführt.
Beginn der Deutschen Weinstraße	Den Beginn der Deutschen Weinstraße bezeichnet seit 1985 am nördlichen Ortsrand, gewissermaßen als Pendant zum Deutschen Weintor in → Schweigen-Rechtenbach, eine Mauer mit der Inschrift "Deutsche Weinstraße" und ihrem Symbol, der Traube. Geplant ist der Bau eines 'Hauses der Deutschen Weinstraße' in der Mitte des Orts an der Grenze zwischen Kleinbockenheim und Großbockenheim.

Bockenheim

St. Martin in Kleinbockenheim *Traubenmadonna in Großbockenheim*

Die romanische St.-Martins-Kirche (heute ev. Pfarrkirche) im nördlichen Ortsteil Kleinbockenheim ist eine kreuzförmige Anlage des späten 12. und frühen 13. Jahrhunderts. Die spätgotischen Gewölbe ersetzten zu Beginn des 16. Jh.s die frühere Flachdecke. Bemerkenswert sind das achteckige, von vier Löwen getragene Taufbecken, die Bauplastik (um 1220–1230) und Reste gotischer Wandmalereien im Chor.
Im Süden der Kirche steht der ehemalige Turm der 1833 abgebrochenen Liebfrauenkapelle aus dem 13. Jh. mit einem zu Beginn des 19. Jh.s aufgesetzten Zinnenkranz.

Kleinbockenheim
St.-Martins-Kirche

Das reich verzierte, zu beiden Seiten von einem Säulenpaar gerahmte Hoftor aus dem frühen 17. Jh. ist möglicherweise das Überbleibsel einer Burg der Grafen von Leiningen (Emichsburg).

Renaissance-Tor

In unmittelbarer Nähe der Kirche, westlich der B 271, liegt ein ebenerdiger Kellerbau, der Rest einer Klosterschaffnerei der Abtei Waldsassen, die hier Zehntrechte besaß.

Klosterschaffnerei

Bei der ev. Pfarrkirche (ehemals St. Lambert) von Großbockenheim handelt es sich um einen Saalbau aus der Zeit um 1710 (romanischer Turm an der Nordseite, Mitte 12. Jh.).

Großbockenheim
Kirchen

Die nahegelegene kath. Pfarrkirche St. Lambertus von 1936 bewahrt eine Madonna von 1480. Sie ist auch bekannt als 'Traubenmadonna', da das Jesuskind eine Weintraube in der Hand hält. Desweiteren besitzt die Kirche einen gotischen Taufstein mit Szenen aus dem Leben des hl. Lambert. Der ursprünglich befestigte Friedhof der Kirche ist unterkellert.

Wanderwege führen u. a. zur Heiligenkirche und zum Katzenstein (4,2 km) oder zum Naturdenkmal Klamm (3 km), der Weinwanderweg "Deutsche Weinstraße" begleitet die Touristikstraße in Richtung Süden.

Wandervorschläge

Burrweiler

Pfarrkirche in Burrweiler  — *Torbogen des Dahnschen Schlosses*

Burrweiler C 7

Landkreis: Südliche Weinstraße
Verbandsgemeinde: Edenkoben
Höhe: 250 m ü. d. M.
Einwohnerzahl: 860
Weinanbaufläche: 238 ha

Lage

7 km nordwestlich von Landau

Verkehrsanbindung

Straße: A 65, B 10, B 38
Eisenbahn: nächster Bahnhof Knöringen-Essingen an der Strecke Landau – Neustadt a.d.W. (5 km)
Autobus: Linie Landau – Neustadt a.d.W.

Allgemeines

Burrweiler, auf halbem Wege zwischen Landau und Edenkoben an der Weinstraße gelegen, ist ein anerkannter Fremdenverkehrsort. Winklige Gassen mit alten Winzerhäusern und schönen Dorfbrunnen prägen das Ortsbild.

Geschichte

Das Dorf 'Bubenwilre', zur Herrschaft Geisburg gehörig, wurde 1275 erstmals erwähnt. Im Jahre 1401 ging es an die Herren von Dahn und nach deren Aussterben 1603 nach mehrmaligem Besitzwechsel von 1657 bis 1793 an die Grafen von der Leyen. Die Herren von Dahn hatten ihre Residenz auf der 1279 erstmals genannten Geisburg auf dem Schloßberg am nördlichen Ortsrand. Nachdem diese Burg in den Bauernkriegen 1525 völlig zerstört wurde, ließen sie sich in Burrweiler ein Schloß im Stil der Renaissance erbauen, von dem heute nur noch der doppelte Torbogen steht. Die Grafen von der Leyen errichteten im 18. Jh. an der Stelle des Dahnschen Schlosses ihren Wohnsitz.

Carlsberg

Die 1523 erbaute Dorfkirche besitzt einen netzgewölbten, mit einer dreiseitigen Apsis schließenden Chor, der das Erdgeschoß des massiven Ostturms bildet. Das flachgedeckte Langhaus wurde im 19. Jh. um zwei Achsen verlängert. Im Innern sind die steinerne Kanzel und der Taufstein von 1605, das Grabmal des Obersten Hans Reichard von Schönenburg († 1617) und seiner Frau mit knienden Bildnisfiguren im Chor und weitere Grabsteine der Herren von Dahn (Anfang des 17. Jh.s) bemerkenswert. Aus der restlichen, überwiegend ins 18. Jh. datierenden Ausstattung seien ein Epitaph um 1780, ein Kruzifix und zwei Statuen der Heiligen Maria und Josef genannt.

Burrweiler (Fortsetzung) Kath. Pfarrkirche

Die Grafen von der Leyen errichteten auf den Resten des Dahnschen Schlosses 1754 einen schlichten Neubau, in dem heute eine nach dem ehemaligen Besitzern benannte Winzergaststätte untergebracht ist. An der Fassade kann man noch den reich skulptierten doppelten Torbogen bewundern, der sich von dem ehemaligen Renaissanceschloß der Herren von Dahn erhalten hat.

Ehemaliges Schloß

Der Sammelleidenschaft von zwei Mitbürgern verdankt die Gemeinde ein in jüngster Vergangenheit eröffnetes Ofenmuseum mit Antik-Ofen-Galerie (Hauptstraße 69, Tel. 0 63 45 / 34 55). Mehr als 300 Exemplare aus den letzten drei Jahrhunderten umfaßt die Sammlung, die teils noch im Lager ruht, teils in einem Fachwerkhaus von 1528 zu besichtigen ist (geöffnet Di.–So. 14.00–18.00 Uhr.

Ofenmuseum

Umgebung von Burrweiler

Die St.-Anna-Kapelle, eine 1896 erbaute neugotische Wallfahrtskapelle, steht auf dem Annaberg, einer Erhebung westlich des Ortes. Wallfahrten finden im Juli und August statt.

St.-Anna-Kapelle

Hinter dem Annaberg erhebt sich der Teufelsberg (599 m ü. d. M.) mit einem Bergkreuz; nahe diesem der Teufelsfels, eine 300 m lange Felsgruppe, und die an Wochenenden bewirtschaftete Trifelsblickhütte mit prächtigem Blick in den Wasgau.

Teufelsberg

Von Burrweiler führt das Modenbachtal in den Pfälzer Wald. Die früheren Wassermühlen des Tals sind heute beliebte Ausflugslokale (Gaststätte Buschmühle und Gutsausschank Burrweiler Mühle).

Modenbachtal

Die kleine Gemeinde Flemlingen (190 m ü. d. M.; 300 Einw.; 180 ha Weinanbaufläche), etwa 2 km östlich von Burrweiler und der Deutschen Weinstraße gelegen, besitzt ausgedehnte Weinanbauflächen. Als 'Flamringen' wird es 767 erstmalig im Lorscher Codex genannt. Ursprünglich Reichsdorf, kam es zur Herrschaft Geisburg und 1401 mit dieser an die Herren von Dahn, die in Burrweiler residierten.
Die kath. Kirche St. Alban datiert aus dem Jahr 1759. Der barocke Saalbau mit aufgesetztem Dachreiter birgt Altäre aus dem 18. Jh. und eine gotische Madonna aus der Zeit um 1450.

Flemlingen

Carlsberg   C 4

Landkreis: Bad Dürkheim
Verbandsgemeinde: Hettenleidelheim
Höhe: 310 m ü. d. M.
Einwohnerzahl: 3300

12 km südwestlich von Grünstadt

Lage

Carlsberg

Carlsberg

Verkehrs-anbindung	Straße: A 6 Eisenbahn: nächster Bahnhof Grünstadt (13 km) Autobus: Linie Grünstadt – Altleiningen
Allgemeines	Der Erholungsort Carlsberg erstreckt sich auf einer Länge von 4 Kilometern auf dem Höhenzug Matzenberg und ist mit den Ortsteilen Kleinfrankreich und Hertlingshausen die flächenmäßig größte Gemeinde der Pfalz. Die Höhenlage und die schöne Landschaft, verbunden mit einem guten Unterkunfts- und Gastronomieangebot, ließen Carlsberg zu einem beliebten Luftkurort werden. Die ev. und die kath. Pfarrkirche, beide in neugotischem Stil, stammen aus dem 19. Jh. (1864 bzw. 1874).
Geschichte	Der älteste Ortsteil Hertlingshausen wurde 1212 erstmals als 'Hertingeshusen' erwähnt und war bis 1794 leiningisch. Aus den Steinen eines 1521 aufgelösten Augustinerinnenklosters soll der Ort um 1585 erbaut worden sein. Zu Beginn des 18. Jh.s ließ Graf Georg II. von Leiningen auf einer Rodungsfläche eine Siedlung für geflüchtete Hugenotten anlegen, die Kleinfrankreich genannt wurde. Im Jahr 1726 benannte der Gründer den Ort nach dem Namen seines Sohns Carlsberg. Da der Boden nur geringe Erträge hervorbrachte, verlegten sich später viele Einwohner auf den Handel, und zeitweise war Carlsberg eine der größten Händlersiedlungen Deutschlands. 1969 wurden Carlsberg und Hertlingshausen zu der Gemeinde Carlsberg zusammengeschlossen.
Wanderwege	Rund um Carlsberg gibt es zahlreiche markierte Rundwanderwege zwischen ein und acht Kilometern. Ausgangspunkt sind die Parkplätze 'Am Wasserturm' im Westen, 'Naturfreundehaus' im Süden und 'Am Wegweiser' im Norden des Ortes. Der von Altleiningen kommende 'Leininger Wanderweg' (→ Altleiningen) führt westlich an der Gemeinde vorbei. Im Norden befindet sich ein kleines Wildgehege.

Deidesheim

Dackenheim D 4

Landkreis: Bad Dürkheim
Verbandsgemeinde: Freinsheim
Höhe: 176 m ü.d.M.
Einwohnerzahl: 370
Weinanbaufläche: 130 ha

5 km südlich von Grünstadt Lage

Straße: B 271 Verkehrs-
Eisenbahn: nächster Bahnhof Freinsheim (2 km) oder Kirchheim a. d. anbindung
Weinstraße (2 km)
Autobus: Linie Freinsheim – Grünstadt

Die kleine Gemeinde ist bekannt wegen ihrer guten Weinlagen. Im Jahre Allgemeines
768 wird sie als 'Dagistisheim' erstmals erwähnt. Im 14. Jh. kam der Ort zur
Grafschaft Leiningen-Dagsburg und später zur Kurpfalz.

Die kath. Pfarrkirche St. Maria gehörte seit Mitte des 12. Jh.s zum Kloster St. Maria
Höningen (→ Altleiningen). Aus dieser Zeit erhalten sind der wuchtige
Chorturm mit Bogenfriesen und die Apsis. Das Turmobergeschoß ist spätgotisch, die Haube barock. Das Langhaus wurde im 18. Jh. auf romanischen Fundamenten neu errichtet. Noch romanisch sind im Innern der Kirche die Chorwölbung mit schweren Rundstabrippen und die Chorpfeiler
mit Palmettenornamenten sowie menschlichen Figuren und Gesichtern an
den Kapitellen. Die Sakristei (16. Jh.) ist spätgotisch. Das Bogenfeld an der
Westwand (Sündenfall) gehörte vermutlich zu einem Portal.

Kapitelle in
St. Maria

Deidesheim D 5

Landkreis: Bad Dürkheim
Verbandsgemeinde: Deidesheim
Höhe: 126 m ü.d.M.
Einwohnerzahl: 3700
Weinanbaufläche: 540 ha

6 km nördlich von Neustadt a.d. Weinstraße Lage

Straße: A 65, B 38, 271 Verkehrs-
Eisenbahn: Bf. Deidesheim an der Strecke Neustadt a.d.W. – Freinsheim anbindung
Autobus: Linie Neustadt a.d. Weinstraße – Bad Dürkheim; Deidesheim –
Ludwigshafen

Deidesheim

Marktplatz in Deidesheim

Allgemeines und Bedeutung	Der staatlich anerkannte Luftkurort gehört wegen seines reizvollen Ortsbildes, seiner schönen Lage am Rande der Mittelhardt und seiner guten Weinlagen zu den meistbesuchten Orten an der Deutschen Weinstraße. Mit den Dörfern Forst, Meckenheim, Niederkirchen und Ruppertsberg bildet er eine Verbandsgemeinde, die ihren Sitz in Deidesheim hat.
Geschichte	In einer Schenkung an die Klöster Lorsch und Fulda im Jahre 770 wird 'Didinisheim' erstmals urkundlich erwähnt. Der Ort lag damals 2 km weiter östlich, an der Stelle von → Niederkirchen. Das heutige Deidesheim ist eine spätere Gründung. Aus den beiden Orten Nieder- und Oberdeidesheim wurde im Laufe des Spätmittelalters Niederkirchen und Deidesheim. Letzteres gehörte von 1100 bis 1801 mit den umliegenden Orten zum Hochstift Speyer. Die Speyerer Fürstbischöfe erwirkten beim deutschen König Befestigungs- (1360) und Stadtrechte (1395) für Deidesheim. Vor den Verwüstungen im Pfälzer Erbfolgekrieg wurden die Bewohner der Stadt nicht bewahrt; 1689 brannte die Stadt nieder. Schaden nahm sie auch in den Napoleonischen Kriegen. Nach dem französischen Interregnum (1801–1814) wurde sie im Jahre 1816 bayerisch.

Sehenswertes

**Marktplatz, Rathaus	Zentrum der Stadt ist der Marktplatz. Hier steht das ehemalige Rathaus aus dem 16. Jh., das nach der teilweisen Zerstörung im Jahre 1689 wiederaufgebaut wurde. Eine zweiseitige Freitreppe führt zu dem von einem Baldachin bekrönten Eingangspodest hinauf. Im Innern Glasgemälde und ein Weinmuseum (s. u.). Rathaus, Fachwerk- und Patrizierbauten, die Pfarrkirche St. Ulrich und der 1851 gestiftete Andreasbrunnen umsäumen den Markt und bilden ein eindrucksvolles Ensemble. Dem Rathaus gegenüber steht das Gasthaus 'Zur Kanne', ursprünglich Wirtschaftshof des Klosters Eußerthal, einer der ältesten Gasthöfe Deutschlands und als solcher

Deidesheim

Weinstraße in Deidesheim

schon 1374 nachweisbar. Gleichfalls am Marktplatz steht das Hotel-Restaurant 'Deidesheimer Hof', ein ehemaliges Gutshaus von 1702, das sein heutiges Aussehen einem Umbau im Neorenaissance-Stil verdankt (1900). An der Südwestecke des Hauses ist eine Muttergottesfigur von 1710 angebracht. Weitere interessante Häuser aus dem 18. Jh. finden sich in der Weinstraße (16, 40, 53) und in der Heimarktstraße (3 und 18).

Marktplatz, Rathaus (Fortsetzung)

Die kath. Pfarrkirche St. Ulrich stößt mit dem Chor an den Marktplatz (steinere Madonna von 1618 im Chorscheitel). Das zwischen 1440 und 1480 errichtete, nach dem Brand von 1689 wiederaufgebaute Gotteshaus ist in seiner stilistischen Einheitlichkeit, aber auch in seiner Traditionsgebundenheit ein interessantes Baudenkmal. Das dreischiffige, basilikale Langhaus, die Spitzbogenarkaden über Rundpfeilern und die kleinen Obergadenfenster sowie das Kreuzrippengewölbe in allen Teilen der Kirche sprechen eine hochgotische Sprache, wie man sie bei den pfälzischen Stiftskirchen des 14. Jh.s (Landau und Neustadt) findet. Von der Ausstattung sind die Heiligenfiguren vom ehemaligen Chorgestühl an den Emporenpfeilern von 1480, das spätgotische Glasgemälde über dem nördlichen Seiteneingang und das neugotische Chorgestühl bemerkenswert. Drei schön gearbeitete Bildnisepitaphe des 16. Jh.s stehen heute außerhalb der Kirche, an der Westwand des südlichen Seitenschiffs. Davor erhebt sich das ehemalige Friedhofskreuz aus dem Jahre 1554. Das kleine einstöckige Gebäude südwestlich der Kirche (Ende 15. Jh.) diente bis 1783 als Beinhaus und ist heute Gefallenengedenkstätte.

*St. Ulrich

Vom 1494 gegründeten Spital, ursprünglich eine Einrichtung zur Pflege von Kranken und zur Versorgung durchreisender Pilger, sind die Spitalkirche aus dem 15. Jh. und die Spitalgebäude aus dem 18. Jh. erhalten. Bei der Spitalkirche 'Unserer lieben Frauen' von 1496 handelt sich um eine spätgotische Kapelle, die mit ihrer Westseite an die Hauptstraße von Deidesheim (Weinstraße) grenzt. Von der alten Ausstattung ist nichts mehr

Spital

Deidesheim

Spital
(Fortsetzung)

vorhanden; die heutige stammt aus anderen Kirchen. Die nach Kriegszerstörung 1945 wieder aufgebauten Spitalgebäude beherbergen heute ein Seniorenwohnheim.

Weitere Kirchen

Da Deidesheim jahrhundertelang zum Fürstbistum Speyer gehörte, zog es nur wenige Protestanten dorthin. Eine ev. Kirche gibt es daher erst seit 1875. Sie wurde 1957 erweitert. Die Friedhofskapelle wurde 1619 errichtet; sie erhielt 1958 einen Dachreiter mit Zwiebelhaube und wurde 1965 durch einen Querbau erweitert.

Ketschauer Hof

In der Ketschauerhofstraße liegt der ehemalige Hof der Freiherren von Ketschau, 1770–1772 von dem kurfürstlichen Mannheimer Hofbaurat Franz Wilhelm Rabaliatti erbaut und nach einem Brand in der ersten Hälfte des 19. Jh.s erneuert, heute im Besitz der Familie von Bassermann-Jordan. Sowohl der Weinkeller des heutigen Weinguts als auch die Kunstsammlung des Hauses lohnen in jedem Fall eine Besichtigung. Geöffnet Mo.–Fr. 8.00–12.00 und 13.00–18.00 Uhr.

Stadtbefestigung

Von der mittelalterlichen Stadtbefestigung haben sich im Osten der Stadt drei Rundtürme und ein Stück der Mauer erhalten. Der Burggraben wurde zu einer hübschen Parkanlage umgestaltet. Der sog. Stadtturm dient den 'Deidesheimer Turmschreibern' (Schriftsteller, die auf Einladung der Stadt eine bestimmte Zeit in Deidesheim zubringen) als Unterkunft.

Ehem. Burg

Im Nordosten der Stadt lag die im 13. Jh. oder früher erbaute Wasserburg der Speyerer Fürstbischöfe. Von dem mittelalterlichen Burgkomplex, der 1689 im Pfälzer Erbfolgekrieg und zwischen 1792 und 1794 erneut niedergebrannt wurde, sind zwei Rundtürme, Mauerreste und der ehem. Wassergraben noch zu sehen, ebenso die Brücke aus dem 18. Jahrhundert. Im klassizistischen Wohnhaus (1804–1817) ist heute ein renommierter Gutsausschank untergebracht.

Museen

Bei den besonders guten Weinlagen um Deidesheim liegt es nahe, daß der Ort auch ein Weinmuseum besitzt. Seit 1986 kann sich der Weininteressierte im ehem. Rathaus über die lange Geschichte des Weinanbaus informieren. Die Darstellung reicht von der Urzeit mit Teilen einer 50 Millionen Jahre alten versteinerten Weinrebe über Trinkgefäße der Antike bis in die Gegenwart (geöffnet März–Dez. Mi.–So. 16.00–18.00 Uhr).
Im Kannenhof (Eingang schräg gegenüber vom Rathaus) wurde ein Museum für Fototechnik und Kino eröffnet (geöffnet Mi.–So. und Fei. 16.30–18.30 Uhr, Gruppen nach Vereinb., Tel. [06326] 6568 oder 8834).
Ein liebevoll restauriertes Winzerhaus im Stadtkern, Stadtmauergasse 10, hat das 1971 eröffnete Museum für moderne Keramik aufgenommen. Neben neuerer Keramik werden auch ältere Stücke ausgestellt, darunter bäuerliche Kunst (geöffnet Fr.–So. 10.00–12.00, 14.00–17.00, Mi. 18.00–20.00 Uhr. Jan., Feb. und Juli geschlossen.

Stadthalle
Geißbockbrunnen

Neu ist die Stadthalle an der Bahnhofstraße mit Tagungs- und Ausstellungsräumen; hier befindet sich auch das Amt für Fremdenverkehr mit der Tourist-Information. Vor der Stadthalle steht der 1985 von Gernot Rumpf geschaffene Geißbockbrunnen.

Jüdischer
Friedhof

Am Platanenweg im Westen der Stadt gibt es noch einen jüdischen Friedhof, angelegt im 18. Jh., mit Grabsteinen von 1713 bis in die dreißiger Jahre unseres Jahrhunderts.

Geißbock-
versteigerung

Ein Volksfest besonderer Art ist die traditionelle Geißbockversteigerung vor dem Rathaus am Pfingstdienstag. Sie geht auf einen Vertrag zwischen Deidesheim und der Stadt Lambrecht zurück, wonach diese für Weiderechte im Deidesheimer Wald jährlich einen Geißbock zu liefern hatte. Die nicht ganz ernst zu nehmende Geißbockübergabe findet heute in traditionellen Kostümen vor der Kulisse des ehemaligen Rathauses statt.

Deidesheim

Bildstock am Straßenrand

Dernbach

Umgebung von Deidesheim

Etwa 2,5 km westlich von Deidesheim auf einem Vorberg der Mittelhaardt kann man die unter dem Namen 'Heidenlöcher' bekannten Reste einer frühmittelalterlichen Fliehburg besichtigen, die im 9. oder 10. Jh. zum Schutz vor kriegerischen Einfällen der Normannen oder Ungarn entstanden. Die kulturhistorisch überaus interessante Anlage vermittelt ein anschauliches Bild vom Typus der Fliehburgen, wie sie auch an anderen versteckten Stellen am Haardtrand angelegt wurden (⟶ Bad Dürkheim, Heidenmauer). Die Grabungen brachten die Fundamente von zwei Toranlagen und 65 Steinhäusern zutage, die von einem ringförmigen Wall mit einer 450 m langen Trockenmauer umfaßt wurden.

*Heidenlöcher

Die spätgotische Michaelskapelle auf dem Kirchberg, 2 km westlich des Ortszentrums, wurde 1470 erbaut und nach ihrem langsamen Verfall im Jahre 1952 wiederhergestellt.

Michaelskapelle

In der Gemarkung Deidesheim gibt es viele religiöse Flurdenkmäler, uralte Bildstöcke und Steilkreuze, von denen der Bildstock am 'Grain' am nördlichen Stadtrand von Deidesheim aus dem Jahre 1431 mit einer Kreuzigungsdarstellung einen kleinen Abstecher lohnt.

Bildstöcke

Zum Turnerdenkmal auf dem Wallberg (344 m ü.d.M., Aussicht) sind es 3 km Fußweg, zum Aussichtsturm auf dem Eckkopf (516 m ü.d.M.) 6 km, zur Aussichtskanzel auf dem Stabenberg (494 m ü.d.M.) 5 km und zum Kurpfalz-Wildpark (⟶ Wachenheim) 10 km. Zahlreiche markierte Wanderwege führen in das Bergland der Mittelhaardt. Drei reizvolle, z.T. schluchtartige Täler, das Sensen-, das Marien- und das Kupferbrunnental treten bei Deidesheim aus dem Gebirge in die Rheinebene. Der Wanderweg 'Deutsche Weinstraße' führt westlich am Ort vorbei.

Ausflugsziele, Wanderwege

Dernbach

Dernbach C 7

Landkreis: Südliche Weinstraße
Verbandsgemeinde: Annweiler
Höhe: 220 m ü. d. M.
Einwohnerzahl: 500

Lage
10 km nordwestlich von Landau

Verkehrs-
anbindung
Straße: B 10
Eisenbahn: Bahnhof Albersweiler an der Strecke Landau – Saarbrücken
(5 km)
Autobus: Linien Landau bzw. Annweiler – Ramberg

Allgemeines
1,5 km westlich von Albersweiler zweigt aus dem Queichtal eine Straße
nach Norden in das Dernbachtal ab, auf der man nach drei Kilometern das
reizvolle Straßendorf Dernbach erreicht. Der 1189 als 'Deyrenbach' erstmals erwähnte Ort gehörte zur Herrschaft Scharfenberg und nach deren
Aussterben (1416) zur Kurpfalz. Von 1477 bis 1801 war Dernbach Teil der
Herrschaft Scharfeneck der Fürsten Löwenstein-Wertheim.

Kath. Kirche
Die in gotischem Stil erbaute kath. Kirche zur Hl. Dreifaltigkeit ist eine der
herausragendsten mittelalterlichen Kirchen der Pfalz. Der Chor stammt
noch von der ersten, Ende des 13. Jh.s erbauten Kirche, wogegen das
Langhaus, der Westturm und die Sakristei ins frühe 15. Jh. datiert werden.
Das ursprünglich gewölbte Langhaus erhielt im 17. Jh. eine Flachdecke.
Im Chor haben sich Kreuzrippengewölbe und Fresken mit Darstellungen
des Abendmahls und des Marientodes aus der Zeit um 1300 erhalten. Die
Wandmalereien wurden im 19. Jh. freigelegt und restauriert. Bemerkenswert sind auch eine sitzende Bischofsfigur aus Holz (15. Jh.) und ein Taufstein um 1500.

Wanderwege
Von den zahlreichen, von Dernbach ausgehenden Wanderwegen seien die
zur Burgruine Neuscharfeneck (⟶ Ramberg), zum karolingischen Ringwall auf dem Orensberg (⟶ Albersweiler) und nach ⟶ Eußerthal genannt.

Dirmstein E 3

Landkreis: Bad Dürkheim
Verbandsgemeinde: Grünstadt-Land
Höhe: 108 m ü. d. M.
Einwohnerzahl: 2700
Weinanbaufläche: 242 ha

Lage
6 km östlich von Grünstadt

Verkehrs-
anbindung
Straße: A 6, A 61 (Ausfahrt Frankenthal)
Eisenbahn: nächster Bahnhof Frankenthal an der Strecke Mainz – Lud-
wigshafen (8 km)
Autobus: Linie Frankenthal – Großkarlbach – Grünstadt

Allgemeines
und Geschichte
Das etwas abseits der Deutschen Weinstraße gelegene Dirmstein bildet
den Mittelpunkt des Weinbaus an der Unterhaardt. Der ehemalige Sommersitz der Bischöfe von Worms mit seinen zahlreichen Adelshöfen und
stattlichen Bürgerhäusern bietet auch heute noch ein sehenswertes Ortsbild. Als fränkische Siedlung wurde der Ort bereits im 8. Jh. im Weißenburger Codex und 1110 in einer Wormser Urkunde unter dem Namen 'Dirame-
stein' erwähnt. Im Jahre 1196 übergab Kaiser Heinrich VI. die Vogtei Dirmstein dem Hochstift Worms. Im 15. Jh. ließen sich im Gefolge des bischöfli-

78

Dirmstein

Früher Adelssitz – heute Rathaus: Das Sturmfedersche Schloß in Dirmstein

chen Hofs viele Adelsfamilien hier nieder. Auf die Zerstörung im Pfälzischen Erbfolgekrieg folgte ab 1700 der Wiederaufbau des Orts im Stil des Barock.

Allgemeines und Geschichte (Fortsetzung)

Sehenswertes

Die eindrucksvolle Kirche St. Laurentius hatte eine Vorgängerin aus dem 13. Jh., die 1689 abbrannte. Den Neubau von 1742–1743 gab der Kurfürst von Trier und Bischof von Worms Franz Georg Graf von Schönborn in Auftrag. Der Entwurf, der die Beibehaltung des spätgotischen Turms einschloß, stammt in seiner ersten Fassung von Balthasar Neumann. Das Gotteshaus ist als Simultan- oder Zweikirche für beide Konfessionen angelegt, mit einem größeren Raum für den katholischen und einem kleineren für den protestantischen Gottesdienst. Die Decke des kath. Kirchenraums schmücken drei Stuckrahmenfelder aus der Erbauungszeit und das prachtvolle Wappen ihres Erbauers, Franz Georg von Schönborn, mit den Zeichen seiner Herrschaftsgebiete. Bemerkenswerte Stücke der Kirchenausstattung sind ferner der Hochaltar, die beiden Seitenaltäre, die Kanzel, die Orgelbrüstung, die geschnitzten Wangen an den Kirchenbänken und das Schnitzwerk an den Eingangstüren; der Kirchenschatz enthält einen kostbaren silbernen Reliquienschrein (1500). Die etwas schlichtere ev. Kirche präsentiert sich ebenfalls noch in ihrer originalen Ausstattung.

*Laurentiuskirche

Westlich der Kirche steht die ehemalige Spitalkapelle Maria Magdalena, eine gotische Anlage aus dem 13. oder 14. Jahrhundert (heute Gemeindekindergarten).

Spitalkapelle

Nach den Verwüstungen des Pfälzischen Erbfolgekriegs ließen sich im 18. Jh. die hier ansässigen Adelsfamilien großzügige, beinahe schloßartige Wohnhäuser erbauen, von denen einige erhalten sind. Im Nord-

*Ortsbild Adelshöfe

79

Dörrenbach

Dirmstein, Ortsbild (Fortsetzung)	westen am Obertor, in der Herrengasse 45, steht das heute in Gemeindebesitz befindliche Koeth-Wanscheidsche Schloß, ein imposantes Herrenhaus mit einem Dreiecksgiebel über der Nordfront. Der um 1780 über dem aufgeschütteten Stadtgraben als englischer Landschaftsgarten angelegte Schloßpark beeindruckt durch seinen beachtlichen, z.T. exotischen Baumbestand. In Richtung Ortsmitte (Obertor 6) folgt das ehemalige Quadtsche Schloß, das sich heute in Privatbesitz befindet. Am neugestalteten Schloßplatz erhebt sich das 1736 erbaute Sturmfedersche Schloß (heute Rathaus). Das im Stil des Rokoko 1738 erbaute St.-Michaels-Tor vor dem Schloß mit einer Steinplastik des drachentötenden Michael gilt als das Wahrzeichen von Dirmstein.
Bürgerliche Wohnhäuser	Die vom Schloßplatz nach Süden führende Marktstraße mit einigen hübschen Fachwerkhäusern steht in dem Ruf, die kleinste Fußgängerzone Deutschlands zu sein. Außer in der Marktstraße haben sich auch in der Herrengasse und in der Metzgergasse eine Reihe bürgerlicher Bauten und vornehmer Herrenhäuser, im wesentlichen aus dem 18. und frühen 19. Jh., z.T. in Fachwerk, erhalten.
Ehem. Rathaus	Das ehemalige Rathaus ist ein zweigeschossiges Gebäude von 1774 mit acht bzw. neun Fensterachsen, heute Kommunikationszentrum des Ortes.
Kellergarten	Im südöstlichen Teil der Gemeinde liegt der sog. Kellergarten, ein schöner Park, einst im Besitz der Familie Sturmfeder, mit altem Baumbestand und einem Sommerschlößchen der späteren Eigentümerin, Gräfin von Brühl.
Ehem. bischöfliches Schloß	Am Südrand des sog. Unterdorfes sind noch Überreste des bischöflichen Schlosses aus dem 16. Jh., einer ehemaligen Wasserburg, vorhanden. Es sind dies der Gewölbekeller, der etwa zwei Geschosse hohe Unterbau eines sechseckigen Treppenturmes und ein runder Turm an der Südostecke, der sog. Diebesturm. Die übrigen Baulichkeiten stammen zumeist aus dem späten 18. Jahrhundert.
Lößwand	Der in der pfälzischen Oberrheinebene häufig anzutreffende Löß ist am westlichen Ortsrand von Dirmstein (von der Straße nach Grünstadt aus bereits sichtbar) besonders gut aufgeschlossen. Die 6 m hohe und 250 m lange Lößwand bietet zahlreichen Tierarten einen Nistplatz.

Dörrenbach   **B 8**

	Landkreis: Südliche Weinstraße Verbandsgemeinde: Bad Bergzabern Höhe: 320 m ü.d.M. Einwohnerzahl: 1000 Weinanbaufläche: 135 ha
Lage	4 km südwestlich von Bad Bergzabern
Verkehrsanbindung	Straße: B 38, B 427 Eisenbahn: Bahnhof Winden an der Strecke Karlsruhe – Landau (13 km) Autobus: Linie Landau – Schweigen
Allgemeines	Am Ende einer kurzen Stichstraße (1,5 km), die 2 km südlich von Bad Bergzabern, beim Heyhof, nach Westen abzweigt, liegt inmitten von Kastanienwäldern der idyllische Erholungsort Dörrenbach. 992 als 'Turrenbach' erstmals anläßlich einer Schenkung erwähnt, gehörte er später zur Herrschaft Guttenberg (→ Schweigen-Rechtenbach) und wurde nach Zerstörung der Burg Guttenberg im Bauernkrieg 1525 Sitz des Amtes Guttenberg. Dieses ging 1559 an das Herzogtum Pfalz-Zweibrücken über und verblieb dort bis zum Jahr 1794.

Dörrenbach

Rathaus in Dörrenbach

Charakteristisch für Dörrenbach sind die zahlreichen, gut erhaltenen Fachwerkhäuser mit überdachten seitlichen Freitreppen (insbesondere im unteren Ortsteil), die dem Dorf seinen besonderen Charme verleihen.

Allgemeines
(Fortsetzung)

Sehenswertes

Ein schönes Beispiel für die profane Renaissancearchitektur in der Pfalz ist das 1590 erbaute Rathaus. Im massiv aufgeführten Erdgeschoß befindet sich eine flachgedeckte Halle mit Rundbogenöffnungen. Zum ersten Obergeschoß führt eine überdachte Freitreppe an einer Gebäudeseite. Reich verziert mit Schnitzwerk zeigt sich das Fachwerk der oberen Geschosse. Das prächtige Gebäude war lange Zeit Amtshaus des Herzogtums Pfalz-Zweibrücken.

*Rathaus

Die erste Befestigung des Friedhofs durch eine Ringmauer reicht in die Zeit um 1304 zurück. Nach ihrer Zerstörung 1460 wurde sie erneuert und an den Ecken durch vier Rundtürme verstärkt, von denen die südlichen erhalten sind und die beiden nördlichen 1894 auf verbliebenen Stümpfen neu aufgesetzt wurden. Die Mauern fielen einer Friedhofserweiterung zum Opfer. An der Südseite befindet sich der Rest eines Zwingers. Der Wehrfriedhof ist in seiner Anlage einmalig in der Pfalz.

*Wehrfriedhof
Wehrkirche

Innerhalb des Friedhofs steht die kleine Simultankirche St. Martin. Der älteste Gebäudeteil, der frühgotische quadratische Chor, stammt aus der Zeit um 1300. Bei einer Renovierung in den 50er Jahren unseres Jahrhunderts wurden hier gotische Wandmalereien freigelegt. An den Chor schließt sich das flachgedeckte Langhaus an. Im Norden des Langhauses liegt eine gewölbte Sakristei, vermutlich aus dem Anfang des 16. Jahrhunderts. Ebenfalls nach 1500 wurde über dem Chor ein Turm errichtet. Über dem Treppenaufgang zur Kirche ein gotischer Spitzbogen.

Bad Dürkheim

Kolmerkapelle (Fortsetzung)	Etwa 1 km nördlich von Dörrenbach steht die Kolmerkapelle (395 m ü. d. M.), eine kleine Wallfahrtskirche, die hier zwischen 1715 und 1745 an der Stelle einer früheren Einsiedelei erbaut wurde.
Stäffelberg	Der 1964 errichtete, 24 m hohe Aussichtsturm auf dem Stäffelberg (481 m ü. d. M.) liegt 3 km westlich oberhalb des Dorfs.

Bad Dürkheim   D 4

Landkreis: Bad Dürkheim
Höhe: 132 m ü. d. M.
Einwohnerzahl: 17 030
Weinanbaufläche: 1270 ha

Lage	14 km nördlich von Neustadt a. d. Weinstraße
Verkehrs- anbindungen	Straße: B 37, B 271 Eisenbahn: Bf. Bad Dürkheim an der Strecke Neustadt a. d. W. – Grünstadt und Endstation der Rhein-Haardtbahn (RHB) nach Ludwigshafen – Mannheim Autobus: Linien Bad Dürkheim – Neustadt a. d. W., Bad Dürkheim – Grünstadt, Bad Dürkheim – Ludwigshafen und Bad Dürkheim – Frankenstein
Allgemeines und Geschichte	Die Kreisstadt Bad Dürkheim ist eines der vier Staatsbäder von Rheinland-Pfalz und drittgrößte Weinbaugemeinde Deutschlands. Erstmals erwähnt wurde die Stadt 778 im Lorscher Codex. Als ursprünglich salischer Besitz kam sie 1035 an das Kloster Limburg, das sie 1237 den Leininger Grafen zu Lehen gab. Diese errichteten 1260/1270 eine Burg und begannen 1359, den Ort zu befestigen. Kurfürst Friedrich I. von der Pfalz entzog den Leiningern 1441 die Schirmvogtei, der Stadt die Stadtrechte (die sie im 18. Jh. wieder erlangte), und ließ die Stadtbefestigung schleifen. Erst im Jahre 1554 wurden die Leininger wieder Herren der Stadt und blieben es bis 1794. Im Dreißigjährigen Krieg, im Pfälzischen Erbfolgekrieg und 1794 durch die brandschatzenden Revolutionstruppen erlitt der Ort starke Zerstörungen. Im Jahre 1814 kam Bad Dürkheim aufgrund der Beschlüsse des Wiener Kongresses mit der übrigen Pfalz zu Bayern. Ein Drittel der Stadt wurde 1945 durch Bomben zerstört. Von den nahegelegenen Nachbargemeinden sind Grethen und Seebach seit 1935, Hardenburg und Leistadt seit 1969, und Ungstein seit 1972 nach Bad Dürkheim, das von 1902 bis 1932 Kreisstadt war und es seit 1969 wieder ist, eingemeindet.
Solbad	Die Tradition der Salzgewinnung reicht in Bad Dürkheim bis ins 14. Jh. zurück. Seit der Eröffnung des Solbads mit Gradierwerk im Jahre 1847 wird die Sole zu Kurzwecken genutzt. Im Jahre 1905 erhielt Dürkheim den Namenszusatz 'Bad'; 1973 wurde es Staatsbad des Landes Rheinland-Pfalz.

Sehenswertes

Stadtbild	Bad Dürkheim liegt an der Isenach, die den Ort teils offen, teils verdeckt durchfließt. Dem mit der Bahn Ankommenden fällt beim Betreten des Bahnhofsvorplatzes als erstes die figurenreiche Wurstmarktbrunnen ins Auge, eine Schöpfung des Dürkheimer Künstlers Walter Graser. Die zahlreichen Bronzefiguren sollen das Leben und Treiben sowie die Besonderheiten des berühmten Dürkheimer Wurstmarktes symbolisieren. Der alte Stadtkern liegt im Westen, das Kurzentrum im Osten der Stadt. Die Altstadt besitzt noch so manch schönes Winzerhaus aus dem 16. bis 19. Jh., so z. B. die alte Weinstube Bach-Meyer, ehemals Jagdhaus der Grafen zu Leiningen, in der Gerberstraße 13 und das älteste Haus der Stadt in der

Bad Dürkheim

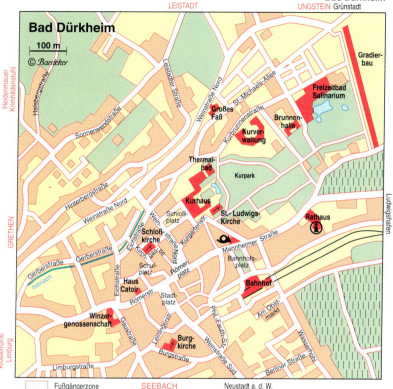

Kaiserlauterer Straße 30. Stadtmittelpunkt ist der nach den Zerstörungen von 1945 neu entstandene Stadtplatz. Von der ehemaligen Stadtbefestigung ist bis auf geringe Reste (Eichstraße und Philipp-Fauth-Straße) nichts mehr erhalten.

Stadtbild (Fortsetzung)

Die ehemalige Schloßkirche der Leininger Grafen, heute ev. Kirche St. Johannes, ist das älteste sakrale Bauwerk der Stadt. Der um 1300 begonnene und spätestens in den 1330er Jahren vollendete Bau wurde im 15. Jh. nach Zerstörung wiederhergestellt und 1492 zur Stiftskirche erhoben. Spätere Umgestaltungen blieben der Kirche erspart, nur der baufällig gewordene Turm wurde 1866 durch einen neugotischen ersetzt. Bei Instandsetzungsarbeiten in den Jahren 1978–1982 wurden viele Bauteile entfernt und einige durch neue ersetzt. Die dreischiffige Hallenkirche schließt im Mittelschiff mit einem fünfseitigen, in den Seitenschiffen mit je einem dreiseitigen Chor. An der Südseite schließt sich die 1504 erbaute, durch ein schmiedeeisernes Gitter vom Seitenschiff getrennte Grabkapelle der Leininger Grafen an. Der Speyerer Bildhauer Hans Voidel schuf das künstlerisch qualitätvolle Grabdenkmal des Grafen Emich XI. († 1607) und seiner Gemahlin Elisabeth von Pfalz-Zweibrücken († 1629), vom Grafen noch zu Lebzeiten in Auftrag gegeben. Es zeigt das Ehepaar kniend unter dem Gekreuzigten und vor einem Halbrelief der Hardenburg. Geöffnet 9.00–12.00 und 14.00–17.00 Uhr.

Ehemalige Schloßkirche

83

Bad Dürkheim

Die zweite ev. Kirche steht in der Burgstraße. Sie wurde 1726–1729 auf dem Gelände der 1471 zerstörten Burg der Leininger als Pfarrkirche für die reformierte Gemeinde erbaut, der Turm 1756–1758 angefügt. 1945 brannte sie aus und wurde bis 1957 wieder aufgebaut.

Weitere Kirchen

Die kath. Pfarrkirche St. Ludwig am Kurgarten ist ein klassizistischer Bau von 1828/30 mit imposantem Säulenportikus, Chorbogen in Triumphbogenform und Orgelempore über ionischen Säulen.

An der Stelle des heutigen Kurhauses stand früher das Residenzschloß der Leininger Grafen, das sie sich nach ihrer Erhebung in den Fürstenstand 1725 als Ersatz für die zu eng gewordene Hardenburg erbaut hatten. Es brannte 1794 ab, wurde 1822–1826 als langgestreckter, klassizistischer Bau wiedererrichtet und diente lange Zeit als Rathaus. Heute ist es Kurhaus und beherbergt im Untergeschoß die Räume der Internationalen Spielbank Bad Dürkheim (geöffnet tgl. 14.00–2.00 Uhr) und ein Restaurant, im Obergeschoß die repräsentativen Kursäle für Veranstaltungen aller Art.

Kurhaus

An das Kurhaus schließt sich östlich der Kurgarten (früher Schloßgarten) an, eine in geometrischen Formen gestaltete Parkanlage mit Wassergarten, Rhododendronhecken und einer Brunnenhalle, in der auch Konzerte stattfinden.

*Kurgarten

An der Kurhausstraße nördlich des Kurgartens befinden sich das Kurmittelhaus, die Kurverwaltung, die neue Stadthalle, das Salinarium (Freizeitbadeanlage) und verschiedene andere Freizeiteinrichtungen. Den östlichen Abschluß des Kurgartens bildet das Gradierwerk, mit 333 m das längste in Deutschland. Es steht auf dem Boden der früheren Saline und eines früheren Gradierbaus aus dem 18. Jahrhundert. Im Jahre 1847 fertiggestellt, wurde es Anfang der 70er Jahre des 19. Jh.s teilweise abgebrochen, jedoch wenig später, 1879, wieder in Betrieb genommen.

Kureinrichtungen

Auf einem Freigelände nordwestlich des Gradierwerks findet alljährlich am zweiten und dritten Wochenende im September der berühmte 'Dürkheimer Wurstmarkt' statt, der eine über 500 Jahre alte Tradition hat und mit über einer halben Million Besuchern das meistbesuchte Weinfest der Region ist.
Zu einem Wahrzeichen von Bad Dürkheim wurde das 1935 aufgestellte große Faß an der Weinstraße, das fast 1,7 Mio. l faßt und als Gaststätte für rd. 650 Personen eingerichtet ist.

Dürkheimer Wurstmarkt

Dürkheimer Riesenfaß

Das Heimatmuseum im Hause Catoir, Römerstraße 20, besitzt eine kunstgewerbliche Abteilung mit einigen Wohnräumen im Stil des 19. Jh.s, eine stadtgeschichtliche, eine archäologische und eine völkerkundliche Abteilung. Der große Gewölbekeller dient als Weinmuseum (geöffnet Mi. und Sa. 14.00–17.00, So. 9.00–12.00, 14.00–17.00 Uhr).

Museen

Das Museum für Naturkunde befindet sich im Ortsteil Grethen in der Herzogsmühle, einer stattlichen Hofanlage aus dem Jahr 1736. Neben Flora und Fauna werden auch Exponate zur Paläontologie, Mineralogie und Geologie der Pfalz vorgeführt. Geöffnet Di.–So. 10.00–17.00, Mi. bis 20.00 Uhr.

Museum für Naturkunde

Auf dem Vigilienberg im Norden der Stadt erhebt sich der sog. Vigilientempel, ein klassizistisches Weinberghaus mit hölzerner, tempelartiger Säulenvorhalle.

Vigilientempel

◂ *Kurgarten in Bad Dürkheim*

Bad Dürkheim

Krimhildenstuhl
Heidenmauer

Auf dem Kästenberg im Nordwesten der Stadt liegen zwei bedeutende Kulturdenkmale, die in einen etwa 3,5 km langen, sehr informativen Naturlehrpfad eingebunden wurden.
Beim sog. Krimhildenstuhl handelt es sich um einen römischen Steinbruch mit eingeritzten Zeichen aus dem 2./3. Jh. n. Chr., die Heidenmauer ist ein 2 km langer Ringwall mit Toranlage aus der Hallstatt-La-Tène-Zeit. Eine schöne Aussicht bietet sich von der Kaiser-Wilhelm-Höhe und der Schäferwarte.

Ortsteile von Bad Dürkheim

Seebach

Hauptanziehungspunkt des im Süden der Stadt liegenden Ortsteils Seebach ist die ehem. Klosterkirche St. Laurentius, heute ev. Pfarrkirche. Das von einem Ritter von Seebach gegründete Benediktinerinnenkloster, erstmals 1136 erwähnt, unterstand bis 1210 der Abtei Limburg und wurde dann selbst Abtei. Es bestand bis 1591 und wurde schließlich als eines der letzten Klöster der Pfalz aufgehoben. Die romanische, aus dem 12./13. Jh. stammende Kirche besaß ein dreischiffiges Langhaus, ein Querschiff, einen quadratischen Chor und einen achteckigen Vierungsturm. Das Langhaus wurde während der Fehde zwischen Kurpfalz und Leiningen 1477 zerstört, danach einschiffig wieder aufgebaut, verfiel dann aber und wurde als Steinbruch benutzt. Chor und Vierung blieben erhalten und dienen heute als Kirche. Der Chor hat mit Rundstabrippen besetztes Kreuzgewölbe; das Gewölbe der Vierung ist spätgotisch (15. Jh.).

Ehemalige Klosterkirche in Seebach

Bad Dürkheim

2 km nördlich von Bad Dürkheim an der B 271 liegt der Ortsteil Ungstein mit einem hübschem Ortsbild und einer ev. Kirche von 1716 (Ausstattung aus dem 18. Jh.). Am östlichen Ortseingang ein gußeiserner Laufbrunnen.

Ungstein

Bei Flurbereinigungsmaßnahmen kam in Ungstein eine römische Kelteranlage ans Licht, die zu einem Herrenhauskomplex mit einer Frontlänge von 150 m gehörte. Von den zwölf nachgewiesenen Gebäuden ist das 'Kelterhaus' als wertvolles Zeugnis antiker Weinkultur zur Besichtigung freigegeben.

Röm. Kelter

Bemerkenswert im 4 km nordwestlich der Stadt gelegenen Ortsteil Leistadt ist das barocke Rathaus, 1750 unter Graf Friedrich Magnus von Leiningen erbaut. Ein Turm überragt das Gebäude, zu dem eine Freitreppe hinaufführt. Ein 7 km langer Rundwanderweg führt an einer Reihe von historischen Stätten vorbei; es sind dies interessante geologische Formationen und Überbleibsel aus der Römerzeit sowie aus dem Mittelalter.

Leistadt

Überragt wird der Ortsteil Hardenburg von der gleichnamigen Ruine. Die 1205 erbaute Burg war seit 1317 Stammsitz der jüngeren Linie Leiningen-Hardenburg. Im späten 15. und frühen 16. Jh. wurde die Anlage erweitert und verstärkt. Von 1560 bis 1725 diente sie den Leininger Grafen als Residenz, bis sie ihren Hauptsitz nach Bad Dürkheim verlegten. Im Jahre 1692 sprengten die Franzosen die Außenwerke, 1794 vernichtete sie die Burg durch Feuer. Mit 180 m Länge und 90 m Breite ist die Hardenburg die weitläufigste und zugleich eine der besterhaltenen Burgen der Pfalz. Ihre heutige Erscheinung geht im wesentlichen auf die Baumaßnahmen um 1500 zurück. Die drei runden Geschütztürme in den Ecken der Hauptburg stammen aus dieser Zeit, ein weiterer Turm mit einer 7 m starken Mauer schützte die Burg von Westen. Ihn verbindet ein Quertrakt mit der Ringmauer der inneren Burg. Südlich des Quertrakts liegt ein Vorhof, der sog. Lindenplatz. Von ihm führt das vom Schmiedeturm flankierte innere

**Burgruine Hardenburg

Bad Dürkheim

Hardenburg (Fortsetzung)

Burgtor in den inneren Burghof. Von den Wohngebäuden ist noch einiges erkennbar. In der Nordwestecke des Hofes befinden sich ausgedehnte Kelleranlagen mit Kreuzrippengewölben. Die Umfassungsmauern des ehemaligen Marstalls führen hinüber zum Kugelturm, auch "Dicker Turm" genannt, in der Nordostecke des Innenhofes. Der kleinere Turm an der Nordwestecke ist der sog. Gefängnisturm. – Die tiefer gelegene Vorburg östlich der Hauptburg schützen eine Schildmauer mit zwei flankierenden Rundtürmen. Geöffnet April–Sept. Di.–So. 9.00–13.00, 14.00–18.00 Uhr, Okt.–März 9.00–12.00, 13.00–18.00 Uhr, Dez. geschlossen. Busverbindung ab Bahnhofsvorplatz.

Ruine Nonnenfels

Die Ruine Nonnenfels aus dem 13. Jh. auf der gegenüberliegenden Talseite westlich der Hardenburg war vermutlich ein Vorwerk zu dieser. Erhalten sind nur Mauerreste und eine Felsenkammer.

Ruine Schloßeck

Die Ruine Schloßeck auf der Nordseite des Isenbachtals war eine leiningische Burg aus dem frühen 13. Jahrhundert. Hier sieht man noch Teile der Ringmauer und eines fünfseitigen Bergfrieds sowie das 1883/1884 aus Fundstücken wiedererrichtete Burgportal.

Ausflugsziele

Zahlreiche markierte Wanderwege führen von Bad Dürkheim in den Pfälzer Wald. Lohnende Ausflugsziele, die auch mit dem Pkw erreicht werden können, sind der Bismarckturm auf dem Großen Petersberg (494 m ü.d.M., 4 km nordwestlich von Bad Dürkheim, in der Nähe das bewirtschaftete Forsthaus Lindemannsruh), der eine weite Fernsicht bietet, und das bewirtschaftete Forsthaus Kehrdichannichts, 6 km westlich von Bad Dürkheim und südlich des Isenachtals. Es steht an der Stelle eines in der 1. Hälfte des 18. Jh.s von einem Leininger Grafen erbauten Jagdhauses, von dem noch die Freitreppe mit zwei Löwen und einige eingemauerte Skulpturen erhalten sind. In der Nähe stehen die Reste der beiden kurpfälzischen Jagdhäuser "Murrmirnichtviel" und "Schaudichnichtum". Die selt-

Ehemaliger Stammsitz der Grafen von Leiningen: Hardenburg

Bad Dürkheim

samen Namen gehen auf Streitigkeiten zwischen leiningischen und kurpfälzischen Jägern zurück, die ihre Unterkünfte mit derartigen Trutznamen belegten, die sie sich gegenseitig zuriefen.

Ausflugsziele (Fortsetzung)

✲✲Klosterruine Limburg

Die baugeschichtlich wohl bedeutendste Kirchenruine der Pfalz erhebt sich oberhalb des Ortsteils Grethen auf einem schmalen Höhenzug im Isenachtal. Die Legende berichtet, daß die Grundsteinlegung der Limburg gleichzeitig mit der des Speyerer Doms erfolgte, womit weniger das exakte Gründungsdatum, als vielmehr die hohe Bedeutung der Limburg als salisches Hauskloster zum Ausdruck kommt.

Lage und Bedeutung

Rekonstruktion und Grundriß © Baedeker

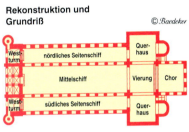

Der Salierkaiser Konrad II. und seine Gemahlin Gisela gründeten im Jahre 1025 an der Stelle der früheren Stammburg ('Lintburg') eine Benediktinerabtei. Die Konventsgebäude konnten im Jahre 1034 bezogen, die Kirche 1042 geweiht werden. Von 1034 bis 1065 war das Kloster Aufbewahrungsort der Reichsinsignien. 1206 erhielten die Leininger Grafen die Schutzvogtei über das Kloster, bis sie ihnen 1471 durch Kurfürst Friedrich von der Pfalz wieder entzogen wurde. Während der sog. 'Bayerischen Fehde' (Landshuter Erbfolgekrieg) 1504 plünderten Leininger Reisige Kloster und Kirche und setzten sie in Brand. Da der Wiederaufbau nicht vorankam, wurde der Ostchor 1554 durch Einbau einer noch heute vorhandenen Trennwand zur Notkirche gemacht. Die Einführung der Reformation in der Pfalz behinderte das Wiedererstehen des Klosterlebens, und 1574 wurde das Kloster säkularisiert. Danach verfiel es und diente als Steinbruch.

Dem weiteren Verfall beugte die Stadt Bad Dürkheim 1843 durch Kauf des Geländes vor, im Jahre 1925 begannen Konservierungsarbeiten. Im Jahr 1973 wurden die Ruine als national wertvolles Bauwerk anerkannt und umfangreiche Restaurierungsarbeiten eingeleitet, bei denen u.a. das Gewölbe der Krypta wiederhergestellt wurde.

Geschichte

Bei der Kirche handelt es sich um eine dreischiffige romanische Pfeilerbasilika mit Querschiff, das im Osten durch einen Chor mit beiderseitigen halbrunden Apsiden abgeschlossen wird. Die 1554 errichtete Mauer (s.o.) trennt ihn vom Hauptschiff. Die Apsiden wurden inzwischen wieder gedeckt. Unter dem Chor liegt die 1978/79 wiederhergestellte, von neun Kreuzgewölben überdeckte Krypta. Von den Säulen im Kirchenraum sind noch zwei erhalten; Platanen stehen auf dem Platz der nicht mehr vorhandenen Stützen. Die Grabplatte im Mittelschiff ist die der Königin Gunhild, der Gemahlin Heinrichs III., die in Italien an der Pest starb und hier bestattet wurde. Von den drei Vorhallen des Westwerks sind die Tonnengewölbe der beiden seitlichen erneuert. Die mittlere Vorhalle erhielt nach der Zerstörung von 1504 ein gotisches Portal, durch das man vor die Kirche treten kann.

Rundgang

89

Ebertsheim

Klosterruine Limburg

Klosterruine Limburg, Rundgang (Fortsetzung)

Hier schloß sich eine weitere Vorhalle an, das sog. Paradies, von dem jedoch nur noch spärliche Reste erhalten sind. Das Westwerk wird flankiert von zwei Treppentürmen, von denen der nördliche, romanische nur noch als Torso, der südliche, nach Zerstörung durch Blitzeinschlag um 1300 in gotischem Stil erneuert und in fast voller Höhe erhalten ist und das Tal überragt. Im Norden der Kirche lagen die Konventsgebäude: Dormitorium (Schlafsaal der Mönche), Kapitelsaal, etwas weiter westlich der Klosterhof, der Kreuzgang und ein Sommer- und Winterrefektorium (Speisesaal). Von den früheren Ökonomiegebäuden südlich der Klosteranlage sind nur noch einige Grundmauern zu sehen. Die Klosterruine ist tgl. von 7.30 Uhr bis zum Einbruch der Dunkelheit geöffnet. Es gibt auch eine Klosterschenke.

Ebertsheim   D 3

Landkreis: Bad Dürkheim
Verbandsgemeinde: Grünstadt-Land
Höhe: 160 m ü. d. M.
Einwohnerzahl: 1280

Lage

4 km westlich von Grünstadt

Verkehrsanbindung

Straße A 6, B 47, B 271
Eisenbahn: nächster Bf. Grünstadt (5 km)
Autobus: Linie Grünstadt – Eisenberg

Allgemeines

Die ländliche Gemeinde Ebertsheim am Elsbach wurde erstmals 765 im Lorscher Codex als 'Eberolfenheim' erwähnt und war bis 1794 in leiningischem Besitz. Bis zum Zweiten Weltkrieg hatte hier die Steinmetzindustrie einige Bedeutung.

Ebertsheim

Die ev. Kirche St. Stephan besteht aus einem im Kern romanischen, 1746 umgebauten Langhaus und einem ebenfalls romanischen Westturm mit Schallarkaden.

St. Stephan

Ortsteil Rodenbach

Das 1 km nördlich am gleichnamigen Bach gelegene Dörfchen Rodenbach (300 Einw.) wurde im Zuge der Verwaltungsreform 1969 nach Ebertsheim eingemeindet.

Allgemeines

Sehenswert ist die protestantische Kirche St. Brigitta, ein Rechteckbau mit mächtigem Nordturm und eingezogenem Chor aus dem späten 12. Jahrhundert. An den unteren Turmgeschossen sitzen Tier- und Menschenköpfe, an der Ostseite der Kirche findet sich ein romanisches Relief, eine Figur in der Haltung des Gekreuzigten, vermutlich aus dem 12. Jahrhundert. In der Kirche steht ein spätgotischer, mit Heiligenfiguren verzierter Taufstein (um 1500). Das Gotteshaus diente lange Zeit als Simultankirche für beide Konfessionen, wurde dann aber 1705 den Reformierten zur alleinigen Benutzung überlassen.

Prot. Kirche

Die kath. Kirche St. Barbara ist ein neuerer Bau von 1967, besitzt aber wertvolle Kunstschätze, u. a. eine hölzerne Pieta (um 1400) und zwei Figuren der hl. Barbara und der hl. Dorothea.

Kath. Kirche

St. Stephan in Ebertsheim

Edenkoben

Ebertsheim
(Fortsetzung)
Ehem. Rathaus

Das frühere Rathaus des Ortes, ein Fachwerkbau auf gemauertem Erdgeschoß, hat eine besondere Geschichte. Im Jahre 1605 als Zehntscheune in eingeschossiger Steinbauweise errichtet, diente es zunächst gemeindlichen Zwecken und ab 1705 als Gottesdienstraum für die aus der Simultankirche verdrängten Katholiken. Um Räume für die Gemeindeverwaltung zu schaffen, wurde das Gebäude in Fachwerkbauweise aufgestockt und durch eine Außentreppe zugänglich gemacht. Diese seltene Verbindung von Gotteshaus und Verwaltungsgebäude unter einem Dach hatte Bestand bis 1967. Heute ist das Gebäude in Privatbesitz und beherbergt eine Weinprobierstube.

Umgebung von Ebertsheim

Mertesheim

Allgemeines

Auf der Fahrt von Grünstadt nach Ebertsheim kommt man durch den Ort Mertesheim, die ihrer Einwohnerzahl nach kleinste Gemeinde im oberen Eistal (Verbandsgemeinde Grünstadt-Land), aber auch eine der ältesten. Ihre Pfarrkirche St. Martin wurde 836, der Ort selbst 1196 als 'Mertinesheim' erstmals urkundlich erwähnt.

St. Martin

Ein kleines Schmuckstück ist die etwas versteckt liegende katholische Kirche St. Martin. Nach einer wechselvollen Geschichte kam sie 1683 als Wallfahrtskirche St. Valentin an die Pfarrei Grünstadt, 1803 an die Pfarrei Boßweiler. Heute wird sie als St.-Martins-Kirche wieder von Grünstadt verwaltet und dient sowohl der katholischen wie der evangelischen Gemeinde als Gotteshaus.

Die im Jahre 1504 erbaute Saalkirche wurde 1683 im Osten erweitert und umgebaut. Von der Innenausstattung sind besonders beachtenswert: ein 1507 datierter Taufstein, der Hochaltar vom Anfang des 17. Jh.s, die steinerne Kanzel mit figürlichen Darstellungen (1704), ein Ölgemälde von 1700 und eine Holzfigur aus dem Anfang des 16. Jh.s, beide vermutlich den hl. Valentin darstellend. Über der Eingangstür befindet sich ein Steinrelief mit einer Muttergottes und der Jahreszahl 1504.

Edenkoben   D 6

Landkreis: Südliche Weinstraße
Verbandsgemeinde: Edenkoben
Höhe: 172 m ü. d. M.
Einwohnerzahl: 6000
Weinanbaufläche: 540 ha

Lage

10 km nördlich von Landau

Verkehrsanbindung

Straße: A 65, B 38, L 512
(Deutsche Weinstraße)
Eisenbahn: Bahnhof Edenkoben an der Strecke Landau – Neustadt a. d. Weinstraße
Autobus: Linie Landau – Neustadt a. d. W.

Allgemeines

Edenkoben, etwas östlich vom Haardtrand in der Rheinebene gelegen, ist staatlich anerkannter Luftkurort und Verbandsgemeindesitz für die 16 umliegenden Gemeinden Altdorf, Böbingen, Burrweiler, Edenkoben, Edesheim, Flemlingen, Freimersheim, Gleisweiler, Gommersheim, Großfischlingen, Hainfeld, Kleinfischlingen, Rhodt unter Rietburg, Roschbach, Venningen und Weyher.

Edenkoben

Geschichte

Im Jahre 969 wird Edenkoben erstmals im Lorscher Codex als 'Zotingowe' aktenkundig. Ursprünglich salischer Besitz, dann zum Kloster Lorsch gehörig, kam der Ort im 12. Jh. in den Besitz des Hochstifts Speyer, das ihn an die Grafen von Leiningen und an die Ritter von Breitenstein verpfändete. Von 1262 bis 1560 hatte das aus der Gegend von Speyer hierher verlegte Zisterzienserinnenkloster Heilsbruck Besitzrechte an dem Ort.
Unter der kurpfälzischen Herrschaft (bis 1794) erhielt Edenkoben das Marktrecht. Die bayerischen Regenten erhoben es 1818 zur Stadt und König Ludwig I. ließ sich 1852 hier die Sommerresidenz Schloß Ludwigshöhe erbauen.

Sehenswertes

Stadtbild

Von den zahlreichen schönen Wohnhäusern des 16.–18. Jh.s mit den charakteristischen, meist rebenüberspannten Hoftoren sind besonders hervorzuheben die Häuser Bahnhofstr. 23 von 1588, Klosterstr. 25 von 1574, Klosterstr. 87 von 1597 und der Torbogen Weinstr. 79 vom Anfang des 18. Jahrhunderts.

Kirchen

Die barocke ev. Pfarrkirche St. Laurentius, im Volksmund 'Alter Lorenz' genannt, entstand 1740 durch den Anbau eines rechteckigen Saales an einen spätgotischen Westturm, dem in der Mitte des 19. Jh.s ein oktogonales Glockengeschoß aufgesetzt wurde. Im Innenraum bestimmt die originale Ausstattung (18. Jh.) das Bild: die stuckverzierte Decke, eine reich geschmückte Kanzel und die an drei Seiten umlaufende bemalte Empore.
Die kath. Kirche St. Ludwig ist ein neugotischer Bau von 1886/1890. Sie ersetzt die frühere Kirche St. Nepomuk (1740–1744), die heute der katholischen Kirche als Pfarrsaal dient.

Ehem. Kloster Heilsbruck

Im ehemaligen Zisterzienserinnenkloster Heilsbruck, 1230 gegründet und 1262 nach Edenkoben verlegt, ist heute ein Weingut untergebracht (Klosterstraße 170). Vom der Anfang des 19. Jh.s abgebrochenen Kirche steht noch ein Treppenturm, außerdem das kreuzgratgewölbte Refektorium und eine steinerne Brunnenschale im Hof. Heute noch genutzt wird der Weinkeller, der unter der alten Kirche lag und wie diese einen kreuzförmigen Grundriß aufweist. Mit einem Fassungsvermögen von über 400 000 Litern ist er der größte Holzfaßkeller Deutschlands.

Weitere Sehenswürdigkeiten

Einige Amtsgebäude aus rotem Sandstein erinnern an die Zeit, als Edenkoben bayerisch war. Auf dem Marktplatz stehen ein Denkmal König Ludwigs I. von Bayern, des Erbauers des Schlosses Ludwigshöhe (s. u.), und ein Laufbrunnen mit achteckigem Trog aus rotem Sandstein. Weitere Denkmäler bayerischer Regenten findet man an der Villastraße.
In der Weinstraße 86 wird voraussichtlich 1993 ein Heimat- und Weinbaumuseum eröffnet. Die Winzergenossenschaft Edenkoben hat ihre Verkaufs- und Probierräume in einem repräsentativen Gebäude in der Weinstraße 130 eingerichtet.

Umgebung von Edenkoben

**Schloß Ludwigshöhe

In schöner Aussichtslage inmitten von Wäldern und Weingärten oberhalb von Edenkoben liegt die ehemalige Sommerresidenz der Wittelsbacher, das nach seinem Erbauer benannte Schloß Ludwigshöhe. König Ludwig I. von Bayern beauftragte seinen Hofarchitekten Friedrich von Gärtner (1792–1847) zu Beginn der 1840er Jahre mit der Planung einer Villa nach "italienischer Art". Nach Gärtners Tod 1847 brachte Leo von Klenze das Bauwerk zu Ende. Die Anlage umfaßte ursprünglich den Königsbau (die eigentliche 'Villa'), einen nördlich gelegenen Kavaliersbau für Hofleute und Personal sowie Stallungen und Remisen.

Edenkoben

Ehemals königlicher Sommersitz: Schloß Ludwigshöhe

Schloß
Ludwigshöhe
(Fortsetzung)

Der Königsbau wurde 1975 aus Wittelsbacher Besitz vom Land Rheinland-Pfalz erworben, Kavaliersbau und Marstall gingen beide an den Südwestdeutschen Fußballverband über. Im Marstall ist heute eine Sportschule untergebracht, der Kavaliersbau wurde an das Bundeswehr-Sozialwerk verpachtet.

Unverändert erhalten blieb nur der Königsbau, ein Vierflügelbau um einen rechteckigen Innenhof in der Art antiker römischer Atriumhäuser, wie man sie damals bereits von den Ausgrabungen in Pompeji und Herculaneum kannte. Der talseitig liegende Ostflügel, die Schauseite des Gebäudes, besteht aus einer zweigeschossigen, offenen Säulenhalle mit klassischer Säulenordnung, die von zwei Eckrisaliten mit Dreiecksgiebeln gefaßt wird. An der Nordostseite schließt sich an die 'Villa' im Erdgeschoß eine überdachte Terasse an, die ursprünglich eine Pergola trug. Die anderen Flügel sind sehr schlicht gehalten, nur die hervorstechenden Fassadendetails (Fensterrahmungen, Säulen) wurden in gelblichem Sandstein ausgeführt. Im Inneren wurden nur die repräsentativen Räume aufwendiger gestaltet, einige Zimmer (insbesondere Gesellschaftszimmer und Speisesaal im Ostflügel) schmücken – in Anlehnung an die römischen Vorbilder – Wand- und Deckengemälde im pompejanischen Stil. Im Obergeschoß befanden sich die Wohnräume Ludwigs I. und seiner Gemahlin. Die Möblierung blieb, u. a. bedingt durch den Thronverzicht Ludwigs im Jahre 1848 und die langjährige Vernachlässigung der Villa unter seinen Nachfolgern, unvollständig und stammt nur teilweise aus der Erbauungszeit des Hauses.

Im Schloß wird eine ständige Ausstellung von 120 Gemälden und Graphiken des Impressionisten Max Slevogt (⟶ Berühmte Persönlichkeiten) gezeigt.

Öffnungszeiten: April–Sept. Di.–So. 9.00–13.00, 14.00–18.00 Uhr, Okt.–März nur bis 17.00 Uhr; Dez. geschlossen; Führungen stündlich.

Edenkoben

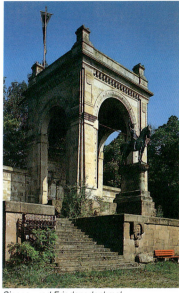

Sieges- und Friedensdenkmal   *Mühlen im Triefenbachtal*

Von der Ludwigshöhe kann man von März bis Oktober mit dem Sessellift zu der auf Rhodter Gebiet liegenden Rietburg (⟶ Rhodt unter Rietburg) gelangen.

Sessellift zur Rietburg

Gleichfalls oberhalb von Edenkoben, jedoch jenseits des Triefenbachtals, steht auf dem Werderberg (350 m ü. d. M.) das Sieges- und Friedensdenkmal, das 1899 zur Erinnerung an den Krieg von 1870/1871 errichtet wurde. Es zeigt unter der Kuppel in Mosaik die Wappen aller zum Deutschen Reich gehörenden Länder. Es ist zugleich Aussichtsturm (ganzjährig bewirtschaftet).

Sieges- und Friedensdenkmal

300 m weiter stößt man auf den Straßburger Stein, so genannt, weil man von hier bei klarer Sicht das Straßburger Münster sehen kann.

Straßburger Stein

Triefenbachtal

Hinter Edenkoben öffnet sich das landschaftlich schöne Triefenbachtal, das man sowohl mit dem Pkw (Rundfahrt über das Forsthaus Heldenstein und das Modenbachtal möglich) als auch zu Fuß erkunden kann. Eine Besonderheit sind die ehemaligen Mühlen und Waffenschmieden (pfälzisch: Wappenschmieden), die heute z. T. bewirtet sind, darunter auch die Siegfriedschmiede mit einem Wasserrad. Der benachbarte Hilschweiher wurde 1961/1962 als Rückhaltebecken gestaut.

Allgemeines

Zwischen dem Triefenbachtal und dem Modenbachtal erhebt sich der auf Wanderwegen erreichbare Kesselberg, mit 662 m ü. d. M. der zweithöchste Berg des Pfälzer Waldes.

Kesselberg

Entlang der Villastraße bis zum Rosengärtchen und von dort zurück längs des Triefenbachs verläuft der Edenkobener Weinlehrpfad. Vom Rosengärt-

Wein- und Waldlehrpfad

Edesheim

Wein- und
Waldlehrpfad
(Fortsetzung)

chen führt ein Waldlehrpfad im Tal des Triefenbachs aufwärts bis zur ganzjährig bewirtschafteten Edenkobener Hütte am Hüttenbrunnen (4 km von
der Stadtmitte).

Schänzelturm

Vom Hüttenbrunnen 3 km weiter talaufwärts gelangt man zum Forsthaus
Heldenstein, von wo ein Zickzackpfad zum Steigerkopf (614 m ü.d.M.)
hinaufführt, auf dem der 13 m hohe Schänzelturm von 1874 weite Aussicht
bietet. Mehrere Denkmäler erinnern an die Schlachten, die 1794 hier zwischen Franzosen, Deutschen und Österreichern stattfanden. Eine Tafel am
Turm informiert über das damalige Geschehen.

Großfischlingen und Kleinfischlingen

Allgemeines

Groß- und Kleinfischlingen (130 m ü.d.M.; 450 bzw. 290 Einw.; 101 bzw.
70 ha Weinanbaufläche) sind zwei Weinbaugemeinden östlich von Edenkoben und nur etwa 1 km voneinander entfernt. 768 wurde in einer
Urkunde des Klosters Weißenburg erstmals ein Ort 'Fiscilinga' erwähnt.
Die weitere Entwicklung der beiden Dörfer verlief getrennt. Großfischlingen gehörte seit 1142 ständig verschiedenen Rittergeschlechtern und
dann dem Bistum Speyer; Kleinfischlingen dagegen war seit dem 13. Jh.
im Besitz einer Adelsfamilie von Weingarten, später gehörte es der Kurpfalz.

Sehenswertes

Die Herren von Fischlingen besaßen in Großfischlingen eine Wasserburg in
der Nähe der Kirche, von der Teile mit romanischen Bogenfriesen erhalten
sind. In der Kirche gibt es ein gotisches Vesperbild.
Die ev. Kirche St. Margareta in Kleinfischlingen ist ein Saalbau aus dem
18. Jahrhundert. Auf den ehemaligen Chorturm aus der Zeit um 1400, von
dem sich das gewölbte Erdgeschoß erhalten hat, wurde im 18. Jh. der
achtseitige Glockenturm mit Barockhaube aufgesetzt. Das ev. Pfarrhaus
stammt aus dem Jahr 1748.

Geburtshaus
Hollerith

In Großfischlingen erinnert ein Gedenkstein am Hause Hauptstraße 5 an
den hier geborenen, 1860 nach Amerika ausgewanderten Johann Georg
Hollerith. Angeregt durch den Vater entwickelte sein Sohn Hermann
(1860–1929, → Berühmte Persönlichkeiten) das System der Datenverarbeitung mit Hilfe von Lochkarten. Die 1896 von ihm gegründete Fabrik, die
spätere Hollerith GmbH, ist die Vorgängerin der heutigen IBM.

Edesheim   D 6

Landkreis: Südliche Weinstraße
Verbandsgemeinde: Edenkoben
Höhe: 150 m ü.d.M.
Einwohnerzahl: 2300
Weinanbaufläche: 534 ha

Lage

8 km nördlich von Landau

Verkehrs-
anbindung

Straße A 65, B 38
Eisenbahn: Bf. Edesheim an der Strecke Landau – Neustadt a.d.W.
Autobus: Linie Landau – Neustadt a.d.W.

Allgemeines

Wie Edenkoben liegt auch der anerkannte Fremdenverkehrs- und Weinort
Edesheim einige Kilometer abseits vom Haardtrand, an dem die Deutsche
Weinstraße entlangführt. Erstmals erwähnt wurde der Ort 756 als 'Autinis-
heim' in Urkunden des Klosters Weißenburg, in dessen Besitz er sich
zunächst befand. Eine Anzahl von Grenzsteinen aus dem 14. und 15. Jh.
an den Gemarkungsgrenzen mit dem Wappen des Klosters Weißenburg

Edesheim

Torbogen in Edesheim

erinnern heute noch an die mittelalterlichen Besitzverhältnisse. Im Jahre 1466 kam der Ort zum Domstift, 1487 an das Hochstift Speyer, bei dem er bis 1795 verblieb (bischöflicher Amtssitz). Ein Großteil der historischen Bausubstanz wurde 1794 durch die Franzosen niedergebrannt.

Allgemeines (Fortsetzung)

Sehenswertes

Bereits im 14. Jh. wird eine Wasserburg der Bischöfe von Speyer erwähnt. Das heute bestehende viergeschossige Gebäude aus dem Jahre 1594 ist auf drei Seiten noch von Gräben umgeben. Im 18. und 19. Jh. wurde es mehrfach durch Umbauten, z. T. unvorteilhaft, verändert. Die klassizistische Innenausstattung aus dem Jahre 1810 mit schön gestalteten Supraporten ist erhalten. Es beherbergt heute ein Weingut.

Ehem. Wasserburg

Das sogenannte Kupperwolfschlößchen, ein Barockbau mit Mansarddach und Balkon, wurde 1747 für den aus Edesheim gebürtigen Philosophen Paul Henry Thiry d'Holbach (1723–1789; → Berühmte Persönlichkeiten) erbaut und nach dem Brand von 1794 wiederhergestellt.

Kupperwolfschlößchen

Von den noch erhaltenen historischen Wohngebäuden sei der ehemalige Posthof von Thurn und Taxis aus dem 17. Jahrhundert erwähnt.

Posthof von Thurn und Taxis

Auch die kath. Kirche St. Peter und Paul blieb von dem Stadtbrand 1794 nicht verschont. Der in den Jahren 1740–1744 errichtete Saalbau mit eingezogenem, dreiseitig geschlossenem Chor erstand 1811 wieder aus den Trümmern. Von der Kirche des 18. Jh.s war nur der 1771 errichtete Westturm erhalten geblieben.
1934 wurde die Kirche durch ein südliches Seitenschiff und durch ein südliches Querhaus erweitert. Die klassizistische Innenausstattung stammt aus der Zeit des Wiederaufbaus (1811).

St. Peter und Paul

Eisenberg

Edesheim
(Fortsetzung)
Weinprobierkeller

Einen Besuch lohnt auch der rustikal eingerichtete Weinprobierkeller des Vereins Südliche Weinstraße neben dem Gasthof "Zum Goldenen Engel", Staatsstr. 30, der Pfälzer Weine und heimische Spezialitäten anbietet.

Umgebung von Edesheim

Roschbach

Roschbach (165 m ü.d.M., 700 Einw., 140 ha Weinanbaufläche) liegt etwa 1,5 km südwestlich von Edesheim in einer Talsenke inmitten von Weinbergen. Das 760 im Lorscher Codex erstmals erwähnte 'Rosbach' war ursprünglich Reichsdorf, später wurde es von den Herren von Ochsenstein auf Meistersel verwaltet, gehörte dann zur Herrschaft Geisburg und bis 1794 zum Hochstift Speyer.

Die Wohnhäuser aus dem 16.–19. Jh. weisen z. T. fränkische Hofformen auf. Die kath. Kirche St. Sebastian wurde 1936 an der Stelle einer älteren Kirche von 1723 unter Beibehaltung der der Rokoko-Ausstattung neu erbaut. Erhalten blieb der ehem. spätgotische Chorturm und ein Sakramentsschrein im gewölbten Untergeschoß, beide aus der Zeit um 1500. Bemerkenswert in Inneren ist das hölzerne Taufbecken aus der Erbauungszeit der ersten Kirche. Der Kruzifixus vor dem Gotteshaus ist aus dem Jahre 1730.

Eisenberg   C 3

Landkreis: Donnersbergkreis
Verbandsgemeinde: Eisenberg
Höhe: 191 m ü.d.M.
Einwohnerzahl: 8550

Lage

9 km westlich von Grünstadt

Verkehrs-
anbindung

Straße: A 6, B 47
Eisenbahn: nächster Bahnhof Grünstadt (9 km)
Autobus: Linie Grünstadt – Eisenberg – Kaiserslautern

Allgemeines

Eisenberg ist Sitz der Verbandsgemeinde mit den zwei Gemeinden Ramsen und Kerzenheim. Der Nordostzipfel des nördlichen Pfälzer Waldes reicht bis unmittelbar an den Ort heran. Trotz einer vielseitigen Industrie ist Eisenberg anerkannte Fremdenverkehrsgemeinde mit zahlreichen Freizeiteinrichtungen und Wandermöglichkeiten in der näheren Umgebung.

Geschichte

763 wurde Eisenberg erstmals in einer Urkunde des Klosters Gorze bei Metz als 'Villa Ysinburc' erwähnt. 822 soll an der von Kaiserslautern nach Worms führenden Handelsstraße ein fränkischer Königshof bestanden haben. 985 baute der salische Herzog Otto von Kärnten westlich von Eisenberg die Burg Stauf, eine der ältesten Burgen der Pfalz. Eisenbergs Schicksal ist von dieser Zeit an eng mit der Herrschaft Stauf verbunden. Das Dorf Stauf, das sich um die Burg entwickelte, wurde 1961 nach Eisenberg eingemeindet.

Die Erzhaltigkeit des Bodens hatten schon die Römer entdeckt. Ausgrabungen brachten eine römische Siedlung und ein spätrömisches burgartiges Gebäude, einen sogenannten burgus zutage, der wohl zum Schutz der Siedlung errichtet worden war. Die zur Römerzeit florierende Eisenförderung und -verarbeitung fand mit dem Niedergang der römischen Herrschaft ein vorläufiges Ende und wurde erst Mitte des 18. Jh.s mit der Errichtung des späteren Gienanthschen Eisenwerks wieder aufgenommen. Zur gleichen Zeit begann die Ausbeutung der im Eisenberger Tertiär-

Eisenberg

Fundstücke im Museum in Eisenberg

becken liegenden Ton- und Klebsande. Von den zahlreichen Tonbergbauschächten und Sandabbaugebieten sind heute allerdings die meisten stillgelegt. Der Ansiedlung zahlreicher Industriebetriebe (Schamotte-, Ton-, Klebsand-, Elektroden- und eisenverarbeitende Industrie) im 19. und 20. Jh. verdankt Eisenberg sein rasches Wachstum.

Geschichte (Fortsetzung)

Sehenswertes

Am Marktplatz steht die kath. Pfarrkirche St. Matthäus, 1919 in barocken Formen erbaut. Etwas weiter östlich liegt der alte Ortskern mit der 1910 an der Stelle eines romanischen Vorgängerbaus errichteten protestantischen Kirche, dem im spätklassizistischen Stil gehaltenen Rathaus und, diesem gegenüber, dem früheren Rathaus von 1768. Die Hauptstraße erhält durch die Häuser des 18. Jh.s, z.T. mit Fachwerkobergeschossen, den Charakter einer Ackerbürgerstadt. Von der ehemaligen Befestigung von Eisenberg ist nichts mehr erhalten.

Ortsbild

Friedrich von Gienanth übernahm 1827 das Eisenwerk von seinem Vater und ließ es durch Neubauten erweitern. Von dem Fabrikensemble haben sich das alte, aus dem 18. Jh. stammende Herrenhaus (der sog. Didier-Bau), ein Remisengebäude sowie das neue, Ende der 20er Jahre des 19. Jh.s erbaute herrschaftliche Wohnhaus erhalten.

Eisenwerk Gienanth

Im Museum 'Haus Isenburg' an der Friedrich-Ebert-Straße sind in einer ständigen Ausstellung die römischen Grabungsfunde zu besichtigen.

Museum

Im Besucherbergwerk 'Reindlstollen' kann man sich über die Geschichte und die Arbeitsweise des Tonbergbaus an Ort und Stelle informieren. Rund 1000 Meter Stollengänge sind begehbar (geöffnet April–Okt. Sa., So. 10.00–17.00 Uhr.

Reindl-Stollen

Ellerstadt

Umgebung von Eisenberg

Burg Stauf

Markierte Wanderwege führen nach Süden ins Leininger Land und nach Westen in den Pfälzer Wald, wo vor allem der Besuch der Burgruine Stauf wegen der herrlichen Aussicht empfehlenswert ist. Von der um 1000 gegründeten Burg auf einer steilen Anhöhe oberhalb des Eisbachtals stehen heute nur noch Mauerreste der ehemaligen Mittel- und Hauptburg.

Ellerstadt   E 4

Landkreis: Bad Dürkheim
Verbandsgemeinde: Wachenheim
Höhe: 109 m ü. d. M.
Einwohnerzahl: 2 100
Weinanbaufläche: 235 ha

Lage

7 km östlich von Bad Dürkheim

Verkehrs-
anbindung

Straße: A 61, A 650, B 37
Eisenbahn: Bahnhof Ellerstadt an der Rhein-Haardtbahn (RHB)
Autobus: Linie Bad Dürkheim – Ludwigshafen – Mannheim

Allgemeines

Ellerstadt liegt in der hügeligen Ebene vor der Mittelhaardt und produziert neben verschiedenen Edelobstsorten einen hervorragenden Rotwein. Der seit 1875 hier erwerbsmäßig betriebene Pfirsichanbau ist der älteste in Deutschland. Erstmals 783 im Lorscher Codex als 'Alaridestat' erwähnt, war der Ort später nacheinander im Besitz der Adelsfamilien von Flersheim, Kolb von Wartenburg und von Sickingen und kam 1816 zu Bayern. Die Vorfahren des 31. amerikanischen Präsidenten Herbert Hoover (Regierungszeit 1929 – 1933) stammten aus Ellerstadt.

Ev. Pfarrkirche

Nach Plänen von Wilhelm Manchot entstand 1894 die St.-Nikolaus-Kirche, die sich als Zentralbau über kreuzförmigem Grundriß erhebt. Von ihrem Vorgängerbau steht noch der Westturm aus dem 16. Jahrhundert.

Weinlehrpfad

Ein 2,2 km langer Weinlehrpfad mit 35 Stationen führt durch die umliegenden Weinberge.

Elmstein   B 5

Landkreis: Bad Dürkheim
Verbandsgemeinde: Lambrecht
Höhe: 230 – 600 m ü. d. M.
Einwohnerzahl: 3000

Lage

20 km westlich von Neustadt
a. d. Weinstraße

Verkehrs-
anbindung

Straße: B 39, B 48

Eisenbahn: nächster Bahnhof Lambrecht an der Strecke Neustadt a. d. W. – Kaiserslautern (14 km) und Bahnhof Elmstein (Museumsbahn)
Autobus: Linie Neustadt a. d. W. – Elmstein-Iggelbach bzw. Johanniskreuz

*Erholungsort

Elmstein, Hauptort des oberen Speyerbachtales, ist ein staatlich anerkannter Erholungsort und wird wegen seiner landschaftlich schönen Lage

Elmstein

Erholungsort (Fortsetzung)

und als Ausgangspunkt eines ausgedehnten Wanderwegenetzes durch den Pfälzer Wald viel besucht. Die Dörfer und Weiler im näheren Umkreis sind nach Elmstein eingemeindet: Appenthal, Erlenbach, Harzofen, Helmbach, Hornesselwiese, Iggelbach, Mückenwiese, Rödertal, Schafhof, Schwarzbach, Speyerbrunn und Stilles Tal.

Geschichte

Die überlieferte Geschichte von Elmstein beginnt mit einer mittelalterlichen Burg, die, 1156 von den Pfalzgrafen erbaut, 1194 unter dem Namen 'Elberstein' erstmals genannt wurde. Im Dreißigjährigen Krieg wurde sie teilweise und im Pfälzischen Erbfolgekrieg 1688 völlig zerstört. Das 1466 gegründete Dorf war in den Mauerring der Burg einbezogen und teilte deren Schicksal. Während die Dorfbewohner ihre Häuser nach der Verwüstung wiederaufbauten, blieb die Burg Ruine. Ihre Mauerreste überragen heute den Ort.

Ortsbild

Im Ort gibt es einige hübsche Fachwerkhäuser des 18. und 19. Jahrhunderts. Eine frühere Wappenschmiede mit altem Wasserrad und ein Waldarbeitermuseum im gleichen Haus können besichtigt werden. Unterhalb der Burg befinden sich eine Künstlerkolonie und eine Ferienmalschule.
Im ehemaligen Lokschuppen des Appenthaler Bahnhofs kann man eine alte Dampflok der Baureihe 64 (Henschel 1934) sowie etliche Oldtimer-Waggons bewundern, die früher auf der schon lange stillgelegten Strecke Lambrecht – Elmstein eingesetzt wurden.

Kirchen

Die kleine kath. Kirche 'Mariä Heimsuchung' stammt aus dem Jahr 1765. Auch ihre Ausstattung geht auf das 18. Jh. zurück.
Die 1841–1843 erbaute ev. Kirche ist ein Werk des Architekten August von Voit (1801–1870), des Erbauers der 1945 niedergebrannten Neuen Pinakothek in München. Sie besteht aus einem Saal mit Empore und einem eingezogenen Chor. Die formale Gestaltung lehnt sich an mittelalterliche, insbesondere romanische Baukunst an.

Museumseisenbahn 'Kuckucksbähnel'

101

Elmstein

Burg Erfenstein *Burg Spangenberg*

Umgebung von Elmstein

Elmsteiner Tal · Speyerbachtal

Allgemeines

Etwa 1 km westlich von Lambrecht zweigt bei dem Walddorf Frankeneck eine Straße nach Südwesten in das windungsreiche, 13 km lange Tal ab, durch das der Speyerbach fließt.

Fahrt mit der Museumseisenbahn

Wer weder zu Fuß noch mit dem Bus (Linie Neustadt – Elmstadt – Iggelbach) die landschaftlichen Reize des Tals erkunden will, dem sei eine Fahrt mit der Museumsbahn, dem 'Kuckucksbähnel', empfohlen. Sie wird von der Deutschen Gesellschaft für Eisenbahngeschichte e. V. betrieben und verkehrt von Mai bis Oktober etwa jedes zweite Wochenende zwischen Neustadt und Elmstein, wobei sie bis Frankeneck die Gleise der Hauptbahn Ludwigshafen – Kaiserslautern benützt (für weitere Auskünfte siehe → Praktische Informationen, Museumseisenbahn). Die verwendete Dampflok ist eine preußische Lokomotive der Baureihe T3 aus dem Jahr 1910 mit 290 PS, gebaut von Henschel. Die Diesellok stammt von 1941, die Personenwagen aus den Jahren 1891 bis 1945.

*Burgen Erfenstein Breitenstein, Spangenberg

Von besonderer Attraktivität sind die Ruinen der drei Burgen Erfenstein, Breitenstein und Spangenberg, die zur Gemeinde → Esthal gehören. Die beiden erstgenannten wurden im 13. Jh. von den Leininger Grafen zur Kontrollierung des Speyerbachtals und als Schutzburgen an der Grenze zum Territorium der Speyerer Bischöfe erbaut und in den Streitigkeiten zwischen Zweibrücken und der Kurpfalz im Jahre 1470 zerstört. In unmittelbarer Nähe zur Burg Erfenstein erheben sich die Reste der Burg Spangenberg, die, im 11. Jh. vom Hochstift Speyer erbaut und im Dreißigjährigen Krieg zerstört, bereits auf bischöflich-speyerischem Gebiet stand. Die Ruinen der drei Burgen kann man von den Stationen Erfenstein und Breitenstein erwandern. Von der Station Helmbach gelangt man ins Helmbachtal mit einem natürlichen Weiher (Bademöglichkeit) und weiter in verschiedene, von ihm abzweigende Seitentäler.

Burgen
(Fortsetzung)

Ausgangspunkt für eine 3,5 km lange Wanderung zum Aussichtsturm auf dem Schindhübel (571 m ü.d.M.) ist der 3 km südlich von Elmstein liegende Ortsteil Iggelbach. Nach weiteren 3,5 km erreicht man den Eschkopf (608 m ü.d.M.) jenseits der B 48 mit dem 1901/1902 erbauten, 20 m hohen Ludwigsturm. Beide Aussichtstürme gewähren einen prächtigen Rundblick über die bewaldeten Berge.

Wanderungen

Eschbach   C 7

Landkreis: Südliche Weinstraße
Verbandsgemeinde: Landau-Land
Höhe: 230 m ü.d.M.
Einwohnerzahl: 600
Weinanbaufläche: 95 ha

7 km westlich von Landau

Lage

Straße: L 512 (Deutsche Weinstraße)
Eisenbahn: nächster Bahnhof Siebeldingen-Birkweiler an der Strecke Landau – Saarbrücken (4 km); Bahnhof Landau/Pfalz (7 km)
Autobus: Linie Landau – Annweiler bzw. Hauenstein (südl. Route)

Verkehrsanbindung

Eschbach ist ein idyllisches Winzerdorf am Übergang vom Wasgau in die Rheinebene am Fuß des Rothenberges. Urkundlich erstmals genannt wird es im Jahre 1254 als 'Eschbach' in einer Schenkung an das Kloster Eußer-

Allgemeines
und Geschichte

Madenburg

Eschbach

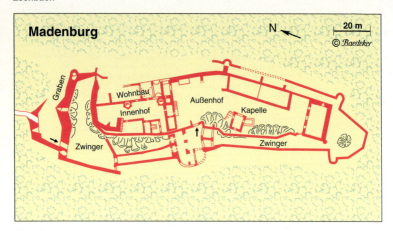

Allgemeines und Geschichte (Fortsetzung)

thal. Seit dem 13. Jh gehört es zur Herrschaft Madenburg (Grafen von Leiningen) und damit zum Bistum Speyer. Nach 1365 sind verschiedene Adelsgeschlechter Lehensträger und Ortsherren, von 1516 bis 1794 ist der Ort wieder im Alleinbesitz der Bischöfe von Speyer.

Sehenswertes

Eschbach besitzt noch viele Renaissancehäuser des 16. Jh.s mit den typischen hofseitigen Treppenaufgängen und breiten Hofeingängen. In der Mitte des Ortes steht der spätgotische Dorfbrunnen mit fünfseitigem Sandsteintrog.
Die kath. Pfarrkirche St. Ludwig ist ein schlichter neoromanischer Saalbau von 1832. Aus der Rokokozeit stammen die zwei lebensgroßen Steinplastiken (Maria Immaculata und hl. Nepomuk, bezeichnet 1766) vor der Kirche und die Kanzel im Inneren (1760/1770).

**Madenburg

Geschichte

Auf dem südlichen Ausläufer des Rothenbergs oberhalb von Eschbach erheben sich die Reste der ehemaligen Reichsfeste Madenburg, die auch in ihrem heutigen Zustand noch zu den eindrucksvollsten pfälzischen Burgen gehört. Erstmals erwähnt wird die 'Maddenburg' im Jahre 1176, erbaut wurde sie möglicherweise schon im 11. Jahrhundert. Zu Beginn des 13. Jh.s war die Burg den Grafen von Leiningen zu Lehen übergeben, ab der Mitte des 14. Jh.s wechselte sie wiederholt den Besitzer, bis sie 1516 in den Besitz des Bischofs zu Speyer, der gleichzeitig Pfalzgraf war, gelangte. Die im Bauernkrieg 1525 zerstörte Anlage ließ Bischof Philipp von Flörsheim größer und mit verstärkten Wehranlagen wieder aufbauen. Nachdem die Burg im Jahre 1552 erneut niedergebrannt war, setzte wenige Jahrzehnte später (1593/1594) unter Bischof Eberhard von Dienheim eine letzte Bauphase ein, der die Burg einige glanzvolle Renaissancebauten verdankt. Im Pfälzischen Erbfolgekrieg 1689 wurde die Madenburg durch die Franzosen endgültig zerstört.
Die Ruine ist im Besitz des 1870 gegründeten Madenburgvereins, der es sich zur Aufgabe gemacht hat, sie vor weiterem Verfall zu schützen.

Rundgang

Der Weg zur Madenburg ist ab Eschbach ausgeschildert (zu Fuß etwa 30–45 Min. Gehzeit; mit dem Wagen kann man bis zum Parkplatz unterhalb der Burg fahren, dann noch ca. 10 Min Gehzeit). Man betritt das Burgareal im Nordwesten durch die äußere, in der Mitte spornartig vorspringende Schildmauer aus dem 16. Jahrhundert. Die Anlage besteht aus

Essingen

einer Hauptburg mit einem inneren Burghof und einer südlich davon gelegenen Vorburg mit einem Außenhof. Beide sind durch eine äußere und eine innere Ringmauer gesichert, zwischen denen der Zwinger liegt. Ein Quertrakt trennt Haupt- und Vorburg. Bergseitig im Norden ist die Burg durch zwei mächtige, bis zu 7 m dicke Schildmauern mit dazwischenliegendem Zwinger geschützt. Der Eingang zur Vorburg erfolgt durch einen Torbau, neben dem ein quadratisches Brunnenhäuschen über einem 64 m tiefen Brunnen steht; in ihm wird anhand eines restaurierten Tretrades die frühere Wasserversorgung der Burg demonstriert. Reste von Mauerwerk, z.T. mit Fensteröffnungen, haben sich an vielen Stellen erhalten. Hervorzuheben hier vor allem zwei Treppentürme im Renaissancestil, die an den Wohntrakt an der Ostseite des Innenhofes der Hauptburg angebaut sind. Ihre Portale tragen die Wappen der Bauherren, der Bischöfe von Speyer.

Madenburg, Rundgang (Fortsetzung)

Im Vorhof der Burg befindet sich eine Burgschenke. Der Rundblick, den man von der Madenburg aus genießen kann, reicht bei guter Sicht vom Odenwald bis zum Straßburger Münster.

Essingen   **D 7**

Landkreis: Südliche Weinstraße
Verbandsgemeinde: Offenbach an der Queich
Höhe: 148 m ü.d.M.
Einwohnerzahl: 1950
Weinanbaufläche: 368 ha

7 km nordöstlich von Landau

Lage

Straße: A 65, B 38, B 272
Eisenbahn: nächster Bahnhof Knöringen-Essingen an der Strecke Landau – Neustadt a.d.W. (2 km)
Autobus: Linien Landau – Venningen, Landau – Germersheim

Verkehrs-anbindung

Die im Tal des Hainbachs gelegene Weinbaugemeinde kann auf eine lange Besiedlungsgeschichte zurückblicken. Funde von geschliffenen Steinbeilen aus der Mittleren Steinzeit (um 3000 v. Chr.) und schwarze Tonurnen aus Hügelgräbern weisen auf eine Besiedlung des Gebiets in dieser Zeit hin. Reste römischer Gutshöfe mit schönen Terra-Sigillata- und Amphorenscherben belegen, daß auch schon die Römer den fruchtbaren Lößboden der Essinger Gemarkung zu schätzen wußten. Ein merowingisches Gräberfeld mit reichen Grabbeigaben wurde 1989 freigelegt, wodurch auch für die frühmittelalterliche Zeit eine Besiedlung nachgewiesen werden konnte. Eine erste urkundliche Erwähnung von Essingen findet sich kurz vor 900. 'Ossingen', wie es damals hieß, besaß einen Herrenhof, Weinberge und die sog. Untere Kirche. Bereits im Jahr 1000 wird auch die Obere Kirche genannt sowie eine zeitweile Teilung des Orts in die zwei Dörfer Ober- und Unteressingen. Aus dem karolingischen Herrenhof wurde später eine Wasserburg, die schließlich zum Schloß ausgebaut wurde und sich von 1585 bis 1793 im Besitz der Freiherren von Dahlberg befand. Ein Torbogen mit mächtigen Säulen in der Kirchstraße aus der Zeit um 1600 ist möglicherweise ein Überbleibsel des 1794 zerstörten Schlosses der Dalberger.

Geschichte

Sehenswertes

Die spätgotische Wendelinuskapelle im Ortsteil Oberessingen besteht aus einem kurzen Langhaus und einem zweigeschossigen Chorturm mit Spitzhelm. Sie birgt kostbare Wandmalereien aus dem 15. Jh., die 1968 freigelegt und restauriert wurden (Abb. S. 107). Es handelt sich bei den Darstellungen um einen vollkommen erhaltenen Marienzyklus. Das Sakraments-

Wendelinuskapelle

105

Essingen

Wendelinuskapelle
(Fortsetzung)

häuschen und die Beschläge der Sakristeitür stammen aus der Erbauungszeit des Kirchleins.

Rathaus

Das vom Kurfürst und Mainzer Erzbischof Wolfgang von Dalberg 1590 im Renaissancestil errichtete Gebäude weist mit den rundbogigen Öffnungen im Erdgeschoß und der in einem seitlichen Treppenturm untergebrachten Außentreppe zwei typische Merkmale des pfälzischen Rathauses auf. Am Eingangsportal prangt ein schönes Essinger Gemeindewappen.

Ev. Kirche

Die ev. Kirche St. Sebastian wurde 1788 unter Einbeziehung von Teilen einer älteren Kirche von 1561 erbaut, der Turm 1862 angefügt. An den Außenwänden der Kirche Grab- und Wappensteine des 16. Jahrhunderts.

Judenfriedhof

Am östlichen Ortsrand liegt einer der größten und ältesten Judenfriedhöfe der Pfalz. Aus über 30 Gemeinden der Umgebung wurden hier seit 1619 die Toten bestattet.

Umgebung von Essingen

Bornheim

Bornheim (134 m ü.d.M., 1100 Einw., 66 ha Weinanbaufläche) ist eine kleine Weinbaugemeinde wenige Kilometer südlich von Essingen nahe der Landauer Stadtgrenze. Die Anfänge der Besiedlung liegen in fränkischer Zeit. Um 900 wird der Ort als 'Brunheim' erstmals erwähnt, im 13. Jh. hieß er 'Burnheim'.
Viele schöne Fachwerkhäuser prägen das Ortsbild. An der Stelle der früheren Schweinemästerei wurde von Prof. Gernot Rumpf der originelle 'Saubrunnen' errichtet, der u.a. auch an den Saumagen, eine pfälzische Spezialität, erinnert.
Aus dem 18. Jh. datieren die beiden Gotteshäuser, die kath. Kirche St. Laurentius (1740) und die ev. Kirche (1765).

Hochstadt

Nach 2 km Fahrt auf der B 272 von Essingen in Richtung Speyer kommt man durch Hochstadt (139 m ü.d.M., 2250 Einw.), ein langgestrecktes Straßendorf am Hainbach mit großer Weinanbaufläche (324 ha). Der Ort wurde 776 als 'Hohunstat' erstmals im Lorscher Codex erwähnt. Ab 1251 war Hochstadt in die zwei Gemeinden Ober- und Niederhochstadt geteilt, die erst 1969 wieder vereint wurden.
Es gibt im Ort einige Fachwerkhäuser, von denen das Haus Nr. 116 von 1705 wegen seines schönen Schnitzwerks an Fenstererkern und Eckpfosten besondere Beachtung verdient.

Knöringen

Das 2 km westlich von Essingen am Hainbach gelegene Knöringen (156 m ü.d.M., 411 Einw., 175 ha Weinanbaufläche) wurde erstmals 775 unter der Bezeichnung 'Cnoringen' im Codex des Klosters Lorsch und in Urkunden des Klosters Weißenburg erwähnt. Der Ort entstand als fränkische Siedlung im 6. Jh.; die Ortsbezeichnung geht auf den Namen des Gründers Knoro zurück. Im Mittelalter waren in Knöringen mehrere Adelsgeschlechter ansässig. Bis zum Jahre 1794 gehörte Knöringen zur Kurpfalz. Heute ist der Ort der Verbandsgemeinde Landau-Land angeschlossen.
In Knöringen gibt es eine Reihe von Fachwerkhäusern des 16.–19. Jahrhunderts. Die kath. Kirche St. Philipp und Jakob ist ein Bau von 1771 mit einer Ausstattung aus derselben Zeit. Die ev. Kirche wurde 1787/1788 erbaut.

Walsheim

Ebenfalls im Hainbachtal, nur etwa 1 km weiter westlich von Knöringen, liegt das schmucke Winzerdorf Walsheim (170 m ü.d.M., 530 Einw., 185 ha Weinanbaufläche), an dem die Deutsche Weinstraße östlich vorbeiführt. Erstmals erwähnt wurde es 769 als 'Walahesheim' in einer Urkunde des Klosters Lorsch. Daß Walheim schon zwischen dem 6. und 9. Jh. besiedelt war, belegt das um die Jahrhundertwende bei der heutigen

106

Esthal

Fresken in der Wendelinuskapelle in Essingen

Weinlage Silberberg gefundene fränkische Plattengrab mit römischem Grabstein. Der Ort gehörte einst zur Herrschaft Scharfeneck und später bis 1794 zur Kurpfalz.

Walsheim
(Fortsetzung)

Die Wohnhäuser, z. T. in Fachwerk, stammen vielfach noch aus dem 16. und 17. Jahrhundert. Viele weisen die charakteristischen Torbogen und seitlich angebauten Freitreppen auf. Sehenswert ist das Haus Große Gasse 90, ein schöner Fachwerkbau mit Fenstererkern und geschnitzten Eckpfosten, des weiteren in der Hauptstraße die Häuser 55 (bez. 1711), 66 (bez. 1582) und der reich verzierte Torbogen am Haus Nr. 53 (bez. 1616). Die kleine Saalkirche wurde 1810–1812 seitlich an einen niedrigen spätgotischen Turm von 1723 angebaut. Im Innern ist die Rokoko-Kanzel bemerkenswert.

Esthal C 5

Landkreis: Bad Dürkheim
Verbandsgemeinde: Lambrecht
Höhe: 365 m ü. d. M.
Einwohnerzahl: 1560

Eußerthal

Esthal Lage	15 km westlich von Neustadt a. d. W.
Verkehrs- anbindung	Straße: B 39 Eisenbahn: nächster Bahnhof Lambrecht an der Strecke Neustadt a. d. W. – Kaiserslautern (9 km) Autobus: Linie Neustadt a. d. W. – Esthal
Allgemeines	Esthal liegt am Ende einer 5 km langen Stichstraße, die von der Siedlung Sattelmühle im Speyerbachtal in nordwestliche Richtung abzweigt. Es wurde 1380 erstmals als 'Estall' erwähnt und gehörte bis 1794 zur Herrschaft Erfenstein, die ihre Burg im Speyerbachtal hatte. Die Abgeschiedenheit und die Höhenlage machen Esthal zu einem ruhigen, gern besuchten Erholungsort.
Kloster St. Maria	Das Kloster St. Maria im Osten des Ortes ist Provinzialmutterhaus der Barmherzigen Schwestern, deren oberstes Mutterhaus sich in Niederbronn im Elsaß befindet.
Kirchen	Bemerkenswert sind die kath. Kirche St. Katharina aus dem 13. Jh. mit einer hölzernen Statue aus der Zeit um 1500 und die Bruder-Konrad-Kirche aus dem Jahr 1934.
Burgruinen	Die als Ruinen erhaltenen Burgen Erfenstein, Spangenberg und Breitenstein sind zu Fuß in gut einer Stunde zu erreichen (⟶ Elmstein).

Eußerthal   C 7

	Landkreis: Südliche Weinstraße Verbandsgemeinde: Annweiler Höhe: 201 m ü. d. M. Einwohnerzahl: 860
Lage	12 km nordwestlich von Landau
Verkehrs- anbindung	Straße: B 10, L 505 Eisenbahn: nächster Bahnhof Albersweiler an der Strecke Landau – Saarbrücken (5 km) Autobus: Linien Landau bzw. Annweiler – Ramberg
Allgemeines	Eußerthal liegt im Tal des Eußerbachs, eines Nebenflüßchens der Queich, inmitten herrlicher Wälder. Wegen seiner ruhigen Lage und den zahlreichen Wandermöglichkeiten in der näheren Umgebung wird Eußerthal als Ferienort sehr geschätzt. Es gibt im Ort eine Forellenzucht. Eine kunsthistorische Sehenswürdigkeit besitzt Eußerthal mit der Kirche des ehemaligen Zisterzienserklosters.
*Ehemalige Klosterkirche	Die heutige kath. Pfarrkirche St. Bernhard war ursprünglich die um 1200 begonnene, im Jahr 1262 geweihte Kirche eines Zisterzienserklosters, das im Jahre 1148 in der für den Orden typischen abgeschiedenen Tallage von einem Ritter Stephan von Mörlheim gegründet wurde. Kaiser Friedrich I. bestätigte mehrmals den beträchtlichen Klosterbesitz und ließ die Mönche von Eußerthal die auf dem nahen Trifels (⟶ Annweiler am Trifels, Umgebung) aufbewahrten Reichskleinodien bewachen. Das Kloster wurde in den kriegerischen Auseinandersetzungen des folgenden Jahrhunderts mehrfach geplündert und 1560 säkularisiert. 1665 nahmen Flüchtlinge aus dem Piemont Quartier in den Klostergebäuden und legten damit den Grundstein für die weitere Besiedlung des Gebiets. In der Folgezeit verfiel die Klosteranlage, und ab 1814 stand nur noch die Kirche, deren Langhaus 1820 bis auf das östlichste Joch abgetragen wurde.

Forst

Ehemalige Klosterkirche in Eußerthal

Von der in Buntsandstein aufgeführten, ehemals dreischiffigen Pfeilerbasilika mit kapellenbesetzten Querhäusern ist der Chor und das östliche Langhausjoch erhalten. Entsprechend den zisterziensischen Gewohnheiten ist der Chor flach geschlossen und die Kirche außen wie innen verhältnismäßig schmucklos; ebenso entspricht der Dachreiter den zisterziensischen Gepflogenheiten. Der Boden im Innenraum liegt, wie man ringsum im Mauerwerk feststellen kann, deutlich über der ursprünglichen Höhe.

Klosterkirche
(Fortsetzung)

Forst

D 5

Landkreis: Bad Dürkheim
Verbandsgemeinde: Deidesheim
Höhe: 120 m ü.d.M.
Einwohnerzahl: 730
Weinanbaufläche: 184 ha

4 km südlich von Bad Dürkheim

Lage

Straße: B 271
Eisenbahn: nächste Bahnhöfe Wachenheim oder Deidesheim an der Strecke Neustadt a.d.W. – Bad Dürkheim (je 2 km)
Autobus: Linie Neustadt a.d.W. – Bad Dürkheim

Verkehrsanbindung

Die Deutsche Weinstraße führt südlich von Bad Dürkheim durch das langgestreckte Straßendorf Forst, einen Ort mit berühmten Weinlagen, darunter das 'Forster Ungeheuer', das 'Kirchenstück' und der 'Jesuitengarten'. Für das gute Gedeihen der Reben sorgt u.a. der nur hier vorkommende kaliumreiche Boden, der den nächtlichen Temperaturrückgang durch Speicherung der Tageswärme ausgleicht.

Allgemeines

Forst

Schlössl in Forst *Brunnen in Frankweiler*

Allgemeines (Fortsetzung)

Um 1100 wird 'Vorst' erstmals urkundlich erwähnt, bis 1794 gehört der Ort zum Bistum Speyer. Im Mittelalter waren mehrere Rittergeschlechter hier ansässig, und es gab eine Anzahl von Klostergütern.

Sehenswertes

**Ortsbild

Reben- und efeubewachsene Fachwerk- und Sandsteinbauten aus dem 18. und 19. Jh., die späteren in klassizistischem Stil, säumen die Hauptstraße. Viele der Winzerhäuser haben die charakteristischen Doppeltore und malerische Innenhöfe. In der Hauptstraße 94 steht das Schlössl, einst Herrenhof der Freiherren von Warmboldt-Umstadt, mit einem Renaissance-Treppenturm an der Hofseite aus der Zeit um 1600, der Mitte des 18. Jh.s umgebaut wurde. Im sogenannten Napoleon-Zimmer im Haus des Winzervereins soll der Korse einmal übernachtet haben.

Schlössl

Kath. Kirche St. Margareta

Die kath. Kirche St. Margareta wurde 1723 unter Beibehaltung von Grundriß und Mauerwerk der mittelalterlichen, 1689 abgebrannten Vorgängerkirche als flachgedeckter Saalbau errichtet; der Bau des spitzen Turm folgte 1767. Sakristei und Südportal, beide spätgotisch, stammen noch aus der alten Kirche und wurden beim Neubau barockisiert. Die Ausstattung ging 1794 verloren. Die beiden Gemälde ("Fußwaschung Christi", 17. Jh.; "Petrus vor Christus", 19. Jh.) waren ursprünglich Altarblätter in anderen Kirchen. In einer Nische an der Chouraußenseite steht die 1718 geschaffene Steinfigur der Kirchenpatronin, darunter sitzen die Wappen des Fürstbistums Speyer und des Fürstbischofs Heinrich Hartard von Rollingen.

Naturdenkmäler

Als Ausgangspunkt für Wanderungen ins Margaretental eignet sich der Parkplatz am nördlichen Ortsrand von Forst. Von hier aus gelangt man in etwa 30 Minuten zu den Steinbrüchen am Pechsteinkopf, dem einzigen Basaltvorkommen in der Pfalz. Die beinahe senkrechte Stellung der dunk-

Frankweiler

Blick auf Frankweiler

len Basaltsäulen des Nordbruchs ist eine Folge der Abkühlung des aus dem Erdinnern aufsteigenden Magmas. Beim nahegelegenen südlichen Steinbruch kann man den hier anstehenden Buntsandstein beobachten.

Naturdenkmäler (Fortsetzung)

Frankweiler — C 7

Landkreis: Südliche Weinstraße
Verbandsgemeinde: Landau-Land
Höhe: 245 m ü. d. M.
Einwohnerzahl: 950
Weinanbaufläche: 208 ha

6 km nordwestlich von Landau

Lage

Straße: A 65, B 10, B 272, L 507/ L 508 (Deutsche Weinstraße)
Eisenbahn: nächster Bahnhof Siebeldingen-Birkweiler an der Strecke Landau – Saarbrücken (3 km); Hbf. Landau (6 km)
Autobus: Linie Landau – Neustadt a. d. Weinstraße

Verkehrs-anbindung

Frankweiler ist ein reizvoll am Fuße des Ringelsbergs (463 m ü. d. M.) gelegenes altes Winzerdorf. Weinlieferungen an das Kloster Eußerthal belegen, daß hier schon sehr früh Wein angebaut wurde. Von weitem erkennt man den Ort, durch den die Deutsche Weinstraße hindurchführt, an der hellen Sandsteinwand des ehemaligen Steinbruchs.

Allgemeines

Frankweiler, eine der ältesten Frankensiedlungen, erscheint 1249 als 'Frankenwilre' in einer Schenkungsurkunde. Ab 1330 im Besitz der Kurpfalz, fiel der Ort im Jahre 1410 an das Herzogtum Zweibrücken-Simmern; ab 1768 gehörte er wieder zur Kurpfalz.

Geschichte

111

Freimersheim

Sehenswertes in Frankweiler

Ortsbild | Charakteristisch für das Ortsbild von Frankweiler sind die stattlichen Steinhäuser des 18. bis 19. Jh.s, z.T. noch mit Hoftoren aus dem 16. Jh., vor allem in der Bergbornstraße, sowie mehrere Laufbrunnen mit großen Sandsteintrögen. Wie bei einigen Winzerdörfern an der Weinstraße reichen auch hier die Weingärten bis in den Ort hinein.

St. Georg | Bei der ev. Pfarrkirche St. Georg handelt es sich um einen schlichten Saalbau von 1788, im Innern flachgedeckt und mit einer dreiseitigen Empore. Von der spätgotischen Vorgängerkirche von 1487 steht noch der mächtige Turm mit Netzgewölbe im Untergeschoß und später aufgesetzter Barockhaube.

Dagobertshecke | In der heutigen Weinlage 'Königsgarten' steht ein Sandsteinfindling mit der Aufschrift "Dagobertshecke". An dieser Stelle wuchs bis 1823 ein Weißdorn. Einer alten Sage zufolge soll der Merowingerkönig Dagobert (7. Jh.) von der Burg Landeck bei Klingenmünster auf der Flucht vor seinen Feinden von den Frankweiler Bauern versteckt worden sein. Zum Dank dafür erhielten sie von Dagobert einen großen Waldbesitz.

Alt-Scharfeneck | Über dem Ort erhob sich ehemals die Burg Alt-Scharfeneck, deren Reste im 19. Jh. abgetragen und für den Festungsbau in Germersheim verwendet wurden.

Wanderwege | Der Wanderparkplatz Ringelsberg ist Ausgangspunkt für sechs markierte Rundwege (4 bis 8 km Länge). Ein mit blauem Punkt markierter Wanderweg führt zur Ringelsberghütte (1,8 km) und zur Landauer Hütte am Zimmerbrunnen (4,5 km; beide Hütten an den Wochenenden bewirtschaftet) und weiter ins Modenbachtal (7,5 km).

Geilweiler Hof | → Siebeldingen

Freimersheim   **D 6**

Landkreis: Südliche Weinstraße
Verbandsgemeinde: Edenkoben
Höhe: 128 m ü.d.M.
Einwohnerzahl: 800
Weinanbaufläche: 65 ha

Lage | 12 km nordöstlich von Landau

Verkehrsanbindung | Straße: A 65, B 38, B 39, B 272
Eisenbahn: nächster Bahnhof Edesheim an der Strecke Landau – Neustadt a.d.W. (6 km)
Autobus: Linien Landau – Freimersheim, Neustadt – Freimersheim

Allgemeines und Geschichte | Freimersheim ist ein etwa 1 km langes Straßendorf mit hauptsächlich landwirtschaftlicher Struktur und Weinanbaugebieten. Das gepflegte Ortsbild hat durch die Neugestaltung des Dorfplatzes an Attraktivität gewonnen. 1179 wurde der Ort als 'Frimarsheim' in Urkunden des Klosters Weißenburg erstmals erwähnt. Seine weitere Entwicklung war eng mit der des benachbarten → Altdorf verbunden.

Ev. Pfarrkirche | Der älteste Gebäudeteil der ev. Pfarrkirche ist der niedrige Westturm aus dem 13. Jahrhundert, an den 1753 ein kleines Langhaus mit einem eingezogenen Chor angebaut wurde. Das Äußere des Kirchengebäudes mit Ausnahme des in Quadersteinen aufgeführten Turms ziert eine Pilasterordnung. Ausstattung und Orgel sind im Rokoko-Stil gehalten (1789).

Ein schön gestalteter Renaissance-Torbogen mit dem Datum 1621 steht neben dem Haus Nr. 90 1/2. Sehenswert ist auch das Rathaus von 1726.

Weitere Sehenswürdigkeiten

Umgebung von Freimersheim

Der ruhig und idyllisch gelegene, von Landwirtschaft und Weinbau geprägte Ort (116 m ü.d.M.; 500 Einw.; 20 ha Weinanbaufläche) liegt abseits der Hauptverkehrsstraßen knapp 3 km nordöstlich von Freimersheim. Der Namensgeber des Ortes war ein gewisser Bebo, der sich vermutlich als fränkischer Siedler in der 2. Hälfte des 5. Jh.s in der Gemarkung niederließ. Aus dieser Mehrgehöftsiedlung entstand der heutige Ort Böbingen, der erstmals 776 urkundlich im Codex des Klosters Lorsch erwähnt wird. Spätere Ortsherren waren u.a. die Klöster Eußerthal und Sinsheim sowie die Kurpfalz.

Böbingen

Die ältesten Fachwerkhäuser im Ort (in der Hauptstraße) stammen aus dem 16. Jahrhundert. Auf dem Platz eines mittelalterlichen Vorgängerbaus steht die barocke Pfarrkirche St. Sebastian aus dem Jahre 1758, ein flachgedeckter Saalbau mit eingezogenem Chor und einem Westturm um 1500. Die ev. Kirche wurde 1819 in klassizistischem Stil erbaut.

Freinsheim   **D 4**

Landkreis: Bad Dürkheim
Verbandsgemeinde: Freinsheim
Höhe: 120 m ü.d.M.
Einwohnerzahl: 4150
Weinanbaufläche: 395 ha

7 km nordöstlich von Bad Dürkheim

Lage

Straße: A 6, 61, B 271
Eisenbahn: Bahnhof Freinsheim an den Strecken Frankenthal – Freinsheim und Bad Dürkheim – Grünstadt
Autobus: Linien Grünstadt – Frankenthal und Grünstadt – Bad Dürkheim

Verkehrsanbindung

Freinsheim gehört zu den wenigen Orten in der Pfalz, die noch eine mittelalterliche Stadtbefestigung mit Toren und Türmen besitzen. Daneben prägen alte Adelshöfe und ansehnliche Bürgerhäuser das Bild der Stadt.
Die Weinbaugemeinde ist seit 1973 Verwaltungssitz der gleichnamigen Verbandsgemeinde, zu der noch sieben weitere Orte gehören.

Allgemeines

Im Jahre 774 wurde Freinsheim als Weinbauort erstmals im Lorscher Codex erwähnt. Bis 1410 gehörte er mehreren Adelsgeschlechtern, dann bis 1493 der Kurpfalz, die ihm Stadtrechte verlieh. Trotz ständig wechselnder Besetzung während des Dreißigjährigen Krieges überstand die Stadt die Kriegsjahre unbeschadet, doch im Pfälzischen Erbfolgekrieg entging sie der Zerstörung nicht. In Napoleonischer Zeit verlor sie die Stadtrechte, und im Jahr 1816 fiel der Ort mit der übrigen Pfalz an Bayern. 1979 wurde Freinsheim von der rheinland-pfälzischen Landesregierung wieder der Titel 'Stadt' verliehen.

Geschichte

Die im 15. Jh. begonnene und 1514 vollendete Befestigungsanlage ist fast vollständig erhalten und einzigartig in der Pfalz. Sie besteht aus einer 1,3 km langen Stadtmauer, die den historischen Stadtkern mit rd. 300 m Durchmesser ringförmig umschließt, zwei Stadttoren und mehreren Wehrtürmen. Die beiden in die Stadtmauer eingefügten Tore, das Eisentor im Nordosten und das Haintor im Südwesten, waren früher die einzigen Zugänge in die Stadt. Die rechteckigen Tortürme werden als Innentürme

*Stadtbefestigung

113

Freinsheim

Eisentor

Stadtbefestigung (Fortsetzung) Eisentor

bezeichnet, da ihnen Torzwinger und von Rundtürmen gefaßte Tore vorgelagert waren. Von den beiden Vortoren ist nur das des Eisentores erhalten (das zum Haintor wurde 1818 abgetragen), das durch seine beiden mächtigen Rundtürme von 8 m Durchmesser beeindruckt. Der von den Rundtürmen flankierte Mitteltrakt trägt über dem Bogenfries das kurpfälzische Wappen mit der Jahreszahl 1514, das Datum der Fertigstellung. Am Eisentor befindet sich auch ein Handwerker-Museum (geöffnet Sa., So. 10.00–18.00 Uhr).

Von den einst zahlreichen Mauertürmen sind einige nur bruchstückhaft erhalten, andere nach Restaurierung zu Wohnhäusern oder Gaststätten umgebaut. Zu nennen sind hier der Hahnenturm etwas südlich vom Eisentor und an der Südseite der Kanonenturm, der Casino- oder Kitzigturm, der Diebsturm und der mächtige Herzogturm.

Profanbauten

Nach den Verwüstungen des Pfälzischen Erbfolgekrieges 1689 entstanden zu Beginn des 18. Jh.s zahlreiche neue Wohnhäuser, darunter stattliche Herrschaftshäuser früherer Adelsgeschlechter und Kaufmannsfamilien. Die häufig anzutreffenden Hauszeichen und Jahreszahlen an den Häuserfassaden dokumentieren dies auch heute noch.

Der Von-Busch-Hof, ein früheres Klostergut nahe der südlichen Stadtmauer, wurde 1981 restauriert und als städtisches Kulturzentrum eingerichtet.

Das ehemalige Retzer-Anwesen mit Herrenhaus und Park an der Herrengasse dient heute gleichfalls öffentlichen Zwecken.

Brunnen

Einige alte Brunnen, u. a. der Eichbrunnen mit Brunnenhaus um 1800 und der 'Gute Brunnen' am südöstlichen Ortsrand sind erhalten, werden aber nicht mehr mit Wasser gespeist.

Kirchen

Die in der Stadtmitte am Markt stehende ev. Pfarrkirche St. Peter, ein spätgotischer, vermutlich um 1470 entstandener Bau, war als dreischiffige,

Freinsheim

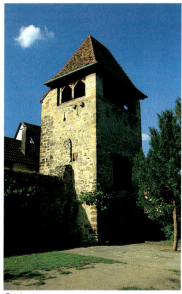
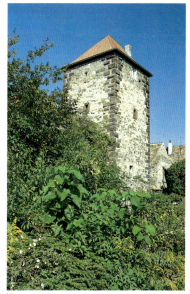

Casinoturm *Herzogsturm*

gewölbte Hallenkirche angelegt. Nach den Zerstörungen im Pfälzischen Erbfolgekrieg wurde sie verändert wiederhergestellt; heute ist sie einschiffig und im Langhaus flachgedeckt. Der viergeschossige, im Untergeschoß romanische Westturm erreicht eine Höhe von 44 m. Beachtenswert an der Fassade sind die beiden Renaissance-Portale an der Süd- und an der Nordseite; im Innern gefällt die steinerne Kanzel aus dem 17. Jahrhundert.

Die kath. Kirche St. Peter und Paul, ein frühklassizistischer Saalbau von 1772/1773, birgt neben dem spätbarocken Hochaltar aus der Kirche von Niederkirchen einige qualitätvolle Bildwerke von Paul Egell (1691–1752) bzw. von Künstlern aus seiner Werkstatt. Über dem Portal ein Relief mit der Beweinung Christi aus der Schule des Mannheimer Hofbildhauers Verschaffelt.

Kirchen (Fortsetzung)

Ein schönes Ensemble mit der ev. Kirche bildet das unmittelbar benachbarte Rathaus, ein anmutiger, 1720–1732 errichteter Barockbau mit Mansarddach und einer überdachten Freitreppe.

Rathaus

Vor der Stadtmauer im Süden, auf dem Platz einer früheren Wasserburg (um 1146), liegt das in den dreißiger Jahren des 19. Jh.s erbaute sogenannte 'Schlössel', einst adeliger, dann bürgerlicher Besitz. Der alte Wassergraben ist noch sichtbar, doch z.T. zugeschüttet.

Schlössel

Im Bergfriedhof vor der Stadt stand früher eine 1245 erbaute Kapelle 'Unser Lieben Frauen', von der noch der 16 m hohe quadratische Westturm übrigblieb (Aussichtsplattform; Grabplatte im Portal aus dem 16. Jh.).

Bergfriedhof

Am westlichen Ortsausgang, direkt an der Straße nach Bad Dürkheim steht ein steinerner Bildstock (Mitte 15. Jh.). Das von einem spitzbogigen Rahmen überspannte Relief mit einer Kreuzigungsdarstellung ist schon stark angegriffen.

Bildstock

Friedelsheim

Umgebung von Freinsheim

Weisenheim am Sand

**Allgemeines
und Geschichte**

Die Gemeinde Weisenheim am Sand (108 m ü.d.M.; 4100 Einw.; 351 ha Weinanbaufläche), im Lorscher Codex 771 als 'Wizzinheim' bezeichnet, liegt 3 km nördlich von Freinsheim in der Rheinebene und ist eine der größten Obstanbaugemeinden Deutschlands. Angebaut werden fast alle Sorten von Kern- und Beerenobst, dazu auch Spargel und natürlich Wein, hier vor allem Riesling. Mehrere Reit- und Fahrturniere im Jahr gehören zum festen Veranstaltungsprogramm von Weisenheim.

Ortsbild

Viele schmucke Fachwerkbauten, zumeist aus dem 18. Jh., prägen das Ortsbild. Die Ortsmitte wird dominiert von der ev. Kirche, ein Saalbau aus der Mitte des 18. Jh.s mit romanischem Chorturm.

**Ausgrabungen,
Naturschutzgebiet
Ludwigshain**

Drei Kilometer südlich von Weisenheim liegen die Weiler Eyersheimermühle und der Eyersheimerhof. Hier wurde eine umfangreiche jungsteinzeitliche Siedlung entdeckt, deren reiche Funde in Süddeutschland einmalig sind. Gleichfalls im Süden von Weisenheim liegt das 10 ha große Naturschutzgebiet Ludwigshain.

Erpolzheim

Allgemeines

Erpolzheim (110 m ü.d.M.; 1050 Einw.; 157 ha Weinanbaufläche) ist eine zur Verbandsgemeinde Freinsheim gehörende Ortschaft, wo neben Wein- und Obstanbau auch intensiver Spargelanbau betrieben wird. Sie liegt in der Talmulde der Isenach am nördlichen Rand des von Wasserläufen durchzogenen Dürkheimer Bruchs, eines pflanzenkundlich bemerkenswerten Feuchtgebiets mit reicher Tierwelt. Ein Naturlehrpfad führt hindurch.
Sehenswerte Gebäude in Erpolzheim sind das Rathaus von 1752, die ev. Kirche von 1849 und das dazugehörige Pfarrhaus aus dem Jahr 1754.

Friedelsheim   **D 4**

Landkreis: Bad Dürkheim
Verbandsgemeinde: Wachenheim
Höhe: 115 m ü.d.M.
Einwohnerzahl: 1450
Weinanbaufläche: 303 ha

Lage

4 km südöstlich von Bad Dürkheim

**Verkehrs-
anbindung**

Straße: B 271, A 65
Eisenbahn: Bahnhof Friedelsheim der Rhein-Haardtbahn (RHB) (1 km außerhalb des Orts)
Autobus: Linie Bad Dürkheim – Ludwigshafen – Mannheim

Geschichte

Die erste Erwähnung Friedelsheims findet sich im Jahre 770 im Lorscher Codex ('Fridofisheim'). Bis 1699 gehörte es abwechselnd zur Kurpfalz und zu Pfalz-Zweibrücken und zeitweise auch zu beiden Herrschaftsbereichen. Dann erhielten es die Freiherren von Wiser zu Lehen.

Ehem. Schloß

Anstelle einer 1418 von den Kurpfälzern erbauten und in den Bauernkriegen 1525 zerstörten Wasserburg ließ Pfalzgraf Johann Casimir von 1575 bis 1578 ein prunkvolles Jagdschloß mit großem Park, den sog. 'Neuen Bau', errichten. Im Pfälzischen Erbfolgekrieg wurde es 1689 durch die

116

Franzosen zerstört und danach teilweise wiederaufgebaut. Nach der erneuten Brandschatzung 1796 unterblieb eine Wiederherstellung. Erhalten sind die Grundmauern eines quadratischen Turms aus dem 16. Jh. sowie zwei Tore aus dem 18. Jahrhundert.

Friedelsheim
Ehem. Schloß
(Fortsetzung)

Die ev. Kirche St. Maria besitzt ein Langhaus aus dem 19. Jh. und gotische, d. h. aus dem 12.–14. Jh. datierende Bauteile wie den Chor mit Wandgemälden, den mit einem späteren Obergeschoß versehenen Turm südlich des Chores und das ebenfalls gotische Westportal.

Ev. Kirche

An der Hauptstraße liegt die Mennonitenkirche und der durch einen schönen Torbogen des alten Schlosses zugängliche Mennonitenhof. Vom alten Burgturm hat man eine schöne Aussicht über den Ort.

Mennonitenkirche

Umgebung von Friedelsheim

Das Dorf Gönnheim (112 m ü. d. M.; 1300 Einw.; 152 ha Weinanbaufläche), schließt in östlicher Richtung beinahe nahtlos an Friedelsheim an. Im Dorf gibt es eine Reihe sehenswerter Winzerhäuser aus dem 16.–19. Jh., darunter der ehemalige Affentaler Hof aus dem 17. Jahrhundert. Im Zentrum des Ortes steht ein hübscher wappengeschmückter Sandsteinbrunnen, 1971 zur 1200-Jahr-Feier von Gönnheim errichtet. Die ev. Kirche von 1756 wurde nach einem Brand wiederaufgebaut.

Gönnheim

Gerolsheim   E 3

Landkreis: Bad Dürkheim
Verbandsgemeinde: Grünstadt-Land
Höhe: 108 m ü. d. M.
Einwohnerzahl: 1450
Weinanbaufläche: 94 ha

8 km östlich von Grünstadt

Lage

Straße: A 6, A 61, B 271
Eisenbahn: nächster Bahnhof Frankenthal an der Strecke Mainz – Ludwigshafen (6 km)
Autobus: Linie Frankenthal – Großkarlbach

Verkehrs-
anbindung

Gerolstein, am Fuße des Palmbergs gelegen, wurde 915 als 'Geroltesheim' erstmalig urkundlich erwähnt. Die Besitzer von Gerolsheim wechselten im Laufe der folgenden Jahrhunderte sehr häufig. Neben den salischen und anderen Grafen waren Bischöfe und Klöster Herren über den Ort. Der Dreißigjährige Krieg brachte auch für die Bewohner von Gerolsheim schlimme Zeiten. Im Jahre 1671 kam der Ort zur Kurpfalz.

Allgemeines und
Geschichte

Heute findet ein Großteil der Bevölkerung Beschäftigung in Landwirtschaft und Weinbau sowie in den nahen Industriegebieten Frankenthal und Ludwigshafen/Mannheim. Auf dem Gemeindegebiet von Gerolsheim liegt eine Sondermülldeponie.

Von der mittelalterlichen Kirche St. Leodegar steht noch der 1412 erbaute Turm, das eigentliche Gotteshaus ist ein Neubau von 1840–1843 in neoromanischem Stil. An der Außenmauer findet man noch einige Grabsteine adliger Feudalherren.

Kath. Kirche

Die protestantische Kirche wurde 1834/1835 nach Plänen des bayerischen Architekten August von Voit (1801–1870) erbaut. Das Kircheninnere ist von klassizistischer Strenge geprägt.

Ev. Kirche

Gleisweiler

Gerolsheim
(Fortsetzung)
Profanbauten

Vom ehemaligen Schloß der Familie von Dalberg sind noch die Fundamente vorhanden. Das Gemeindehaus ist ein Putzbau von 1580, in neuerer Zeit verändert. Desweiteren besitzt der Ort mehrere interessante Wohnhäuser, z.T. in Fachwerk, aus dem 17. und 18. Jh. und oft mit den typischen schmuckreichen Hoftoren versehen.

Gleisweiler C 7

Landkreis: Südliche Weinstraße
Verbandsgemeinde: Edenkoben
Höhe: 350 m ü.d.M.
Einwohnerzahl: 580
Weinanbaufläche: 84 ha

Lage

6 km nordwestlich von Landau

Verkehrsanbindung

Straße: A 65, B 38, L 512 (Deutsche Weinstraße)
Eisenbahn: nächste Bahnhöfe Siebeldingen-Birkweiler an der Strecke Landau – Saarbrücken (4 km) oder Landau/Pfalz (6 km)
Autobus: Linie Landau – Neustadt a.d. Weinstraße

Allgemeines

Der staatlich anerkannte Erholungsort Gleisweiler kann sich eines überdurchschnittlich warmen Klimas rühmen. Er liegt direkt am Haardtrand und wird an drei Seiten von den Berghängen der Oberhaardt umschlossen. Im Süden von Gleisweiler öffnet sich das Hainbachtal zur Ebene hin.

Geschichte

Erstmalig erwähnt wurde der Ort 1006 als 'Glizenwilre'. Er gehörte zunächst zum reichsfreien Siebeldinger Tal, ab 1257 den Leininger Grafen. 1587 kam er zur Kurpfalz, bei der er bis 1794 verblieb.

Säulenpavillon im Park von Bad Gleisweiler

Sehenswertes in Gleisweiler

Die kath. Kirche St. Stephan ist ein Saalbau mit einem dreiseitig geschlossenen Chor. Sie wurde an den mächtigen, walmdachgedeckten Chorturm
ihrer Vorgängerkirche aus dem 14. Jh. angebaut. Der Chorraum weist ein
Sterngewölbe und einen Sakramentsschrein aus der Zeit um 1500 auf. Die
Innenausstattung der Kirche (Altäre, Kanzel) stammt aus dem 18. Jahrhundert.

Kath. Kirche
St. Stephan

Der Kurpfälzische Zehnthof von 1753 wird heute als Dorfgemeinschaftshaus genützt. Viele der Wohnhäuser in Gleisweiler stammen aus dem 18.
und 19. Jahrhundert.

Profanbauten

Oberhalb des Ortes steht inmitten großzügiger Parkanlagen das 1844
nach Plänen des Münchner Architekten Leo von Klenze (1784 – 1864)
erbaute Kurhaus Bad Gleisweiler (heute Sanatorium). Im Park gedeihen
dank des besonders milden Klimas verschiedene exotische Pflanzen und
Bäume, wie man sie in Deutschland sonst nur noch auf der Insel Mainau
findet. Der halbrunde Säulenpavillon im Park wurde 1780 von Landau hierher versetzt. Ihn entwarf der französische Festungsbaumeister Vauban
(1633 – 1707), nach dessen Plänen auch die Festung Landau errichtet
wurde.

Bad Gleisweiler

Gleiszellen-Gleishorbach   C 8

Landkreis: Südliche Weinstraße
Verbandsgemeinde: Bad Bergzabern
Höhe: 300 m ü. d. M.
Einwohnerzahl: 800
Weinanbaufläche: 140 ha

3 km nördlich von Bad Bergzabern

Lage

Straße: B 48 (Deutsche Weinstraße)
Eisenbahn: Bahnhof Rohrbach-Steinweiler an der Strecke Landau – Karlsruhe und Bahnhof Siebeldingen an der Strecke Landau – Saarbrücken (je
10 km)
Autobus: Linie Landau – Schweigen

Verkehrs-
anbindung

In Urkunden des Klosters Weißenburg wird Gleishorbach im 8./9. Jh. erstmals als 'Horobach', Gleiszellen zum erstenmal im Jahre 1136 als 'Glizen-
celle' in einer Urkunde des Erzbischofs Adalbert I. von Mainz erwähnt.
Gleishorbach hieß früher nur Horbach und erhielt seine Vorsilbe 1748 zur
Unterscheidung von dem unweit gelegenen Niederhorbach.

Geschichte

Die beiden Ortsteile der Doppelgemeinde liegen einen knappen Kilometer
auseinander auf einer sanft geneigten, rebenbewachsenen Terrasse am
Hang des Wasgaugebirges, etwa einen halben Kilometer östlich der Deutschen Weinstraße. Sie besitzen ansprechende Häuser aus dem 16. bis
19. Jh., oft in Fachwerk, und mehrere hübsche Dorfbrunnen. Insbesondere die Winzergasse in Gleiszellen bietet mit ihren rebenumrankten Winzerhäusern eines der schönsten Straßenbilder der ganzen Pfalz.

Ortsbild

*Winzergasse
(Abb. S. 120)

Die 1723 erbaute ev. Kirche in Gleiszellen ist ein kleiner Saalbau mit schöner Empore und einer Orgel von 1841.

Kirchen

Zwischen den Ortsteilen steht die kath. Pfarrkirche St. Dionysius, ein 1746/
1748 von dem kurpfälzischen Baumeister Kaspar Valerius entworfener
Saalbau mit einem halbrunden, nach außen dreiseitig in Erscheinung tre-
tenden Chor. Die Innenausstattung wird dominiert von einer überlebens-

Göcklingen

Winzergasse in Gleiszellen-Gleishorbach

Kirchen (Fortsetzung)
großen Immaculata (1754) im linken Seitenaltar; bei der Figur im rechten Seitenaltar handelt es sich um den hl. Dionysius (18. Jh.).

Steinbruch Semar
Am westlichen Ortsausgang von Gleishorbach liegt der Steinbruch Semar, ein geowissenschaftlich bedeutender Aufschluß in der westlichen Bruchzone des Oberrheingrabens. Es finden sich mittlerer und teilweise oberer Muschelkalk sowie mächtiger Trochitenkalk (15 m), außerdem in unmittelbarer Nähe Mittlerer und Oberer Buntsandstein.

Göcklingen   C 8

Landkreis: Südliche Weinstraße
Verbandsgemeinde: Landau-Land
Höhe: 192 m ü. d. M.
Einwohnerzahl: 260
Weinanbaufläche: 380 ha

Göcklingen

Dorfkirche ... *... und Winzerhof in Göcklingen*

7 km südwestlich von Landau	Lage
Straße: B 38, B 48, L 512 (Deutsche Weinstraße) Eisenbahn: nächster Bahnhof Landau/Pfalz (7 km) Autobus: Linie Landau – Schweighofen	Verkehrs- anbindung
Göcklingen liegt 2 km abseits der Deutschen Weinstraße am Kaiserbach und wird von Fernstraßen nicht berührt.	Allgemeines
Erstmals erwähnt wurde der Ort 1288 als 'Gekelingen', doch reichen seine Ursprünge noch weiter zurück. Während des Mittelalters gehörte es zur Herrschaft Landeck (bei Klingenmünster) und kam mit dieser 1570 zur Kurpfalz und 1816 zu Bayern.	Geschichte
Im alten Ortskern gibt es einige schöne Häuser in Fachwerk oder aus Stein aus dem 18. und 19., vereinzelt auch aus dem 16. Jahrhundert. Vor dem historischen Rathaus steht ein Laufbrunnen mit Sandsteintrog.	Ortsbild
Entlang des Kaiserbachs, der durch den Ort fließt, verläuft der neugeschaffene Bachlehrpfad.	Bachlehrpfad
Bei der ev. Kirche handelt es sich um einen flachgedeckten Saalbau von 1789 mit einer barocker Kanzel von 1725 und einer Holzempore mit Orgelprospekt aus der Erbauungszeit.	Ev. Kirche
Die kath. Pfarrkirche St. Laurentius ist eine geräumige Barockanlage von 1787. Im Inneren sind die Altäre mit Säulen und Pilastergliederung in klassizistischem Stil (Altarblätter von Claudius Schaudolph), die mächtige Orgel mit Rokoko-Schnitzwerk und ein Grabmal aus dem 15. Jh. beachtenswert. Der Turm an der Westfassade wurde im Jahre 1869 errichtet.	Kath. Kirche

Gommersheim E 6

Landkreis: Südliche Weinstraße
Verbandsgemeinde: Edenkoben
Höhe: 100 m ü.d.M.
Einwohnerzahl: 1280

Lage

18 km nordöstlich von Landau

Verkehrs-
anbindung

Straße: B 39, B 272
Bahn: Bahnhof Edenkoben oder Kirrweiler-Maikammer an der Strecke Landau – Neustadt a.d.W. (ca. 10 km)
Bus: Linie Gommersheim – Edenkoben

Allgemeines

Gommersheim ist das östlichste Dorf des Landkreises Südliche Weinstraße. Das Gäudorf besitzt Tabakanbauflächen und ist landwirtschaftlich geprägt. Die erste urkundliche Erwähnung von 'Gummaresheim' findet sich in Schriftstücken des Klosters Fulda zwischen 780 und 802. Viele Herrschaften wechselten sich im Besitz des Dorfes ab, u.a. die Herren von Ochsenstein, die Herren von Zweibrücken-Bitsch und die Grafen von Degenfeld-Schomburg.
Der Ort besitzt zahlreiche Fachwerkhäuser aus dem 18. Jh. und aus der ersten Hälfte des 19. Jahrhunderts. An vielen Fassaden findet man Haussprüche.

Kindelsbrunnen

Etwa 3 km außerhalb des Ortes steht der Kindelsbrunnen, ein 1574 erbauter Ziehbrunnen, der auch heute noch zu den Wahrzeichen von Gommersheim zählt. Hier findet alljährlich im Juli das traditionelle Kindelsbrunnenfest statt.

Ehemalige
Synagoge

Aus der Barockzeit stammt das Gebäude der ehemaligen Synagoge in der Hauptstraße 28.

Ev. Kirche

Die ev. Pfarrkirche wurde 1730 von Christoph Martin Graf von Degenfeld-Schomburg unter Verwendung des Turms der früheren Kirche (zweite Hälfte 13. Jh.) erbaut.

Umgebung von Gommersheim

Freisbach

2,5 km südlich von Gommersheim liegt Freisbach. Die ev. Pfarrkirche, die 1754 nach Plänen des Baumeisters Johann Georg Hotter errichtet wurde, lohnt wegen ihrer ungewöhnlich guten, 1955/56 restaurierten Ausstattung einen Besuch.

Großkarlbach D 3

Landkreis: Bad Dürkheim
Verbandsgemeinde: Grünstadt-Land
Höhe: 110 m ü.d.M.
Einwohnerzahl: 1050
Weinanbaufläche: 233,52 ha

Lage

5 km südöstlich von Grünstadt

Verkehrs-
anbindung

Straße: A 6, B 271
Eisenbahn: nächster Bf. Kirchheim a.d.W. an der Strecke Grünstadt – Bad Dürkheim (3 km)
Autobus: Linie Frankenthal – Grünstadt

Mühle

Großkarlbach

Spätgotische Fresken und ...   ... Kanzel in der ev. Kirche in Großkarlbach

Die Weinbau- und Edelobstgemeinde Großkarlbach liegt westlich des Palmbergs am Eckbach. Das reizvolle Ortsbild gefällt insbesondere wegen der gut erhaltenen und sorgfältig restaurierten historischen Bausubstanz, die der Gemeinde im Landeswettbewerb 'Unser Dorf soll schöner werden' zahlreiche Siegerurkunden und das Prädikat 'Das schöne Weindorf' eingetragen hat.
Allgemeines

Bereits in römischer Zeit war das Gebiet von Großkarlbach besiedelt, wie der Fund einer noch mit Wein gefüllten Flasche aus dieser Zeit bestätigte (heute im Museum in Speyer). Als 'Karlebach' wird der Ort 774 im Lorscher Codex erstmals genannt. Während der folgenden Jahrhunderte befand er sich in klösterlichem, dann in leiningischem Besitz; 1487 fiel er an die Kurpfalz und 1814 an Bayern.
Geschichte

Sehenswertes

Die protestantische Pfarrkirche, ehemals St. Jakobus, wurde 1610 errichtet, der Chor stammt jedoch schon aus der 2. Hälfte des 13. Jh.s. An der Ostwand des Chors wurden 1958 Reste spätgotischer Malerei (Anfang 14. Jh.) freigelegt. Der krabbenbesetzte Giebel einer gotischen Sakramentsnische, früher an der Nordwand des Chors, wurde in die Ostwand des Langhauses eingelassen. Im Langhaus ist die Ornamentmalerei aus der Renaissance bemerkenswert. Die weitere Ausstattung (Mensa, Pfarrstuhl, Kanzel) stammt vom Anfang des 18. Jh.s, der Orgelprospekt entstand 1745/ 1747; die Orgel selbst ist neu (1980).
Protestantische Kirche

Die kath. Kirche St. Jakobus von 1713 diente zunächst dem lutherischen Gottesdienst. 1957 erwarb die kath. Kirchengemeinde das Gotteshaus. Die Ausstattung stammt aus der alten, 1963 abgebrochenen Kirche: ein Spätrenaissance-Retabel von 1631, die 1596 geschaffene Kanzel mit z. T.
Kath. Kirche

Grünstadt

Großkarlbach
Kath. Kirche
(Fortsetzung)

recht drastischen Reliefdarstellungen, ein Taufstein von 1543 sowie eine Figur der hl. Katharina (um 1500) und zwei weitere Skulpturen des 18. Jahrhunderts.

Mühlen

Am Eckbach, der durch die hübsche Kändelgasse fließt, waren einst viele Mühlen in Betrieb, von denen noch vier erhalten sind. Sie stammen aus dem 17. Jh., die älteste, die Dorfmühle, weist das Jahr 1602 als Erbauungsdatum auf.

Winzerhöfe

Im Ort finden sich zahlreiche reich ausgestattete Höfe des 17. und 18. Jh.s, z.T. mit Hoftoren, die mit Schmuckelementen der Spätrenaissance reich verziert sind. Besondere Beachtung verdienen die Häuser Simeonstraße 1, Kändelgasse 28 und Hauptstraße 42 und 55 sowie ganz besonders das Haus Nr. 57 (Anfang 17. Jh.), das erst jüngst renoviert wurde und heute die Gaststätte 'Zum Karlbacher' beherbergt.

Am nördlichen Ortsrand von Großkarlbach entstanden zu Beginn des 19. Jh.s einige Weingüter mit z. T. schloßartigen, in klassizistischem Stil gehaltenen Gutshäusern wie dem des Weingutes Lingenfelder Hauptstraße 27.

Palmberg

→ Laumersheim

Wanderwege

Drei nach den jeweiligen Weinlagen benannte Rundwege führen durch die umliegenden Weinberge: Burgweg (1,8 km), Osterberg (2,4 km) und Schwarzerde (4,5 km).

Grünstadt   **D 3**

Landkreis: Bad Dürkheim
Höhe: 168 m ü. d. M.
Einwohnerzahl: 13 000
Weinanbaufläche: 322 ha

Lage

12 km nördlich von Bad Dürkheim

Verkehrs-
anbindung

Straße: A 6, B 271
Eisenbahn: Bahnhof Grünstadt
Autobus: Linien Grünstadt – Worms, Grünstadt – Frankenthal, Grünstadt – Bad Dürkheim, Grünstadt – Altleiningen, Grünstadt – Kaiserslautern, Monsheim – Ludwigshafen

Allgemeines

Grünstadt ist das wirtschaftliche und kulturelle Zentrum der Mittelhaardt und Verbandsgemeindesitz für die 16 umliegenden Ortschaften Battenberg, Bissersheim, Bockenheim, Dirmstein, Ebertsheim, Gerolsheim, Großkarlbach, Kindenheim, Kirchheim, Kleinkarlbach, Laumersheim, Mertesheim, Neuleiningen, Obersülzen, Obrigheim, Quirnheim. Die Dörfer Asselheim im Norden und Sausenheim im Süden von Grünstadt wurden 1969 eingemeindet.

Geschichte

Erstmalig erwähnt wurde der Ort 875 als 'Grindestat' in einer Schenkungsurkunde König Ludwigs des Deutschen. Im 11. Jh. kam die Siedlung als Lehen des Klosters Weißenburg an die Grafen von Leiningen und blieb, mit einer kurzen Unterbrechung (1481–1505 kurpfälzisch), bis 1793 leiningischer Besitz. Im Jahre 1556 erhielt Grünstadt unter Kaiser Karl V. Marktrechte. Nachdem im Pfälzischen Erbfolgekrieg 1689 die Stammburgen der Leininger, Alt- und Neuleiningen, in Flammen aufgegangen waren, verlegten diese ihre Residenzen nach Grünstadt. Im 18. Jh. erhielt der Ort den Titel 'Stadt'. Grünstadt mußte im Zweiten Weltkrieg schwere Bombenschäden hinnehmen.

Grünstadt

Der Oberhof in Grünstadt

Sehenswertes

Mittelpunkt des Städtchens ist die Fußgängerzone in der Altstadt mit schmalen Gassen, gepflegten Geschäften und gemütlichen Gaststätten. Hier und in den umliegenden Straßen stehen noch viele Gebäude aus dem 18. Jahrhundert.   Ortsbild

Die ev. Kirche St. Martin ist das Wahrzeichen der Stadt. Sie wurde 1494–1520 an der Stelle einer älteren Kirche erbaut, das erste Mal 1689 zerstört und 1727–1736 in barockem Stil wiederaufgebaut, im Zweiten Weltkrieg (1942) erneut zerstört und danach rekonstruiert. Der Turm von 1618 erhielt 1743 einen Barockhelm. Im Inneren befindet sich die Grablege der Grafen von Leiningen.   Kirchen
Nicht weniger interessant ist die kath. Kirche St. Peter und Paul in der Obersülzer Straße. Der Vorgängerbau war eine 1700–1707 erbaute Kapuzinerklosterkirche, die man 1840–1842 erneuerte. Der Turm ist neueren Datums (1935). Im Inneren sind eine lebensgroße Marienstatue aus der Zeit um 1700, die Altargemälde von 1676 und ein Ölbild des einheimischen Malers Adam Schlesinger aus der Zeit um 1800 bemerkenswert.

Nach ihrem Umzug 1690 nach Grünstadt nahmen die Leininger Grafen zunächst Wohnung im ehem. Mönchshof des Klosters Glandau in der Obergasse, der 1705 zur Residenz der Altleininger Linie ausgebaut wurde. Später nahm das 'Unterhof' genannte Anwesen eine Steingutfabrik auf, die bis 1972 bestand und dann abgebrochen wurde. Von der barocken Anlage des ehemaligen Unterhofs sind noch das mittlere Hauptgebäude und zwei Wachhäuschen erhalten.   Unterhof

Die Neuleininger Linie errichtete 1716 in der Neugasse den 'Oberhof', einen Dreiflügelbau mit prächtigem Barockportal. Er beherbergt heute die Stadtbücherei.   Oberhof

125

Grünstadt

Rathaus

1750–1755 erbauten die Leininger Grafen am Kreuzerweg ein Waisenhaus im Barockstil. Nach schweren Bombenschäden im Jahr 1944 wurde es von 1961 bis 1963 gründlich restauriert und ist heute Grünstadts repräsentatives Rathaus. Im Sitzungssaal hängen Kopien von Porträts der Leininger Grafenfamilien, die aus dem alten Rathaus am Schillerplatz hierher überführt wurden. Das alte Rathaus, um 1600 erbaut und 1811 sowie 1906 verändert, war jahrhundertelang Mittelpunkt des alten Marktes. Hofseitig hat es noch seine Renaissancefassade. Nach starken Beschädigungen 1944 wurde es wiederhergestellt und ist Sitz des Vermessungsamtes.

Parks

Zwei Parkanlagen bieten Ruhe und Erholung, der Petderspark in Innenstadtnähe mit Wasserspielen, Grünflächen und altem Baumbestand und der auf der Höhe gelegene Stadtpark, der eine Reihe von Freizeiteinrichtungen und eine schöne Aussicht über Stadt und Land bietet.

Umgebung von Grünstadt

Ortsteil Asselheim

Allgemeines

Der am Eisbach gelegene Stadtteil Asselheim ist eine alte Weinbaugemeinde. Erstmals erwähnt wurde er 756 als 'Azalunheim' im Lorscher Codex. Er war schon früh befestigt und gehörte bis 1795 zu Leiningen.

Sehenswertes

Winklige Gassen mit hübschen Häusern, z.T. in Fachwerk, prägen das Dorfbild. Teile der Stadtbefestigung sind erhalten, u.a. der 'Rote Turm' am Südrand des Orts und der Turm der ev. Kirche St. Elisabeth, gleichfalls ein früherer Wehrturm aus dem 13. oder 14. Jahrhundert.
Sehenswert sind der Weinkeller und das alte Kelterhaus auf dem 'Hüwwel', die 'Kappelmühle' in der Kappelstraße und das Haus der ehemaligen Gerberei. Westlich von Asselheim liegt am Südhang des Gerstenbergs das Naturschutzgebiet Hohefels, ein Korallenriff aus der Tertiärzeit.

Ev. Kirche

Das Langhaus der um 1300 erbauten Kirche wurde 1470 verändert und erhielt spätgotisches Kreuzrippengewölbe. Nach teilweiser Zerstörung 1942 wurde das Gotteshaus nach dem Kriege wieder aufgebaut.

Ortsteil Sausenheim

Allgemeines

Der Ortsteil Sausenheim, ebenfalls im Eckbachtal gelegen, wurde 770 als 'Susenheim' im Lorscher Codex erstmals erwähnt.

Ev. Kirche

Die ev. Pfarrkirche von 1725 hat einen freistehenden, neugotischen Turm von 1836. Sie besitzt mit ihrem Taufstein aus dem Jahr 1510 ein besonders schönes Werk aus der Wormser Bildhauer-Schule. Vier Löwen tragen den achteckigen Trog aus rotbraunem Sandstein, den Reliefs mit Heiligen, Engeln, Propheten und Aposteln sowie Astwerkornamentik zieren. Vermutlich stammt er aus dem früheren Kloster Höningen. Interessante Grabsteine des 16. bis 19. Jh.s befinden sich im ehemaligen Kirchhof.

Kath. Kirche

Die kath. Kirche St. Stephan ist sehr viel älter. Der spätromanische Turm und das Untergeschoß stammen aus dem 12. und 13. Jh., der gotische Chor und die nördlich angebaute Katharinen-Kapelle aus dem 14. Jahrhundert. Das neugotische Langhaus ist ein Werk des 19. Jh.s (1888). An der Ausstattung bemerkenswert sind das Sakramentshäuschen aus dem 15. Jh., vier hölzerne Heiligenfiguren aus dem 15. Jh. und ein spätbarocker Sandsteinaltar von 1728.

Rathaus

Das um 1600 erbaute Rathaus hat eine überdachte Freitreppe und ein rundbogiges Renaissancetor.

126

Hainfeld

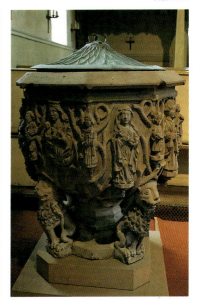

Roter Turm in Asselheim   *Taufstein in Sausenheim*

Obersülzen

Inmitten von Obstplantagen, 3 km östlich von Grünstadt, liegt Obersülzen (148 m ü.d.M., 400 Einw., ca. 15 ha Weinanbaufläche). Hier wurde die erste Schilfkläranlage von Rheinland-Pfalz mit Feuchtbiotopen zur Sicherung der Dorfentsorgung angelegt. Im Ort selbst finden sich einige typische Pfälzer Höfe.   Allgemeines

Erstmals genannt wird der Ort im Jahre 767 als 'Sulzheim' im Lorscher Codex. Später befand sich Obersülzen in leiningischem Besitz und kam 1481 zur Kurpfalz. Eine eigene Gemeinde mit eigener Kirche bilden die seit dem ausgehenden 16. Jh. aus der Schweiz hierher zugewanderten Mennoniten, die in das bis dahin ausschließlich agrarisch geprägte Dorf verschiedene handwerkliche Gewerbe einführten.   Geschichte

Die ev. Kirche St. Johannes ist die Nachfolgekirche eines früheren, dem heiligen Mauritius geweihten Gotteshauses aus dem 12. Jh., von dem der dreigeschossige gedrungene Westturm erhalten blieb. Das Langhaus, ein Saalbau, stammt einschließlich seiner Inneneinrichtung aus dem Jahre 1760. Einige Reliefteile aus der früheren Kirche (um 1500) wurden in der Südwestecke der Kirche eingemauert.   St. Johannes

Hainfeld   C 6

Landkreis: Südliche Weinstraße
Verbandsgemeinde: Edenkoben
Höhe: 183 m ü.d.M.
Einwohnerzahl: 730
Weinanbaufläche: 220 ha

Hainfeld

Madonna auf der Weltkugel in Hainfeld   *Portal mit heiliger Barbara*

Lage	9 km nördlich von Landau
Verkehrs-anbindung	Straße: A 65, B 38, L 512 (Deutsche Weinstraße) Eisenbahn: nächster Bahnhof Edesheim an der Strecke Neustadt a.d. W. – Landau (3 km) Autobus: Neustadt a.d.W. – Landau
Allgemeines	Die Weinbaugemeinde Hainfeld liegt in einer Talsohle des Modenbachs; die Deutsche Weinstraße führt durch den Ort. Erstmals genannt wurde er 1157 als 'Heinvelt'. Von 1541 bis 1794 im Besitz des Hochstifts Speyer, wurde Hainfeld nach dem französischen Interregnum bayerisch.
Ortsbild	Winzerhöfe aus dem 16. bis 19. Jh. in Fachwerkbauweise und meist mit den rebenumrankten Toreinfahrten verleihen dem Ort das typische Gepräge eines Weindorfes. Eine Besonderheit von Hainfeld sind die in Hausnischen aufgestellten barocken Marienstatuen und Heiligenfiguren, die sich hier in größerer Zahl als anderenorts finden. Der Röhrenbrunnen aus Sandstein in der Mitte des Orts stammt aus dem Jahre 1561. Am südlichen Ortseingang steht eine Madonna auf der Weltkugel (1750), vor dem nördlichen Ortseingang die Maximilian-Joseph-Kapelle (1660).
St. Barbara	Die kath. Kirche St. Barbara ist eine ursprünglich gotische, im 18. Jh. umgebaute Kirche, wie man sie in vielen Orten in der Pfalz vorfindet. Der spätgotische, dreiseitig geschlossene Chor und die Sakristei stammen laut Inschrift am Portal aus dem Jahr 1508. Im ehemaligen Chorturm an der Nordseite des Langhauses aus der Zeit um 1310 sind noch Reste gotischer Wandmalereien erhalten. In den Jahren 1718/1719 entstand das Langhaus in Saalform. Das Obergeschoß des Chorturms und der Turmhelm wurden im 19. Jh. aufgesetzt. Aus dem 18. Jh. hat sich eine qualitätvolle Ausstattung erhalten, unter der der Hochaltar mit der Darstellung Mariä Himmelfahrt im Altarblatt (bezeichnet Joseph Seydler) und die Kan-

zel sowie der Taufstein aus dem beginnenden 16. Jh. besondere Beachtung verdienen. Eine Statue der Kirchenpatronin, der hl. Barbara, ziert das barocke Portal zum Kirchgarten (1720), wo sich eine Kreuzigungsgruppe aus derselben Zeit befindet.

Hainfeld,
St. Barbara
(Fortsetzung)

Hambacher Schloß

⟶ Neustadt, Ortsteile

Hardenburg

⟶ Bad Dürkheim, Ortsteile

Haßloch

E 5

Landkreis: Bad Dürkheim
Verbandsfreies Dorf
Höhe: 112 m ü.d.M.
Einwohnerzahl: 19000
Weinanbaufläche: 30 ha

9 km östlich von Neustadt a.d.W.

Lage

Straße: A 61, 65, B 38, 39
Eisenbahn: Bf. Haßloch an der Strecke Ludwigshafen – Kaiserslautern
Autobus: Haßloch – Neustadt a.d.W. und Haßloch – Speyer

Verkehrs-
anbindung

Haßloch ist anerkannte Fremdenverkehrsgemeinde und das größte selbständige Einzeldorf in Rheinland-Pfalz. Seine frühere landwirtschaftliche Struktur ging zurück zugunsten der Etablierung eines mittelständischen Gewerbes. Heute wird noch Tabak, Gemüse und – in geringem Maße – auch Wein angebaut. Ein Großteil der Bevölkerung arbeitet in den nahegelegenen Industriezentren des Raums Mannheim und Ludwigshafen. Diverse Freizeiteinrichtungen sind vorhanden, z.B. eine Pferde- und Motorradrennbahn, ein Gestüt mit Ponyfarm, eine Radrennbahn und ein Segelfluggelände am Ortsrand. Ein 800 ha großer Niederungswald, der Haßlocher Wald, breitet sich im Süden des Ortes aus. In ihm finden sich vorgeschichtliche Grabhügel, die auf eine sehr frühe Besiedlung dieser Gegend hinweisen.

Allgemeines

Als 'Hasalaha' wird der Ort 773 erstmals in Urkunden des Klosters Weißenburg erwähnt. Ursprünglich Reichsdorf, d.h. zum Reich gehörig, war es seit 1330 Lehen der Pfalzgrafschaft (Kurpfalz), die es an die Grafen von Leiningen weiterverpfändete. Deren Lehensherrschaft bestand bis 1793. Nach der Franzosenherrschaft 1797–1815 kam Haßloch mit der übrigen Pfalz, die damals noch Rheinkreis hieß, an Bayern.

Geschichte

Sehenswertes

Haßloch ist ein typisch pfälzisches Dorf, dessen Ortsbild von schönen blumen- und weinrebengeschmückten Fachwerkhäusern (16.–19. Jh.) mit gemauerten Toreinfahrten bestimmt ist.

Ortsbild

Die kath. Pfarrkirche St. Gallus wurde 1759–61 erbaut und 1842/43 erweitert. Sie erhebt sich über einem trapezförmigen Grundriß. Im 18. Jh. ent-

Kirchen

129

Haßloch

Holiday-Park: Delphine ...   *... und abenteuerliche Flußfahrt*

Kirchen (Fortsetzung)

standen die beiden ev. Pfarrkirchen, 1729 die sog. Untere und 1752–1754 die Obere Kirche mit einem spätgotischen Turmunterbau aus dem 14. Jahrhundert. Der schlichte, emporenbesetzte Predigerraum diente ursprünglich dem reformierten Gottesdienst.

Ehemaliges Rathaus

An der Ecke Pfarr- und Rösselstraße steht das historische Rathaus, ein spätbarockes Gebäude mit Walmdach, Dachreiter und einer zweiläufigen Freitreppe an der Südseite, 1784 auf dem Platz eines Vorgängerbaus von 1616 errichtet.

Heimatmuseum

Das städtische Heimatmuseum fand seinen Platz in einem besonders schönen und gut erhaltenen pfälzischen Fachwerkhaus in der Gillergasse Nr. 11. Die originale Raumaufteilung des 1599 erbauten und im 18. Jh. umgebauten Gebäudes blieb weitgehend bewahrt, so daß der Besucher die ursprüngliche Struktur eines Winzergehöfts vom Weinkeller bis in einzelne Stuben erleben kann. Zusammen mit der Rekonstruktion der Einrichtung und den alltäglichen Gerätschaften vermittelt das Ensemble ein anschauliches Bild vom Leben in einem Gehöft. Ein Raum ist der Vor- und Frühgeschichte gewidmet. Öffnungszeiten: März–Dezember jeden 1. und 3. Sonntag im Monat 9.30–12.00 und 15.00–17.00 Uhr. Gruppen auch nach Vereinbarung, Tel. (06324) 59920.

*Holiday-Park

Etwa 6 km südlich von Haßloch, nahe der B 39, die von Speyer nach Neustadt führt, lädt der Holiday-Park zum Besuch ein. Auf einer Fläche von 28 ha bietet dieser Freizeitpark à la Disneyland (nur um einiges kleiner) ein buntes Unterhaltungsprogramm für jung und alt, darunter ein Delphinarium, einen Märchenpark, ein Sturmschiff, Wasserski-Shows, Restaurants und Imbißbuden, Varieté-Theater und vieles mehr. Die neueste Attraktion ist die Flußfahrt in den sog. Teufelsfässern.
Geöffnet: April–Anfang Oktober täglich 9.00–18.00 Uhr. Informationen: Tel. (06324) 5993-900.

Herxheim am Berg

Blick auf Herxheim

Herxheim am Berg   D 4

Landkreis: Bad Dürkheim
Verbandsgemeinde: Freinsheim
Höhe: 180 m ü. d. M.
Einwohnerzahl: 540
Weinanbaufläche: 25 ha

7 km südlich von Grünstadt

Lage

Straße: B 271
Eisenbahn: nächster Bahnhof Freinsheim (3 km)
Autobus: Linie Grünstadt – Bad Dürkheim

Verkehrsanbindung

Herxheim am Berg, ein Dorf an der Deutschen Weinstraße, ist bekannt wegen seiner besonders guten Weinlagen, u. a. dem "Kirchenstück", dem "Himmelreich" und dem "Honigsack". Es liegt auf einer vorgeschobenen Terrasse des Haardtgebirges, von wo der Blick weit über die Rheinebene geht. In einer Urkunde des Klosters Weißenburg wird es um 800 erstmalig als 'Herisheim' erwähnt. Das Dorf gehörte bis 1795 den Leininger Grafen und kam dann zur Kurpfalz. Auch verschiedene Klöster hatten in Herxheim Besitz.

Allgemeines und Geschichte

Früher umgab eine Schutzmauer mit zwei Toren den Ort, von denen ein Renaissancetor, das sogenannte Pfaffenhoftor, noch erhalten ist. Der Pfaffenhof war ursprünglich ein fränkischer Adelshof, der später zum Klosterhof wurde. Daneben gibt es noch weitere barocke Herrenhöfe des 16. – 19. Jh.s, die meist adeligen Familien gehörten.
In der Mitte des Orts lädt ein hübsch angelegter Dorfplatz mit Sitzbänken zum Verweilen ein.

Ortsbild

131

Herxheim bei Landau

Herxheim am Berg
(Fortsetzung)
Kirche St. Jakob

Apsis und Unterbau der ev. Kirche St. Jakob sind romanisch, vermutlich aus dem 11. Jh., das Langhaus wurde 1729 errichtet. Im Chor haben sich Malereien aus dem 13. und 14. Jh. erhalten.

Weinlehrpfad,
Naturschutzgebiet

Ein Weinlehrpfad, der am südlichen Ortseingang beginnt, führt durch die bedeutendsten Reblagen. 1 km südlich von Herxheim liegt das Naturschutzgebiet 'Felsenberg' mit Tertiärkalkfelsen und seltener Flora und Fauna. Unter anderem gedeihen hier der Felsengelbstern, Haarpfriemengras, Küchenschelle und Steppenwolfsmilch.

Herxheim bei Landau   D 8

Landkreis: Südliche Weinstraße
Verbandsgemeinde: Herxheim
Höhe: 120 m ü. d. M.
Einwohnerzahl: 9728
Weinanbaufläche: 22 ha

Lage

12 km südöstlich von Landau

Verkehrs-
anbindung

Straße: A 65, B 9, B 10
Eisenbahn: nächster Bahnhof Rülzheim an der Strecke Wörth – Speyer (5 km)
Autobus: Linie Landau – Herxheim – Karlsruhe

Allgemeines

Herxheim im Klingbachtal ist die größte Landgemeinde der südlichen Pfalz und Zentrum eines ausgedehnten Tabakanbaugebietes. Auch Wein wird, etwas entfernt von den Weinanbaugebieten der Deutschen Weinstraße, hier angebaut. Von der am Ort angesiedelten Industrie kommt der Unterhaltungselektronik die größte Bedeutung zu. Herxheim ist Verbandsgemeindesitz für die vier Gemeinden Herxheim, Herxheimweyher, Insheim und Rohrbach.
In Herxheim selbst und in seiner näheren Umgebung bieten sich diverse Möglichkeiten zur Freizeitgestaltung (Waldfreibad, Reiterhof, Vogelpark u. a.). Jedes Jahr an Christi Himmelfahrt, gelegentlich auch im August/September, findet in Herxheim ein internationales Motorradsandbahnrennen statt. An drei Tagen im September gibt es Trab- und Galopprennen und an drei weiteren Tagen ein vielbesuchtes Spring- und Dressurturnier.

Geschichte

Erstmals erwähnt wird der Ort im Jahre 773 in den Urkunden des Klosters Weißenburg. Von 1057 bis 1794 gehörte er zum Hochstift Speyer, stand aber von 1648 bis 1815 unter französischer Verwaltung. Vom 14. bis zum 18. Jh. besaßen hier die Ritter Holzapfel von Herxheim ein Schloß.

Sehenswertes

Kath. Kirche
Mariä Himmelfahrt

Chor, Turmunterbau und Sakristei der kath. Pfarrkirche stammen aus dem frühen 16. Jh.; das achteckige Turmobergeschoß wurde 1585 aufgesetzt, ein Langhaus als Saal in den Jahren 1776/1777 den vorhandenen Bauteilen angefügt. Besonders qualitätvolle Stücke der Ausstattung sind das 9 m hohe, spätgotische Sakramentshäuschen (bezeichnet 1520), die Rokoko-Kanzel mit geschnitzten Evangelistenfiguren, mehrere Altäre und die von Säulen getragene Orgelempore.
Im Kirchgarten steht eine Kreuzigungsgruppe des frühen 19. Jh.s (bezeichnet 1813).

Ehem. Schloß

Das ehemalige Schloß der Herren von Herxheim in der Oberen Hauptstraße, um 1770 in klassizistischem Stil erbaut, ist heute Altersheim (St. Josephsheim).

Herxheim bei Landau

Villa Wieser

Um die Reste des früheren Rathauses, eines klassizistischen Säulenvorbaus mit Dreiecksgiebel aus den 1820er Jahren, entstand 1975–1977 ein Neubau, jetzt Verbandsgemeindesitz und Sparkasse. — Rathaus

Die Villa Wieser, 1856/1857 von dem Brauereibesitzer Leonhard Peters im französischen Landhausstil erbaut, wird heute für kulturelle Veranstaltungen (Konzerte, Ausstellungen u. a.) genutzt. — Villa Wieser
Der Herxheimer Stadtwald im Süden bietet viele Möglichkeiten für ausgedehnte Waldspaziergänge.

Umgebung von Herxheim

Hayna (125 m ü.d.M., 1036 Einw.), 3 km südlich von Herxheim gelegen und 1974 dorthin eingemeindet, ist landwirtschaftlich geprägt (Tabakanbau). Es besitzt viele gepflegte, mit Blumen geschmückte Fachwerkhäuser. 1272 wurde es erstmals urkundlich erwähnt. Bis 1793 gehörte der Ort ebenso wie Herxheim zum Hochstift Speyer und bis 1974 zum Landkreis Germersheim. — Hayna

Die kath. Pfarrkirche St. Nikolaus hat ein Langhaus mit angebautem Westturm von 1820, Chor und Sakristei von 1862, Kanzel, Beichtstuhl, Heiligenfiguren und Taufe aus der Mitte des 18. Jahrhunderts.

Im Osten von Herxheim, etwa 3 km entfernt, liegt die selbständige Gemeinde Herxheimweyer (116 m ü.d.M.). Der Ort erscheint verhältnismäßig spät, erst 1464, als 'Wiler by Hergßheim' erstmals in den Urkunden und gehörte wie Herxheim bis 1793 zum Hochstift Speyer. — Herxheimweyer
Die kath. Kirche St. Antonius von Padua ist ein klassizistischer Saalbau aus dem Jahre 1821.

Hettenleidelheim

Hettenleidelheim C 3

Landkreis: Bad Dürkheim
Verbandsgemeinde: Hettenleidelheim
Höhe: 250 m ü.d.M.
Einwohnerzahl: 3250

Lage
9 km südwestlich von Grünstadt

Verkehrs-
anbindung
Straße: A 6, B 47
Eisenbahn: nächster Bahnhof Grünstadt (9 km)
Autobus: Linie Grünstadt – Altleiningen

Allgemeines
und Geschichte
Hettenleidelheim ist Sitz der gleichnamigen Verbandsgemeinde, zu der
noch vier weitere Gemeinden gehören, die alle keinen Weinanbau betreiben. Die Anfänge der Besiedlung reichen vermutlich ins 5.–7. Jh. zurück.
Erstmalig urkundliche Erwähnung fand der Ort, der damals aus zwei Dörfern bestand, erst im 12. ('Hitenheim' 1155) bzw. im 13. Jh. ('Luttelheim'
1267). Ursprünglich klösterlicher Besitz, aber unter die Lehenshoheit verschiedener Grafengeschlechter gestellt, kamen die beiden Ortschaften
1485 an das Hochstift Worms, das sie 1556 vereinigte. Im Jahre 1667
begann man mit der Gewinnung des hier lagernden Tons, ab 1856 wurde
industriell abgebaut. Tonabbau und Herstellung von Schamottesteinen bildeten lange Zeit die wirtschaftliche Basis von Haßloch. Beliefert wurden
Keramikfabriken und Hüttenwerke zur Auskleidung ihrer Hochöfen. Die
Fabrikation wurde inzwischen eingestellt, doch Ton wird nach wie vor
gefördert.

Museum
Das Handwerker-Museum, das auch heimatkundliche Stücke zeigt,
gewährt einen guten Einblick in die Geschichte des Tonbergbaus und in
die Herstellung feuerfester Steine. In einem nachgebauten Tonstollen mit
originalen Werkzeugen erfährt der Besucher, wie früher der Ton unter Tag
abgebaut wurde (geöffnet Di. 18.00 –19.00 Uhr und nach Vereinbarung,
Tel. 0 63 51/62 54).

St. Peter und
Hubertus
Die kath. Pfarrkirche St. Peter und Hubertus ist ein Barockbau des 18.
Jh.s, der 1897/1899 in neoromanischem Stil erweitert wurde.

Umgebung von Hettenleidelheim

Tiefenthal
Tiefenthal liegt 2 km östlich von Hettenleidelheim in einer Talmulde am Fuß
des Kleinen Donnersberges. Erstmals erwähnt wird es 1330 als 'Dyefen-
dal'. Bis 1794 befand es sich Besitz der Leininger Grafen, dann kam es zur
Kurpfalz. Die kath. Kirche St. Georg, ein Bau von 1931, hat einen Zwiebelturm, eine Besonderheit im Pfälzer Land. Im Innern der Kirche bewahrt sie
ein spätgotisches Relief aus der Zeit um 1470. In der evangelischen Kirche
von 1767 gibt es eine sehenswerte Kanzel aus der Zeit um 1700 mit rei-
chem Schnitzwerk und Einlegearbeiten.

Heuchelheim-Klingen C 8

Landkreis: Südliche Weinstraße
Verbandsgemeinde: Landau-Land
Höhe: 210 m ü.d.M.
Einwohnerzahl: 850
Weinanbaufläche: 450 ha

Lage
8 km südwestlich von Landau

Heuchelheim-Klingen

Rathaus in Heuchelheim-Klingen

Straße: A 65, B 38, L 512 (Deutsche Weinstraße) Eisenbahn: nächster Bahnhof Rohrbach-Steinweiler an der Strecke Karlsruhe – Landau (6 km) Autobus: Linie Landau – Schweigen	Verkehrsanbindung
Die 1969 durch Zusammenlegung der beiden Dörfer Heuchelheim und Klingen entstandene Weinbaugemeinde liegt im Klingbach- bzw. im Kaiserbachtal, in den Rebfluren entlang der Deutschen Weinstraße. Heuchelheim erscheint erstmalig 795 als 'Huchilinheim' im Lorscher Codex, Klingen um 674 als 'Clinga'. Heuchelheim unterstand im 12. Jh. der Herrschaft Landeck (bei Klingenmünster), später befand es sich in kurpfälzischem und bischöflich-speyerischem Besitz. Klingen war ab 1300 an die Grafen von Leiningen verpfändet und ging 1361 gleichfalls an die Kurpfalz. Die beiden Burgen der jeweiligen Ortsherren sind nicht mehr erhalten.	Allgemeines und Geschichte

Sehenswertes

Die ev. Kirche St. Oswald hat einen gerade geschlossenen Chor mit gotischem Kreuzgewölbe aus der Zeit um 1300. Das Langhaus wurde 1765 umgebaut und erhielt eine Flachdecke. Im Chor wurde 1960 an den Wänden und im Gewölbe Malereien aus dem frühen 14. Jh. freigelegt und restauriert. Laut einer Inschrift stammt der spätgotische Turm aus dem Jahr 1503. Zur gleichen Zeit wie der Umbau des Langhauses entstanden die Rokoko-Kanzel und die Orgel.	St. Oswald
Der Platz um die Kirche wurde bis 1857 als Friedhof genützt. Von der ehemaligen Friedhofsbefestigung steht noch ein Torbau mit zwei Rundbogenöffnungen im romanischen Erdgeschoß und einem Fachwerkobergeschoß aus der Zeit um 1600.	Ehem. Friedhofsbefestigung

Ilbesheim

Heuchelheim-Klingen (Forts.)
Rathaus

An den Torbau der ehemaligen Friedhofsmauer schließt sich das Rathaus von 1592 an. Der schöne Spätrenaissancebau repräsentiert den Typ des pfälzischen Rathauses mit einer offenen Halle im steinernen Erdgeschoß und einem Obergeschoß in Fachwerkbauweise.

Ev. Kirche Klingen

Die ev. Kirche von Klingen, ehemals St. Georg, ist in ihren ältesten Teilen ein spätgotischer Bau aus der Zeit um 1500, an den man 1718 ein Turm anbauen ließ. In den Jahren 1841 und 1905 wurde die Kirche, 1883 der Turm renoviert. Das Gotteshaus besitzt eine der ältesten Orgeln der Pfalz.

Ilbesheim C 7

Landkreis: Südliche Weinstraße
Verbandsgemeinde: Landau-Land
Höhe: 180 m ü. d. M.
Einwohnerzahl: 1200
Weinanbaufläche: 360 ha

Lage

5 km westlich von Landau

Verkehrsanbindung

Straße: A 65, B 38, L 512 (Deutsche Weinstraße)
Eisenbahn: nächster Bahnhof Hbf. Landau/Pfalz (5 km)
Autobus: Linien Annweiler bzw. Hauenstein, Landau – Birkweiler

Allgemeines und Geschichte

Ilbesheim ist ein schmuckes Weindorf am Fuße der Kleinen Kalmit und wird vom Birnbach durchflossen. Erstmals erwähnt wurde es 760 als 'Ulvisheim'. Es war ursprünglich Lehen des Klosters Weißenburg, kam 1148 zum Kloster Eußerthal, und 1410 zum Herzogtum Pfalz-Zweibrücken, wo es bis 1793 verblieb. Während der Belagerung von Landau im Spanischen Erb-

Ilbesheim und Kleine Kalmit

folgekrieg wurde am 7. November 1704 im Ilbesheimer Rathaus zwischen Österreich und Bayern der sogenannte Ilbesheimer Vertrag geschlossen.

Ilbesheim
(Fortsetzung)

Sehenswertes

Die meisten Häuser, oft Fachwerkhäuser mit Erkern, stammen aus dem 18. Jahrhundert. Ein schönes Wohnhaus aus der Renaissance (1604) ist das Gebäude Nr. 87, Ecke Leinsweiler Straße/Zitterweg, aus rotem Sandstein aufgemauert, mit einem Erker an der Ecke und einem pilastergerahmten Portal im Hof. Sehenswert sind ferner die Fachwerkhäuser Nr. 54, Nr. 56 und Nr. 188. Das barock veränderte Rathaus von 1588 hat eine offene Rundbogenhalle im Erdgeschoß, auf dem die Obergeschosse in Fachwerk aufgeführt sind. Im Jahre 1988 wurde das Gebäude restauriert.

Ortsbild

Die 1717/1720 erbaute ev. Kirche ist ein schlichter, von einem Dachreiter bekrönter Saalbau. Das Kircheninnere wurde 1990 restauriert.

Ev. Kirche

Die Gebietswinzergenossenschaft 'Deutsches Weintor' hat ihren Sitz in Ilbesheim. Ihre Kellerei gehört mit über 40 Mio. Liter Lagerkapazität zu den größten in Deutschland.

Winzer-
genossenschaft

Etwa 500 m östlich von Ilbesheim erhebt sich die Kleine Kalmit (270 m ü.d.M.), ein Tertiärkalkhügel von großer geologischer, botanischer und zoologischer Bedeutung. Es gedeihen dort seltene, für Kalkböden typische Pflanzen. Die Festung Landau wurde aus Kalmitkalk errichtet, der Kalkabbau ist mittlerweile eingestellt. Auf dem Berggipfel steht die 1851 erbaute Kapelle 'Zum Troste der Armen Seelen' mit Kreuzwegstationen.

Naturschutz-
gebiet
Kleine Kalmit

Impflingen   D 7/8

Landkreis: Südliche Weinstraße
Verbandsgemeinde: Landau-Land
Höhe: 160 m ü.d.M.
Einwohnerzahl: 750
Weinanbaufläche: 225 ha

4 km südlich von Landau

Lage

Straße: A 65, B 38
Eisenbahn: nächster Bahnhof Landau/Pfalz (4 km)
Autobus: Linie Landau – Schweigen – Rechtenbach, Landau – Schweighofen

Verkehrs-
anbindung

Impflingen liegt an der B 38 zwischen Landau und Bad Bergzabern und ist an das gut ausgebaute Radwegenetz entlang der Deutschen Weinstraße angeschlossen. Das erste schriftliche Zeugnis über den Ort findet sich 1135 in einer Urkunde des Klosters Weißenburg. Die Einwohner wurden nach dem Ortsgründer Emphilo zunächst Emphelinger, später Impfelinger genannt. Ab 1440 war die heute noch gültige Schreibweise des Ortsnamens üblich. Der Ort gehörte bis 1361 zur Reichsvogtei Speyer und dann zur Kurpfalz. Als während des Spanischen Erbfolgekrieges 1702 die Festung Landau durch die Österreicher belagert wurde, befand sich in Impflingen das Hauptquartier König Josephs I., des späteren Kaisers (1678–1711).

Allgemeines
und Geschichte

Zur Beförderung des königlichen Trosses wurde während der Belagerung Landaus ein leichter Kutsch-Wagen mit Klappverdeck erfunden, der als 'Landauer' in die Geschichte einging.

'Landauer'

An den letzten Weltkrieg erinnert heute noch ein Teil des Westwalls, die sogenannte Höckerlinie.

'Höckerlinie'

Kallstadt

Fachwerkhaus in Impflingen

Alte Gewann-Namen	Alte Gewannennamen erinnern an frühere Grundbesitzer im Ort, so z.B. "Im Götzen" an Götz von Mühlhofen, oder "Im Reinhard" an Reinhard von Sickingen. Auch Besitzungen von Klöstern lassen sich so nachweisen. Als Beispiele seinen genannt die Weinlage "Abtsberg" oder der "Mönchsacker".
Sehenswertes	Viele schöne Fachwerkhäuser prägen das Ortsbild, hervorzuheben ist das Haus in der Bruchgasse Nr. 5. Rathaus, Kirche und Pfarrhaus bilden ein einheitliches barockes Ensemble. Das Rathaus hat einen offene Halle mit Arkadenbogen und einen Dachreiter mit geschwungener Haube. Die ev. Kirche St. Aegidien ist ein flachgedeckter Saalbau von 1726. Die auf einem Steinsockel stehende Kanzel und die hölzerne Empore stammen aus der Erbauungszeit. Der geschnitzte Orgelprospekt hinter dem Altar von 1778 ist einer der ältesten der Pfalz. Das zweistöckige Pfarrhaus mit Freitreppe wurde 1797 erbaut.

Kallstadt   D 4

Landkreis: Bad Dürkheim
Verbandsgemeinde: Freinsheim
Höhe: 156 m ü. d. M.
Einwohnerzahl: 1050
Weinanbaufläche: 367 ha

Lage	4 km nördlich von Bad Dürkheim
Verkehrs-anbindung	Straße: B 271 Eisenbahn: nächster Bahnhof Freinsheim (3 km) oder Bad Dürkheim (4 km) Autobus: Linie Grünstadt – Bad Dürkheim

Kallstadt

Der Winzerort Kallstadt besitzt durch den hier anstehenden Tertiärkalk hervorragende Bedingungen für den Weinanbau und mit dem 'Kallstadter Saumagen' eine der bekanntesten Weinlagen der Pfalz. Dem Kalksteinboden, der die Sonnenwärme speichert und langsam wieder abgibt, verdankt der Ort ein fast mediterranes Klima, in dem sogar südliche Früchte gedeihen.

Allgemeines

'Cagelenstat', wie Kallstadt im Lorscher Codex genannt wird, gehörte im 14. Jh. zur Grafschaft Homburg, bis 1793 zu Leiningen-Dagsburg und danach zur Kurpfalz. Alljährlich um den 1. Mai feiert Kallstadt das 'Fest der 1000 Weine'.

Geschichte

Hübsche Winzerhäuser, stattliche Fachwerkbauten und historische Weinhöfe des 16.–19. Jh.s, z.T. mit schmucken Torbogen aus der Renaissance, fügen sich zu einem gepflegten Ortsbild. Das Gebäude in der Hauptstraße 32 war bis ins 16. Jh. Kellerei des Klosters Limburg (→ Bad Dürkheim), die heutige Anlage wurde 1594–1596 errichtet. Sehenswert sind ebenfalls das klassizistische Rathaus von 1830, der Löwenbrunnen vor der ev. Kirche aus dem 18. Jh. und der 'Platz der 1000 Weine'.

Ortsbild

Die 1771 erbaute Saalkirche besitzt einen gotischen Chorturm auf quadratischem Grundriß (Turmunterbau frühgotisch, der achteckige Oberbau spätgotisch, die Turmhaube barock). Die einheitliche Ausstattung der Kirche datiert aus der Erbauungszeit. Beachtung schenken sollte man der Orgel (1772) und der geschnitzten Rokoko-Tür.

Ev. Kirche
St. Alban

Weite Ausblicke über Kallstadt und über die Rheinebene bietet der 3,5 km weiter westlich auf der Höhe gelegene Bismarckturm (487 m ü.d.M.), den man von Kallstadt in einer Stunde ersteigen kann.

Bismarckturm

Kalmit

→ Maikammer, Umgebung

Kapellen-Drusweiler C 8

Landkreis: Südliche Weinstraße
Verbandsgemeinde: Bad Bergzabern
Höhe: 160 m ü.d.M.
Einwohnerzahl: 725
Weinanbaufläche: 110 ha

2 km östlich von Bad Bergzabern

Lage

Straße: A 65, B 38, B 42
Eisenbahn: Bahnhof Winden an der Strecke Karlsruhe – Landau (7 km)
Autobus: Linie Winden – Bergzabern

Verkehrs-
anbindung

Der Name geht zurück auf zwei Kapellen, die das Kloster Klingenmünster um 1200 hier bauen ließ. Um beide bildeten sich Siedlungen, die den Namen der Kapellen erhielten. Von ihnen existiert heute nur noch das Kapellchen bei Drusweiler. Drusweiler selbst wurde vor 1200 als 'Trunniswilare' erstmals in Weißenburger Urkunden erwähnt. Mit Bad Bergzabern teilte es seine Zugehörigkeit zum Herzogtum Pfalz-Zweibrücken bis 1794.

Geschichte

Kapellen-Drusweiler, 2 km östlich von Bad Bergzabern, ist heute Teil der Verbandsgemeinde Bad Bergzabern mit großer eigener Gemarkung. Der Ort besitzt eine schlichte ev. Kirche aus dem 18. Jh. mit einer spätbarok-

Ortsbild

139

Kapellen-Drusweiler

Kapellen-Drusweiler

Ortsbild (Fortsetzung)

ken Kanzel und einige schöne Fachwerkhäuser. 2 km südlich von Kapellen-Drusweiler liegen der Kaplaneihof und der Deutschhof sowie die Siedlung Eichenhöfe.

Umgebung von Kapellen-Drusweiler

Dierbach

Etwas abseits der Deutschen Weinstraße, im Tal des gleichnamigen Bachs, liegt die Weinbaugemeinde Dierbach (147 m. ü. d. M., 430 Einw., 75 ha Weinanbaufläche). Neben Wein werden hier auch Tabak und Zuckerrüben angebaut.

1259 wurde der Ort erstmals erwähnt. Vor 1410 gehörte er den Grafen von Zweibrücken, danach zum Herzogtum Pfalz-Zweibrücken.
Fachwerkbauten prägen das Ortsbild von Dierbach. Die ev. Kirche St. Anna ist ein flachgedeckter Saalbau (1502 – 1513 erbaut) mit netzgewölbtem, dreiseitig geschlossenem Chor und einer Empore aus der zweiten Hälfte des 17. Jahrhunderts.

Barbelroth, Hergersweiler, Oberhausen

Barbelroth (141 m ü. d. M.; 570 Einw.; 50 ha Weinanbaufläche), Hergersweiler (144 m ü. d. M.; 200 Einw.; 80 ha Weinanbaufläche) und Oberhausen (148 m ü. d. M.; 420 Einw.; 100 ha Weinanbaufläche) sind drei nahe beieinander liegende, gepflegte Weinbaugemeinden im Erlenbachtal. Barbelroth wird erstmals 1217 durch einen 'Dietericus de Rode' urkundlich erwähnt, Hergersweiler 1303 als 'Wilre' und Oberhausen 1238 als 'Oberhusen'.

Sehenswert in Barbelroth ist das an allen Seiten mit Vordächern versehene Eckhaus Nr. 1 und das ev. Pfarrhaus. Die ev. Pfarrkirche ist ein Saalbau von 1797 mit einem rechteckigen Chor von 1581. Der Turm wurde 1945 bis auf den frühgotischen Unterbau zerstört. Oberhausen hat ein Rathaus mit zinnengekröntem Uhrturm, genannt Türmel.

Kindenheim

Landschaft bei Kapellen-Drusweiler

Niederhorbach (165 m ü.d.M.; 340 Einw.; 165 ha Weinanbaufläche) ist ein typisches Straßendorf etwa 1 km nördlich von Kapellen-Drusweiler an der B 38 von Bad Bergzabern nach Landau. Im 14. Jh. gehörte es zur Grafschaft Zweibrücken, ab 1385 zur Kurpfalz und ab 1410 zum Herzogtum Pfalz-Zweibrücken, bis es 1794 mit der ganzen Pfalz französisch wurde. Im Ort gibt es einige schöne Fachwerkhäuser. Die ev. Kirche ist ein spätgotischer Bau von 1484, der 1727 barockisiert wurde. Der dreiseitig geschlossene Chor hat Sterngewölbe und Maßwerkfenster.

Kapellen-Drusweiler (Fortsetzung) Niederhorbach

Kindenheim   D 3

Landkreis: Bad Dürkheim
Verbandsgemeinde: Grünstadt-Land
Höhe: 228 m ü.d.M.
Einwohnerzahl: 970
Weinanbaufläche: 175 ha

7 km nördlich von Grünstadt

Lage

Straße: B 271
Eisenbahn: nächster Bahnhof Grünstadt (7 km)
Autobus: Linie Grünstadt – Eisenberg

Verkehrsanbindung

Kindenheim liegt in einer Talmulde zwischen dem Kahlenberg (392 m ü.d.M.) im Norden und dem Gerstenberg (317 m ü.d.M.) im Süden. Es wurde 817 erstmals erwähnt als Besitz des Domstifts Lüttich und war bis zum Ende des 18. Jh.s in leiningischem Besitz. Die traditionell landwirtschaftlich geprägte Gemeinde (insbesondere Obstanbau) hat sich in den letzten Jahrzehnten auch zu einem bekannten Weinort entwickelt.

Allgemeines und Geschichte

Kirchheim an der Weinstraße

Sehenswertes

Ev. Kirche St. Martin

Die ev. Pfarrkirche St. Martin wurde schon im Jahre 1196 als Filialkirche der St. Martinskirche von Kleinkirchheim erwähnt. 1509 erhielt der romanische Chor ein gotisches Gewölbe. Das Portal trägt die Jahreszahl 1514. Der zwischen 1729 und 1734 erfolgte Umbau gab der Kirche ihr barockes Aussehen.
Das ehemalige gotische Rathaus aus dem 16. Jh. mußte 1871/72 einem Turm weichen, der an seiner Stelle errichtet wurde (1985 erneuert).

Ehem. Backhaus

Das unscheinbar wirkende Haus Ecke Schulhausgasse/Hauptstraße, nach dem Dreißigjährigen Krieg erbaut, diente bis in die jüngste Vergangenheit als Backhaus. Seit 1983 ist das Gebäude als architektonisches Zeugnis für die genossenschaftliche Arbeitsteilung und Entwicklung eines Handwerks in bäuerlichen Siedlungen unter Denkmalschutz gestellt. Ihm gegenüber steht das älteste Fachwerkhaus von Kindenheim (1577).

Steinlöcher

Am Hang des Gerstenbergs wurde früher unter Tage der dort anstehende Tertiärkalk abgebaut. Daran erinnern noch die 'Kindenheimer Steinlöcher'. Auf dem Gelände wachsen heute viele geschützte Pflanzen der Kalktrockenrasenflora.

Wanderwege

Ein Wanderweg führt durch die Weinberge rund um den Ort und bietet herrliche Blicke auf die Rheinebene. In der Kindenheimer Gemarkung beginnt auch der Wanderweg 'Deutsche Weinstraße' (⟶ Praktische Informationen, Wandern), der bis zur französischen Grenze bei Schweigen führt.

Kirchheim an der Weinstraße   **D 3**

Landkreis: Bad Dürkheim
Verbandsgemeinde: Grünstadt-Land
Höhe: 164 m ü. d. M.
Einwohnerzahl: 1500
Weinanbaufläche: 241 ha

Lage

3 km südlich von Grünstadt

Verkehrsanbindung

Straße: A 6, B 271
Eisenbahn: Bahnhof Kirchheim a. d. W. an der Strecke Frankenthal – Grünstadt
Autobus: Linien Grünstadt – Frankenthal und Grünstadt – Bad Dürkheim

Allgemeines und Geschichte

Aufgrund seiner Lage am Eckbach hieß der Ort bis 1952 Kirchheim am Eck und wurde, um Verwechslungen mit den mehr als 20 Orten gleichen Namens in Deutschland zu vermeiden, in 'Kirchheim an der Weinstraße' umgetauft. Funde bezeugen, daß schon die Römer in der Gemarkung ansässig waren, und im frühen Mittelalter ließen sich hier die Franken nieder. Urkundlich genannt wird Kirchheim erstmals im Jahre 764 im Lorscher Codex als 'Cirichheim'. Schon damals betrieben die Bewohner des Orts Weinbau. Am Schnittpunkt zweier wichtiger Verkehrsstraßen gelegen, gewann es rasch an Bedeutung und erhielt im Mittelalter sogar eine Befestigung. Doch auch diese schützte den Ort nicht vor den Brandschatzungen und Plünderungen des Dreißigjährigen Krieges und der Zerstörung im Pfälzer Erbfolgekrieg (1690). Bis 1795 gehörte Kirchheim zu Leiningen. Im Zweiten Weltkrieg erlitt Kirchheim einigen Bombenschaden. Durch Zuwanderer aus vielen Teilen Deutschlands und auch aus der Schweiz veränderte sich das soziale und wirtschaftliche Struktur des Orts: Während die Bewohner Kirchheims in früheren Zeiten fast ausschließlich von der Landwirtschaft lebten, ist heute nur noch etwa ein Viertel der Bevölkerung im agrarischen Sektor tätig.

142

Kirrweiler

Durch den Wiederaufbau Kirchheims nach dem Pfälzer Erbfolgekrieg entstand in Jahren 1740–1790 eine einheitliche Siedlung mit traufseitig zur Straße stehenden, langgestreckten Winzerhöfen und rundbogigen Toreinfahrten, wie man sie heute im älteren Ortsteil, insbesondere an der Hauptstraße (seit 1952 unter Denkmalschutz), noch vorfindet. Hier stehen auch noch der Treppenturm mit Pilasterportal des ehemaligen Klosterhofs von Worms (Anfang 17. Jh.).

Kirchheim an der Weinstraße (Fortsetzung) Sehenswertes

Die ev. Pfarrkirche St. Andreas stammt aus dem 16. Jh., der Turm von 1761. Sehenswerte Ausstattungsstücke sind die Orgel aus dem 18. Jh., der spätgotische Altarschrein (1524) und das Sakramentshäuschen (1520).

Ein rot-grün markierter Wanderweg führt in das Leininger Land. Der Ungeheuersee im nahegelegenen Krumbachtal ist das letzte Hochmoor des Pfälzer Walds (→ Weisenheim am Berg, Umgebung).

Wanderwege

Umgebung von Kirchheim

Einen reizvollen Blick auf das Haardtgebirge bietet die knapp 2 km östlich von Kirchheim ebenfalls am Eckbach gelegene Obst- und Weinbaugemeinde Bissersheim (145 m ü. d. M., 450 Einw., ca. 150 ha Weinanbaufläche). Der im Jahre 774 erstmals als 'Bizzricheshaim' erwähnte Ort war bis zur Französischen Revolution in leiningischem Besitz. Eine im 13. Jh. von den Leiningern erbaute Wasserburg ist 1460 von den Kurpfälzern zerstört worden. Von der ev. Kirche St. Blasius, die 1755 anstelle einer früheren Wehrkirche aus dem 13. Jh. errichtet wurde, ist noch der ehemalige Chorturm erhalten. Im Ort stehen einige bemerkenswerte Winzerhäuser aus dem 17. und 18. Jahrhundert.

Bissersheim

Kirrweiler   D 6

Landkreis: Südliche Weinstraße
Verbandsgemeinde: Maikammer
Höhe: 145 m ü. d. M.
Einwohnerzahl: 1650
Weinanbaufläche: 620 ha

7 km südlich von Neustadt a. d. Weinstraße

Lage

Straße: A 65, B 38
Eisenbahn: Bahnhof Maikammer-Kirrweiler an der Strecke Landau – Neustadt a. d. Weinstraße.
Autobus: Linie Landau – Neustadt a. d. W. (Haltestelle in Maikammer, 2 km)

Verkehrsanbindung

Das 2 km östlich von → Maikammer gelegene Kirrweiler ist mit 620 ha Rebfläche eine der größten Weinbaugemeinden Deutschlands. In den Urkunden erscheint es erstmals 1216 als zum Hochstift Speyer gehörig, bei dem es bis 1793 verblieb. Zwei im 13. Jh. nachgewiesene Wasserburgen, von denen eine als fürstbischöflicher Oberamtssitz diente, wurden im Bauernkrieg 1525 zerstört. Im Jahre 1486 erhielt der Ort das Marktrecht und im 16. Jh. eine Befestigungsanlage.

Allgemeines und Geschichte

Sehenswertes

Von der ehemaligen Ortsbefestigung sind noch Teile der Ringmauer und drei Türme erhalten. Die ehemalige fürstbischöfliche Burg im Südwesten des Ortes (Schloßstraße 14) wurde 1525 niedergebrannt, danach wieder

Ortsbild

143

Kirrweiler

Umgeben von Rebhängen: Friedhofskapelle bei Kirrweiler

Ortsbild (Fortsetzung)	aufgebaut und von den französischen Revolutionstruppen 1793 erneut zerstört. Von ihr steht nur noch die 1768 erbaute Schaffnerei, das sog. Schlössel. Im Ortskern gibt es zahlreiche Winzerhöfe mit schönen Portalen aus dem 16.–19. Jahrhundert. Am Haus Nr. 103 gefällt eine Mariensäule aus dem 18. Jahrhundert.
Kath. Pfarrkirche	Die kath. Pfarrkirche Hl. Kreuzerhöhung in der Ortsmitte besteht aus einem barocken Saal, der 1749/1750 nach Plänen des Baumeisters Johann Georg Stahl an den gotischen Chorturm des 14. Jh.s (Obergeschoß von 1603) angebaut wurde. An der abwechslungsreichen Fassade gefällt die Immaculata in der Nische unter dem Giebel. Die Gestaltung des Innenraums erfolgte einige Jahre nach Bauabschluß (1799–1807) in den Stilformen des Klassizismus. Schöne Ausstattungsstücke sind die Sakramentsnische aus dem 15. Jh., der Taufstein aus der Zeit um 1600 und ein Kruzifix von etwa 1770. Das Marienbild im Chor ist die Kopie eines Gemäldes von Lukas Cranach. Hinter dem Chor der Pfarrkirche das Standbild des heiligen Nepomuk, der im Volksmund 'Bumbezines' genannt wird.
Dreifaltigkeitskapelle	Die Dreifaltigkeitskapelle an der Straße nach Maikammer ist ein rechteckiger Bau mit vorgezogenem Dach von 1682.
Friedhofskapelle	Ein bemerkenswertes Bauwerk ist ferner die idyllisch gelegene Friedhofskapelle an der Straße nach Speyer. Das 1765/1766 von Leonhard Stahl, dem Sohn des Baumeisters Johann Georg Stahl, erbaute Kirchlein diente früher als Wallfahrtskapelle. Im Innern befindet sich die Nachbildung einer spätgotischen Pietà vom Ende des 15. Jh.s (das Original mußte wegen Diebstahlgefahr ausgelagert werden).

Kleinkarlbach

Kleinkarlbach

Kleinkarlbach   D 3

Landkreis: Bad Dürkheim
Verbandsgemeinde: Grünstadt-Land
Höhe: 168 m ü. d. M.
Einwohnerzahl: 750
Weinanbaufläche: 168 ha

3 km südlich von Grünstadt   Lage

Straße: A 6, B 271   Verkehrs-
Eisenbahn: nächster Bahnhof Kirchheim a. d. W. an der Strecke Grünstadt   anbindung
– Frankenthal (2 km).
Autobus: Linien Grünstadt – Bad Dürkheim und Grünstadt – Altleiningen

Die Weinbaugemeinde Kleinkarlbach am Eingang zum Leininger Land fin-   Geschichte
det im Jahre 771 zusammen mit ⟶ Großkarlbach als 'Karlebach' erstmals
Erwähnung im Lorscher Codex. Von 1309 bis 1795 in leiningischem Besitz,
ging der Ort nach der kurzen französischen Herrschaft 1816 an Bayern. In
einer Fehde zwischen den Leininger Grafen und dem Kurfürsten Friedrich I. von der Pfalz (1425–1475) war Kleinkarlbach zerstört worden.

Das vom Eckbach durchflossene Kleinkarlbach wird 'Dorf der Brunnen   Sehenswertes
und Mühlen' genannt. Von sechs Mühlen sind noch fünf vorhanden, eine
davon ist sogar noch in Betrieb; von ursprünglich sechs Brunnen blieben
zwei erhalten und drei wurden restauriert, so daß heute wieder fünf Dorfbrunnen Wasser spenden. Sehenswert sind ferner die Winzerhäuser des
16.–19. Jh.s und die ev. Kirche St. Nikolaus, ein 1753 errichteter, kleiner
barocker Saal mit spätgotischem Chor und neuerem Turm (1931/1932).
Bemalung von Kanzel und Empore von Adam Schlesinger (1781).

Klingenmünster

Kleinkarlbach, Sehenswertes (Fortsetzung)
Kleinkarlbach hat einen schön gestalteten Dorfplatz und wurde im Wettbewerb "Unser Dorf soll schöner werden" schon mehrfach ausgezeichnet.

Dorfgemeinschaftshaus
Das im 19. Jh. im neoromanischen Stil erbaute Schul- und Rathaus ist seit dem Abschluß des Umbaus 1975 Dorfgemeinschaftshaus.

Wanderwege
Der Wanderweg 'Deutsche Weinstraße' streift Kleinkarlbach am westlichen Ortsrand, der Drei-Burgen-Wanderweg (→ Altleiningen) verläuft ebenfalls westlich der Gemeinde. Ein rot-grün markierter Wanderweg führt ins Leininger Land.

Klingenmünster C 8

Landkreis: Südliche Weinstraße
Verbandsgemeinde: Bad Bergzabern
Höhe: 185 m ü. d. M.
Einwohnerzahl: 2500
Weinanbaufläche: 200 ha

Lage
4 km nördlich von Bad Bergzabern

Verkehrsanbindung
Straße: B 48 (Deutsche Weinstraße)
Eisenbahn: nächster Bahnhof Rohrbach-Steinweiler an der Strecke Karlsruhe – Landau (9 km)
Autobus: Linien Landau – Bad Bergzabern, Landau – Annweiler (südl. Route), Bad Bergzabern – Annweiler

Allgemeines
Klingenmünster liegt am Austritt des Klingbachs aus dem Wasgaugebirge in die Rheinebene an der Deutschen Weinstraße. Der staatlich anerkannte

Blick auf Klingenmünster

Klingenmünster

Erholungsort ist nach Bad Bergzabern der zweitgrößte Ort der Verbandsgemeinde.

Allgemeines (Fortsetzung)

Der Ort Klingenmünster entwickelte sich um die im 7. Jh. angeblich von dem merowingischen König Dagobert I. gegründete Benediktinerabtei und wurde erstmals 780 urkundlich erwähnt. Das Kloster besaß in späteren Jahren ausgedehnte Ländereien und wurde bald zu einem der großen geistigen Zentren am Oberrhein. 1491 erfolgte die Umwandlung in ein Chorherrenstift. Im Jahre 1565 wurde es aufgehoben und kam dann zur Kurpfalz, bei der es bis 1794 verblieb. Der Name Klingenmünster leitet sich her von der lat. Bezeichnung für Kloster (monasterium) und von dem Bach, an dem es liegt. In Klingenmünster wurde 1828 der pfälzische Heimatdichter August Becker (1828–1891; → Berühmte Persönlichkeiten) geboren, der die bekannteste Landeskunde zur Pfalz verfaßte.

Geschichte

Sehenswertes

Aus dem 16.–19. Jh. besitzt die Stadt noch einige schöne Fachwerkhäuser. Sehenswerte Beispiele sind das 1746 erbaute Gebäude Weinstraße 28 mit Mansarddach und schönem Rokoko-Portal auf der Rückseite und das ehemalige kurpfälzische Amtshaus von 1716 an der Steingasse.
Die ehemalige Stiftsschaffnerei in der Weinstraße aus dem 16. Jh. (im 18. Jh. verändert) schmückt ein Eckerker mit skulptiertem Sandsteinsockel. Hier wurde August Becker geboren, an den ein Denkmal vor dem Haus erinnert.

Ortsbild

Die romanische Klosterkirche wurde um 1100 als kreuzförmige, dreischiffige Säulenbasilika mit Doppeltürmen errichtet. Von dieser Kirche ist der untere Teil des Westbaus mit den beiden Turmstümpfen und dem zweigeschossigen Verbindungsbau erhalten. Den Westbau überragt ein schlichter barocker Glockenturm.
In den Jahren 1735–1737 wurde nach den Plänen des kurpfälzischen Hofbaumeisters Kaspar Valerius an der Stelle der bis auf den Westbau abgebrochenen Kirche ein neues Langhaus mit Chor errichtet. An das zugemauerte Hauptportal (bez. 1518) tritt man durch eine Vorhalle, über der eine Emporenkapelle mit Kreuzrippengewölbe aus dem 12. Jh. liegt. In der Vorhalle das Grabmal der Gräfin Loretta von Zweibrücken-Bitsch († um 1430). Neben dem nördlichen Turmportal eine Tafel mit Stiftungsinschrift (um 1200).
Von den Klosterbauten stehen noch zwei Flügel und die Reste des Kreuzgangs in Form von zwei Doppelarkaden.

*Ehem. Klosterkirche

Etwa ein Kilometer nördlich von Klingenmünster liegt, gegenüber der Nervenklinik Landeck, der Magdalenenhof mit der spätgotischen Nikolauskapelle aus der Zeit um 1200. Die einschiffige, nur zwei Joche lange Kirche hat einen rechteckigen, kreuzrippengewölbten Chor, auf dem ein steinerner Dachreiter mit barocker Haube sitzt. Im Innern sind Reste von gotischen Wandmalereien erhalten.
Nach 1949 wurde die Kapelle mit farbigen Fenstern, einem Altar, einer spätgotischen Nikolausfigur und einer Barockmadonna ausgestattet.

Nikolauskapelle

Nördlich des Klingbachtals erhebt sich der Treitelsberg (504 m ü. d. M.) mit einem 1886 erbauten, 14 m hohen Aussichtsturm (Martinsturm), zu dem ein 4 km langer Wanderweg hinaufführt (roter Punkt). An seinem Abfall zur

Treitelsberg Ruine Heidenschuh

Klingenmünster

Treitelsberg Ruine Heidenschuh (Fortsetzung)

Rheinebene stehen die Ruinen der drei Burgen Heidenschuh, Schlößl und Landeck. Als erste Befestigungsanlage wurde die frühmittelalterliche Fliehburg Heidenschuh auf der Nordseite des Treitelsberges erbaut, die das Kloster Blidenfeld schützen sollte. Erhalten sind Trockenmauern, Torbauten und Gräben.

Ruine Schlößl

Auch das sog. Schlößl oder Waldschlößl aus dem 11. Jh. diente dem Schutz des Klosters, wurde aber schon 1168 zerstört. Man sieht noch Reste der Vor- und Hauptburg, ein quadratisches Wohnhaus mit Schießscharten und Teile der inneren Burgmauer.

*Burg Landeck

Sehr gut erhalten ist die um 1200 errichtete Burg Landeck hoch über dem Klingbachtal, die nach der Zerstörung des Schlößls deren Aufgabe als Reichsburg zum Schutz des Klosters in Klingenmünster übernahm. 1222 kam sie an die Grafen von Leiningen und danach an verschiedene Adelsgeschlechter. Die Grafen von Leiningen gründeten von hier aus Landau. 1570 gelangte die Burg in den gemeinsamen Besitz von Kurpfalz und Hochstift Speyer. Mehrfach, 1689 von französischen Truppen endgültig zerstört.
1964–1967 wurden umfangreiche Instandsetzungen vorgenommen. Erhalten sind der 23 m hohe, zinnengekrönte und aus Buckelquadern gemauerte Bergfried und große Teile der Schildmauer.

Ein 1,5 km langer Wanderweg (blauer Punkt) führt zur Burg hinauf, die man heute über eine Holzbrücke und ein Rundbogentor betritt. Da sie nicht, wie die meisten anderen pfälzischen Burgen, auf einem das Gelände überragenden Felsen steht, war ihre Hauptangriffsseite (Norden) durch einen Bergfried und einen 'Hohen Mantel', d.h. eine Ringmauer mit besonders dickem Mauerwerk und Buckelquadersteinen verstärkt. Diese ungewöhnliche Burgbefestigung ist bis heute weitgehend erhalten geblieben und bietet ein eindrucksvolles Bild. Die Wohn- und Wirtschaftsgebäude lagen im Südwesten und im Südosten des Burgareals, vier Fensternischen vom ehemaligen Palas, der direkt an die Ringmauer anschloß, sind noch zu erkennen.
In der Burg gibt es eine Gaststätte mit schönen Sitzplätzen im Freien.

Wingerthäuschen

Nördlich der Burgruine Landeck steht in den Weinbergen ein Wingerthäuschen in Form eines griechischen Tempels mit dorischen Säulen von 1820.

Klingenmünster

Burg Landeck

Umgebung von Klingenmünster

Etwa 2 km nördlich von Klingenmünster zweigt von der Deutschen Weinstraße die B 48 ins Kaiserbachtal ab, die durch das Gebirge nach → Annweiler am Trifels führt.

Kaiserbachtal

In einer Weitung des Kaiserbachtals, etwa 4 bzw. 6 km von Klingenmünster entfernt, liegen in idyllischer Waldlage die Dörfer Waldhambach (240 m ü. d. M., 370 Einw.) und Waldrohrbach (240 m ü. d. M., 420 Einw.). Beide gehörten zur Herrschaft Madenburg (→ Eschbach) und von Beginn des 16. Jh.s bis 1794 zum Bistum Speyer.

Waldhambach, Waldrohrbach

Neben schönen Fachwerkhäusern findet man in Waldhambach die katholische Pfarrkirche St. Wendelin, die in ihren älteren Bauteilen aus dem 14. Jh. stammt. Sie wurde 1729 umgebaut und nach Westen verlängert, 1770 wurde ein Dachreiter aufgesetzt. Den Chor verschließt eine Tür mit schmiedeeisernen Beschlägen. Vor der Kirche eine Kreuzigungsgruppe des 19. Jh.s auf altem Sockel (1729).

St. Wendelin

Die kath. Kirche St. Aegidius in Waldrohrbach von 1828 ist ein Saalbau mit dreiseitig geschlossenem Chor und Dachreiter. Im Innern drei spätgotische Heiligenfiguren. Beide Orte sind Ausgangspunkte von markierten Wanderwegen.

St. Aegidius

Der kleinste Ort der Verbandsgemeinde Annweiler am Trifels (200 m ü. d. M.; 220 Einw.) liegt im Tal des Klingbachs 4 km aufwärts von Klingenmünster an der Straße nach Silz. Er ist an die Autobuslinie Landau – Annweiler bzw. Bad Bergzabern – Annweiler angeschlossen. Der Ort geht auf eine Gründung des Klosters Blidenfeld (→ Klingenmünster) zurück und war bis in das Jahr 1794 beim zweibrückischen Amt Guttenberg.

Münchweiler am Klingbach

Lambrecht

Lambrecht mit ehemaliger Klosterkirche

Lambrecht C 5

Landkreis: Bad Dürkheim
Verbandsgemeinde: Lambrecht
Höhe: 160 m ü.d.M.
Einwohnerzahl: 4250

Lage

7 km nordwestlich von Neustadt a.d. Weinstraße

Verkehrsanbindung

Straße: B 39
Eisenbahn: Bahnhof Lambrecht an der Strecke Neustadt a.d.W. – Kaiserslautern
Autobus: Linie Neustadt a.d.W. – Weidenthal

Allgemeines und Geschichte

Die ehemalige Tuchmacherstadt Lambrecht liegt an dem von Neustadt in den Pfälzer Wald führenden Speyerbach. Der Ort geht zurück auf ein 887 gestiftetes Benediktinerkloster St. Lambrecht auf der Gemarkung 'Grafenhuse', von dem sich der Name des benachbarten Dorfes Grevenhausen ableitet. Der benediktinische Konvent wurde um 1244 aufgehoben und das Kloster mit Dominikanerinnen besetzt. Von 1065 bis 1551 gehörte es zum Hochstift Speyer und fiel 1551 an die Kurpfalz (bis 1794). Von einer Ansiedlung beim Kloster ist erstmals 1237 die Rede.

Kurfürst Johann Casimir holte 1568 reformierte Glaubensflüchtlinge aus Frankreich und den Niederlanden hierher, von denen viele Tuchmacher waren. Sie begannen hier ihr Gewerbe auszuüben und schufen die Grundlage für eine blühende Tuchindustrie, die inzwischen allerdings in ihrer Bedeutung sehr zurückgegangen, aber nicht ganz verschwunden ist.
Im Jahre 1887 stieg Lambrecht zur Stadt auf, das Dorf Grevenhausen wurde eingemeindet.

Lambrecht

Rokoko-Orgel ... ... und Zunfthaus in Lambrecht

Sehenswertes

Die um 1300 begonnene und 1450 vollendete Klosterkirche, heute ev. Pfarrkirche, gilt als bedeutender pfälzischer Kirchenbau des 14. Jh.s und überdies als interessantes Zeugnis mittelalterlicher Ordensbaukunst. Von dem äußerlich sehr schlichten Gotteshaus (unverputzter Sandstein) ist der fünfjochige Chor mit 5/8-Schluß erhalten. Das einschiffige, durchgängig mit Kreuzrippen überwölbte und von hohen Maßwerkfenstern erhellte Langhaus zählte ursprünglich sechs Joche, von denen im 18. Jh. drei abgerissen wurden. Unter den Fenstern der Chorapsis kamen 1955/56 bei Renovierungsarbeiten gotische Wandmalereien aus dem 14. Jh. zum Vorschein. Dargestellt ist unter anderem auch die durch eine Inschrift bezeichnete Priorin Kunigunde mit einem Modell der Kirche. Die Glasfenster des Chores sind eine moderne Zutat (A. Amman, München), die Rokoko-Orgel stammt von 1777.

*Ehem. Klosterkirche

Es gibt im Ort eine Anzahl schöner Fachwerkbauten des 16.–19. Jh.s, von denen das erkergeschmückte Patrizierhaus von 1607 in der Wallonenstraße besonders hervorgehoben sei.

Ortsbild

Das seit 1973 bestehende Schausteller-Museum vermittelt Rummelplatzatmosphäre (Karussells, Schießbuden u. v. a.) und gibt anhand einer Bilddokumentation Einblicke in das Schaustellerleben von einst bis heute. Öffnungszeiten: Während der Ferienzeit tgl., sonst Di., Mi., Fr., So. 10.00–12.00 sowie 13.00–18.00 Uhr oder nach Absprache, Tel. (06325) 8873.

Schausteller-Museum

Ein Vergnügen für jung und alt ist die Fahrt mit dem 'Kuckucksbähnel', das in den Sommermonaten zwischen Lambrecht und Elmstein verkehrt (nähere Informationen im Kapitel 'Praktische Informationen von A bis Z', Museumseisenbahn).

Museumseisenbahn

Landau

Lambrecht
(Fortsetzung)
Wanderwege

Nahegelegene Wanderziele sind der von mehreren Geröllblöcken gebildete Teufelsfelsen (360 m ü. d. M.) und der Dicke Stein (370 m ü. d. M.) mit einer Aussichtswarte.

Als Ausgangspunkt für Wanderungen im Süden und Westen von Lambrecht, z. B. durch das Bärental zum Totenkopf (9,5 km, blau-gelber Strich), bietet sich der Wanderparkplatz Bärental an (Routen zwischen 3,5 und 10 km Länge). Markierte Wanderwege führen auch östlich durch das Silbertal nach ⟶ Deidesheim (13,5 km), zum Neustädter Naturfreundehaus (3,5 km, weißes Dreieck), über ⟶ Neidenfels nach Schwarzsohl (13 km, weiß-schwarzer Punkt), zum 462 m hohen Lambertskreuz (5 km, ganzjährig bewirtschaftetes Waldhaus, gelber Punkt und gelbes Kreuz nördlich) oder durch das Speyerbachtal nach ⟶ Elmstein (14 km, gelbes Kreuz westlich; diese Strecke wird auch von der Museumseisenbahn 'Kuckucksbähnel' befahren).

Umgebung von Lambrecht

Frankeneck

Frankeneck (170 – 200 m ü. d. M.; 900 Einw.), an der Einmündung des Hochspeyerbachs in den Speyerbach gelegen, ist als Waldarbeiterdorf von Graf Karl Friedrich Wilhelm von Leiningen 1785 angelegt worden. 1805 wurde die erste Papierfabrik eröffnet, der weitere folgten. Die Papierindustrie bestimmt auch heute noch das wirtschaftliche Leben des Orts. Das Gemeindegebiet reicht mittlerweile weit in beide Täler hinein und hat sich auch auf die umliegenden Höhen ausgedehnt. Das 'Kuckucksbähnel' (⟶ Elmsteiner Tal) hält auch in Frankeneck.

Landau in der Pfalz   D 7

Kreisfreie Stadt
Höhe: 144 m ü. d. M.
Einwohnerzahl: rd. 40 000
Weinanbaufläche: 1753 ha

Lage

17 km südlich von Neustadt a. d. Weinstraße

Verkehrs-
anbindung

Straße: A 65, B 10, B 38, B 272
Eisenbahn: Landau Hbf. für die Strecken Karlsruhe – Neustadt a. d. W. und Landau – Saarbrücken; an dieser der näher am Stadtzentrum gelegene Haltepunkt Landau-West
Autobus: Linien nach Germersheim, Karlsruhe, Neustadt a. d. Weinstraße Roschbach-Venningen, Bad Bergzabern – Schweigen – Weißenburg, Bad Bergzabern – Schweighofen, Annweiler bzw. Hauenstein über Klingenmünster (südl. Route), Annweiler – Hauenstein (nördl. Route), Birkweiler, Pfalzklinik, Albersweiler – Ramberg

Allgemeines

Die alte, von der Queich durchflossene Festungsstadt ist wirtschaftliches und kulturelles Zentrum sowie Bahnknotenpunkt der Südpfalz. In Landau gibt es eine Universität und ein Naturwissenschaftliches Technikum. Neben der Gummi- und Autozubehörindustrie spielt der Weinanbau und -handel eine wichtige Rolle. Landau besitzt nach Neustadt die größte Weinanbaufläche in Rheinland-Pfalz, die 'Deutsche Weinstraße' führt 6 km weiter westlich durch Siebeldingen an Landau vorbei.
Die kreisfreie Stadt ist Verwaltungssitz des 1969 geschaffenen Landkreises Südliche Weinstraße und der Verbandsgemeinde Landau-Land mit 14 umliegenden Gemeinden.
Seit 1937 sind die Dörfer Queichheim und Mörlheim, seit 1972 Arzheim, Dammheim, Godramstein, Mörzheim, Nußdorf und Wollmesheim nach Landau eingemeindet. Die Hauptanziehungspunkte der Wein- und Garten-

Landau

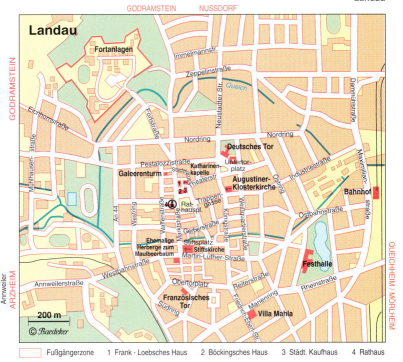

| | Fußgängerzone | 1 Frank - Loebsches Haus | 2 Böckingsches Haus | 3 Städt. Kaufhaus | 4 Rathaus |

stadt' sind neben den historischen Gebäuden, insbesondere um den Rathausplatz, der Landauer Tiergarten sowie die vielen Parkanlagen und Grünflächen.

Allgemeines (Fortsetzung)

Eine erste urkundliche Erwähnung von 'Landawe' (Land-Aue) findet sich 1106/1108 anläßlich einer Schenkung in der Chronik des Klosters Sinsheim. Um die Mitte des 13. Jh.s gelangt die Siedlung in den Lehensbesitz des Grafen Emich IV. von Leiningen-Landeck. Das Stadtrecht gewährt den Bewohnern 1274 Rudolf von Habsburg, ab 1291, nach dem Aussterben der Linie Leiningen-Landeck, zählt Landau zum privilegierten Kreis der Freien Reichsstädte. Im Jahre 1324 wird die Stadt von Kaiser Ludwig dem Bayern an das Speyerer Hochstift verpfändet. Bis zur Auslösung im Jahre 1511 ist Landau fast 200 Jahre in bischöflicher Hand; nach dem Freikauf treten die Landauer dem elsässischen Städtebund bei. Auf der Kirchweih im benachbarten Nußdorf bricht 1525 der pfälzische Bauernkrieg unter Führung des 'Landauer Bundes' aus. Nach dem Dreißigjährigen Krieg kommt Landau 1648 unter französische Schutzherrschaft. Der französische Festungsbaumeister Vauban (1633–1707) baut 1688/91 die Stadt zur "stärksten Festung der Christenheit" aus, wobei er sich nicht scheut, zur Terraingewinnung ganze Stadtteile niederzubrennen. Er läßt auch einen Kanal bauen, um von Albersweiler Baumaterial von den dortigen Hartsteinbrüchen heranzutransportieren. Die Stadt bleibt auch nach schweren Belagerungen und Kämpfen im Spanischen Erbfolgekrieg (1702–1713) bis 1815 französisch. 1816 kommt sie zum Königreich Bayern und wird Bundesfestung bis zur Schleifung der Festungsanlagen 1867–1872. Während der Besatzungszeit nach dem Ersten Weltkrieg ist

Geschichte

153

Landau

Geschichte
(Fortsetzung)

Landau von 1918 bis 1930 größte französische Garnison. Im Zweiten Weltkrieg erleidet sie durch Luftangriffe schweren Schaden und wird zu 40% zerstört.

Sehenswertes

*Rathausplatz

Neues Rathaus

Böckingsches Haus

Stadtmittelpunkt ist der Rathausplatz, früher Max-Josephs-Platz, der 1689 nach dem Stadtbrand von den Franzosen als Paradeplatz angelegt wurde. In der Mitte des Platzes steht ein Denkmal des Prinzregenten Luitpold von Bayern. An seiner Westseite liegt das Neue Rathaus, ein klassizistischer Bau von 1837, früher Kommandanturgebäude, in dem auch das Büro für Tourismus (Marktstraße 50) untergebracht ist. An der Nordseite des Rathausplatzes steht das Böckingsche Haus, ein klassizistisches, 1790 erbautes Patrizierhaus, und direkt daneben das im Mittelalter gegründete Städtische Kaufhaus, das der Kontrolle des von der Stadt besteuerten Zwischenhandels diente. Die dazu notwendigen Gerätschaften (Waagen usw.) waren im Erdgeschoß aufgestellt, während sich im Obergeschoß der städtische Tanzsaal befand. Seit dem Umbau 1838/1839 im neoromanischen Stil wird das Gebäude für kulturelle Veranstaltungen genutzt.

Katharinenkapelle

Nördlich des Rathausplatzes, hinter dem Städtischen Kaufhaus, liegt die Katharinenkapelle (Ecke Stadthaus-/Blumgasse). Die dreischiffige, ursprünglich basilikale Kirche wurde 1344 für die Gemeinschaft der Beginen erbaut, nach der Reformation profaniert und nach mehrfachen Veränderungen verschiedenen Zwecken zugeführt. Seit der Renovierung 1872 dient sie der altkatholischen Gemeinde als Gotteshaus. Bei Restaurierungsarbeiten 1958/59 wurden Fresken aus der Erbauungszeit freigelegt.

Frank-Loebsches Haus

Das Frank-Loebsche Haus in der Kaufhausgasse 9 ist ein stattlicher klassizistischer Vierflügelbau mit schönem, von Holzgalerien eingefaßtem In-

Stiftskirche ...

... und Städtisches Kaufhaus

Landau

nenhof. Im Osten der älteste Flügel aus der Zeit um 1600. Von 1870 bis 1940 befand sich das Gebäude im Besitz der Vorfahren von Anne Frank; heute ist es Dokumentations- und Kommunikationszentrum.

Frank-Loebsches Haus (Fortsetzung)

An der Ecke Waffen-/Finanzamtsstraße erhebt sich der Galeerenturm, der letzte Rest der mittelalterlichen Stadtbefestigung und bis 1688 nordwestlicher Eckturm der städtischen Ummauerung. Das Schicksal der Militärgefangenen, die seit 1732 hier einsaßen und anschließend auf Galeeren verfrachtet wurden, gaben ihm den Namen.

Galeerenturm

Das bedeutendste Baudenkmal Landaus ist die ehem. Stiftskirche des 1276 gegründeten Augustinerchorherrenstifts, heute ev. Stadtpfarrkirche, in der südlichen Marktstraße. Baubeginn um 1300, Weihe 1333, 1349 Beginn des Turmbaus, Vollendung jedoch erst 1458. Die Kirche war zunächst eine gewölbte, dreischiffige Basilika mit elf Jochen, der 1490 ein zweites nördliches Seitenschiff mit spätgotischem Netzgewölbe angefügt wurde. Zur Zeit der Reformation beanspruchten die Lutheraner das Langhaus, der Chor verblieb den Chorherren und der kath. Gemeinde. Ab 1893 wurde die Kirche Alleinbesitz der Protestanten, die 1897 die Flachdecke des Mittelschiffs durch ein Kreuzrippengewölbe ersetzten. Dem 52 m hohen, unten quadratischen, oben achteckigen Turm wurde 1715 eine Türmerwohnung mit umlaufender Galerie (heute nicht mehr bewohnt) und eine Barockhaube mit Laterne aufgesetzt. Über dem Westportal ein Tympanon von 1330/1340 mit Darstellungen aus dem Marienleben, leider in den französischen Revolutionskriegen stark beschädigt. Im Inneren sind hervorzuheben der dreiteilige barocke Orgelprospekt von 1772, die ehemalige Sakristei, heute Tauf- und Traukapelle, mit den 1897 freigelegten gotischen Fresken aus dem 14. Jahrhundert.

*Stiftskirche

Schräg gegenüber der Stiftskirche steht die ehem. Herberge zum Maulbeerbaum (Marktstraße 92; Schuhgeschäft im Erdgeschoß), die früher

Herberge zum Maulbeerbaum

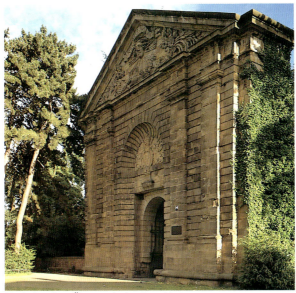

Deutsches Tor – Überrest der Landauer Festung

155

Landau

Herberge zum Maulbeerbaum (Fortsetzung)

viele illustre Gäste gesehen hat. Im Jahre 1522 wurde hier der 'Landauer Bund' der Ritterschaft von Schwaben, Franken und vom Rhein unter Führung Franz von Sickingens (→ Berühmte Persönlichkeiten) geschlossen.

Augustiner-Klosterkirche

Vom Stiftsplatz gelangt man über die Martin-Luther-Straße und die Königstraße zu einem weiteren mittelalterlichen Kirchenbau, der kath. Augustiner-Klosterkirche (Ecke Königstraße/Augustinergasse), 1405–1419 an der Stelle einer früheren Kirche als Basilika mit drei Schiffen erbaut. 1794 wurde das Kloster aufgelöst und die Kirche profanen Zwecken zugeführt, seit 1893 ist sie kath. Pfarrkirche. Das 1945 durch Bomben zerstörte Gotteshaus wurde 1962–1964 wiederaufgebaut. Bemerkenswert sind die Westfront mit prächtiger Fensterrose, ein spätgotischer Taufstein von 1506, das Rokoko-Gestühl und eine geschnitzte Muttergottes aus der zweiten Hälfte des 17. Jh.s, die 'Landauer Madonna'.

Nördlich der Kirche gruppieren sich die ehemaligen Klostergebäude dreiseitig um den Innenhof mit Kreuzgang, der nach dem letzten Krieg teilweise zerstört und danach wiederaufgebaut wurde.

Zitadelle

Von den ehemaligen Befestigungsanlagen haben sich Teile der 1700–1702 im Nordwesten der Stadt angelegten Zitadelle erhalten. Das Innere beherbergt heute die 1960/64 gegründete Erziehungswissenschaftliche Hochschule. In der Senke davor, dem ehemaligen Überschwemmungskessel, wurde der Tierpark angelegt. Weitere Überbleibsel aus der Festungszeit sind Teile des von Vauban angelegten Kanals an der Kanalstraße im Westen der Stadt sowie das Französische und das Deutsche Tor, ersteres am Obertor-, letzteres am Untertorplatz, 1688–1691 erbaut. Beide Tore sind in ihrer baulichen Gestaltung identisch: Ecklisenen, Mittelrisalit und auf hohen Säulen ruhende Pilaster beiderseits der Durchfahrt; über dieser das Bourbonenwappen in Flachrelief und im Dreiecksgiebel über dem Tor das Konterfei des Sonnenkönigs Ludwig XIV. im Strahlenkranz. Das Französische Tor beherbergt heute die Stadtbücherei, das Deutsche Tor das Naturwissenschaftliche Technikum.

Französisches Tor, *Deutsches Tor

Villa Mahla

In der Villa Mahla, Ecke Marienring/Friedrich-Ebert-Straße, sind sowohl das Stadtarchiv als auch das Heimatmuseum mit Abteilungen für Vor- und Frühgeschichte, Kulturgeschichte, Volkskunde, Militärwesen und Festungszeit untergebracht. Ein Rarität ist das im Besitz des Museums befindliche Stadtmodell aus den Jahren 1700–1710 (Abb. S. 22), das einen Eindruck von der ehem. Festung Landau vermittelt (geöffnet Di., Mi. 8.00–12.00, 14.00–18.00, Do. 14.00–19.00, Fr. 8.00–12.00 Uhr).

Parkanlagen, Festhalle

Die Mehrzahl der Parkanlagen erstrecken sich auf dem ehemaligen Festungsgelände (Fort-Anlagen, Luitpoldpark, Nordpark, Schillerpark, Goethepark, Savoyenpark), zwischen Altstadt und Bahnhof liegt die Ostpark. Die Bäume des Parks überragt der hohe Bühnenturm der 1905–1907 im Jugendstil erbauten städtischen Festhalle.

Villa Streccius

Die Städtische Galerie in der Villa Streccius am Südring 20 veranstaltet wechselnde Kunstausstellungen (geöffnet Di.–Fr. 10.00–12.00, 13.00–18.00, Sa., So. 14.00–17.00 Uhr).

Umgebung von Landau

Ortsteile

Die acht nach Landau eingemeindeten Dörfer sind bis auf zwei (Mörlheim und Dammheim) Weinbaugemeinden. Außer Arzheim sind alle viel älter als Landau selbst. Fast alle bieten ein hübsches Ortsbild mit Winzerhöfen und Wohnhäusern des 16.–19. Jahrhunderts. Die Ortsteile werden in alphabetischer Reihenfolge vorgestellt.

Landau

Arzheim (200 m ü. d. M.) liegt 3 km westlich der Stadt auf einer Anhöhe am Fuß der Kleinen Kalmit (⟶ Ilbesheim). Erstmals erwähnt wurde es im 13. Jh. als 'Arbotsheim'. Es gehörte zur Herrschaft Madenburg und später, bis 1793, zum Hochstift Speyer, zeitweise war es bischöflicher Amtssitz. An der kath. St. Georgskirche (1902–1904) ein spätgotischer Chorturm.

Arzheim

In Dammheim (142 m ü. d. M.), 3,5 km nordöstlich von Landau an der B 272, wurde 1955 das erste Erdölfeld der Pfalz erschlossen. Erste Erwähnung des Orts im Jahre 960. Von 1212 bis 1815 gehörte es zu Landau und wurde dann bis 1972 selbständige Gemeinde. Ev. Kirche von 1739.

Dammheim

Godramstein (157 m ü. d. M., Bahnstation) liegt 4 km nordwestlich von Landau im Tal der Queich an der B 272. Schon in römischer Zeit bestand hier an der Kreuzung zweier wichtiger Römerstraßen eine Siedlung. Im 766 erstmals urkundlich nachweisbar und von 1410 bis 1894 zur Kurpfalz gehörig. Turm der ev. Kirche St. Pirmin von 1774 mit romanischem Unter- und spätgotischem Aufbau, im Inneren eine Barock-Orgel. Die kath. Kirche, gleichfalls St. Pirmin, ist neueren Datums (1916), aber mit der Ausstattung aus der früheren Kirche (u. a. gotische Pietà von 1450).

Godramstein

Mörlheim (135 m ü. d. M.), 4 km östlich von Landau, ist der kleinste Stadtteil. Ein hier ansässig gewesener Ritter Stefan von Mörlheim stiftete 1148 das Kloster ⟶ Eußerthal und schenkte ihm den Ort, der bereits um 800 urkundlich Erwähnung fand. Später befand sich Mörlheim im Besitz der Kurpfalz. Die kath. Kirche St. Martin ist von 1770 (1912 umgebaut) und besitzt eine reiche Ausstattung aus dem 18. Jahrhundert.

Mörlheim

Der im Südwesten von Landau abseits großer Durchgangsstraßen liegende Ortsteil Mörzheim (200 m ü. d. M.) erscheint 774 erstmals in den Urkunden und ist damit eine der ältesten südpfälzischen Ansiedlungen. Später zur Herrschaft Landeck und bis 1794 zur Kurpfalz gehörig. St.-Ägidius-Kirche von 1778.

Mörzheim

Nußdorf (195 m ü. d. M.), 3 km nördlich von Landau, wurde erstmals im 9. Jh. erwähnt, gehörte von 1508 bis 1815 zu Landau und war von 1815 bis 1972 selbständige Gemeinde. Ev. Kirche St. Johann Evangelist, ein spätgotischer, 1738 umgebauter Saalbau mit gotischem Chorunterbau (Fresken aus dem 15. Jh., schmiedeeiserne Beschläge an der Sakristeitür, Steinkanzel von 1616 mit barockem Schalldeckel). An der Stelle des Gebäudes, in dem der Bauernkrieg ausgerufen wurde, steht ein Fachwerkbau des frühen 17. Jh.s (heute Jugendzentrum und Museum).

Nußdorf

Queichheim (140 m ü. d. M.) liegt 2 km östlich von Landau, ist aber praktisch schon mit der Stadt zusammengewachsen. Erstmals genannt im 8. und 9. Jh., gehörte es von 1300 bis 1815 zur Stadt Landau und war dann bis 1937 selbständige Gemeinde. In der ev. Kirche ein sehenswertes Kreuzigungsgemälde aus dem 18. Jahrhundert.

Queichheim

3 km südwestlich von Landau an der Straße nach Mörlheim liegt Wollmesheim (173 m ü. d. M.) in einer Talsenke des Birnbachs, im Jahre 1006 erstmals erwähnt und später im Besitz der Kurpfalz. Die ev. Kirche St. Mauritius besitzt den ältesten noch original erhaltenen Turm der Pfalz (1040). In der neueren kath. Kirche, gleichfalls St. Mauritius, zwei spätgotische Figuren der Heiligen Laurentius und Sixtus aus der Vorgängerkirche.

Wollmesheim

Insheim

Die Weinbaugemeinde Insheim (139 m ü. d. M., 2135 Einw., 1144 ha Weinanbaufläche) liegt 5 km südlich von Landau an der A 65 in einer Übergangszone von Acker- zu Rebland. Traditionsgemäß wohnen hier auch heute noch viele Bauhandwerker, seitdem im nahen Landau für den Aus-

Allgemeines und Geschichte

157

Laumersheim

Insheim
(Fortsetzung)

bau der Festung und später durch die Baulust der Wittelsbacher viele derartige Spezialisten benötigt wurden, die sich in der Umgegend von Landau ansiedelten.
Als 'Ensichesheim' wird der Ort 991 in Urkunden des Klosters Weißenburg genannt. Ursprünglich zum Kloster Blidenfeld (⟶ Klingenmünster) gehörend, kam er zunächst zur Herrschaft Landeck und mit dieser bis 1793 zur Kurpfalz.

Sehenswertes

Neben vielen gepflegten Fachwerkhäusern aus dem 16. bis 19. Jh. besitzt Insheim ein barockes Rathaus (1733) auf einem Untergeschoß aus der Renaissancezeit. Die ev. Pfarrkirche von 1745 ist ein Saalbau mit dreiseitigem Chorabschluß; Chorturm von 1518 und Kanzel aus der Erbauungszeit.
Die kath. Pfarrkirche St. Michael wurde 1912–1914 nach Plänen des Architekten Albert Boßlet erbaut. Einige Ausstattungsstücke stammen aus der Vorgängerkirche der Rokokozeit, so das figurengeschmückte Taufbecken und der Opferstock.

Offenbach an der Queich

Allgemeines

Offenbach (134 m ü.d.M., 5100 Einw., 32 ha Weinanbaufläche) liegt in fruchtbarer Gegend an dem Flüßchen Brühl, von der Queich wird es am Nordrand berührt. Der Ort ist Verwaltungssitz der gleichnamigen Verbandsgemeinde, zu der außer ihm noch Bornheim, Essingen und Hochstadt gehören. Im Gemeindewald nördlich der Queich finden sich noch zahlreiche vorgeschichtliche Grabhügel, die auf eine frühe Besiedlung hinweisen.
Offenbach besitzt eine Reihe von Freizeiteinrichtungen, u.a. ein beheiztes Schwimmbad, um den Ort gibt es Rad- und Rundwanderwege sowie einen Vogelschutzlehrpfad.

Geschichte

Erstmals erwähnt wurde Offenbach in einer Schenkungsurkunde des Klosters Weißenburg im Jahre 763. Im 14. Jh. erscheint es im Besitz der Herrschaft Landeck, dann in der von Zweibrücken-Bitsch, und von 1485 bis 1794 gehörte es zur Kurpfalz.

Sehenswertes

Das sehenswerte Renaissance-Gebäude Hauptstraße 62 besitzt einen Treppenturm und einen Dachreiter. Die kath. Pfarrkirche St. Joseph wurde 1966 neu errichtet und dabei zwei Langhausachsen der alten Kirche von 1753/54 und der Ostturm miteinbezogen. Aus der Zeit um 1700 stammt der Taufstein im Turm, die vierfigurige Kreuzigungsgruppe entstand im Jahr 1804. Die ev. Kirche ist ein kleiner Saalbau vor 1765 mit einer Rokokokanzel.

Landeck, Burg

⟶ Klingenmünster

Laumersheim   E 3

Landkreis: Bad Dürkheim
Verbandsgemeinde: Grünstadt Land
Höhe: 115 m ü.d.M.
Einwohnerzahl: 920
Weinanbaufläche: 130 ha

Lage

6 km östlich von Grünstadt

Straße: A 6, A 61, B 271
Eisenbahn: nächster Bahnhof Grünstadt (6 km)
Autobus: Linie Grünstadt – Frankenthal

Laumersheim
Verkehrs-
anbindung

Die Weinbaugemeinde Laumersheim besitzt einige schöne Fachwerkhäuser und ein ansprechendes Ortsbild, das 1982 mit dem ersten Preis des Wettbewerbs "Unser Dorf soll schöner werden" ausgezeichnet wurde. Laumersheim ist Geburtsort von Dr. Christian Eberle, dem Erneuerer des deutschen Sparkassen- und Girowesens.

Allgemeines

Der Ort wurde als 'Liutmaresheim' erstmalig 774 in einer Urkunde des Klosters Weißenburg erwähnt und befand sich im Lauf der Jahrhunderte im Besitz verschiedener Herrschaften, bis es 1705 an das Hochstift Worms fiel. Schon sehr früh wurde hier Weinanbau betrieben. Nach der Stadtrechtsverleihung durch Kaiser Karl IV. im Jahre 1364 erhielt der Ort Befestigungsmauern und eine Wasserburg. Doch auch sie konnten nicht verhindern, daß Laumersheim 1689 im Pfälzischen Erbfolgekrieg von den Franzosen zerstört wurde.

Geschichte

Sehenswertes

Die kath. Pfarrkirche St. Bartholomäus ist ein Saalbau, der 1719–1721 an den gotischen Turm der Vorgängerkirche aus dem 14. Jh. angebaut wurde. Der Turmraum, der ehemalige Chor dieser Kirche, besitzt Wandmalereien aus dem 14. und 15. Jahrhundert. Bemerkenswert sind ferner die Sakramentsnische aus der Mitte des 15. Jh.s, drei Holzplastiken aus der Zeit um 1510–1520 und eine Muttergottes von etwa 1720/1730.

Pfarrkirche
St. Bartholomäus

Die auf das 15. Jh. zurückgehende ehemalige Wasserburg gelangte 1783 in den Besitz der Grafen von Oberdorf, die sie zu einem Schloß mit parkähnlicher Gartenanlage umbauten. Reste des Herrenhauses sowie ein Stück der alten Ringmauer haben sich von der Anlage erhalten. Das Gebäude befindet sich heute in Privatbesitz.

Schloß
Laumersheim

2 km südlich von Laumersheim steht auf dem zu seiner Gemarkung gehörenden Palmberg (119 m ü. d. M.) eine 1722 errichtete Wallfahrtskapelle. Im fensterlosen Inneren befinden sich eine Kreuzigungsgruppe des 18. Jh.s und Kopien von mittelalterlichen Figuren (die Originale werden im Historischen Museum von Speyer aufbewahrt). Von hier herrliche Aussicht auf die Rheinebene. Zweimal jährlich veranstalten die umliegenden Gemeinden Wallfahrten zum Palmberg.

Palmberg

Leinsweiler   C 7

Landkreis: Südliche Weinstraße
Verbandsgemeinde: Landau-Land
Höhe: 260 m ü. d. M.
Einwohnerzahl: 470
Weinanbaufläche: 110 ha

7 km westlich von Landau

Lage

Straße: B 10, B 48, L 509 (Deutsche Weinstraße)
Eisenbahn: nächster Bahnhof Siebeldingen-Birkweiler (4 km)
Autobus: Linien Landau – Annweiler bzw. Hauenstein (südliche Route);
Landau – Birkweiler

Verkehrs-
anbindung

In einem Taleinschnitt des Birnbachs liegt das malerische Weindorf Leinsweiler. Als 'Landswindewilre' erscheint es erstmals 760 in Urkunden des

Allgemeines
und Geschichte

159

Leinsweiler

Slevogthof, Bibliothek   *Selbstporträt Max Slevogt*

Allgemeines und Geschichte (Fortsetzung)
Klosters Weißenburg. Ursprünglich in dessen Besitz, wurde der Ort im 12. Jh. an die Pfalzgrafen verpfändet und war dann bis 1794 beim Herzogtum Pfalz-Zweibrücken.

Sehenswertes

Ortsbild
In Leinsweiler gibt es zahlreiche schöne Fachwerkhäuser mit Torbögen aus der Renaissance bis ins 19. Jahrhundert. Ein besonders gut erhaltenes Exemplar ist das Wohnhaus Nr. 30, ein spätgotischer Fachwerkbau von 1558 mit vorkragendem Giebel.

Rathaus, Brunnen
Mit seiner offenen Halle im Erdgeschoß und einem Fachwerkobergeschoß entspricht dieses 1619 errichtete Gebäude ganz dem Typus des pfälzischen Rathauses. Davor ein Drei-Röhren-Brunnen von 1581.

Ev. Pfarrkirche
Das älteste Bauwerk des Orts ist die auf romanischem Fundament errichtete St.-Martins-Kirche mit ihrem gedrungenen, aus dem 13. Jh. stammenden Turm (im 15./16. Jh. erhöht). Der netzgewölbte, spätgotische Chor kam um 1500 dazu; an seiner Nordseite befindet sich die Sakristei und darunter die Krypta. Das Langhaus im Stil des Rokoko wurde 1769 angeschlossen. Der Altar und zwei Gemälde (Schutzengel und hl. Joseph) datieren von etwa 1700, die Kanzel aus dem 16. Jahrhundert. Bemerkenswert ist ferner die Klais-Orgel und der Orgelprospekt aus dem 18. Jahrhundert. Am Südportal eine Sonnenuhr von 1590.

**Slevogthof
Etwa 100 m oberhalb von Leinsweiler, am Hang des Schloßberges, liegt, durch den markanten Turm schon von weitem sichtbar, das bereits 1558 als 'Schloßgut' erwähnte Hofgut Neukastell, heute als 'Slevogthof' bekannt. Der Maler Max Slevogt (→ Berühmte Persönlichkeiten), einer der Hauptvertreter des deutschen Impressionismus, erwarb das Anwesen

Lindenberg

1914 von seinen Schwiegereltern und verbrachte bis zu seinem Tod im Jahre 1932 hier die Sommermonate. Während dieser Zeit entstanden etwa 150 Gemälde. Besonders eindrucksvoll sind die Wand- und Deckengemälde, mit denen Slevogt das Musikzimmer (1924) und die Bibliothek (1929) ausstattete. Die Motive für diese Bildwerke entstammen beim Musikzimmer musikalischen Bühnenwerken wie der "Zauberflöte", "Don Giovanni", dem "Freischütz" und dem "Ring des Nibelungen", während in der Bibliothek die vier Literaturgattungen Epos, Drama, Märchen und Roman durch Szenen aus Werken von Homer und Shakespeare, aus "1001 Nacht" und "Lederstrumpf" versinnbildlicht werden werden. Im Kastanienwäldchen östlich des Hofguts ist Max Slevogts begraben.

Leinsweiler, Slevogthof (Fortsetzung)

Der Slevogthof kann nur im Rahmen einer Führung besichtigt werden, April–Okt., Sa.–Mi. 11.15 und 13.30 Uhr, Sa. und So. auch 16.00 Uhr. Das Restaurant im Slevogthof hat März–Nov., Sa.–Mi. von 10.30 bis 18.00 Uhr geöffnet.

Nach einem weiteren Anstieg von etwa 100 m erreicht man die Burgruine Neukastell (463 m ü. d. M.), ehemalige Reichsburg und eine der Vorburgen der Königsfeste Trifels (⟶ Annweiler am Trifels). Erstmals erwähnt wurde sie 1123 als 'Nichastel'. 1410 kam sie zum Herzogtum Pfalz-Zweibrücken (Sitz eines Oberamtes). Im Bauernkrieg 1525 und im Dreißigjährigen Krieg erlitt die Burg schwere Schäden und wurde wieder aufgebaut, 1689 jedoch von französischen Truppen endgültig zerstört. Von der ehemaligen Anlage, bestehend aus Ober- und Unterburg, sind nur eine Felsenkammer, der zugeschüttete Burgbrunnen und einige wenige Mauerreste erhalten.

Ruine Neukastell

Die alljährlich im September und Oktober stattfindenden Leinsweiler Musikwochen haben sich einen festen Platz in der pfälzischen Kulturszene erobert. Orgel-, Chor- und Klavierkonzerte und geistliche Musik bilden die Schwerpunkte des Programms.

Leinsweiler Musikwochen

Leinsweiler ist Ausgangspunkt einer Reihe markierter Wanderwege zwischen 4 und 15 km Länge, unter denen die Drei-Burgen-Tour, die die drei Annweiler überragenden Burgen Trifels, Anebos und Scharfenberg, berührt, besonders hervorgehoben sei (gelbe Markierung, 7,5 km).

Wanderwege

Von Leinsweiler führt ein Weg zum Slevogthof und weiter auf den Schloßberg zur Ruine Neukastell (Gehzeit etwa 1/2 Stunde). Zwischen dem Ortsausgang und dem Slevogthof wird der Wanderpfad von alten Mandelbäumen begleitet, die als Naturdenkmal geschützt sind. Später durchquert man die Weinlage "Sonnenberg". Wer auf dem schmalen und steileren Pfad die bewaldeten Buntsandsteinfelsen zur Ruine Neukastell hochsteigt, dem bietet sich eine prächtige Aussicht auf die zahlreichen Winzerdörfer im südlichen Abschnitt der Weinstraße.

Wanderung zur Ruine Neukastell

Limburg, Klosterruine

⟶ Bad Dürkheim

Lindenberg

C 5

Landkreis: Bad Dürkheim
Verbandsgemeinde: Lambrecht
Höhe: 198 m ü. d. M.
Einwohnerzahl: 1300

6 km nordwestlich von Neustadt a. d. Weinstraße

Lage

Maikammer

Lindenberg (Fortsetzung) Verkehrs- anbindung	Straße: B 39 Eisenbahn: nächster Bahnhof Lambrecht an der Strecke Neustadt a. d. W. – Kaiserslautern (2 km) Autobus: Linie Neustadt a. d. W. – Lindenberg-Lambrecht
Allgemeines und Geschichte	Das langgestreckte Straßendorf, zu dem auch die Ortsteile Nonnental, Alte und Neue Maschine sowie das an Lambrecht grenzende Dörrenbach gehören, liegt in einem nördlichen Seitental des Speyerbachs. Die wirtschaftliche Basis der Fremdenverkehrsgemeinde mit einigen guten Gasthöfen und Privatzimmern bildet die über 100 Jahre alte Tuch- und Papierindustrie. Das Dorf wurde im 11. Jh. gegründet und 1420 erstmalig urkundlich erwähnt. Gleichzeitig entstand auf einer Anhöhe östlich der Siedlung die Reichsburg Lindenberg, die um 1100 in den Besitz des Hochstiftes Speyer gelangte. Bis ins 15. Jh. gab es auch eine Adelsfamilie von Lindenberg. Danach war die Burg Lehen verschiedener Adelsgeschlechter und fiel 1630 an das Hochstift zurück. Die Reste der verfallenen Anlage wurden 1689 gesprengt.
Wallfahrtskapelle St. Cyriacus	An der Stelle der ehemaligen Burg Lindenberg steht heute die Ruine einer 1550 erbauten Wallfahrtskapelle, die dem hl. Cyriacus geweiht ist. Die gotischen Bauteile stammen vermutlich von der alten Burg.
Weinbiet	Von Lindenberg kann man in einer guten Stunde den östlich gelegenen Weinbiet (554 m ü. d. M.) ersteigen. Vom Aussichtsturm ein weiter Rundblick; daneben ein Gasthof.
Straße nach Wachenheim	Eine neue Autostraße führt durch die reizvolle Landschaft vom Speyerbachtal in nördlicher Richtung über Lindenberg und die Paßhöhe Alter Sattel (350 m ü. d. M.) zum Forsthaus Silbertal (300 m ü. d. M., Gaststätte), dem Ausgangspunkt vieler Wanderwege. Folgt man der Straße weiter, dann gelangt man zum Forsthaus Rotsteig unweit des Kurpfalz-Hochwildparks (→ Wachenheim) und durch das Wachenheimer Tal nach Wachenheim (12 km).

Ludwigshöhe, Schloß

→ Edenkoben, Umgebung

Madenburg

→ Eschbach

Maikammer   **D 6**

Landkreis: Südliche Weinstraße
Verbandsgemeinde: Maikammer
Höhe: 173 m ü. d. M.
Einwohnerzahl: 3600
Weinanbaufläche: 450 ha

Lage	6 km südlich von Neustadt a. d. Weinstraße
Verkehrs- anbindung	Straße: A 65, B 38 Eisenbahn: Bahnhof Maikammer-Kirrweiler an der Strecke Landau – Neustadt a. d. Weinstraße Autobus: Linien Landau – Neustadt a. d. W., Landau – Ludwigshafen

Maikammer

Der anerkannte Erholungsort im äußersten Norden des Landkreises Südliche Weinstraße und des gleichnamigen Weinbaugebietes liegt am Fuße der Kalmit (s. u.). — Allgemeines

Römische Bodenfunde, vermutlich die Reste einer Villa rustica, legen die Vermutung nahe, daß der Ort bereits im 3. Jh. besiedelt war. Schriftlich erwähnt wird er erstmals um 1100 als 'Menkemmer in Steinahe'. Um diese Zeit überließ Kaiser Heinrich IV. den Speyergau dem Bischof von Speyer, so daß auch Maikammer bis 1794 zum Domstift und späteren Hochstift Speyer gehörte. — Geschichte

Sehenswertes

Zahlreiche gut erhaltene Wohnhäuser des 16.–19. Jh.s, z. T. mit den charakteristischen Toreinfahrten, bestimmen das Ortsbild. Sehenswert sind die um 1600 erbauten Häuser Marktstraße 5 und 8, St.-Martiner-Straße 6, Weinstraße Süd 4 und 8 sowie der Torbogen am Hause der Weinstraße Nord 1. Eine neue Festhalle für 400 Personen mit Tagungsräumen wurde 1990 fertiggestellt. — Ortsbild

Die barocke Saalkirche mit Westturm und kreuzgratgewölbtem Chor wurde 1756/1757 erbaut und besitzt noch einen Großteil ihrer originalen Innenausstattung (um 1770/1780), insbesondere zwei Beichtstühle, die Kanzel und drei Altartafeln des Bruchsaler Hofbildhauers Joachim Günther. In der Nische über dem Turmportal steht eine fein ausgearbeitete Plastik, die Vision des Simon Stock, Ordensgeneral der Karmeliter (1245–1265), darstellend und 1765 von Vinzenz Möhring aus Speyer gefertigt. Der spätgotische Flügelaltar befindet sich heute in der Kapelle in Alsterweiler (s. u.). — St. Cosmas und Damian

Dem 'Pfälzer Schoppen' wurde in Maikammer am Marktplatz ein Denkmal gesetzt, das die Aufschrift trägt: "Pfälzer Schoppen, Maß aller Dinge". In die Öffnung paßt genau das einen halben Liter fassende originale Pfälzer Schoppenglas. — Schoppendenkmal

Umgebung von Maikammer

Alsterweiler

Spätgotischer Altar

Das im Westen an Maikammer anschließende Straßendorf, 1828 eingemeindet, besitzt ebenfalls noch eine Reihe schöner alter Hofgüter und Winzerhäuser. — Ortsbild

Das 'Schlössel' in der Sandgasse, ein Renaissancegebäude aus der Mitte des 16. Jh.s, ist ein Überbleibsel der früheren Kredenburg, die 1525 im Bauernkrieg zerstört wurde. — Schlössel

Die kleine Kapelle aus dem 19. Jh. birgt das aus der Pfarrkirche in Maikammer stammende spätgotische Triptychon, das als eines der wertvollsten mittelalterlichen Bildwerke der Pfalz gilt. Der Altaraufsatz entstand vermutlich um 1445 — *Mariä-Schmerzen-Kapelle

163

Meckenheim

Maikammer,
Mariä-Schmerzen-
Kapelle
(Fortsetzung)

in einer oberrheinischen Werkstatt, als Auftraggeber wird das Kloster Heilsbruck im benachbarten Edenkoben angenommen. Dargestellt ist auf der Mitteltafel die Kreuzigung, auf den seitlichen Tafeln die Kreuztragung und die Kreuzabnahme. Die beiden Schutzheiligen der ursprünglichen Bestimmungskirche, Cosmas und Damian, finden sich auf den Rückseiten der Außentafeln.

*Kalmit

Höchste Erhebung
des Pfälzer Walds

Maikammer wird überragt von der Kalmit (673 m ü. d. M.), der höchsten Erhebung des Pfälzer Walds. Bereits 1795 errichteten die Franzosen an diesem exponierten Punkt einen optischen Telegraphen auf der Linie Paris – Mainz. Heute stehen auf dem Gipfel, zu dem die befahrbare Kalmitstraße hinaufführt, eine bewirtschaftete Hütte des Pfälzerwald-Vereins und ein 21 m hoher Aussichtsturm (nicht zugänglich). Etwa 1 km weiter gelangt man zur Hüttenhohl, wo sich Reste eines römischen Wachturms erhalten haben. Von hier aus kann man entweder weiter der Kalmitstraße folgen, die nach etwa 10 km ins Elmsteiner Tal (→ Elmstein, Umgebung) einmündet, oder auf der Totenkopfstraße über St. Martin nach Maikammer zurückfahren (8 km).

Felsenmeer auf
dem Hüttenberg

Ein Fußweg (1/4 Std.; Markierung: blauer Strich) führt von der Kalmithütte zum Felsenmeer auf dem Hüttenberg, einer Ansammlung gewaltiger Felsmassen auf einer Länge von 750 Metern.

Alsterweiler
Wetterkreuz

Nördlich oberhalb von Alsterweiler berührt die Kalmitstraße das Alsterweiler Wetterkreuz auf dem der Kalmit vorgelagerten Wetterkreuzberg (400 m ü. d. M.; Aussicht).

Meckenheim   **D/E 5**

Landkreis: Bad Dürkheim
Verbandsgemeinde: Deidesheim
Höhe: 110–120 m ü. d. M.
Einwohnerzahl: 2900
Weinanbaufläche: 204 ha

Lage

5 km östlich von Deidesheim

Verkehrs-
anbindung

Straße: A 65, B 271, B 38
Eisenbahn: nächste Bahnhöfe Deidesheim oder Haßloch (5 bzw. 4 km)
Autobus: Linie Ludwigshafen – Deidesheim und Meckesheim – Neustadt a. d. Weinstraße

Allgemeines
und Geschichte

Meckenheim, erstmalig erwähnt 768 im Lorscher Codex als 'Machenheim', gehörte von 1287 bis 1794 zur Kurpfalz und kam 1816 zu Bayern. Die Weinbaugemeinde liegt in der Rheinebene, umgeben von weitläufigen Obst- und Gemüseplantagen. Auch Spargel wird angebaut.

Ortsbild

Einige großzügig angelegte Winzerhöfe und schöne Fachwerkhäuser aus dem 16. bis 19. Jh. haben sich erhalten, hervorzuheben ist die Gebäudegruppe Hauptstraße 50 bis 57.

Kirchen

Die barocke kath. Pfarrkirche St. Ägidius wurde 1740 an der Stelle der mittelalterlichen Vorgängerkirche erbaut und 1964 nach Westen erweitert sowie mit einem Dachreiter versehen. Sie steht auf dem Gelände des ehemaligen Adelshofes der Ritter von Meckenheim. An das flachgedeckte Langhaus mit vier Fensterachsen schließt sich der ebenfalls flachgedeckte Chor mit dreiseitigem Schluß an. Die barocke Ausstattung der Kirche stammt aus der Mannheimer Kapuzinerkirche. Besonders bemerkenswert ist der linke Seitenaltar (um 1700).

Die ev. Kirche ist ein flachgedeckter Saalbau von 1748/49 mit Dachreiter. Die Kanzel mit volutengeschmücktem Schalldeckel über dem polygonalen Korpus stammt aus der Erbauungszeit.

Meckenheim, Kirchen (Fortsetzung)

Neidenfels   C 5

Landkreis: Bad Dürkheim
Verbandsgemeinde: Lambrecht
Höhe: 184 m ü.d.M.
Einwohnerzahl: 1100

10 km nordwestlich von Neustadt a.d. Weinstraße

Lage

Straße: B 39
Eisenbahn: nächster Bahnhof Lambrecht (3 km)
Autobus: Linie Neustadt a.d.W. – Weidenthal

Verkehrs-anbindung

Neidenfels liegt im Hochspeyerbachtal, das sich bei Neustadt in die Rheinebene öffnet, etwa 2 km hinter Frankeneck. Das Dorf entstand im 15. Jh. im Schutze der Burgen Neidenfels und Lichtenstein. Die 1885 gegründete Papierfabrik beschäftigt heute die Mehrzahl der Bewohner des Ortes.

Allgemeines und Geschichte

Enge und steile Gassen mit hübschen Häusern des 18. und 19. Jh.s. sind charakteristisch für das Dorfbild. Bemerkenswert ist am Ortseingang das Schimpfsche Haus, ein Barockbau mit Mansarddach von 1778, und daneben ein Torbogen mit dem hl. Nepomuk von 1730.

Ortsbild

Die kath. Pfarrkirche St. Nikolaus, eine zweischiffige Basilika mit Chorturm, wurde 1938/1939 nach Plänen des Architekten Albert Boßlet erbaut und dabei die alte Nikolauskapelle vom Anfang des 14. Jh.s als östliche Seitenkapelle in das Gotteshaus einbezogen.

St. Nikolaus

Auf einem Bergvorsprung westlich von Neidenfels liegen die Reste der gleichnamigen Burg, die 1338 von den Kurpfälzern erbaut wurde und bis zu ihrer Zerstörung im Pfälzischen Erbfolgekrieg (1689) mehrmals den Besitzer wechselte. Die Anlage umfaßte vermutlich eine Ringmauer mit drei Ecktürmen, an die Mauer anschließende Wohngebäude, einen Wehrturm und meherere Felsenkeller.

Burgruine Neidenfels

Die aus dem 12. Jh. stammende Burg Lichtenstein, eine frühere Ritterburg, besteht bereits seit 1281 nur noch als Ruine. Ihre bescheidenen Reste liegen etwas verborgen auf einem Bergvorsprung westlich von Neidenfels.

Ruine Lichtenstein

Neuleiningen   D 3

Landkreis: Bad Dürkheim
Verbandsgemeinde: Grünstadt-Land
Höhe: 262 m ü.d.M.
Einwohnerzahl: 800
Weinanbaufläche: 70 ha

3 km südwestlich von Grünstadt

Lage

Straße: B 6, B 271
Eisenbahn: nächster Bahnhof Grünstadt (3 km)
Autobus: Linie Grünstadt – Altleiningen

Verkehrs-anbindung

Neuleiningen

Allgemeines und Geschichte

Neuleiningen ist wegen seiner Lage auf einem steil abfallenden Bergvorsprung am Austritt des Eckbaches aus dem Haardt-Gebirge, seiner eindrucksvollen Burgruine und seines charakteristischen Dorfbilds ein vielbesuchter Ort im Leininger Land. Friedrich III. von Leiningen errichtete die Burg 1238 etwa gleichzeitig mit der Burg ⟶ Battenberg. Innerhalb des Ringwalls siedelten sich bald Handwerker und Dienstleute an, und es entstand ein Dorf, das 1364 Stadtrechte erhielt. Mit seinen den ganzen Ort umschließenden Ringmauern und Wehrtürmen war Neuleiningen im Mittelalter die größte Festung der Region. Burg und Siedlung überstanden den Bauernkrieg (1525) und den Dreißigjährigen Krieg unbeschadet, 1690 im Pfälzischen Erbfolgekrieg wurde die Burg von französischen Truppen zerstört. Lange Zeit war der Ort zur Hälfte im Besitz der Leininger Grafen und des Bischofs von Worms. Das Gemeindewappen ist deshalb auch heute noch zweigeteilt und zeigt in seiner unteren Hälfte den leiningischen Adler, in der oberen den bischöflichen Schlüssel. Von 1767 bis 1874 war Worms alleiniger Besitzer der Burg von Neuleiningen, 1874 kauften die Grafen von Leiningen-Westerburg die Burg zurück, übereigneten sie aber 1941 der Gemeinde. Topographische Gegebenheiten verhinderten die Ansiedlung von Industrie und größeren Gewerbebetrieben, weshalb ein großer Teil der Bevölkerung, die früher fast ausschließlich in der Landwirtschaft bzw. im Weinbau beschäftigt war, in benachbarten Gemeinden arbeitet. Die Bedeutung des Fremdenverkehrs als Wirtschaftsfaktor hat in den letzten Jahren erheblich zugenommen.

Sehenswertes

*Ortsbild

Neuleiningen hat sich ein historisch gewachsenes Ortsbild bewahrt mit zahlreichen gut erhaltenen und sorgfältig restaurierten Fachwerkhäusern des 16.–19. Jhs. und schmalen, durch Treppen verbundenen Gassen mit malerischen Ecken und Winkeln.

Burg und Dorf Neuleiningen

Neustadt an der Weinstraße

Im Rahmen des Landeswettbewerbs "Unser Dorf soll schöner werden" wurde die Gemeinde mehrfach ausgezeichnet, und 1980 erhielt sie sogar das Prädikat "Schönstes Dorf an der Deutschen Weinstraße".

Neuleiningen, Ortsbild (Fortsetzung)

Bemerkenswert in der Untergasse ist die ehemalige Kellerei aus dem 16. Jh., ein zweigeschossiger Bau mit Satteldach und Renaissance-Fenstern. Die vier Kreuzgewölbe der Küche im Untergeschoß werden von einem mächtigen Mittelpfeiler getragen.

Ehem. Kellerei

In der Nordwestecke der ehemaligen Stadtbefestigung überragt die 1238 gegründete Burg die Häuser von Neuleiningen. Etwa ein Drittel des Areals beansprucht die Hauptburg, die ein unregelmäßiges Viereck mit runden, dicken Ecktürmen bildet. Dieser in Mitteleuropa selten anzutreffende Grundrißtypus erinnert an Kastellburgen, wie man sie in England und Frankreich vorfindet. Im Westteil der Hauptburg an der Ringmauer lag der Palas, von dem noch einiges Mauerwerk erhalten ist. Von den sonstigen Gebäuden im Bereich der Hauptburg ist nur noch der gewölbte Keller (heute Burgschenke) vorhanden. Östlich schloß sich die Vorburg an, in deren Bereich sich auch die Burgkapelle befand.

*Burg Neuleiningen

An der Stelle der früheren Burgkapelle aus dem 13. Jh. steht heute die kath. Kirche St. Nikolaus. Die Mauern des Langhauses stammen noch von der Kapelle. Im 16. Jh. wurden ein Chor mit spätgotischem Netzgewölbe und der Westturm angebaut. Im Innern bewahrt die Kirche eine Statue der Muttergottes von 1480 und zwölf hölzerne Apostelfiguren von 1460–1470, ferner ein Weihwasserbecken (1680) und einen Paramentenschrank aus der Zeit um 1730.

Kath. Kirche St. Nikolaus

Neustadt an der Weinstraße D 5/6

Kreisfreie Stadt
Höhe: 142 m ü. d. M.
Einwohnerzahl: 52 000
Weinanbaufläche: 2 400 ha

26 km südwestlich von Ludwigshafen

Lage

Straße: A 65, B 38, 39, 271, L 512 (Deutsche Weinstraße)
Eisenbahn: Hbf. Neustadt an den Strecken Saarbrücken – Mannheim – Neustadt – Bad Dürkheim und Neustadt – Landau
Autobus: Linien Neustadt – Bad Dürkheim, Neustadt – Speyer, Neustadt – Weidenthal bzw. Elmstein, Neustadt – Landau (Weinstraßenverkehr)

Verkehrs-anbindung

Neustadt an der Weinstraße liegt etwa in der Mitte der Deutschen Weinstraße und ist eines der Haupteingangstore zum Naturpark Pfälzerwald. Es wird von dem aus dem Haardtgebirge kommenden Speyerbach durchflossen. Mit der Eingemeindung von neun umliegenden Dörfern nach dem Zweiten Weltkrieg wuchs das Areal der Stadt auf 11710 ha und reicht nunmehr sowohl in die Oberrheinische Tiefebene als auch in das Bergland der Haardt weit hinein. Neustadt ist mit 2400 ha größte Weinbaugemeinde Deutschlands, Bezirkshauptstadt von Rheinhessen-Pfalz und kulturelles Zentrum an der Mittelhaardt.
Kennzeichnend für die wirtschaftliche Struktur der Stadt ist eine hohe Beschäftigungsdichte im Handels- und Dienstleistungsbereich, hinter der das produzierende Gewerbe deutlich zurückbleibt. Neben zahlreichen Behörden und Verbänden sind in Neustadt überwiegend Unternehmen des Maschinen- und Metallbaus, des Automobilhandels sowie High-Tech-Firmen angesiedelt. Eine anerkannte Ausbildungs- und Forschungsstätte von überregionaler Bedeutung ist die Landes-, Lehr- und Forschungsanstalt für Wein- und Gartenbau in Neustadt-Mußbach.

Allgemeines

167

Neustadt an der Weinstraße

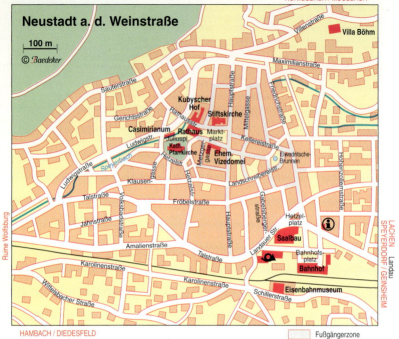

| Geschichte | Neustadt ist eine Gründung der rheinischen Pfalzgrafen auf dem Gebiet des früheren, bereits 774 erstmals urkundlich erwähnten Dorfes Winzingen. Das Gründungsdatum läßt sich nicht genau festmachen, im Jahre 1255 jedenfalls erschien 'Niewenstat' als Mitglied des Rheinischen Städtebundes. Rudolf von Habsburg verlieh der Siedlung 1275 die Rechte und Freiheiten der Stadt Speyer. Von 1576 bis 1592 gehörte Neustadt zu einem eigenen, vom Rest der Kurpfalz getrennten Fürstentum unter der Regierung des Pfalzgrafen Johann Casimir. Er gründete 1578 die nach ihm benannte theologische Universität (Collegium Casimirianum) für Professoren und Studenten, die ihres reformierten Glaubens wegen an der Universität Heidelberg nicht mehr zugelassen waren. Den Pfälzischen Erbfolgekrieg überstand die Stadt beinahe unbeschadet. In Napoleonischer Zeit gehörte Neustadt zum französischen Departement Mont Tonnerre (Donnersberg) und ab 1816 zu Bayern. 1969 wurden die nahegelegenen Dörfer Diedesfeld, Geinsheim, Gimmeldingen, Haardt, Hambach, Königsbach, Lachen-Speyerdorf und Mußbach, 1974 auch Duttweiler, nach Neustadt eingemeindet. Zwei bedeutende Wissenschaftler stammen aus Neustadt: Dr. Hans Geiger, der Erfinder des Geigerzählers, und Prof. Dr. Walter Bruch, der das PAL-Farbfernsehsystem entwickelte. |

**Stadtbild

Als eine der wenigen Städte in der Pfalz mußte Neustadt kaum Verluste durch Zerstörungen und Kriege hinnehmen, so daß auch heute noch die mittelalterliche Struktur mit schmalen Gassen, kleinen Parzellen und zahlreichen, schön renovierten alten Wohnhäusern, meist in Fachwerkbauweise, das Stadtbild bestimmt. Im Zuge der Altstadtsanierung wurden in den vergangenen Jahrzehnten rund 2½ km Straßen in der Innenstadt in Fußgängerzonen umgewandelt.

Neustadt an der Weinstraße

Das Wahrzeichen der Stadt ist die aus rotem Sandstein erbaute ehemalige Stiftskirche am Marktplatz, die zu den bedeutendsten gotischen Bauwerken der vorderen Pfalz zählt. Als Grabkirche der Pfälzischen Kurfürsten in den Jahren 1368 bis 1500 erbaut (einige von ihnen sind auch hier beigesetzt), wird sie seit 1708 von beiden Konfessionen als Simultankirche genützt (Chor für die kath., Langhaus für die ev. Gemeinde). Zwischen den beiden ungleichen Westtürmen (der südliche von beiden stammt von der Vorgängerkirche) erhebt sich eine kreuzgratgewölbte Vorhalle, die sich in Spitzbogenarkaden öffnet. An das dreischiffige, schlicht gehaltene Langhaus schließt sich im Osten ein vierjochiger, von Maßwerkfenstern durchbrochener Chor an. Von der ursprünglichen Ausmalung der Kirche sind noch Reste im Chor, in der südlichen Seitenkapelle des Chores und in der Vorhalle zu sehen. Beachtenswert sind von der Ausstattung der Hochaltar von 1740 mit Muttergottesgemälde und Heiligenfiguren, fünf Grabdenkmäler von Mitgliedern der kurfürstlichen Familie (14. Jh.), die Steinkanzel mit Blendmaßwerk (1503), das reichgeschnitzte Chorgestühl (Ende 15. Jh.) und die drei Türen an der Durchgangshalle nördlich des Chores mit spätgotischen Eisenbeschlägen. Die ehemalige Wohnung des Türmers in einem der beiden Westtürme wird heute vom Organisten der Kirche bewohnt und kann nach Voranmeldung bei der Tourist-Information besichtigt werden (200 Stufen!). Unter dem Geläut befindet sich auch eine Stahlgußglocke, die mit 350 Zentnern Gewicht die größte der Welt sein soll.

**Stiftskirche

Die Kirche ist in der Regel nur bei Gottesdiensten geöffnet; Besichtigung nach Anmeldung möglich, Tel. (06321) 80257.

Hinweis

Die Stiftskirche beschließt den Marktplatz im Norden, im Westen steht das ehemalige Jesuitenkolleg (1729/1739), ein barocker Vierflügelbau um einen rechteckigen Hof, in dem seit 1838 das Rathaus seinen Sitz hat. Das langgestreckte, zweigeschossige Gebäude im Süden des Marktplatzes (Haus Nr. 8) mit dem prächtigen Portal von 1731 ist die ehem. Vizedomei,

*Marktplatz, Rathaus, Vizedomei

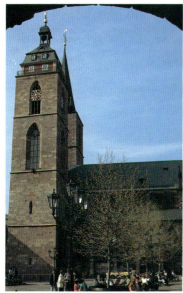

Gotische Stiftskirche ...

... und historischer Saalbau

Neustadt an der Weinstraße

Malerische Altstadt-Gasse

Marktplatz, Rathaus, Vizedomei (Fortsetzung)

in der im 18. Jh. die kurfürstlichen Gäste Quartier nahmen. Das sog. Scheffelhaus am Marktplatz Nr. 4, ein Renaissancegebäude von 1580, wird deshalb so genannt, weil sein früherer Besitzer in freundschaftlichen Beziehungen zu dem Dichter Viktor von Scheffel stand. 'Haus zur Brücke' heißt der zweigeschossige Fachwerkbau mit Rundbogentor und malerischem Hof aus der Zeit um 1600 (Nr. 11), da er früher nur über eine Brücke über den Speyerbach betreten werden konnte.

Kubyscher Hof

In der vom Marktplatz abzweigenden Rathausstraße verdient der Kubysche Hof, ein schöner, zwischen mehreren Fachwerkhäusern gelegener Innenhof (Ende 16. Jh.), Beachtung.

Metzgergasse

Die vom Marktplatz nach Süden abzweigende Metzgergasse ist die älteste Straße der Stadt, sehr eng und mit alten Häusern. Von ihr hat man einen hübschen Blick auf die Stiftskirche mit ihren beiden Türmen.

Hauptstraße, Kellereigasse, Mittelgasse

Die Hauptstraße bildet die Nord-Süd-Achse der Altstadt und ist heute belebte Geschäftsstraße mit einer Vielzahl von Einkaufsmöglichkeiten. Man beachte das Haus Hauptstraße Nr. 76 von 1786 mit dreigeschossigem, übergiebelten Mittelrisalit, Tordurchfahrt und Innenhof sowie das viergeschossige Fachwerkhaus Nr. 91 vom Ende des 16. Jh.s. Sehenswert sind auch das Haus Nr. 94 (Gasthaus 'Zur Post') aus der zweiten Hälfte des 18. Jh.s und das sog. Napoleonshaus, ein dreigeschossiger Fachwerkbau mit Erker (Nr. 115).

Ehemaliges Rathaus

An der Ecke Haupt-/Kellereistraße steht das ehemalige Rathaus, das 1589 erbaut und im 19. Jh. verändert wurde. Weitere sehenswerte Gebäude findet man in der parallel zur Hauptstraße verlaufenden Mittelgasse, die durch ihre weitgehend einheitliche traufständige Bebauung gefällt.

Kath. Kirche

An seiner Westseite öffnet sich der Marktplatz zum Juliusplatz mit der von einer Grünanlage umgebenen kath. Pfarrkirche Mariä Empfängnis. Die in

Neustadt an der Weinstraße

gotischem Stil 1860–1863 erbaute Basilika mit Westturm besitzt einen Hochaltar mit Heiligenfiguren und einer Maria Immaculata als Bekrönung sowie neuere Glasfenster mit Heiligendarstellungen.

Kath. Kirche (Fortsetzung)

Im Nordosten der kath. Pfarrkirche, von dieser durch den Speyerbach getrennt, liegt an der Ludwigstraße das Casimirianum, ein dreigeschossiges Renaissancegebäude, das Pfalzgraf Johann Casimir 1578 zur Aufnahme der calvinistischen Hochschule erbauen ließ. Als solches bestand es nur ein Jahr, danach diente es lange Zeit als Lateinschule und Gymnasium. Das im Besitz der ev. Kirchengemeinde befindliche Gebäude wird gerade einer gründlichen Restaurierung unterzogen.

Casimirianum

Am Marstall, aber auch an anderen Stellen in der Stadt kann man dem sagenhaften pfälzischen Fabeltier Elwedritsche begegnen, dem der Bildhauer Gernot Rumpf hier mit dem gleichnamigen Brunnen ein phantasievolles Denkmal gesetzt hat.

Elwedritsche-Brunnen

Als kulturelles und gesellschaftliches Forum für das städtische Bürgertum entstand 1871 bis 1873 der repräsentative Saalbau, der mit seinen Renaissance-Zitaten noch ganz der Architektur des Historismus verpflichtet ist. Nach einem Brand im Jahre 1980 wurde das großzügige Gebäude 1982/1984 in seiner ursprünglichen Form wieder aufgebaut.

Städt. Saalbau

Das Heimatmuseum Villa Böhm an der Maximilianstraße zeigt nicht nur Zeugnisse der regionalen Geschichte (Funde aus keltischer und römischer Zeit, Urkunden, Bilder, Kunsthandwerk, Geschichte des Weinbaus), es besitzt auch eine großartige Ostasiensammlung und die Fahne des Hambacher Festes von 1832. Geöffnet Mo.–Fr. 9.00–12.00, 15.00–17.00 Uhr, Mi. geschlossen.

Heimatmuseum

Im Lokomotivschuppen des ehemaligen Bahnbetriebswerks von Neustadt am Hauptbahnhof ist heute das Eisenbahnmuseum der Deutschen Gesellschaft für Eisenbahngeschichte untergebracht. In ihm sind rund 40 historische Eisenbahnfahrzeuge zu besichtigen, Dampf-, Diesel- und Elektroloks, Sonderformen von Dampflokomotiven, Eisenbahnwaggons sowie Fahrzeuge für die Streckenüberwachung (u. a. die legendäre Schnellzuglok S 3/6 aus dem Jahre 1924 und eine bayerische Lokalbahnlok Typ T 5 von 1883). Geöffnet Sa. 9.00–16.00, So. 10.00–13.30 Uhr.

Eisenbahnmuseum

Die Parkanlagen Rosengarten, Kriegergarten und der Naturpark Schöntal sind Oasen der Erholung. Sowohl die Deutsche Weinstraße als auch der Wanderweg Deutsche Weinstraße berühren Neustadt, zahlreiche markierte Wanderwege führen in die erholsame Landschaft des Pfälzer Waldes (Broschüre bei der Tourist-Information, Exterstr. 2).

Parkanlagen, Wanderwege

Ortsteile von Neustadt a. d. Weinstraße

Neustadt ist umgeben von einem Kranz von eingemeindeten Dörfern, die nachfolgend alphabetisch aufgeführt werden. Sowohl die an den Hängen der Haardt liegenden Weinbaugemeinden wie auch die östlich und südöstlich gelegenen Ortschaften haben ihren dörflichen Charakter bewahrt und gefallen durch ihr schönes gepflegtes Ortsbild.
Markierte Wanderwege führen vor allem von den am Haardtrand gelegenen Ortsteilen ins Gebirge.

Der im Osten von Neustadt gelegene Branchweilerhof ist der Rest des früheren Dorfes Branchweiler, in dem sich ein 1275 vom Speyerer Domkapitel gegründetes Hospital befand. Erhalten blieb ein dreigeschossiges Gebäude mit Treppenturm von 1597 und der Chor der Kapelle mit Kreuzrippengewölben und Maßwerkfenstern.

Branchweilerhof

Neustadt an der Weinstraße

Diedesfeld

Diedesfeld liegt 3 km südlich von Neustadt. Der im Jahre 1201 als 'Dutins-feld' erstmals erwähnte Ort gehörte bis 1793 zum Hochstift Speyer. Die kath. Barockkirche St. Remigius wurde 1751 an einen spätgotischen Westturm der älteren Kirche aus dem 16. Jh. angebaut. An das Langhaus schließt sich ein dreiseitig geschlossener Chor an. Bemerkenswert im Innern sind der hohe Rokoko-Altar, die Kanzel und eine Reihe von Heiligenfiguren. Das Rathaus ist ein Barockbau von 1701 mit offener Halle und Rundbogenarkaden, darin ein Laufbrunnen von 1812; in einer Nische in der Giebelwand ein hl. Joseph. Seitlich ist von einem früheren Renaissancebau noch ein Pilasterportal (1601) erhalten.

Das 'Schlössel' von 1594 (Lauterstraße 7), zeitweilig bischöflicher Amtssitz, hat einen fünfseitig vorspringenden Renaissance-Treppenturm mit Säulenportal.

Duttweiler

Duttweiler, 8 km südöstlich von Neustadt, ist dessen kleinster Ortsteil. Erstmals erwähnt wurde es 965 in Urkunden des Klosters Weißenburg. Es gehörte bis 1793 zur Kurpfalz, war aber bis 1661 verschiedenen Adelsgeschlechtern zu Lehen gegeben.

Die kath. St.-Michaels-Kirche wurde 1877 erbaut, der Turm stammt noch aus dem 13. Jahrhundert. Das Klostergut St. Lambrecht gehörte zu einem Kloster, das, ursprünglich mit Mönchen besetzt, im 13. Jh. von Papst Innozenz IV. in ein Frauenkloster umgewandelt wurde. Seit 1754 ist es in Privatbesitz.

Geinsheim

Der Ortsteil Geinsheim liegt 10 km südöstlich von Neustadt an der B 39 nach Speyer. Die erste Erwähnung findet sich 714 im Lorscher Codex. Von 1086 bis 1794 gehörte das Dorf zum Fürstbistum Speyer. Neben Wein wird hier auch großflächig Getreide und Tabak angebaut.

Die kath. Kirche St. Peter und Paul ist in ihren ältesten Teilen ein spätmittelalterlicher Bau, die drei unteren Geschosse des Westturms und der dreiseitig geschlossene, sterngewölbte Chor mit angebauter Sakristei datieren von etwa 1500. Das Langhaus in neugotischem Stil (1869/1873) mit bemerkenswertem Hochaltar (1780) und Taufsteindeckel mit Figurengruppe (2. Hälfte 18. Jh.).

Gimmeldingen

Der anerkannte Erholungsort Gimmeldingen erstreckt sich 3 km nördlich von Neustadt am Rande der Haardt in aussichtsreicher Lage inmitten von Weinbergen und weitläufigen Mandelhainen (über 1000 Bäume), die im Frühjahr ihre Blütenpracht entfalten (Mandelblütenfest im März/April). Berühmt ist die Weinlage "Gimmeldinger Meerspinne". 1109 wurde Gimmeldingen in Urkunden des Klosters Weißenburg als 'Gomeltingen' erstmals genannt und gehörte bis 1794 zur Kurpfalz.

Die ev. Pfarrkirche besteht aus einem Saalbau von 1803 und einem älteren romanischen Westturm aus dem 11. Jahrhundert. Die kath. Pfarrkirche ist ein gotischer Bau, der im 17. Jh. zerstört und 1957/1958 wieder aufgebaut wurde (Maßwerkfenster von der früheren Kirche erhalten). Das Haus Kurpfalzstraße 161 schmückt die Nachbildung einer im Jahre 1926 geborgenen Mithrasstatue (persischer Lichtgott), die wohl Teil einer Kultstätte aus vorchristlicher Zeit war. Das Original befindet sich im Historischen Museum in Speyer.

✳Haardt

Der anerkannte Erholungsort und Ortsteil Haardt ist ein langgestrecktes Straßendorf 2 km nördlich von Neustadt. Seine Lage am Abhang des Haardtgebirges erlaubt herrliche Ausblicke auf die Rheinebene, besonders von der Dr.-Welsch-Terrasse am südlichen Ortsrand, die dem Dorf den Beinamen 'Balkon der Pfalz' eintrug. Im Wettbewerb "Unser Dorf soll schöner werden" wurde Haardt mehrfach Bundes- und Landessieger.

Als Ortsname erscheint 'Haardt' erstmals im Jahre 1262; vorher war er schon als Name des Gebirges bekannt. Bis 1793 gehörte der Ort zur Kurpfalz. Die ev. Pfarrkiche ist ein Saalbau von 1781/1782 mit einer barocken Orgel aus der Werkstatt der Orgelbauer-Familie Stumm von 1740.

Neustadt an der Weinstraße

Oberhalb von Haardt liegt die Ruine der im 11. Jh. erbauten Burg Winzingen, die 1248 erstmals erwähnt wurde und sich bis 1794 in pfalzgräflichem Besitz befand. Wie die meisten Burgen in der Gegend wurde auch sie im Pfälzischen Erbfolgekrieg zerstört. Erhalten blieb die annähernd ovale innere Ringmauer und ein 24 m langer gewölbter Keller unter dem ehemaligen Palas. Die romanische Burgkapelle St. Nikolaus aus dem 12. Jahrhundert wurde wiederhergestellt. Die 1876 auf dem Ruinengelände erbaute Villa, das 'Haardter Schlößchen', ist heute in privatem Besitz.

Ruine Winzingen

Der 865 erstmals erwähnte und bis 1794 zum Bistum Speyer gehörige Ortsteil Hambach besitzt außer Weinbergen auch viel Bergwald mit Edelkastanien. Er ist unterteilt in Ober-, Mittel- und Unterhambach.
Die kath. Pfarrkirche St. Jakob in Oberhambach, ein Saalbau mit eingezogenem Chor, entstand 1759/1751 nach Plänen des fürstbischöflichen Hofbaumeisters Johann Georg Stahl unter Einbeziehung des frühgotischen Chorturmes der Vorgängerkirche. In dessen Untergeschoß wurden 1938 Wandmalereien aus dem 16. Jh. freigelegt und restauriert. Von der Innenausstattung der Kirche im Rokokostil gefällt der Hochaltar nach einem Entwurf des Bildhauers Vinzenz Möhring aus Speyer (1753) und der Taufstein von 1731.
In Mittelhambach, das noch sehr dörflich geprägt ist, beachte man das Rathaus aus dem 18. Jh., ein Rechteckbau mit Walmdach und Dachreiter; davor steht der Marktbrunnen (Anfang 19. Jh.). Das 1602 erbaute Gasthaus 'Zum Engel' besteht aus zwei Fachwerkhäusern mit hohen Halbwalmdächern. Im Erdgeschoß mehrfach gekuppelte Renaissancefenster, Torbogen (bezeichnet 1609) und ein Hofportal von 1612.
In Unterhambach steht noch das ehemalige bischöfliche Försterhaus, ein Renaissancebau von 1585 mit rundem Treppenturm an der Hofseite.

Hambach

Hauptanziehungspunkt Hambachs ist die oberhalb des Orts liegende Kästenburg oder Maxburg, heute meist Hambacher Schloß genannt. Sie wurde um 1000 als Reichsfeste von den salischen Kaisern erbaut und kam zu Beginn des 12. Jh.s an das Domstift Speyer. Die dortigen Bischöfe machten sie zu ihrem Sommersitz und bauten die Burg aus. In den kriegerischen Auseinandersetzungen der folgenden Jahrhunderte erlitt sie oft schweren Schaden, wurde wieder instandgesetzt, dann aber 1689 endgül-

**Hambacher Schloß

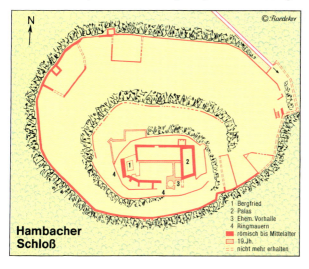

Hambacher Schloß

Neustadt an der Weinstraße

Hambacher Schloß

Hambacher
Schloß
(Fortsetzung)

tig zerstört. Den Namen 'Kästenburg' (Kastanienburg) erhielt sie wegen ihrer Lage inmitten von Kastanienwäldern. 1815 kam die Burgruine mit der Pfalz in den Besitz des Königreichs Bayern, wurde aber schon 1823 von Neustädter Bürgern zurückgekauft. Am 27. Mai 1832 war die von da ab 'Hambacher Schloß' genannte Burgruine Schauplatz einer überwältigenden Kundgebung und Demonstration gegen die Kleinstaaterei und für ein einiges und freies Deutschland, an der sich rd. 30 000 freiheitlich gesinnte Menschen aus Deutschland, Frankreich und Polen beteiligten. Bei dieser Gelegenheit wurde erstmals die deutsche Nationalflagge mit den Farben Schwarz-Rot-Gold gehißt. 1842 erhielt der bayerische Kronprinz Maximilian die Ruine zum Hochzeitsgeschenk, was ihr den Namen 'Maxburg' eintrug. Der Plan, sie in neugotischem Stil wieder aufzubauen, kam nur in Teilen zur Ausführung, 1848 wurden die Arbeiten endgültig eingestellt, zurück blieb ein Torso. Im Jahre 1952 erwarb der damalige Landkreis Neustadt die Schloßruine aus dem Wittelsbacher Nachlaß, um es als Denkmal der deutschen Demokratie zu erhalten. Mit der Verwaltungsreform in Rheinland-Pfalz 1969 wurde der neu gegründete Landkreis Bad Dürkheim Eigner des Schlosses, der es zu seiner heutigen Form ausbauen ließ.

Von der alten Burg sind noch Ringmauer und Türme sowie die westliche Schildmauer erhalten. Der größere Teil des jetzigen, im Stil eines venezianischen Palazzos erneuerten Schlosses entstand beim Ausbau und bei den Sicherungsmaßnahmen des 19. und 20. Jh.s. Der dabei eingerichtete Festsaal für 300 Besucher dient kulturellen Veranstaltungen und festlichen Empfängen. Eine ständige Ausstellung von Bildern, Dokumenten, Fahnen, Urkunden und zeitgenössischen Objekten hält die Erinnerung an das Hambacher Fest wach (geöffnet März–Nov. tgl. 9.00–17.00 Uhr; Zufahrt zum Schloß über die Freiheits- oder über die Schloßstraße bis zum Parkplatz, von dort 15 Min. Fußweg, an einigen Tagen der Woche besteht eine Busverbindung von Neustadt zum Schloß).

Von der Burgschenke hat man einen herrlichen Blick auf die Rheinebene.

Neustadt an der Weinstraße

Immaculata in Königsbach   *Herrenhof in Mußbach*

Königsbach

6 km nördlich von Neustadt liegt am Haardtrand der als Erholungsort staatlich anerkannte Ortsteil Königsbach. Die 1244 erstmals genannte Siedlung unterstand wohl, wie der Name ausdrückt, unmittelbar dem König, ab 1353 war der Ort 300 Jahre lang Lehen der Herren von Hirschhorn aus dem Neckartal; danach gehörte er bis 1793 zum Hochstift Speyer.

Die kath. Pfarrkirche St. Johannes wurde 1753 unter Einbeziehung des spätgotischen Turmes einer früheren Kirche als Saalbau mit eingezogenem, dreiseitig geschlossenem Chor wahrscheinlich von dem fürstbischöflichen Hofbaumeister Johann Georg Stahl erbaut. Das Wappen über dem Kirchenportal ist das des Fürstbischofs Franz von Hutten. Beachtenswert das Tafelgemälde mit einer figurenreichen Kreuzigung hinter dem Hochaltar (um 1470).

Unweit der Kirche steht der Hirschhorner Hof, das ehem. Amtshaus der Herren von Hirschhorn von 1604 mit doppeltem Torbogen, heute kath. Pfarrhaus. Das ehem. bischöfliche Landhaus, Kapellenstr. 142, ist ein hübsches Bauwerk mit rechteckigem Eingangserker über einer Freitreppe und einem sechseckigen Zwiebelturm. Ein weiterer Adelshof ist das ehem. Landhaus des Jesuitenordens, das später dem Domstift in Speyer gehörte. Nordwestlich von Königsbach steht im Klausental inmitten eines Kastanienhains die Klausenkapelle zu den 14 Nothelfern aus der Mitte des 14. Jh.s, 1845 restauriert. Das ehem. Schloß, jetzt Kloster Hildebrandseck, war einst Dienstsitz des kurfürstlichen Landvogts. Es wurde 1616 erbaut, aber später mehrfach verändert und erweitert. Der frühere Festsaal mit Rokokodekor ist heute Kapelle; im Park stehen seltene alte Bäume. Das 'Obere Herrenhaus' von 1574 ist ein Renaissancebau mit Treppenturm.

Kloster Hildebrandseck

Lachen-Speyerdorf liegt 7 km südöstlich von Neustadt in der Rheinebene an der B 39 und ist dessen größter Ortsteil. Urkundlich erwähnt wurden die beiden früheren Dörfer zwischen 774 und 780 in Urkunden des Klosters Weißenburg. Sie gehörten bis 1794 zur Kurpfalz.

Lachen-Speyerdorf

175

Neustadt an der Weinstraße

Lachen-Speyerdorf (Fortsetzung)

Die kath. Kirche St. Katharina wurde 1749–1764 als lutherische Kirche erbaut. Der Saalbau mit Dachreiter erhielt 1821 seine Ausstattung; Kanzel von 1770. Ebenfalls aus dem 18. Jh. stammt die heutige ev. Kirche St. Urban (1757) mit einem spätgotischen Turm. Der in einem römischen Gräberfeld gefundene Steinsarkophag fand zusammen mit alten Grenzsteinen Aufstellung an einer reizvollen Brunnenanlage in Speyerdorf.

Mußbach

Der Ortsteil Mußbach liegt im Norden von Neustadt an der Deutschen Weinstraße (Bahnstation an der Strecke Neustadt – Bad Dürkheim). Im Jahre 774 als Besitz des Klosters Weißenburg erstmals urkundlich genannt, gehörte er vom 12. Jh. bis 1794 zur Kurpfalz. Sowohl der Johanniter- als auch der Templerorden hatten hier ausgedehnte Besitztümer. Die ehemalige Johanniterkirche aus der zweiten Hälfte des 14. Jh.s ist seit 1707 simultane Pfarrkirche. Der erhöhte Chor mit nördlich angebautem Turm hat Kreuzrippengewölbe auf Kopfkonsolen. Das Langhaus wurde 1534 umgebaut und 1728 verlängert; es ist jetzt ein flachgedeckter Saal mit Maßwerkfenstern. Reste von Wandmalereien aus der Erbauungszeit wurden 1966 freigelegt. Im Straßenbild fallen die vielen Torbögen auf, z. T. noch aus der Zeit um 1600. Das 1469 erstmals erwähnte Rathaus hat eine offene Gerichtslaube. Bemerkenswert sind ferner das ‚Weiße Haus', ein früherer Adelshof aus dem 16. Jh., der Ottensbacher Hof und die Scheffelmühle von 1663. Nach seinem Erbauer, dem Kurfürsten Karl Theodor,

Karl-Theodor-Hof

benannt, ist das Ende des 18. Jh.s entstandene Lustschlößchen mit lebensgroßen Figurengruppen aus der Zeit um 1780 im dazugehörigen Garten.

Herrenhof (Abb. S. 175)

Das älteste Weingut der Pfalz besitzt Mußbach mit dem Herrenhof, der vom Ende des 13. bis zum ausgehenden 18. Jh. dem Johanniterorden gehörte. Von der Anlage steht noch die alte Ringmauer mit einem in Buckelquadern geschichteten doppelten Torbogen (13. Jh.), ein Treppenturm mit prächtigem Renaissanceportal als Rest des älteren Schaffnereigebäudes von 1589 und daneben der Getreidekasten, in dem ein Weinmuseum untergebracht ist (→ Weinanbau und Weinkultur). Das Herrenhaus mit doppelter Freitreppe und schönem barockem Portal wurde 1756 erbaut. Der Herrenhof befindet sich heute im Besitz des Landes Rheinland-Pfalz. Die jüngste Umbau- und Restaurierungsmaßnahme betraf das ehemalige Kelterhaus, in dem großzügige Räumlichkeiten für Kunstausstellungen geschaffen wurden.

Wolfsburg

2 km westlich von Neustadt erhebt sich auf einem hohem Felssporn, 130 m über der Talsohle des Speyerbachs, die Ruine Wolfsburg. Erbaut wurde die Burg vermutlich im 12. Jh. von Pfalzgraf Konrad von Hohenstaufen zur Sicherung der Talstraße und des Gebietes, das er vom Speyerer Bischof als Lehen erhalten hatte. 1255 erstmalig erwähnt, war sie bis 1432 Amtssitz der kurfürstlichen Vögte und wurde im Dreißigjährigen Krieg zerstört; zwischen 1960 und 1980 umfangreiche Restaurierungsarbeiten. Die Burg bestand aus einer Vor- und einer Hauptburg, die von einer doppelten Ringmauer mit Zwinger umgeben und gegen die Bergseite durch eine 3 m starke und 13 m hohe Schildmauer gesichert waren. Diese Mauern sind noch in Teilen erhalten, ebenso die zwei Geschosse hohe Umfassungsmauer des Palas, wogegen vom ehemaligen Bergfried nur noch Fundamente vorhanden sind. Es gibt eine Burgschenke (nur geöffnet, wenn die blau-weiße Fahne aushängt).

Winzingen

Als ‚Wincingas' erscheint die Vorstadt Winzingen in Urkunden des Klosters Weißenburg erstmalig 774. Auf ihrer Gemarkung wird viel später das heutige Neustadt gegründet. 1894 wurde der Ort eingemeindet und ist heute vollständig in die Stadt integriert. Die alte ev. Kirche, ein Saalbau mit dreiseitig geschlossenem Chor, wurde 1730 auf den Resten einer Vorgängerkirche aus der Zeit um 1300 erbaut. Die kath. Kirche St. Joseph, ein Neubau von 1932/1933, besitzt einen wertvollen Taufstein aus der Zeit um 1600.

Niederkirchen D 5

Landkreis: Bad Dürkheim
Verbandsgemeinde: Deidesheim
Höhe: 110–125 m ü. d. M.
Einwohnerzahl: 2000
Weinanbaufläche: 120 ha

2 km östlich von Deidesheim   Lage

Straße: A 65, B 38, B 271   Verkehrs-
Eisenbahn: nächster Bahnhof Deidesheim an der Strecke Neustadt a. d. W.   anbindung
– Freinsheim (2 km)
Autobus: Linie Deidesheim – Ludwigshafen

Niederkirchen ist das ursprüngliche Deidesheim und unter dem Namen   Geschichte
'Didinesheim' 699 erstmals erwähnt. Nachdem am Haardtrand ein neuer
Ort, das heutige Deidesheim, entstanden war, erhielt dieser 1360 den
Namen Oberdeidesheim, während das bisherige Deidesheim zur besseren
Unterscheidung Niederdeidesheim genannt wurde. Ab 1430 hieß der Ort
Niederkirchen, gehörte aber zum größeren Deidesheim und wurde erst
1815 selbständige Gemeinde. Vom Ende des 11. Jh.s bis 1794 war er im
Besitz des Hochstiftes Speyer.

Der Ort besitzt mit der kath. Pfarrkirche St. Martin eines der ältesten christ-   ✳St. Martin
lichen Baudenkmäler der Pfalz. Vom ersten, in die 2. Hälfte des 11. Jh.s
datierten Bau ist noch das Querhaus und der durch Rundbogenfriese und
Schallarkaden gegliederte Vierungsturm erhalten. Das Walmdach des
Turms ist ein späterer Zusatz. Aus gotischer Zeit stammt der polygonale
Chor; das dreischiffige Langhaus wurde in den Jahren 1955–1957 errichtet. Das Mittel- und das
südliche Seitenschiff
schließt mit einem Netz-,
das nördliche mit einem
Kreuzgewölbe. Von der
Ausstattung der Kirche
seien die drei Vesperbil-
der in der Sakristei (ehem.
Votivfiguren) sowie die
zum Teil lebensgroßen
Heiligenfiguren aus dem
18. Jh. hervorgehoben,
die zu Beginn des 19. Jh.s
als Ersatz für das 1794
verwüstete Inventar aus
Wormser Kirchen in das
Gotteshaus kamen.

Die herausragende Be-
deutung der Kirche liegt
in ihrer zeitlichen und for-
malen Nähe zu den bei-
den wichtigsten hochmit-
telalterlichen Kirchenbau-
ten in der Pfalz, dem Dom
zu Speyer und der monu-
mentalen Klosterkirche
Limburg.
Der mächtige Vierungs-
turm zählt zu den ältesten
in Deutschland.

St. Martin in Niederkirchen

177

Oberotterbach B/C 8/9

Landkreis: Südliche Weinstraße
Verbandsgemeinde: Bad Bergzabern
Höhe: 192 m ü.d.M.
Einwohnerzahl: 1080
Weinanbaufläche: 200 ha

Lage

4 km südlich von Bad Bergzabern

Verkehrsanbindung

Straße: B 38 (Deutsche Weinstraße)
Eisenbahn: nächster Bf. Winden an der Strecke Karlsruhe – Landau
Autobus: Linie Landau – Schweigen-Rechtenbach

Allgemeines und Geschichte

Der staatlich anerkannte Fremdenverkehrsort Oberotterbach liegt am Austritt des Otterbaches aus dem Wasgau in die Rheinebene und ist weitgehend vom Obst- und Weinanbau geprägt. Die erste urkundliche Erwähnung findet sich im Jahr 973; 992 wurde der Ort dem Kloster Selz im Elsaß übereignet. Später kam Oberotterbach zum Amt Guttenberg und bis 1794 zu Pfalz-Zweibrücken. Im Zweiten Weltkrieg lag Oberotterbach in der Kampfzone und erlitt schwere Schäden. Oberotterbach hat eine interessante Beziehung zum englischen Königshaus. Im ehemaligen protestantischen Pfarrhaus wurde Salomea Schweppenhäuser als Tochter des Ortspfarrers geboren, deren Enkelin eine morganatische Ehe mit dem Prinzen Alexander von Hessen einging und zur Gräfin von Battenberg erhoben wurde. Deren Sohn Ludwig wurde in England als Lord Mountbatten Erster Seelord und er war der Großvater des englischen Prinzgemahls Philipp.

Sehenswertes

Das sog. 'Schlößl', in der zweiten Hälfte des 18. Jh.s im Barockstil erbaut, war ursprünglich Amtshaus des Verwalters der Herrschaft Guttenberg und beherbergt heute eine Gaststätte. Von der originalen Innenausstattung hat sich eine französische Grisaille-Tapete aus dem Jahre 1820 erhalten.
Die ev. Pfarrkirche St. Georg ist ein flachgedeckter Saalbau von 1537 (1726 umgebaut) mit einem Chorturm um 1300, dem im 16. Jh. ein Glockengeschoß aufgesetzt wurde (Orgel von 1754). In der kath. Pfarrkiche St. Georg von 1930 sind zwei geschnitzte Holzfiguren aus der Zeit um 1480 und der Taufstein (um 1500) bemerkenswert.

Farbfilm "Am Westwall"

In der Otterbachhalle gibt es Vorführungen des Farbfilms "Am Westwall". Er soll der einzige Tonfilm mit historischen Wochenschauberichten sein.

'Schlößl' in Oberotterbach

Obrigheim D 3

Landkreis: Bad Dürkheim
Verbandsgemeinde: Grünstadt-Land
Höhe: 125–160 m ü. d. M.
Einwohnerzahl: 2600
Weinanbaufläche: 241 ha

4 km nordöstlich von Grünstadt — Lage

Straße: B 271
Eisenbahn: nächster Bahnhof Grünstadt (4 km)
Autobus: Linie Grünstadt – Worms — Verkehrsanbindung

Die Gemeinde Obrigheim erstreckt sich auf einer Länge von vier Kilometern im Tal des Eisbachs. Sie entstand 1969 aus dem Zusammenschluß der Dörfer Albsheim, Mühlheim, Hedesheim, Colgenstein, Obrigheim und Neuoffstein. Erstmalig erwähnt wurden diese Orte im Lorscher Codex oder in Urkunden des Klosters Weißenburg als 'Aolfesheim' (788), 'Mulinheim' (766), 'Hedensheim' (1277), 'Colungenstein' (991) und 'Obrigheim' (13. Jh.). Neuoffstein nahe der rheinhessischen Grenze bei Offstein gibt es erst seit 1883. Die Orte gehörten bis zum Ende des 18. Jh.s verschiedenen Linien der leiningischen Grafen und kamen dann zur Kurpfalz. Alle Dörfer sind vom Ackerbau sowie vom Wein- und Obstanbau abhängig mit Ausnahme von Neuoffstein, wo sich eine der größten europäischen Zuckerfabriken befindet. — Allgemeines und Geschichte

Von der früheren ev. Kirche St. Egidien aus der Zeit um 1500 ist noch der Chorturm erhalten. An ihn wurde 1865 das heutige Langhaus angebaut, der Turm wurde 1910 neugotisch aufgestockt. — Obrigheim

Die ev. Kirche zu Albsheim, früher St. Stephan, ist eine romanische Anlage vom Ende des 12. Jh.s. Der früher flachgedeckte Chor wurde 1515–1520 eingewölbt, andere Bauelemente, so die Fenster, wurden 1749 verändert. Die 1958 entdeckten gotischen Wandmalereien oberhalb des Chorbogens sind durch eine unsachgemäße Restaurierung stark verfälscht. — Albsheim

Die romanische Kirche in Mühlheim, heute ev. Pfarrkirche St. Matthias, wurde bereits im 12. Jh. von den Grafen zu Leiningen-Heidesheim in Besitz genommen. Zwischen 1617 und 1620 ließen sie das Gotteshaus zur Schloßkirche mit einer Familiengruft unter dem Chor umbauen. Nach einem Brandschaden im Jahre 1688 wurde 1720 das Langhaus erhöht und im Stil des Barock ausgestattet. Es entstand eine kreuzförmige Anlage mit vier gleich langen Flügeln. Von der alten Kirche blieb der quadratische Chorturm erhalten, dessen Fassade den Übergang vom romanischen zum gotischen Stil widerspiegelt. Das Innere der Kirche lebt vom Kontrast zwischen dem barocken Langhaus und dem gotischen Chorraum mit einem 1922 entdeckten, letztmals 1958 restaurierten Wandmalereizyklus aus der Mitte des 14. Jh.s, der zu den am besten erhaltenen in der Pfalz gehört. Von der barocken Kirchenausstattung gefällt vor allem die Orgel (1738) aus der Werkstatt der Orgelbauer-Familie Stumm aus Raunen-Sulzbach. — Mühlheim

Orgel in St. Matthias

Heidesheim war einmal Residenz der Grafen von Leiningen-Falkenberg, die hier 1608 ein Schloß erbauten und es 1612 bezogen. Nach deren Aus- — Heidesheim

Pleisweiler-Oberhofen

Obrigheim,
Heidesheim
(Fortsetzung)

sterben 1766 kam das Schloß im Jahre 1777 in bürgerlichen Besitz, brannte jedoch 1793 ab. Die Ruine wurde abgetragen und heute erinnert nur noch der frühere Schloßgarten an die einstige Residenz.

Colgenstein

Die ev. Pfarrkirche St. Peter zu Colgenstein hat einen auffallend hohen, vermutlich aus dem Übergang vom 12. zum 13. Jh. stammenden Turm (Abb. S. 42). Er ist sechsgeschossig und durch Lisenen und Rundbogenfriese mit Kopfkonsolen gegliedert. Die in vier Geschossen übereinander angeordneten Rundbogenfensterpaare ähneln denen des Doms zu Speyer. Das Schiff wurde 1736 auf mittelalterlichen Mauern errichtet. Bemerkenswert ist der Taufstein mit Reliefschmuck (Apostel und Heilige zwischen spätgotischem Astwerk).

Neuoffstein

Die Zuckerfabrik in Neuoffstein ist der bedeutendste Wirtschaftsfaktor in diesem Teil des Leininger Landes.

Pleisweiler-Oberhofen   C 8

Landkreis: Südliche Weinstraße
Verbandsgemeinde: Bad Bergzabern
Höhe: 190 m ü. d. M.
Einwohnerzahl: 800
Weinanbaufläche: 200 ha

Lage

2 km nördlich von Bad Bergzabern

Verkehrs-
anbindung

Straße: B 48 (Deutsche Weinstraße)
Eisenbahn: Bf. Winden an der Strecke Karlsruhe – Landau (12 km)
Autobus: Linien Landau – Schweigen, Bergzabern – Annweiler

Allgemeines
und Geschichte

Die an der Weinstraße gelegene Gemeinde ist aus den zwei eng beieinanderliegenden Ortsteilen Pleisweiler und Oberhofen zusammengewachsen. Das südlichere Pleisweiler wurde 1115 als 'Pleswilre', Oberhofen als 'Oberhouen' sehr viel später (1404) erstmalig erwähnt. Die Orte gehörten zur Herrschaft Landeck und kamen mit dieser bis 1794 zur Kurpfalz. 1828 wurden sie zu einer Gemeinde verbunden.

Sehenswertes

Ortsbild

Beide Gemeindeteile bieten ein schönes Ortsbild mit vielen, zum Teil mit kunstvollen Schnitzereien geschmückten Fachwerkhäusern.

St. Simon
und Judas

Die katholische Pfarrkirche St. Simon und Judas ist eine Saalkirche mit außen dreiseitig geschlossenem Chor, erbaut 1755–1757 von dem kurpfälzischen Baumeister Franz Wilhelm Rabaliatti. Nördlich der Kirche steht der Turm der früheren St.-Martins-Kirche aus der zweiten Hälfte des 13. Jh.s, dem 1758 ein Glockengeschoß mit Haube aufgesetzt wurde. Das im Rokokostil gerahmte Kirchenportal weist eine Nischenfigur des hl. Michael auf. Im Inneren reiche Stukkaturen, ein Hochaltar von 1780, Seitenaltar und Kanzel aus der Erbauungszeit sowie eine Immaculata aus der Mitte des 18. Jahrhunderts.

Ehem.
Wasserschloß

Am Westende von Pleisweiler stand seit dem 15. Jh. ein Wasserschloß, von dem noch das Wohnhaus mit einem Eckturm und Teile der Schildmauer vorhanden sind.

Ehem.
Waffenschmiede

Ein technisches Kulturdenkmal ist die im 16. Jh. von zugewanderten französischen Hugenotten errichtete Waffenschmiede (pfälzisch: Wappenschmiede), deren Hammerwerk von einem Wasserrad betrieben wurde.

Quirnheim

Dorfkirchen in Pleisweiler … … und Quirnheim

Quirnheim   D 3

Landkreis: Bad Dürkheim
Verbandsgemeinde: Grünstadt-Land
Höhe: 160 – 260 m ü. d. M.
Einwohnerzahl: 560

7 km nordwestlich von Grünstadt   Lage

Straße: B 271   Verkehrs-
Eisenbahn: nächster Bahnhof Grünstadt (7 km)   anbindung
Autobus: Linie Grünstadt – Boßweiler – Quirnheim

In einem Seitental des Eisbaches liegt das agrarisch geprägte Dorf Quirn-   Allgemeines
heim. Zu ihm gehören noch die Ortsteile Boßweiler an der Straße nach
Ebertsheim und das an der Strecke Grünstadt – Enkenbach gelegene
Quirnheim-Tal.
Auf dem Gerstenberg (317 m ü. d. M.) östlich des Dorfs befindet sich ein
Segelfluggelände. Prächtiger Blick vom Ort auf das Haardtgebirge.

Die erste Erwähnung Quirnheims findet sich 771 im Lorscher Codex, von   Geschichte
Boßweiler ist als 'Buchsolare' erstmals 767 im Codex von Fulda die Rede.
Im Jahre 1674 wurden die Orte einem Herrn Quirinus von Merz zu Lehen
gegeben, der seinem Namen später den Zusatz "von Quirnheim" hinzu-
fügte. Am Ostrand von Quirnheim steht das ehemalige Herrenhaus der
Familie von Merz aus dem 18. Jahrhundert. Bis 1794 waren beide Ortschaften leiningisch.

Die kleine, jenseits der Dorfgrenze liegende spätgotische Kirche war ehe-   Ev. Kirche
mals den Heiligen Maria und Martin geweiht. Ihr romanischer Westturm

181

Ramberg

Quirnheim,
Ev. Kirche
(Fortsetzung)

steht auf einem Unterbau aus dem 12. Jh., seinen Spitzhelm erhielt er im Jahre 1581. Chor und Langhaus haben Kreuzrippengewölbe, die außen von Strebepfeilern gestützt werden. Die Mauer des alten Friedhofs weist am Portal die Jahreszahl 1539 auf.

**Ortsteil
Boßweiler**
Kath. Kirche
St. Oswald

Das frühere Dorf Boßweiler ging im Dreißigjährigen Krieg unter. Heute gibt es hier noch zwei Bauernhöfe, ein Pflegeheim und die überaus sehenswerte barocke Pfarrkirche St. Oswald. Das 1705 – 1707 von Johann Wilhelm Merz von Quirnheim erbaute Gotteshaus steht an der Stelle einer früheren, schon 1496 erwähnten Wallfahrtskapelle, deren Chor als Seitenkapelle in den Barockbau integriert wurde (Oswaldkapelle).
Die Sakramentsnische im Chor ist dem beginnenden 16. Jh. zuzuordnen. Der Hochaltar mit einem Gemälde der Kreuzigung Christi, die Kanzel und die Figur des Namenspatrons der Kirche, des hl. Oswald, über dem Chorbogen an der Ostwand stammen aus der Zeit ihrer Erbauung (1705, 1730, 1700). Der Turm an der Westseite der Kirche und die Mariensäule an der Ostseite (Sockel von 1703) sind neueren Datums.
Vom Schutzheiligen der Kirche, dem hl. Oswald, wird noch eine Schädelreliquie in einer wertvollen, wohl aus dem späten 16. Jh. stammenden Monstranz aufbewahrt.

Gedenktafel an
Albrecht Ritter
Merz von
Quirnheim

Eine Gedenktafel erinnert an Albrecht Ritter Merz von Quirnheim, Nachkomme des Kirchengründers und Oberst im Generalstab, der am 20. Juli 1944 wegen seiner Beteiligung am Putsch gegen Hitler hingerichtet wurde.

Ramberg   C 6

Landkreis: Südliche Weinstraße
Verbandsgemeinde: Annweiler am Trifels
Höhe: 235 m ü. d. M.
Einwohnerzahl: 1000

Lage

15 km nordwestlich von Landau

Verkehrs-
anbindung

Straße: B 10
Eisenbahn: nächster Bahnhof Albersweiler an der Strecke Landau – Saarbrücken (6 km)
Autobus: Linie Landau bzw. Annweiler – Ramberg

Allgemeines

Etwa 1,5 km talaufwärts von ⟶ Dernbach im gleichnamigen Tal liegt das als Bürstenbinderdorf bekannte Ramberg. Das Bürstenbindergewerbe wird heute noch ausgeübt. Wegen seiner Lage im waldreichen Dernbachtal und seinem schönen Ortsbild ist Ramberg ein gern besuchter Erholungsort. Beliebte Wanderziele sind die drei im nahen Umfeld von Ramberg liegenden Burgruinen Neuscharfeneck, Ramberg und Meistersel (s. u.).

Sehenswertes

St. Laurentius

Bei der kath. Kirche St. Laurentius handelt es sich um einen klassizistischen Saalbau mit runder Apsis, Vorhalle und Westturm, der 1832/1833 auf den Fundamenten einer Vorgängerkirche aus dem 15. Jh. erbaut wurde. Im Inneren bewahrt sie Heiligenfiguren im Rokokostil.

*Burgruine
Neuscharfeneck

Die eindrucksvollste und zugleich eine der größten und am besten erhaltenen Burgruinen der Pfalz ist Neuscharfeneck auf der Höhe südöstlich von Ramberg.
Sie wurde Anfang des 13. Jh.s als Vorwerk zu einer heute nicht mehr vorhandenen Burg Altscharfeneck gebaut und kam 1416 zur Kurpfalz. Kur-

182

Ramberg

Burgruine Neuscharfeneck

fürst Friedrich I. von der Pfalz erweiterte die Burg und überließ sie seinem Sohn Ludwig aus morganatischer Ehe, dem späteren Grafen von Löwenstein. Nach Zerstörung im Bauernkrieg wurde sie wiederaufgebaut und im Dreißigjährigen Krieg endgültig zerstört. Die Anlage aus einer Haupt- und einer tiefer gelegenen Vorburg nimmt ein Areal von 150 m × 60 m ein. Die Hauptburg bestand aus einer Ober- und einer Unterburg. Während es von der Oberburg keine Reste mehr gibt, sind von der Unterburg Teile des langgestreckten Palas aus dem 16. Jh. mit Rechteckfenstern und vorspringendem Erker, die mächtige Schildmauer (58 m lang, 12 m dick) aus dem 13. Jh. und an der Westseite ein spätgotischer Torbau mit einem mit Buckelquadern verkleideten Rundturm erhalten.

Burgruine Neuscharfeneck (Fortsetzung)

Die auf einem bewaldeten Hügel nördlich oberhalb von Ramberg liegende, vergleichsweise kleine Burganlage geht auf das 12. Jh. zurück. Die einstige Reichsburg und Vorburg zum Trifels gehörte seit 1540 den Grafen Löwenstein-Scharfeneck. Im Bauernkrieg 1525 wurde sie teilweise und im Dreißigjährigen Krieg endgültig zerstört, danach verfiel die Burganlage. Erhalten sind die 3 m starke und 20 m hohe Schildmauer mit Buckelquaderverkleidung, Teile der Ringmauer und ein Felsenkeller unter dem Burghof. An der Nordwestseite lag die Unterburg.

Burgruine Ramburg

Noch etwas weiter nördlich, oberhalb der 'Waltharistraße' nach Edenkoben, erhebt sich die Burgruine Meistersel, auch Modeneck genannt. Sie ist die älteste der Burgen um Ramberg. Ursprünglich Reichsburg, war sie nacheinander im Besitz verschiedener Adelsgeschlechter und wurde schließlich im Dreißigjährigen Krieg zerstört.

Burgruine Meistersel

Sie bestand aus einer Haupt- und einer Vorburg. Von der Hauptburg sind Teile der Umfassungsmauern von zwei Palasgebäuden mit vier schmalen Spitzbogenöffnungen aus dem 13. Jahrhundert erhalten. Die Reste von zwei spitzbogigen Durchgängen finden sich in der Vorburg.

Ranschbach

Ranschbach   C 7

Landkreis: Südliche Weinstraße
Verbandsgemeinde: Landau-Land
Höhe: 240 m ü.d.M.
Einwohnerzahl: 620
Weinanbaufläche: 73 ha

Lage

6 km westlich von Landau

Verkehrs-anbindung

Straße: B 10, L 512 (Deutsche Weinstraße)
Eisenbahn: nächster Bahnhof Siebeldingen-Birkweiler an der Strecke Landau – Saarbrücken
Autobus: Linie Landau – Birkweiler

Allgemeines

Ranschbach, benannt nach dem gleichnamigen Bach, der hier aus dem Gebirge tritt, liegt in einer Talweitung zwischen Hohenberg und Förlenberg inmitten sanfter Rebhügel und Obstanbauflächen. Neben dem Weinbau hat auch die Kultivierung von Mirabellen große wirtschaftliche Bedeutung. Schmale Gassen und alte Winzerhöfe bestimmen auch hier das Ortsbild.

Geschichte

Ranschbach wird um 1200 erstmals als 'Ramesbach' schriftlich erwähnt. Mit Arzheim, Eschbach, Waldrohrbach und Waldhambach gehörte es zur Herrschaft Madenburg. Später kam der Ort zum Hochstift Speyer und nach dem französischen Interregnum 1816 zu Bayern.

Kath. Pfarrkirche

Sehenswert ist die kath. Pfarrkirche Allerheiligen, ein 1782 errichteter, flachgedeckter Saalbau mit dreiseitigem Chorabschluß. Mit der Kirche durch eine Kapelle verbunden ist der spätgotische ehemalige Chorturm von 1470, der im kreuzgratgewölbten Untergeschoß eine kleine Sakramentsnische birgt. Zuseiten des Hochaltars (frühes Rokoko) stehen zwei Bischofsfiguren aus dem späten 15. Jh. in Flachrelief. Die klassizistische Kanzel wird um 1800 datiert.

Peter-Morio-Gedenkstein

Ein Gedenkstein erinnert an den hier geborenen Diplomlandwirt und Rebzüchter Peter Morio (1887–1959). Er züchtete den Sämling 28/30, der unter dem Namen Morio-Muskat zum Anbau zugelassen ist.

Lourdesgrotte

Die 'Lourdesgrotte' an einer Quelle westlich von Ranschbach geriet zu Beginn der 80er Jahre unseres Jahrhunderts durch eine angebliche Wunderheilung in die Schlagzeilen. Eine neue Wallfahrtsstätte entstand an der Stelle einer früheren Wallfahrtskirche, deren Fundamente man vor einiger Zeit freigelegt hatte. Nach einem anfänglichen Ansturm von Heilungssuchenden hat sich der Strom der Wallfahrer wieder verringert.

Rhodt unter Rietburg   C/D 6

Landkreis: Südliche Weinstraße
Verbandsgemeinde: Edenkoben
Höhe: 250 m ü.d.M.
Einwohnerzahl: 1200
Weinanbaufläche: 250 ha

Lage

11 km nördlich von Landau

Verkehrs-anbindung

Straße: A 65, B 38, L 512 (Deutsche Weinstraße)
Eisenbahn: nächster Bahnhof Edesheim an der Strecke Neustadt a.d.W. – Landau
Autobus: Linie Neustadt a.d.W. – Landau

Rhodt unter Rietburg

Theresienstraße in Rhodt unter Rietburg

Der an der Deutschen Weinstraße gelegene Fremdenverkehrsort ist bekannt für sein besonders malerisches und an historischer Bausubstanz reiches Ortsbild. Die Tatsache, daß er jahrhundertelang nicht zur Pfalz gehörte, sondern württembergisch bzw. badisch war, hat das Dorf vor den Verwüstungen des Pfälzischen Erbfolgekriegs, in dem die meisten pfälzischen Siedlungen der Zerstörung anheimfielen, weitgehend bewahrt.

Allgemeines

Ob das 772 im Lorscher Codex genannte 'Crothincheim' oder das erst nach 1200 genannte 'Rode unter Rippurg' dem Ort den Namen gab, ließ sich bislang nicht klären. Ein Rittergeschlecht von Rode ist im 13. Jh. nachgewiesen. Die Grafen von Zweibrücken-Bitsch verkauften den Ort im 14. Jh. an die Grafen von Württemberg, die ihn nacheinander an verschiedene Adelsgeschlechter verpfändeten. 1603 erwarben ihn die Markgrafen von Baden und behielten ihn bis 1801. Nach dem Wiener Kongreß wurde Rhodt unter Rietburg 1816 bayerisch.

Geschichte

Sehenswertes

Das für ein pfälzisches Weindorf typische Straßenbild findet man besonders schön ausgeprägt in der Hauptstraße (Deutsche Weinstraße) und in der Theresienstraße, wo sich schmucke, zumeist in Stein gebaute Winzerhäuser aus verschiedenen Jahrhunderten (16.–19. Jh.), deren Höfe man durch rebenbewachsene doppelte Torbögen betritt, aneinanderreihen. Vor allem im oberen Teil der Theresienstraße mit den Roßkastanienbäumen in der Mitte ist man beeindruckt von der Einheitlichkeit des Dorfbilds. Weitere bemerkenswerte Bauten sind das Rathaus von 1606 mit einem 1717 erneuertem Obergeschoß, das 'Schlössl' (Edenkobener Straße 87), ein 1780 erbauter, frühklassizistischer Dreiflügelbau mit einem den Hof abschließenden Gitter, und das ev. Pfarrhaus von 1750/1751. Das Engagement der Gemeinde um die Erhaltung ihrer denkmalgeschützten Häuser

✳✳Ortsbild, Theresienstraße

Rinnthal

Rhodt u. Rietburg (Fortsetzung) wurde in den letzten Jahren bereits mehrfach mit einer Goldmedaille beim Wettbewerb "Unser Dorf soll schöner werden" belohnt.

'Rhodter Pfiff'

In der Theresienstraße am 'Bättelplatz' steht der 'Rhodter Pfiff', ein Denkmal mit dem Relief eines Ein-Liter-Glases.
Der Erfinder dieses ungewöhnlichen Trinkgefässes war der Wirt des Gasthauses Adler, bei dem sich im Jahre 1904 regelmäßig ein paar Landauerinnen trafen, die ihren Wein immer aus einem 0,1 l-Glas, dem sogenannten Pfiff, tranken. Um den trinkfreudigen Damen nicht ständig nachschenken zu müssen, entwarf der Gastwirt ein spezielles Trinkgefäß, den 'Rhodter Pfiff', der nicht 0,1, sondern 1,0 l faßt.

Ev. Pfarrkirche Die ev. Pfarrkirche wurde 1720–1722 als Saalbau an einen spätgotischen Westturm von 1481 und einen Renaissance-Treppenturm (1606) in der Nordostecke angefügt. Das reich skulptierte Nordportal zeigt ein Relief mit dem Baden-Durchlachschen Wappen. Im Inneren hat sich eine einheitliche Ausstattung aus der Erbauungszeit erhalten. Alle Wände außer der Südwand mit Kanzel tragen Emporen.

Die Gemälde an Decke, Emporen und Kanzel sind weniger bedeutend, wohl aber der kelchförmige Taufstein aus der Zeit um 1600. Vor dem ehemaligen Friedhof steht ein Torbogen mit dem württembergischen Wappen.

Ältester Weinberg Rhodt besitzt mit seinem 300 Jahre alten Traminer-Weinberg den ältesten Weinberg Europas (→ Pfälzer Wein).

Burgruine Rietburg 2 km nordwestlich von Rhodt, am Ostrand des Pfälzer Waldes, liegt die Burgruine Rietburg (544 m ü. d. M.). Man erreicht sie auf Spazierwegen oder bequemer mit der Sesselbahn ab Schloß Ludwigshöhe (→ Edenkoben, Umgebung), die von Ostern bis zum 1. November ganztägig verkehrt. Die Bahn überwindet auf 500 m Länge in acht Minuten Fahrzeit einen Höhenunterschied von 220 Metern.

Die Burg erhielt ihren Namen nach einem ihrer ersten Besitzer, dem 1149 erstmalig urkundlich erwähnten Ritter Konrad von Riet. Sein Nachfahre Hermann von Rietburg verlor im Jahre 1255 die Burg an das Reich, nachdem er in einer Fehde die Gemahlin des Königs Wilhelm von Holland hier gefangengehalten hatte. Zu Beginn des 14. Jh.s gelangte die Reichsfeste durch Verkauf an das Bistum Speyer. Im Dreißigjährigen Krieg wurde sie zerstört und verfiel. In der Nordwestecke der trapezförmigen Ringmauer steht die Hauptburg mit einer mächtigen, im unteren Bereich bis zu 3 m starken und bis 14 m hohen Schildmauer (vermutlich 13. Jh.). Spätere Einbauten stören das Gesamtbild.

Von der Terrasse der ganzjährig bewirtschafteten Burggaststätte hat man einen herrlichen Blick auf die Rheinebene.

Rinnthal   B 7

Landkreis: Südliche Weinstraße
Verbandsgemeinde: Annweiler am Trifels
Höhe: 190 m ü. d. M.
Einwohnerzahl: 580

Lage 16 km westlich von Landau

Rohrbach

Straße: B 10, B 48
Bahn: Bahnhof Rinnthal an der Strecke Landau – Saarbrücken
Bus: Linie Landau – Hauenstein

Rinnthal (Fortsetzung) Verkehrsanbindung

Der wohl im 10. Jh. gegründete Ort Rinnthal gehörte zum Kloster Hornbach, im 12. Jh. an die Herren der Burg Falkenburg, im 14. Jh. an die Grafen von Leiningen fiel. Vom ausgehenden Mittelalter bis zur Französischen Revolution waren die Herzöge von Pfalz-Zweibrücken Herren des Orts. Seine heutige Gemeindegrenze erhielt Rinnthal durch die Aufteilung des Waldes der Herrschaft Falkenburg im Jahre 1831/1832.
Der Eisenbahnbau im Jahre 1875 sowie die Fabrikansiedlungen entlang der Trasse brachten einen wirtschaftlichen Aufschwung.

Allgemeines und Geschichte

Ein architektonisches Kleinod aus der Zeit der bayerischen Herrschaft ist die unter Beteiligung Münchner Architekten um Leo von Klenze entworfene, 1831–1834 erbaute Pfarrkirche. Es handelt sich um einen kleinen anmutigen Saalbau mit einem Fassadenturm und einem Portikus mit vier jonischen Säulen, die ein Gebälk und einen Dreiecksgiebel in der Art griechischer Tempel tragen. Um das aus dem Gesamtbild des Ortes deutlich herausragende Gebäude rankt sich die Anekdote, daß Rinnthal nur durch eine Verwechslung von Plänen zu dieser 'exotischen' Dorfkirche gekommen sei. Näher liegt die Annahme, daß Ludwig I., ein großer Verehrer des Neoklassizismus, mit dieser Kirche auf seinem linksrheinischen Territorium einen Musterbau erstellen wollte.

Ev. Pfarrkirche

Rohrbach   **D 8**

Landkreis: Südliche Weinstraße
Verbandsgemeinde: Herxheim
Höhe: 137 m ü. d. M.
Einwohnerzahl: 1661
Weinanbaufläche: 157 ha

7 km südlich von Landau

Lage

Straße: A 65, B 10, B 38
Eisenbahn: Bahnhof Rohrbach-Steinweiler an der Strecke Karlsruhe – Landau

Autobus: Linien Rohrbach – Ludwigshafen, Landau – Schweighofen

Verkehrsanbindung

Rohrbach liegt inmitten von Wein-, Obst- und Gemüseanbauflächen. Im Jahre 774 wurde der Ort erstmals als 'Rorbahomarca' in Urkunden des Klosters Weißenburg erwähnt. Im Jahre 1068 gelangte er in den Besitz der Bischöfe von Speyer, wurde dann aber an die Herren von Flörsheim verpfändet und gehörte vom 14. Jahrhundert bis 1793 zur Kurpfalz.

Allgemeines und Geschichte

Neben vielen schönen Fachwerkhäusern und typischen Winzerhöfen des 16. bis 19. Jh.s besitzt Rohrbach mit der Simultankirche St. Michael einen sehenswerten spätgotischen Kirchenbau. Ältester Bauteil ist der wuchtige Turm (1459) an der Nordseite des dreiseitig geschlossenen Chores. Der Chor mit Sterngewölbe und Maßwerkfenstern wurde laut Inschrift 1484 begonnen. An das flachgedeckte Langhaus (bezeichnet 1513) sind zwei Seitenkapellen angebaut, das südliche mit altem Sterngewölbe.
Auf dem Gemälde des Hochaltars von 1780 ist der Schutzpatron der Kirche, der hl. Michael, dargestellt. Die Steinkanzel am Chorbogen ist mit der Jahreszahl 1634 bezeichnet. Der Altar in der rechten Seitenkapelle und die Emporen im Langhaus sind von 1760. An der Kirchgartenmauer finden sich Grabsteine des 14. und 15. Jh.s und ein steinerner Kruzifixus aus dem Jahr 1803.

Sehenswertes

Ruppertsberg D 5

Landkreis: Bad Dürkheim
Verbandsgemeinde: Deidesheim
Höhe: 135–150 m ü. d. M.
Einwohnerzahl: 1400
Weinanbaufläche: 420 ha

Lage

1 km südöstlich von Deidesheim

Verkehrs-
anbindung

Straße: A 65, B 38, B 271
Eisenbahn: nächster Bahnhof Deidesheim an der Strecke Neustadt a.d.W.
– Freinsheim
Autobus: Linien Deidesheim – Ludwigshafen und Neustadt a.d.W. – Bad
Dürkheim

Allgemeines
und Geschichte

Das Deidesheim benachbarte Ruppertsberg, nur wenig östlich der Deutschen Weinstraße in der Rheinebene gelegen, ist durch seine besonders guten Weinlagen bekannt. Bis 1794 war der Ort im Besitz des Hochstifts Speyer und kam 1816 zu Bayern. 1164 erscheint sein Name erstmals in schriftlichen Zeugnissen als Wohnsitz der Ritter von Ruprechtsburg, womit die 'Hohe Burg' im Westen des Ortes gemeint war, die im 14. Jh. zerstört wurde.

Sehenswertes

Ehem. Schloß

Die Ritter von Ruprechtsburg errichteten nach der Zerstörung der Burg ein schloßartiges Wohngebäude in der Nordostecke des Ortes, das (nach ihrem Aussterben 1475) zuletzt den Herren von Dalberg gehörte. In den kriegerischen Auseinandersetzungen der folgenden Jahrhunderte mehrfach beschädigt und wiederaufgebaut, blieb es nach dem Brand von 1794 Ruine. Auf dem neu bebauten Gelände finden sich geringe Reste der alten Anlage, Teile des Vorhofes sind noch erkennbar (Dalbergstraße 28).

Ortsbild

Säulenreste eines römischen Gutshofes, die im Ortsbereich gefunden wurden, sind auf dem Dorfplatz aufgestellt.

Teehaus

Ungewöhnlich für ein pfälzisches Winzerdorf und dadurch eine Art Wahrzeichen von Ruppertsberg ist das weithin sichtbare ehemalige Teehaus am Ortsrand auf dem Gelände des Weinguts Bürklin-Wolf. Den viereckigen Pavillon mit (ursprünglich vollständig) verglastem Obergeschoß ließ sich die Winzerfamilie Wolf im Jahre 1840 nach einem Vorbild aus dem englischen Garten in München dort aufstellen.

Kath. Kirche
St. Martin

Das äußerlich unscheinbare Gotteshaus ist die einzige Hallenkirche des 15. Jh.s in der Pfalz. Das spätgotische dreischiffige Langhaus mit drei Jochen und einem quadratischen Chor wurde 1860 um ein Joch nach Westen erweitert und ein Turm sowie ein neuer Chor errichtet. Die spätmittelalterliche Ausstattung war 1794 den französischen Revolutionstruppen zum Opfer gefallen und wurde durch Stücke aus säkularisierten Wormser Kirchen ersetzt. Von hervorragender Qualität ist die um 1510 vermutlich von Lorenz Lechner geschaffene steinerne Kanzel mit Darstellungen von Heiligen und Propheten zwischen Rankenwerk am Kanzelkorb (Abb. S. 43). Die Glasmalereien im Chor stammen aus dem Jahr 1937.

St. Martin

C 6

Landkreis: Südliche Weinstraße
Verbandsgemeinde: Maikammer
Höhe: 243 m ü.d.M.
Einwohnerzahl: 1900
Weinanbaufläche: 270 ha

7 km südwestlich von Neustadt a.d. Weinstraße

Lage

Straße: A 65, B 38
Eisenbahn: nächster Bahnhof Maikammer-Kirrweiler an der Strecke Landau – Neustadt a.d. Weinstraße (3 km)
Autobus: Linie Landau – Neustadt a.d. Weinstraße

Verkehrsanbindung

Der anerkannte Luftkurort St. Martin ist wegen seines malerischen Ortsbildes und der waldreichen Umgebung ein beliebtes Reiseziel an der Deutschen Weinstraße. Das Winzerdorf am Fuß der Kalmit greift mit seinem Westteil tief in den Kessel des St. Martiner Tals aus.

Allgemeines

Gegründet wurde St. Martin bereits im 7. Jh.; eine erste schriftliche Erwähnung findet sich allerdings erst im Jahre 1149 in den Urkunden des Klosters Weißenburg. Der Ort gehörte später zum Hochstift Speyer und kam im Jahre 1816 mit der übrigen Pfalz zu Bayern.

Geschichte

Sehenswertes

Auffallend im Ortsbild sind die vielen schönen Wohnhäuser mit Heiligennischen sowie die mit Rauten geschmückten Torbögen, insbesondere die Gebäude Lärchenstraße 11, Edenkobener Straße 1 und 57 und Maikammerer Straße 13. Das ehemalige Pfarrhaus in der Kirchgasse 9 ist ein Fachwerkbau des 17. Jh.s mit zweistöckigem Erker und einem Reliefbild (Maria erscheint dem hl. Dominikus) von 1750. Am südlichen Ende der Mühlgasse steht ein besonders schönes Winzerhaus mit einem Erkervorbau, der eine geschieferte Welsche Haube trägt. Dieses Gebäude aus der Spätbarockzeit diente 1949 als Vorlage für die 20-Pf-Briefmarke der Nachkriegsserie von Rheinland-Pfalz.

Ortsbild

Sehenswerte Beispiele für Adelssitze aus der frühen Neuzeit finden sich in St. Martin im ehemaligen Renaissanceschloß der Herren Hund von Saulheim (Maikammerer Straße 5–7), einem charakteristischen Adelshof aus der Zeit um 1600 (1587–1604) mit prächtigem erkergeschmückten Giebel und malerischem Innenhof.
Aus der gleichen Zeit stammt das Haus der Schlichterer von Erfenstein (Emser Straße 4), ein zweiflügeliger Renaissancebau mit Stufengiebel, sowie der Dahlbergsche Freihof, heute 'Alte Kellerei' in der Kellereistraße 1, der durch den letzten regierenden Dalberger im Jahre 1771 seine heutige Gestalt erhielt.

Adelshöfe

Beherrschend erhebt sich in Ortsmitte die katholische Pfarrkirche St. Martin, ein Barockbau von 1779 unter Einbeziehung spätgotischer Bauteile (Untergeschosse des Westturms und dreiseitig geschlossener Chor). Bei der Baumaßnahme in den 1890er Jahren wurde, um das Langhaus um zwei Joche nach Osten zu verlängern, der gotische Chor abgetragen und weiter östlich wiederaufgebaut. Bemerkenswert sind das Sakramentshäuschen mit hohem Fialenaufsatz (Ende des 15. Jh.s), an der Nordwand ein Steinrelief von 1514, die Grablegung Christi darstellend, und ein Doppelgrabmal für Hanns von Dalberg († 1531) und seine 1510 verstorbene Gemahlin Catharina von Kronberg mit beinahe vollplastisch ausgearbeiteten Bildnisfiguren.

St. Martin

189

St. Martin

Kropsburg

Kropsburg

Zu Beginn des 13. Jh.s ließen die Bischöfe von Speyer auf einem bewaldeten Bergplateau südlich von Maikammer eine Burg errichten, die sie adligen Familien zu Lehen überließen. In Kriegszeiten diente die Kropsburg den Adelsfamilien aus der Ebene als Zufluchtsstätte. Vom 15. bis ins 19. Jh. waren die Herren von Dalberg die alleinigen Besitzer der Burg. Als französische Truppen im Frühjahr 1689 die Burg niederbrannten, bezogen die Dalberger ihr Schloß in → Essingen. Im 19. Jh. wurden die noch erhaltenen Türme abgebrochen und die Steine für den Festungsbau in Germersheim verkauft.

Die Anlage bestand ursprünglich aus einer höher gelegenen Oberburg und einer Unterburg. Erhalten sind die etwa zehn Meter hohen Reste des Bergfrieds (13. Jh.), zwei Torbauten mit Türmen, davon besonders gut der achteckige Treppenturm der Unterburg (bezeichnet 1560 und 1584), und Teile der Ringmauer.

Immaculata, Kapelle

Südlich des Ortes auf dem Weg zur Kropsburg steht auf einem Sockel mit dem Relief des Sündenfalls eine Madonna auf der Weltkugel (Mitte des 18. Jh.s) und an der Straße nach Edenkoben eine Kapelle mit einer steinernen Muttergottes im Giebelfeld (18. Jh.).

Wanderwege

Vom St. Martiner Tal führen Spazierwege zu verschiedenen sehenswerten Plätzen in der Umgebung, so beispielsweise zur Lourdesgrotte (mit einem nachts beleuchteten, weithin sichtbaren Kreuz), und weiter zum Ottilienberg (463 m ü.d.M.) oder zum Bellachinibrunnen, benannt nach dem berühmten, in St. Martin geborenen Zauberer, zur Frauenbrunnenanlage sowie zum Dichterhain mit den in den Fels gehauenen Reliefporträts pfälzischer Heimatdichter.
Durch das St. Martiner Tal kann man über die Totenkopfstraße zur Kalmit (→ Maikammer) gelangen und über Alsterweiler–Maikammer zum Ausgangspunkt zurückkehren.

Schweigen-Rechtenbach

Schweigen-Rechtenbach   **B 9**

Landkreis: Südliche Weinstraße
Verbandsgemeinde: Bad Bergzabern
Höhe: 210 m ü. d. M.
Einwohnerzahl: 1360
Weinanbaufläche: 245 ha

6 km südlich von Bad Bergzabern   Lage

Straße: B 38 (Deutsche Weinstraße)   Verkehrs-
Eisenbahn: nächster Bahnhof Winden an der Strecke Karlsruhe – Landau   anbindung
(16 km)
Autobus: Landau – Schweigen

Der staatlich anerkannte Fremdenverkehrsort ist der südlichste Ort an der   Allgemeines
Deutschen Weinstraße unmittelbar vor der deutsch-französischen Grenze.
Bis zum elsässischen Weißenburg ist es von hier nur noch ein Kilometer.
Sowohl das südlichere Schweigen als auch das nördlichere Rechtenbach
besitzen schöne Fachwerkhäuser.

Schweigen wurde 802 erstmals als 'Suega' erwähnt, was so viel wie Vieh-   Geschichte
hof bedeutete. Dieser versorgte das nahegelegene Kloster Weißenburg.
Rechtenbach findet sich schon 688 als 'Rechtinbach' in einer
Schenkungsurkunde desselben Klosters. Es wechselte später zur Herrschaft Guttenberg und war von 1470 bis 1794 im Besitz der Kurpfalz. Im
Zweiten Weltkrieg wurden beide Gemeinden wegen ihrer Grenzlage eva-
kuiert und bis zu 80 % zerstört. Im Jahre 1969 erfolgte ihre Zusammen-
legung zu einer Ortschaft.

Wahrzeichen der Doppelgemeinde ist das 1936 von August Joseph Peter   ＊Deutsches
errichtete Deutsche Weintor, ein monumentaler Bruchsteinbau mit Gast-   Weintor
stätte, das den Anfang der Deutschen Weinstraße markiert. Von hier bis zu   (Abb. s. S. 192)
ihrem nördlichen Ende in → Bockenheim sind es 80 Kilometer.

Am Deutschen Weintor beginnt ein Weinlehrpfad, der in 1^1/2 Stunden über   Weinlehrpfad
die Gemarkung Sonnenberg führt und, sofern man sich einer der häufig
veranstalteten sachkundigen Führungen anvertraut, mit einer Weinprobe
endet. Er wurde 1969 als erster deutscher Weinlehrpfad eingerichtet
(→ Pfälzer Wein).

Die ev. Kirche St. Eustachius im Ortsteil Schweigen (um 1760) ist ein Saal-   Kirchen
bau mit dreiseitig geschlossenem Chor und gotischem Chorturm von einer
älteren Kirche. Der Orgelprospekt stammt vom Ende des 18. Jahrhunderts. Die ev. Pfarrkirche St. Maria von 1765 – 1772 im Ortsteil Rechtenbach, ebenfalls ein Saalbau mit Westturm, steht auf den Umfassungsmauern einer früheren gotischen Kirche. Die Friedhofsmauer ist spätgotisch.

Umgebung von Schweigen-Rechtenbach

Das Waldgebiet nordwestlich von Schweigen-Rechtenbach zwischen   Mundatwald
dem Tal der Wieslauter und dem Abfall des Wasgaus zur Rheinebene heißt
seit altersher Mundat. Der Mundatwald wurde um 760 dem Kloster Weißenburg zum Geschenk gemacht. Nachdem Weißenburg (→ Wissembourg) 1431 freie Reichsstadt geworden war, entzündete sich ein jahrhun-
dertelanger Streit zwischen Stadt und Kloster Weißenburg und dem Bistum Speyer über die Besitzverhältnisse des Waldgebiets.

Ein Kuriosum ist das bewaldete Areal, das zwischen Schweigen-Rechten-   Französisches
bach und dem St. Germanshof von der französischen Grenze etwa 4 km   Verwaltungsgebiet

Schweigen-Rechtenbach

Wahrzeichen der Weinstraße: Das Weintor

Französisches Verwaltungsgebiet (Fortsetzung)

keilförmig bis zum Gipfel der Hohen Derst in deutsches Gebiet hineinragt. Weil in ihm das Trinkwasserreservoir für die französische Stadt → Wissembourg liegt, wurde es im Jahre 1949 unter französische Verwaltung gestellt und kam erst nach langen Verhandlungen 1990 wieder unter deutsche Oberhoheit.

Burgruine Guttenberg

Im Nordzipfel dieses Gebiets steht auf dem Schloßberg (503 m ü.d.M.) die Burgruine Guttenberg. Die im 12. Jh. erbaute Reichsburg wurde um 1150 erstmals erwähnt und gehörte (in Folge oder auch anteilig) den Grafen von Leiningen, der Kurpfalz sowie Pfalz-Zweibrücken und war zuletzt Gemeinschaftsbesitz von Kurpfalz und Pfalz-Zweibrücken. Nach der Zerstörung der Burg im Bauernkrieg 1525 verlegten die Herzöge von Pfalz-Zweibrücken ihren Amtssitz nach → Dörrenbach, in das heutige Rathaus. Vom Amt Guttenberg wurden viele Orte im Bereich der heutigen südlichen Weinstraße verwaltet. Von Schweigen aus erreicht man die Ruine Guttenberg (Markierung: weißer Strich mit schwarzem Punkt; 8 km).

St. Germanshof

4 km westlich von Schweigen trifft die deutsch-französische Grenze am Südrand des Mundatwaldes auf das Tal der Wieslauter. Hier liegt der Weiler St. Germanshof (185 m ü.d.M., Gasthaus, Grenzübergang, Bus von Bad Bergzabern). Die 1055 als Schutzburg für das Kloster Weißenburg erbaute Wasserburg wurde später Benediktinerpropstei, jedoch 1525 im Bauernkrieg zerstört. Erhalten ist noch ein romanischer Keller.

Schweighofen

Schweighofen, etwa 4 km südöstlich von Schweigen-Rechtenbach gelegen, bildete ursprünglich zusammen mit dem elsässischen Dorf Altenstadt an der Lauter eine Gemeinde, wurde aber 1794 unter französischer Verwaltung selbständig. Wie bei Schweigen geht der Name des 1311 erstmals erwähnten Ortes auf das althochdeutsche Wort 'Suega' für Viehhof zurück.

Sportflugplatz

Südlich von Schweighofen gibt es einen Sportflugplatz.

Siebeldingen

 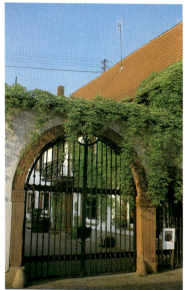

Malerische Winzerhöfe … … in Siebeldingen

Siebeldingen C 7

Landkreis: Südliche Weinstraße
Verbandsgemeinde: Landau-Land
Höhe: 160 m ü. d. M.
Einwohnerzahl: 1 000
Weinanbaufläche: 170 ha

6 km westlich von Landau | Lage

Straße: B 10, L 512 (Deutsche Weinstraße) | Verkehrs-
Eisenbahn: Bahnhof Siebeldingen-Birkweiler an der Strecke Landau – | anbindung
Saarbrücken

Autobus: Linie Landau – Annweiler bzw. Hauenstein (nördliche Route)

Der von Rebenhügeln umgebene Ort am Fuß der Großen Kalmit ist eines | Allgemeines
der ältesten und schönsten Weindörfer an der Deutschen Weinstraße, die
direkt durch ihn hindurchführt.

Bereits im Jahr 770 erscheint Siebeldingen als 'Sigulfingheim' erstmals im | Geschichte
Lorscher Codex. Einige Grundstücks- und Straßennamen erinnern heute
noch an Dörfer, die einst zum Siebeldinger Tal gehörten, aber schon seit
langem in Siebeldingen aufgegangen sind. Sie waren ursprünglich Reichs-
dörfer und wurden 1257 an die Leininger Grafen verpfändet. Trotz der 1285
vom Kaiser gewährten Reichsfreiheit wurde das Siebeldinger Tal ständig
weiter verpfändet, bis es 1410 zur Kurpfalz kam.

Besonders häufig sind an den alten Fachwerkhäusern des Ortes die z. T. | Ortsbild
angebauten, überdachten Freitreppen vorzufinden.

Silz

Siebeldingen
(Fortsetzung)
Simultankirche

Die Saalkirche mit einem Chorturm (13. Jh.) wurde mehrfach umgebaut. Der Chor weist Kreuzrippengewölbe und gotische Fenster auf. Die Kirchenausstattung ist überwiegend barock (Altar von 1759).

Umgebung von Siebeldingen

Geilweilerhof

Nördlich von Siebeldingen an der Deutschen Weinstraße liegt der Geilweilerhof. In der Nähe des Hofs versammelte sich der 'Bauernhaufen', der 1525 auf der Nußdorfer Kerwe (Weinfest) zur Revolte gegen die Adligen aufrief. Während des Bauernkriegs wurde auch das zum Zisterzienserkloster Eußerthal gehörende Klostergut Geilweilerhof gebrandschatzt. Nach Wiederaufbau und mehrfachem Besitzerwechsel ist er heute Sitz der Bundesforschungsanstalt für Rebenzüchtung.

Silz   **B 8**

Landkreis: Südliche Weinstraße
Verbandsgemeinde: Annweiler am Trifels
Höhe: 190 m ü. d. M.
Einwohnerzahl: 820

Lage

6 km westlich von Klingenmünster

Verkehrs-
anbindung

Straße: B 48
Eisenbahn: nächster Bahnhof Annweiler an der Strecke Landau – Saarbrücken (7 km)
Autobus: Linien Landau – Annweiler (südliche Route), Bad Bergzabern – Annweiler

Allgemeines
und Ortsbild

Silz am Klingenbach ist staatlich anerkannter Erholungsort und bietet viele Möglichkeiten zum Wandern und Klettern. Im Ort wurde ein Kinderdorf mit sieben Häusern geschaffen. Mit dem Silzer See besitzt der Ort einen idyllisch gelegenen Badesee. In Zentrum von Silz steht ein hübscher Dorfbrunnen.

Aussichtspunkte

Der bizarre Schweinefelsen (350 m ü. d. M.), der über eine Leiter auch von ungeübten Kletterern bestiegen werden kann, gewährt eine weite Aussicht. Vom benachbarten Aussichtsturm Martinsstein (561 m ü. d. M.) bietet sich ein schöner Blick auf das im Tal gelegene Silz.

Umgebung von Silz

✳Wild- und Wanderpark Südliche Weinstraße

2 km südwestlich von Silz liegt der Wild- und Wanderpark Südliche Weinstraße. Auf ca. 100 ha kann man bekanntes und seltenes Wild beobachten. Über 400 Tiere, darunter Rot- und Damwild, Biber, Esel, Ziegen, aber auch eine Reihe von Vogelarten leben hier in freier Wildbahn und können bis auf wenige Ausnahmen ohne Zäune beobachtet werden; Ziegen und Kleintiere lassen sich sogar streicheln. Für die jüngsten Parkbesucher gibt es einen Abenteuerspielplatz und während der Monate Mai bis Oktober jeweils am zweiten Sonntag des Monats ein Spielfest mit Kindertheater, Spielen, Clown, Wettbewerben. Der Park ist ganzjährig geöffnet von 9.00 Uhr bis zum Einbruch der Dunkelheit. Informationen: Tel. (06346) 5588 oder Verwaltung Tel. (06341) 380263.

Gossersweiler-
Stein

Der Doppelort Gossersweiler-Stein (300 m ü. d. M.; 1380 Einw.) im Herzen des romantischen Wasgaus ist ein anerkannter Erholungsort. Etwa 1 km vom Ortsteil Stein entfernt, in ruhiger Waldlage, erstreckt sich das Ferien-

194

dorf 'Eichwald' mit 150 Häusern und einem Freizeitzentrum mit Hallenbad. In der Nähe des Orts gibt es eine Reihe von Kletterfelsen für alle Schwierigkeitsgrade.

Silz, Gossersweiler-Stein (Fortsetzung)

Gossersweiler wurde 1313, Stein im Jahre 1599 erstmals urkundlich erwähnt. Die beiden Ortsteile der Doppelgemeinde gehörten im Mittelalter verschiedenen Herrn. Seit 1570 sind sie Teil des Unteramts Landeck, das zum kurpfälzischen Amt Germersheim gehörte. An der Stelle der 1768/1769 erbauten kath. Pfarrkirche St. Cyriakus, ein Saalbau im Rokokostil, stand bereits 1309 (urkundliche Erwähnung) ein Gotteshaus. Das Südportal am Turm ist von zwei Pilastern flankiert, zwischen zwei Giebeln steht die Figur des Namenspatrons. Die Innenausstattung ist aus der Erbauungszeit; moderner Anbau aus den 70er Jahren.

Etwa 2 km hinter Gosserweiler-Stein gelangt man in das Dorf Völkersweiler (300 m ü.d.M., 550 Einw.), das als Rodungsort des Klosters Klingenmünster entstand. Erstmals erwähnt wird es im 14. Jahrhundert. Im Mittelalter gehörte es zur Herrschaft Landeck, von 1570 bis 1794 war es Teil des kurpfälzischen Unteramtes Landeck. An der Stelle eines gotischen Vorgängerbaus steht die kleine, 1991 in neugotischem Stil nach Plänen des Architekten Wilhelm Schulte in Buntsandstein erbaute Saalkirche. Die südlich des Orts gelegene St.-Jergen-Kapelle von 1830 besitzt eine Bauspolie (Bauteil) aus der Renaissance. Ein Kreuzweg endet westlich der Kapelle mit einem Steinkruzifix auf einem Tischsockel.

Völkersweiler

Speyer

F 6

Bundesland: Rheinland-Pfalz
Höhe: 104 m ü.d.M.
Einwohnerzahl: 43 000

Die alte Kaiserstadt Speyer liegt am linken Ufer des Rheins. Sie ist seit dem 7. Jh. Bischofssitz und war von 1294 bis 1797 Freie Reichsstadt, in der viele Reichstage stattfanden (so der berühmte von 1529, auf dem die evangelischen Fürsten und Stände eine Protestation gegen die reformationsfeindlichen Beschlüsse der Mehrheit überreichten (daher die Bezeichnung 'Protestanten'). Wirtschaftlich bedeutend ist der Rheinhafen.

Lage und Allgemeines

Auf dem Rhein verkehren im Sommerhalbjahr Ausflugsschiffe.

Personenschiffahrt

Obgleich auch schon als keltischer Siedlungsplatz nachgewiesen, gilt die Gründung eines römischen Militärlagers im Jahre 10 v. Chr. als Ursprung der Stadt. Die um das Militärlager entstandene Siedlung, 'Civitas Nemetum' genannt, entwickelte sich zu einem regionalen Verwaltungszentrum. Im 7. Jh. tauchte der Name 'Spira' auf, und im selben Jahrhundert wurde Speyer Bischofssitz. Die Bedeutung der Stadt unter den salischen Kaisern kommt im Bau des Doms (1030 Grundsteinlegung) als kaiserliche Grablege sinnfällig zum Ausdruck. Im 16. und 17. Jh. hatte das Reichskammergericht seinen Sitz in der Freien Reichsstadt (seit 1294). Der Pfälzer Erbfolgekrieg brachte 1689 schwere Zerstörungen. Der von den Bewohnern wieder aufgebaute Stadtkern hat sich bis heute weitgehend erhalten.

Geschichte

Sehenswertes

Der Dom zu Speyer (St. Maria und St. Stephan) ist der älteste der drei Kaiserdome am Rhein und ein herausragendes Zeugnis monumentaler Kirchenbaukunst zur Zeit der salischen Kaiser. Die erste Bischofskirche wurde um 1030 von dem Salierkaiser Konrad II. begonnen und 1061 geweiht; von 1082 bis 1125 erfolgte unter den Kaisern Heinrich IV. und Heinrich V. ein grundlegender Umbau. Das heutige Bild des Domes ist

**Dom

Speyer

Dom
(Fortsetzung)

weitgehend von dieser 2. Bauphase bestimmt. Nach wiederholten Zerstörungen im ausgehenden 18. Jh. Wiederherstellung im 19. Jh.; der heutige Westbau von 1854.

Die auf kreuzförmigem Grundriß errichtete Basilika wird von vier Türmen und zwei Kuppeln bekrönt. Als eine der ersten Kirchen des Mittelalters erhielt sie am Ende des 11. Jh.s ein durchgängiges Gewölbe. In der Vorhalle die Standbilder der acht im Dom beigesetzten Kaiser und Könige, im Innern der erhöhte 'Königschor' sowie der Zugang zu der schon 1039 geweihten Krypta und zur Kaisergruft mit den Überresten aus den 1689 von den Franzosen teilweise geplünderten Kaisergräbern (u.a. Konrad II., † 1039; Heinrich III., † 1056; Heinrich IV., † 1106; Heinrich V., † 1125; Rudolf von Habsburg, † 1291. Die mittelalterliche Ausstattung der Kirche wurde 1689 zerstört.

Vor dem Dom der 'Domnapf', eine Steinschüssel von 1490, die bei der Einführung eines neuen Bischofs für das Volk mit Wein gefüllt wurde.

Historisches Museum

Unweit südlich vom Dom befindet sich das Historische Museum der Pfalz, eine 1905–1907 in den Stilformen der Renaissance erbaute Anlage von vier Flügeln mit hervorragenden Sammlungen aus Altertum, Mittelalter und Neuzeit. Es beherbergt auch das Diözesanmuseum und ein interessantes Weinmuseum. Geöffnet tgl. 9.00–17.00 Uhr.

Judenbad

Am Ende der nahen Judenbadgasse liegt in einem Gärtchen fast 10 m unter der Erde das um 1110/1120 eingerichtete Judenbad. Das rituellen Waschungen dienende Kaltbad gilt als eine der größten Anlagen dieser Art in Deutschland. Geöffnet April–Okt., tgl. 10.00–12.00, 14.00–17.00 Uhr.

Feuerbachhaus

Südwestlich vom Judenbad (Allerheiligenstraße 9) liegt das um 1800 erbaute Haus, in dem 1829 der Maler Anselm Feuerbach geboren wurde (Erinnerungsstätte, Wechselausstellungen).
Geöffnet Mo.–Fr. 16.00–18.00, So. 11.00–13.00 Uhr.

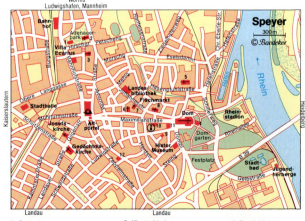

1 Gotische Marienkapelle
2 Bernharduskirche
3 St.-Guido-Kirche
4 Heidentürmchen
5 Klosterkirche St. Magdalena
6 Seminarkirche St. Ludwig
7 Heiliggeistkirche
8 Dreifaltigkeitskirche
9 Judenbad
10 Rathaus
11 Bischöfliches Palais
12 Feuerbachhaus

Steinfeld

Dom zu Speyer

Vom Dom führt die breite Maximilianstraße, die Hauptstraße der Stadt, westlich zum Altpörtel, einem schönen Torturm aus der mittelalterlichen Stadtbefestigung von Speyer. Der untere Teil stammt aus den Jahren 1230/1250, während die Galerie, das Walmdach und der Dachreiter zwischen 1511 und 1514 aufgestockt wurden (Öffnungszeiten April–Okt. Mo.–Fr. 10.00–12.00, 14.00–16.00 Uhr, Sa. und So. 10.00–17.00 Uhr.)

Speyer (Fortsetzung) *Altpörtel

Im Nordwesten der Stadt, nahe dem Hauptbahnhof, steht die Sankt-Bernhard-Friedenskirche, die 1953–1954 von Franzosen und Deutschen gemeinsam erbaut worden ist.

Sankt-Bernhard-Friedenskirche

Steinfeld   C 9

Landkreis: Südliche Weinstraße
Verbandsgemeinde: Bad Bergzabern
Höhe: 152 m ü. d. M.
Einwohnerzahl: 1800

7 km südöstlich von Bad Bergzabern

Lage

Straße: B 38, B 427
Eisenbahn: nächster Bahnhof Winden an der Strecke Karlsruhe – Landau (10 km)
Autobus: Linien Karlsruhe – Bad Bergzabern bzw. Schweighofen, Landau bzw. Bad Bergzabern – Schweighofen

Verkehrsanbindung

Steinfeld liegt am Nordrand des Bienwaldes, einem großen Waldgebiet, das sich bis zur französischen Grenze erstreckt. Der Ort gehörte zu den Stiftsgütern des im 7. Jh. gegründeten Benediktinerklosters → Wissem-

Allgemeines und Geschichte

Venningen

Steinfeld,
Allgemeines
(Fortsetzung)

bourg. Im Zweiten Weltkrieg wurde es als Grenzgemeinde dreimal evaku-
iert und stark beschädigt. Dennoch hat sich eine Anzahl schöner Fachwerkbauten erhalten.

Kath. Kirche

Die kath. Kirche St. Leodegar besteht aus einem Langhaus im Rokokostil
und einem spätgotischen Turm.

Naherholungs-
gebiet

Am Rande des Bienwaldes entstand ein Naherholungsgebiet mit Badesee,
Camping und Fischteichen. Von Steinfeld aus lassen sich Wanderungen
und Spaziergänge in den nahen Bienwald unternehmen. Zu Steinfeld
gehören auch die Bienwaldziegelhütte und die Bienwaldmühle unmittelbar
an der Lauter.

Kakteenland
Steinfeld

Einen Besuch lohnt das 'Kakteenland Steinfeld', eine einzigartige Kak-
teenschau mit über 1000 zum Teil seltenen Kakteen-Arten. Geöffnet
März–Okt. 8.00–18.00, Sa., So. 9.00–17.00 Uhr, Nov.–Febr. Mo.–Fr.
9–17 Uhr.

Umgebung von Steinfeld

Kapsweyer

Von Steinfeld auf der B 38 in Richtung Schweigen kommt man schon kurz
nach dem Ortsausgang durch Kapsweyer (150 m ü. d. M., 950 Einw., 13 ha
Weinanbaufläche). Der dortige Grenzbahnhof nach Frankreich dient nur
noch dem Güterverkehr. Durch den Zweiten Weltkrieg verlor der Ort 80 %
seiner historischen Bausubstanz. Die schwer getroffene neoromanische
Kirche St. Ulrich (1857 geweiht) ist heute wiederhergestellt.

Niederotterbach,
Vollmersweiler

Nordöstlich von Steinfeld liegen im Tal des Otterbachs die beiden kleinen
Dörfer Niederotterbach und Vollmersweiler, die südöstlichsten Gemeinden, die Weinbau betreiben.

Trifels

⟶ Annweiler am Trifels, Umgebung

Venningen   D 6

Landkreis: Südliche Weinstraße
Verbandsgemeinde: Edenkoben
Höhe: 140 m ü. d. M.
Einwohnerzahl: 920
Weinanbaufläche: 450 ha

Lage

3 km östlich von Edenkoben

Verkehrs-
anbindung

Straße: A 65, B 38
Eisenbahn: nächster Bahnhof Edenkoben an der Strecke Neustadt a. d. W.
– Landau
Autobus: Linie Landau – Venningen

Allgemeines
und Geschichte

Der hübsche Weinort Venningen liegt einige Kilometer abseits der Deutschen Weinstraße in der Rheinebene. Der Lorscher Codex erwähnt ihn 859
als 'Ueningo marca'. Bis 1793 gehörte er zum Hochstift Speyer. Der Name
des Orts geht auf die Ritter von Venningen zurück, die hier im frühen Mittelalter auf einer Wasserburg ansässig waren und später als kurpfälzische
Vögte auf die Burg Steinsberg im Kraichgau (Baden) übersiedelten.

198

Winzerhäuser mit doppeltem Torbogen und die für die Südpfalz typischen Fachwerkhäuser des 16. bis 19. Jh.s bestimmen das Ortsbild, besonders ausgeprägt in der Dalbergstraße, die in die Hauptstraße einmündet. In dieser Straße, auf dem Gelände des Dalberger Hofs, sind auch Reste der früheren Wasserburg erhalten. Das katholische Pfarrhaus (Anfang 17. Jh.) weist ein schönes pilastergeschmücktes Portal auf.

Venningen (Fortsetzung) Ortsbild

Das gotische Rathaus von 1539 wurde 1777 umgebaut und zeigt sich heute als verputzter barocker Fachwerkbau. Im Zuge weiterer Umbauarbeiten entstand 1979 eine offene Rundbogenhalle.

Rathaus

Das tonnengewölbte Langhaus der Kirche wurde 1744 von dem fürstbischöflichen Baumeister Johann Georg Stahl aus Bruchsal an den romanischen Chorturm angebaut. Die Wappenkartusche an der Südseite der Sakristei, ursprünglich über dem Westeingang, ist ein Werk des Speyerer Bildhauers Vinzenz Möhring von 1750. Ebenfalls aus dem 18. Jh. stammen der Hochaltar mit Kreuzigungsgruppe (1770) und die Seitenaltäre (1720). Beachtenswert ist auch der gemalte Kreuzweg.

Kath. Kirche St. Georg

Vorderweidenthal — B 8

Landkreis: Südliche Weinstraße
Verbandsgemeinde: Bad Bergzabern
Höhe: 260 m ü. d. M.
Einwohnerzahl: 713

10 km westlich von Bad Bergzabern

Lage

Straße: B 427
Bahn: nächster Bahnhof Annweiler am Trifels an der Strecke Landau – Saarbrücken (12 km)
Autobus: Linien Bad Bergzabern – Dahn, Annweiler am Trifels – Dahn

Verkehrs-anbindung

Vorderweidenthal, 1313 als 'Widenthal' erstmals urkundlich genannt, gehörte wie das benachbarte Oberschlettenbach vom Mittelalter bis zur Französischen Revolution zur Herrschaft Lindelbrunn der Herren von Leiningen.

Geschichte

Die ev. Pfarrkirche St. Gallus aus dem 19. Jh. hat einen gotischen Turmunterbau mit eingezogenem rippengewölbten Chor. Der obere Teil des Turms wurde gleichzeitig mit dem Langhaus hochgezogen. Interessant ist die Sakramentsnische aus dem 14. Jh. mit krabbenbesetztem Kielbogen.

Sehenswertes

Umgebung von Vorderweidenthal

Etwa 1 km vor Vorderweidenthal (von Bad Bergzabern kommend) biegt rechterhand die Straße in ein schmales idyllisches Seitental ein; sie führt zum Parkplatz am Fuß des Burgbergs der Ruine Lindelbrunn (441 m ü. d. M.). Die im 13. Jh. errichtete Burg gelangte im Mittelalter zusammen mit den Dörfern Vorderweidenthal, Oberschlettenbach, Darstein und Dimbach als Ganerbenburg in den Besitz der Leininger und der Grafen von Zweibrücken-Bitsch. Im Bauernkrieg 1525 wurde sie von den 'Kolbenhaufen' zerstört. Erhalten geblieben sind die Reste zweier Palasgebäude und der Burgkapelle und das Fundament eines mächtigen Rundturms mit Felsenkeller. Der ehemalige Burgbrunnen lag außerhalb der Verteidigungsanlagen und war möglicherweise ähnlich wie beim Trifels durch ein gesondertes Vorwerk geschützt. Am Burgfelsen kann man ein durch Erosion entstandenes Wabenmuster erkennen.

✳Ruine Lindelbrunn

199

Wachenheim

Vorderweidenthal (Fortsetzung) Oberschlettenbach

Das etwa 2,5 km nördlich von Vorderweidenthal landschaftlich reizvoll gelegene Dorf Oberschlettenbach (267 m ü.d.M.; 170 Einw.) weist einige schöne Fachwerkhäuser auf. In einem kleinen Glockenstuhl auf dem Schulhaus befindet sich noch (das 1991 vervollständigte) Geläute aus der ehemaligen Kapelle des Ortes.

Wachenheim D 4

Landkreis: Bad Dürkheim
Verbandsgemeinde: Wachenheim
Höhe: 150 m ü.d.M.
Einwohnerzahl: 4600
Weinanbaufläche: 525 ha

Lage

2 km südlich von Bad Dürkheim

Verkehrsanbindung

Straße: B 271 (Deutsche Weinstraße)
Eisenbahn: Bahnhof Wachenheim an der Strecke Grünstadt – Neustadt a.d. Weinstraße
Autobus: Linie Bad Dürkheim – Neustadt a.d. Weinstraße

Allgemeines

Am Ostrand des Naturparks Pfälzerwald und im Herzen der Mittelhaardt liegt Wachenheim, einer der bekanntesten Weinorte an der Deutschen Weinstraße, eingebettet in ein grünes Meer von Reben.

Geschichte

Der Ort wurde 766 erstmalig im Lorscher Codex erwähnt und 1341 von Rudolf II. von der Pfalz zur Stadt erhoben. Nach der Teilung der kurpfälzischen Länder 1410 kam es 1417 zu Pfalz-Zweibrücken und fiel 1471 an die Kurpfalz zurück. In den folgenden Jahrhunderten wurde Wachenheim

St.-Georgs-Kirche in Wachenheim

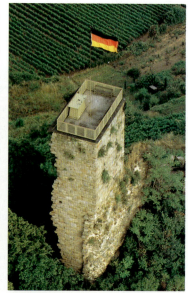

Wachtenburg

Wachenheim

mehrfach zerstört. Ein Bombenangriff im Zweiten Weltkrieg (1945) vernichtete ein Drittel der Stadt.

Geschichte (Fortsetzung)

Teile der alten Stadtbefestigung sind im Westen und Norden der Stadt erhalten. Zahlreiche schmucke Winzerhäuser prägen das Ortsbild, darunter auch mehrere ehemalige Adelshöfe, die nach der Zerstörung 1689 durch die Franzosen in schlichtem Barockstil wiederaufgebaut wurden. Zu nennen sind u. a. die Höfe der Falkenberger, der Dalberger, der Geiersberger und der Meckenheimer sowie der Zehnthof, insbesondere aber der Kolb von Wartenbergsche Hof mit uralten Kellergewölben und der Barockbau des Sußmannschen Hofes, heute im Besitz der Sektkellerei Schloß Wachenheim. Am Eingang das steinerne Standbild des Mönchs Dom Pérignon (1638 [?] – 1715), der als Erfinder des Sektes gilt.

*Stadtbild

Die gotische St.-Georgs-Kirche von 1360 mit prächtiger barocker Innenausstattung wurde bis vor kurzem von beiden Konfessionen genutzt, der Ostteil diente der katholischen, das neugotische Langhaus der evangelischen Pfarrgemeinde als Gotteshaus. Der hohe gotische Chor stammt aus dem 14. Jh., der barocke Hochaltar vom Anfang des 18. Jahrhunderts. Im Süden der St.-Georgs-Kirche steht die spätgotische Ludwigskapelle. Sie wurde in jüngster Vergangenheit restauriert und wird nun für kulturelle Zwecke genutzt.
Die im 18. Jh. erbaute ev. Kirche ist seit ihrer Zerstörung im Zweiten Weltkrieg Ruine und Mahnmal.

Kirchen

Ein Waagen-Museum, Waldstraße 34, ist an Sonntagen von 10.00 – 18.00 Uhr zur Vereinbarung, Tel. (03222) 3675, zu besichtigen.
An der Straße nach Friedelsheim, 1,5 km von der Ortsmitte, wurden Reste eines römischen Hofgutes (Villa rustica) aus dem 2. Jh. n. Chr. freigelegt.

Waagen-Museum, Villa rustica

Etwa 1,5 km westlich des Ortes erhebt sich auf dem Schloßberg (232 m ü. d. M.) die Wachtenburg. Sie wurde Mitte des 12. Jh.s als Reichsburg erbaut und teilte später, was Besitzverhältnisse und Zerstörungen angeht, das Schicksal der Stadt Wachenheim. Nach der Brandschatzung durch die Franzosen 1689 blieb sie Ruine.

Wachtenburg

Erhalten sind die Schildmauer sowie die Westhälfte des Bergfrieds und Teile der Ringmauer, die Ende des 15. Jh.s angelegt worden war. Wer den Aufstieg zu Fuß nicht scheut, den erwartet eine schöne Aussicht über die Stadt, auf die Rheinebene und auf das bewaldete Bergland. Eine Fahne signalisiert, ob die Burggaststätte geöffnet ist.

Die Weinlagen um Wachenheim sind auf einem 30 km langen Weinrundwanderweg zu erwandern. Man achte besonders auf die alten, noch nicht flurbereinigten Weingärten unterhalb der Wachtenburg. Ein 2,5 km langer Weinlehrpfad beginnt am Flurbereinigungsgedenkstein ‘Königswingert’ und führt parallel zum Wanderweg ‘Deutsche Weinstraße’ nach Bad Dürkheim.
Auf markierten Routen kann man auch zu Fuß den Naturpark Pfälzerwald erkunden: durch das Poppental zum bewirtschafteten Forsthaus Kehrdichannichts (gelb-rote Markierung; 8,5 km), durch das Wachenheimer Tal zum ebenfalls bewirtschafteten Waldhaus Lambertskreuz (gelbe Markierung; 10 km) oder zum Forsthaus Rotsteig (Waldgasthaus; Anfahrt mit dem Pkw möglich). Ein rotes Dreieck führt über die Wachtenburg zum Eckkopfturm (4,5 km, 516 m ü. d. M.).

Wanderwege

Nahe dem Forsthaus Rotsteig erstreckt sich der 170 ha große Kurpfalz-Park, ein Hochwildschutzpark mit Erlebnispark. Neben vielen anderen Attraktionen gibt es eine Rollerbobbahn und eine Schwanenbootflotte. Parköffnungszeiten: April – Okt. tgl. 9.00 – 18.00 Uhr, Wildpark auch außerhalb der Saison tgl. 10.00 – 16.00 Uhr. Anfahrt mit dem Pkw zum Forsthaus Rotsteig und zum Kurpfalz-Park möglich.

*Kurpfalz-Park

Wattenheim

Wattenheim   C 4

Landkreis: Bad Dürkheim
Verbandsgemeinde: Hettenleidelheim
Höhe: 310 m ü. d. M.
Einwohnerzahl: 1650

Lage

10 km südwestlich von Grünstadt

Verkehrs-
anbindung

Straße: A 6, B 271
Eisenbahn: nächster Bahnhof Grünstadt (10 km)
Autobus: Linie Grünstadt – Altleiningen

Allgemeines
und Geschichte

Die Fremdenverkehrsgemeinde Wattenheim, 2 km südlich von Hettenleidelheim im Leininger Land gelegen, wurde im Jahr 713 als 'Vadenheim'
erstmalig genannt. Bis 1794 war der Ort leiningisch und kam dann zur
Kurpfalz.

Sehenswertes

Wattenheim besitzt einige gut erhaltene Wohnhäuser des 18. und 19. Jh.s,
z. T. in Fachwerk, unter denen das Haus des Freiherrn von Blumencron von
1731 in der Hauptstraße hervorsticht. Auffallend der Wasserturm in Ortsmitte.
Die ev. Kirche St. Alban wurde 1772 erbaut, Chor und Apsis stammen
jedoch schon aus dem 13. Jh., die Ausstattung aus dem 18. Jahrhundert.
Die katholische Kirche ist neugotisch.

Wanderwege

Wattenheim ist Ausgangspunkt mehrerer markierter Wanderwege; auch
der 'Leininger Wanderweg' (⟶ Altleiningen) führt hier vorbei. Für Spazier-
gänger gibt es sechs Rundwege von zwei bis sieben Kilometern Länge ab
dem Waldparkplatz 'Am Mühltälchen'.

Weidenthal   C 5

Landkreis: Bad Dürkheim
Verbandsgemeinde: Lambrecht
Höhe: 219 m ü. d. M.
Einwohnerzahl: 2200

Lage

16 km nordwestlich von Neustadt a. d. Weinstraße

Verkehrs-
anbindung

Straße: B 37, B 39
Eisenbahn: Bahnhof Weidenthal an der Strecke Neustadt a. d..W. – Kai-
serslautern
Autobus: Linie Neustadt a. d. W. – Weidenthal

Allgemeines

Der im Jahre 1279 erstmals als 'Wydentail' erwähnte Ort gehörte zunächst
zu Leiningen und kam 1794 nach mehrfachem Besitzerwechsel zur Kurpfalz. Die katholische Kirche St. Simon und Judas von 1874/76 und die
evangelische Kirche von 1862/64 in Ortsmitte wurden beide in neugotischem Stil aus dem hier anstehenden roten Sandstein erbaut.

Fahrt durch das
Hochspeyertal

Das bei Frankeneck in das Speyerbachtal einmündende Hochspeyertal ist
tief in die Berge eingeschnitten. Die B 39 folgt den zahllosen Windungen,
die von der Bahnstrecke Ludwigshafen – Kaiserslautern in vielen Tunneln
abgeschnitten werden.
Am Ende der Tunnelstrecke liegt Weidenthal, der letzte Ort des Landkreises Bad Dürkheim. Zu dem 2 km langen Straßendorf gehören auch die
Weiler Mainzertal und Eisenkehl sowie der abseits vom Tal gelegene
Morschbacherhof.

Weisenheim am Berg

Burg Frankenstein

Zwei Kilometer talaufwärts hinter Weidenthal, schon zum Landkreis Kaiserslautern gehörend, liegt Frankenstein (250 m ü.d.M.; 1500 Einw.) in ähnlich reizvoller Lage wie Weidenthal.

Weidenthal (Fortsetzung) Frankenstein

Besuchenswert ist hier die gleichnamige Burgruine aus dem 13. Jh. auf einem Felsvorsprung oberhalb des Ortes. Sie wurde in den Bauernkriegen 1525 zerstört und war seitdem nicht mehr bewohnt. Die Reste der Burg vermitteln noch einen guten Eindruck vom Aussehen der ehemaligen Anlage. Sie bestand aus einer Oberburg mit Ringmauer (in Teilen erhalten) und einer östlich vorgelagerten Unterburg mit Wohnbau und Zwinger. Besonders gut erhalten ist die zweigeschossige gotische Burgkapelle.

Burg Frankenstein

Weitere zwei Kilometer hinter Frankenstein, im Diemersteiner Tal, liegt die im 12. Jh. von den Herren von Diemerstein gegründete Burg (seit dem Dreißigjährigen Krieg Ruine). Im 19. Jh. wurde sie auf Veranlassung des damaligen Besitzers teilweise wiederhergestellt (u.a. Ringmauer und Felsgang). Von ihr sind Teile des Bergfrieds, des Palas mit Treppenturm und des Zwingers erhalten. Eine Gedenktafel erinnert an Ulrich von Hutten, der sich 1521 hier versteckt hatte.

Burg Diemerstein

Weisenheim am Berg D 4

Landkreis: Bad Dürkheim
Verbandsgemeinde: Freinsheim
Höhe: 230 m ü.d.M.
Einwohnerzahl: 1820
Weinanbaufläche: 260 ha

6 km südlich von Grünstadt

Lage

Weyher

Weisenheim am Berg, Verkehrsanbindung	Straße: A 6, B 271 Eisenbahn: nächster Bahnhof Freinsheim (4 km) Autobus: Linie Bad Dürkheim – Grünstadt
Allgemeines und Geschichte	Weisenheim am Berg liegt am Rand des Haardtgebirges. Neben Reben gedeihen hier auch Obst und Edelkastanien. Die erste Erwähnung des Ortes findet sich 771 im Lorscher Codex. Wie viele Orte der Gegend war Weisenheim am Berg leiningisch und kam 1795 zur Kurpfalz.
Ortsbild	Aus dem 16. bis 19. Jh. haben sich einige schöne Winzerhäuser erhalten. Von den Grünflächen eines ehemaligen Friedhofs umgeben ist die ev. Kirche. Der gotische, im 19. Jh. veränderte Bau birgt Wandmalereien aus der Zeit um 1380.

Unter Landschaftsschutz: Ungeheuersee

Umgebung von Weisenheim

Bobenheim am Berg	Das gepflegte Winzerdorf Bobenheim am Berg liegt unmittelbar am Rand des Haardtgebirges. Erstmals erwähnt wird es im 8. Jh. im Lorscher Codex. Später gehörte das Dorf den Leininger Grafen, bis es 1816 zu Bayern kam. Die ev. Kirche St. Maria wurde um 1300 erbaut und im 15. Jh. verändert. Aus dem 18. Jh. stammt die St. Nikolaus geweihte katholische Kirche, die auch noch Ausstattungsstücke aus der Erbauungszeit besitzt.
*Naturdenkmal Ungeheuersee	Etwa 3 km südwestlich von Weisenheim im Landschaftsschutzgebiet Krummbachtal liegt der Ungeheuersee. Der künstlich angelegte, von Mooren und Nadelwald umgebene See am Fuße des 433 m hohen Krummholzerstuhls wird von zwei Quellen gespeist und ist ein Refugium für selten gewordene Pflanzenarten. Man kann auf verschiedenen Wegen dorthin kommen, allerdings grundsätzlich nur zu Fuß (Gehzeit jeweils etwa 1 Stunde). Der Aufstieg von Weisenheim ist etwas steil, weniger anstrengend wird es auf den Wanderwegen vom Forsthaus Lindemannsruh (Anfahrt über Leistadt), von Battenberg über den Harzweilerkopf oder vom Wanderparkplatz 'Krummbachtal' bei Bobenheim.

Weyher   C 6

Landkreis: Südliche Weinstraße
Verbandsgemeinde: Edenkoben
Höhe: 260–350 m ü. d. M.
Einwohnerzahl: 700
Weinanbaufläche: 120 ha

Weyher

 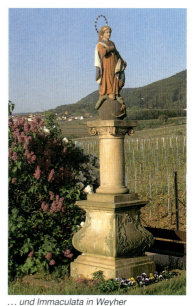

Pfarrkirche ...   *... und Immaculata in Weyher*

10 km nördlich von Landau	Lage
Straße: A 65, B 38, L 512 (Deutsche Weinstraße) Eisenbahn: nächster Bahnhof Edesheim an der Strecke Neustadt a. d. W. – Landau Autobus: Linie Landau – Neustadt a. d. Weinstraße	Verkehrs- anbindungen
Weyher ist ein freundliches Weindorf am Rand der Haardt, die unmittelbar hinter dem Ort steil ansteigt. Der anerkannte Fremdenverkehrsort wird von Naturfreunden und Wanderern besonders deshalb geschätzt, weil man direkt vom Dorf aus den Pfälzer Wald erwandern kann. Erstmals erwähnt wurde Weyher im Jahr 777 unter dem Namen 'Wilere'. Später gehörte Weyher bis 1794 zum Bistum Speyer.	Allgemeines und Geschichte
Zahlreiche alte Wohnhäuser des 16. bis 19. Jh.s geben dem Ort sein Gepräge. Das alte Rathaus, ein Renaissancebau von 1608, hat einen Treppenturm mit Pilasterportal und barocken Haubendach.	Ortsbild
Die zu Beginn des 15. Jh.s erbaute Saalkirche wurde zwischen 1712 und 1716 umgebaut und barock ausgestattet. Von der früheren Kirche zeugen noch das spätgotische Rippengewölbe im Chor und das Nordportal im Renaissancestil von 1588. Das barocke Westportal ist 1712 datiert. Bemerkenswerte Stücke der Ausstattung sind sind vor allem der Hochaltar, ein Werk Joseph Seydlers, der auch den Hochaltar der Kirche in Hainfeld schuf, die Seitenaltäre mit Rokoko-Figuren und die Kanzel von 1720. Auf der Pfarrgartenmauer steht eine Steinfigur des Guten Hirten (um 1750) und am Weg nach Hainfeld eine Immaculata von 1749.	Kath. Pfarrkirche
Ein Panoramaweg führt zum Schloß Ludwigshöhe (→ Edenkoben), ein anderer zum Schweizerhaus (400 m ü. d. M., an den Wochenenden bewirtschaftet) und weiter zum Ludwigsturm (605 m).	Aussichtspunkte

Wissembourg · Weißenburg

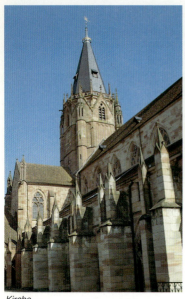 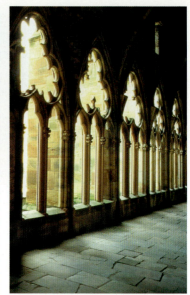

Kirche ... ... und Kreuzgang von St-Pierre-et-St-Paul

Wissembourg · Weißenburg B 9

Staat: Frankreich
Département: Bas-Rhin
Arrondissement: Wissembourg
Höhe: 160 m ü. d. M.
Einwohnerzahl: 7 400
Weinanbaufläche: 145 ha

Lage

10 km südlich von Bad Bergzabern

Verkehrs-
anbindungen

Straße: B 38 (Deutsche Weinstraße)
Eisenbahn: Bahnhof an der Strecke Wissembourg – Straßbourg
Autobus: Linie Landau – Wissembourg (nicht täglich)

Allgemeines

Von Schweigen, dem südlichsten Punkt der Deutschen Weinstraße und Standort des Weintors, ist es nur ein Sprung über die Grenze zur elsässischen Stadt Wissembourg. Der kleine Abstecher lohnt insbesondere wegen der sehr schönen Altstadt und der beeindruckenden Klosterkirche, dem neben Straßburg größten gotischen Kirchenbau im Elsaß. Trotz der Ansiedlung mittelständischer Industrie hat sich Wissembourg auch als Erholungsort einen Namen gemacht.

Geschichte

Die Anfänge von Wissembourg liegen im 7. Jh., als hier ein Benediktinerkloster gegründet wurde. Dank zahlreicher Schenkungen in den folgenden Jahrhunderten hatte die Abtei in der Pfalz sowie im Elsaß im Mittelalter umfangreiche Besitzungen. Im 9. und 10. Jh. erhielt das Kloster das Recht zur freien Abtswahl und den Status einer Reichsabtei. Auch als kulturelles Zentrum und Ort der klösterlichen Erneuerungsbewegung spielte Wissembourg eine führende Rolle.

Unter der Obhut des Klosters entwickelte sich auf beiden Seiten der Lauter die Siedlung, die 1178 erstmals urkundlich in Erscheinung tritt. Kloster und Stadt schützte ein Ring von vier Burgen. Im Jahre 1247 trat Wissembourg dem Bund der Rheinstädte und 1354 dem Dekapolis genannten Bund elsässischer Reichsstädte bei. Aufgrund seiner strategisch wichtigen Lage war die Stadt, die ab 1697 zu Frankreich gehörte, in den folgenden Jahrzehnten wiederholt Schauplatz kriegerischer Auseinandersetzungen, nicht zuletzt wurde hier im August 1870 die erste große Schlacht im Deutsch-Französischen Krieg geschlagen; Kriegsdenkmäler am Geisberg südlich der Stadt erinnern daran.

Wissembourg · Weissenburg, Geschichte (Fortsetzung)

Sehenswertes

Die ehemalige Abteikirche St-Pierre-et-St-Paul, heute katholische Stadtkirche, wurde in der zweiten Hälfte des 13. Jh.s über einem romanischen Vorgängerbau begonnen. Es entstand eine kreuzförmige, dreischiffige Pfeilerbasilika mit Vierungsturm (Spitzhelm und Balustrade von 1883) und polygonalem Chor. Der Glockenturm an der fast schmucklosen Westseite (das Portal befindet sich an der Südseite) ist ein Relikt des romanischen Vorgängerbaus aus dem 11. Jahrhundert. Im Inneren sind bemerkenswert u. a. die Glasmalereien aus dem 12.–14. Jh. – hier besonders die Chorfenster –, der Radleuchter unter der Vierungskuppel, Wandmalereien aus dem 13. Jh. und die Reste eines Heiligen Grabes im südlichen Seitenschiff (um 1490). Von dem Kreuzgang an der Nordseite der Kirche ist nur der Südflügel und ein Teil des Ostflügels erhalten, diese aber mit qualitätvollen Maßwerkfenstern. Vom Ostflügel gelangt man in die kreuzrippengewölbte romanische Kapelle aus dem 11. Jh., möglicherweise der ursprüngliche Kapitelsaal des Klosters.

**Stiftskirche St-Pierre-et-St-Paul*

Hinter der Stiftskirche liegt die ehemalige Dechanei, ein spätbarocker Bau von 1784, daneben zwei annähernd zur gleichen Zeit entstandene Kanonikerhäuser.

Stiftsgebäude

Die protestantische Pfarrkirche in der Rue St-Jean ist ein spätgotischer Bau (1504–1513) mit Vierung und quadratischem Turm aus staufischer Zeit (erste Hälfte 13. Jh.).

Ev. Kirche St-Jean

In der Altstadt von Wissembourg haben sich viele stattliche Gebäude vom 15. bis 18. Jh. erhalten. Besonders sehenswert sind das Rathaus am Place de la République (1741–1752), das Salzhaus an der Salzbrücke (15./16. Jh.) und das ehemalige Hôtel de Weber an der Rue Stanislas, das von 1719 bis 1725 dem polnischen König Stanislaw Leszcziński als Wohnsitz diente. Im Musée Westerncamp, das in einem reich verzierten Fachwerkhaus (16. Jh.) in der Rue du Musée untergebracht ist, kann man sich über die Stadtgeschichte Wissembourgs informieren. Reste der Befestigung von 1746 sind noch im Südwesten und Norden der Stadt zu sehen.

***Altstadt*

Einen Stadtplan mit Rundgangsempfehlung erhält man beim Office de tourisme im Rathaus.

Hinweis

Worms   E/F 2

Bundesland: Rheinland-Pfalz
Höhe: 100 m ü. d. M.
Einwohnerzahl: 74 000

Die am linken Ufer des Rheins gelegene Domstadt Worms gehört zu den ältesten Städten Deutschlands. Sie ist ein bekanntes Weinhandelszentrum und besitzt eine bedeutende Industrie.

Lage und Allgemeines

207

Worms

Geschichte

Worms ist eine alte Keltensiedlung (Borbetomagus). Später errichteten die Römer hier ein Kastell (Civitas Vangionum) und im 4. Jh. wurde Worms Bischofssitz. Zur Zeit der Völkerwanderung war es Hauptstadt des Burgunderreichs, das 437 von den Hunnen vernichtet wurde. Diese Kämpfe bilden die geschichtliche Grundlage des Nibelungenlieds. Unter der Herrschaft der Bischöfe entwickelte sich Worms zu einer der wichtigsten Städte des mittelalterlichen Reichs. Worms war führendes Mitglied des Rheinischen Städtebundes und blieb bis 1797 Freie Reichsstadt mit einer großen jüdischen Gemeinde. Von den über 100 Reichstagen, die hier stattfanden, war der von 1521, auf dem Luther seine Thesen verteidigte und das sogenannte Wormser Edikt über ihn verhängt wurde, der bedeutendste. Auch Worms entging der Verwüstung im Pfälzischen Erbfolgekrieg nicht (1689 von Mélac zerstört). Nach der französischen Herrschaft (1797–1814) kam Worms an das Großherzogtum Hessen. Im Zweiten Weltkrieg schwere Verluste.

Altstadt

**Dom

In der Mitte der Altstadt erhebt sich der Dom St. Peter und Paul, der zusammen mit den salischen Domen zu Speyer und Mainz zu den bedeutendsten Bauwerken der Romanik in Deutschland zählt. Mit dem Bau der spätromanischen Bischofskirche über einem älteren Vorgängerbau wurde in der 2. Hälfte des 12. Jh.s begonnen; um 1210 waren Langhaus und Westchor vollendet. Die Silhouette der doppelchörigen Basilika wird von den vier Rund- und zwei Achtecktürmen bestimmt. An der Bauplastik des Südportals und im Kircheninneren in den Spitzbögen der Vierung sowie in der Gliederung der Mittelschiffwände durch Blendnischen kündigt sich bereits die gotische Stilepoche an. Aus dieser Stilphase besitzt die Kirche u. a. einen Taufstein (1485), fünf bedeutende spätgotische Sandsteinreliefs aus dem ehemaligen Kreuzgang und ein steinernes Bildwerk in der Nikolauskapelle (um 1430). Glanzstück und Mittelpunkt der barocken Kirchenausstattung ist der 1738/1740 von Balthasar Neumann entworfene Hochaltar mit sechs freistehenden, durch Gebälk verbundenen Marmorsäulen.

Dreifaltigkeitskirche

Östlich vom Dom, am Marktplatz, steht die barocke Dreifaltigkeitskirche (1709–1725; 1945 ausgebrannt und 1955–1959 wieder aufgebaut), und

— Reste der Stadtmauer
1 Stiftskirche St. Martin
2 Synagoge, Judenpforte, Raschi-Haus
3 Lutherdenkmal
4 Kunsthaus Heylshof
5 Magnuskirche
6 Museum der Stadt Worms (Andreasstift)
7 Dreifaltigkeitskirche
8 Friedhofkirche und Rotes Haus
9 Stiftskirche St. Paul
10 Hagendenkmal

Worms

Dom zu Worms

etwas nordöstlich die ehem. Stiftskirche St. Paul, ein kleiner, romanischer Bau mit barockem Langhaus und zwei Rundtürmen im Westen.

St. Paul

Südwestlich vom Dom stehen die spätromanische Magnuskirche, die erste Kirche der Stadt, und die ehem. Andreaskirche, in deren Stiftsgebäude (1180–1200 erbaut) heute das Museum der Stadt Worms (Ausgrabungsfunde, Römerzeit, Mittelalter, Luther-Zimmer; geöffnet Di.–So. 10.00–12.00, 14.00–17.00 Uhr) untergebracht ist.

Magnuskirche, Städtisches Museum

Unweit nordwestlich der Magnuskirche, am Andreasring, liegt der älteste und größte Judenfriedhof Europas (Grabsteine z.T. aus dem 11./12. Jh.).

Judenfriedhof

Auf dem ehemals fürstbischöflichen Areal nordwestlich des Doms befindet sich das Museum Kunsthaus Heylshof. Das 1884 erbaute Palais beherbergt die zwischen 1869 und 1920 von dem Wormser Lederfabrikanten Cornelius Wilhelm von Heyl und seiner Frau zusammengetragene Kunstsammlung, die noch an ihrem angestammten Platz zu besichtigen ist. Sie umfaßt Gemälde des 16.–19. Jh.s (darunter Werke großer Meister wie Elsheimer, Rubens, van Ruisdael, Guardi), Plastiken, Glasgemälde und Porzellan. Hervorragend ist die Sammlung von Porzellan der Frankenthaler Manufaktur. Geöffnet Mai–Sept. tgl. 10.00–17.00 Uhr, Okt.–April Di.–Sa. 14.00–16.00, So. 10.00–12.00, 14.00–16.00 Uhr.

Heylshof

Nördlich vom Heylshof, am Lutherplatz, steht das 1868 nach einem Entwurf Ernst Rietschels errichtete Lutherdenkmal zur Erinnerung an den Auftritt des Reformators auf dem Reichstag 1521.

Lutherdenkmal

Die kath. Pfarrkirche in der Korngasse war eine der vier Stiftskirchen von Worms (Domstift St. Peter, St. Paul, St. Andreas, St. Martin). Die dreischiffige romanische Basilika mit flachgeschlossenem Chor besitzt eine barocke Ausstattung; nördlich der Kirche liegen die Stiftsgebäude.

St. Martin

Zellertal

Worms (Fortsetzung) Synagoge, Raschi-Haus	Im Norden der Altstadt das gut erhaltene bzw. restaurierte ehemalige Judenviertel mit der romanischen Synagoge (nach der Zerstörung von 1938 im Jahr 1961 wiederaufgebaut; geöffnet 10.00–12.00, 14.00–17.00 Uhr Nov.–April bis 16.00 Uhr), dem rituellen Tauchbad (1186) und dem Raschi-Haus (Judaica-Museum). Nahebei Reste der Stadtmauer.
Liebfrauenkirche	Nahe bei der nördlich nach Mainz führenden Straße (B 9) steht, umgeben von Weingärten, die Liebfrauenkirche (kath.; 13.–15. Jh.); im Innern u.a. ein Sakramentshäuschen und eine Madonna (15. Jh.).
Hagendenkmal	Am Rhein, bei der Schiffsanlegestelle, steht das 1906 errichtete Standbild des den Nibelungenschatz im Rhein versenkenden Hagen.

Zellertal   D 2

	Landkreis: Donnersbergkreis Verbandsgemeinde: Göllheim
Lage	ca. 33 km nördlich von Neustadt a.d. Weinstraße
Verkehrs-anbindung	Straße: B 40, B 47, B 271 Eisenbahn: nächster Bahnhof Monsheim an der Strecke Worms – Bingen Autobus: Linie Worms – Kaiserslautern bzw. Winnweiler
Allgemeines	Die Deutsche Weinstraße beginnt zwar erst in Bockenheim, doch sollte man das Zellertal, das einige Kilometer nördlich in west-östlicher Richtung verläuft, wegen der schönen Landschaft und seiner guten Weinlagen, die noch zum Weinbaugebiet Deutsche Weinstraße-Mittelhaardt zählen, als Abstecher in die Reiseroute miteinbeziehen. Das Zellertal wird von der Primm durchflossen, einem Flüßchen, das im Stumpfwald westlich von Ramsen entspringt und bei Worms in den Rhein mündet.
Gemeinde Zellertal	Der Hauptort gleichen Namens (165–228 m ü.d.M., 1280 Einw., 125 ha Weinanbaufläche) wurde 1976 aus den bis dahin selbständigen Gemeinden Zell, Harxheim und Niefernheim gebildet. Die beiden letztgenannten Ortsteile liegen im Tal, der Ortsteil Zell 4 km nördlich oberhalb inmitten von Weinbergen. Von hier aus bietet sich ein herrlicher Ausblick nach Süden über das Tal auf die Vorberge des Pfälzer Waldes. Weit über die Pfalz hinaus bekannt ist die Weinlage 'Zeller Schwarzer Herrgott'. Erstmals genannt wurde der Ort 724 im Fuldaer Codex als 'Harahesheim', 770 im Lorscher Codex als 'Niwora' und im 18. Jh. als 'Cella'. Der hl. Philipp, ein angelsächsischer Mönch, gründete hier um 760 eine Einsiedelei mit einer Kapelle, 1135 richtete das lothringische Kloster Hornbach eine Propstei ein, die sich bald zu einem besuchten Wallfahrtsort entwickelte. 1449 kam das Zellertal zur Kurpfalz, die das Kloster aufhob und es der Universität Heidelberg übereignete. Dieser gehörten die drei Dörfer bis 1794.
Ortsteil Zell	Im Ortsteil Zell steht noch das ehemalige Herrschaftshaus der Universität Heidelberg, ein stattlicher Barockbau mit Mansarddach aus der 2. Hälfte des 18. Jh.s, heute Gasthaus Rupp. Die kath. Pfarrkirche St. Philipp wurde 1744–1749 auf dem Platz der alten Wallfahrtskirche erbaut. Der Saalbau mit rund geschlossenem Chor und Westturm besitzt noch eine schöne Ausstattung aus der Zeit der Erbauung: einen Hochaltar und mehrere Seitenaltäre, eine Westempore auf korinthischen Säulen und an der Nordwand die Kopie eines gotischen Votivbildes, das auf den hl. Philipp Bezug nimmt. Die ev. Pfarrkirche ist ein rechteckiger spätgotischer Saalbau mit Strebepfeilern und Walmdach, im 17. Jh. restauriert. Der Turm kam erst 1906 dazu.
Ortsteil Harxheim	Im Ortsteil Harxheim ist das Rathaus im Rokokostil bemerkenswert.

Zellertal

Blick auf Harxheim

Einselthurn liegt 1 km westlich von Zell und wie dieses auf der Höhe oberhalb der Pfrimm. Im Jahre 791 wurde es erstmals als 'Enseltheim' im Lorscher Codex erwähnt. Vom 13. bis zum 16. Jh. gehörte es den Herren von Einselthurn und dann der Kurpfalz. Die kath. Kirche St. Martin ist ein Saalbau mit dreiseitig geschlossenem Chor von 1762 und einem Hochaltar mit Kreuzigungsgruppe aus der Erbauungszeit. Ebenfalls aus dem 18. Jh. stammt die ev. Pfarrkirche (1760).

Einselthurn

Etwa 2 km von Einselthurn entfernt liegt Albisheim. Es ist Sitz der Gebietswinzergenossenschaft Zellertal.
Die zahlreichen Funde aus der Römerzeit in der nahen Umgebung lassen auf eine frühe Besiedelung der Gegend von Albisheim schließen. Hier bestand einmal unter dem Namen 'Albulfi villa', eine Königspfalz Kaiser Ludwigs des Frommen. 1228 wird der Ort an die Leininger Grafen verlehnt. In späterer Zeit, bis zum Jahre 1794, sind die Grafen von Nassau-Zweibrücken und die von Nassau-Weilburg Herren des Ortes.
Es gibt einige schöne Fachwerkbauten im Ort, insbesondere die Häuser Hauptstraße Nr. 51 von 1784 und Nr. 34 aus dem 18. Jahrhundert.
Dem Rathaus vom Anfang des 19. Jh.s wurde in der Mitte ein Turm eingefügt. Nordwestlich vom Ort ist noch ein uralter Wachtturm vom 13. Jh. als letzter Rest der früheren Stadtbefestigung erhalten.
Die ev. Pfarrkirche St. Peter von 1792 ist ein Saalbau ähnlich der bekannten Stengelschen Ludwigskirche in Saarbrücken. Der Turmunterbau und das Westportal stammen von einer früheren Kirche und sind noch gotisch. Diee Orgel ist etwas älter als das Gotteshaus (um 1760).

Albisheim

Der in Bockenheim endende Wanderweg Deutsche Weinstraße setzt sich fort in dem Weinwanderweg Zellertal, einem geographisch-historischen Weinlehrpfad. Er führt durch das Zellertal und durch das Tal des Flüßchens Leiselsbach bis Kirchheimbolanden (Gesamtlänge 15 km). Er berührt zehn Weindörfer, darunter auch Wachenheim und Mölsheim (Rheinhessen).

Weinwanderweg Zellertal

Praktische Informationen von A bis Z

Andenken

→ Einkäufe, Souvenirs

Anreise

Der zur Deutschen Weinstraße nächstgelegene Großflughafen ist Frankfurt/Main. Regionale Flughäfen für Sport-, Taxi- und Charterflüge befinden sich in Speyer und Bad Dürkheim (Flugplatz Deutsche Weinstraße). An Wochenenden sind auch die Flugplätze Neustadt-Lilienthal (im Ortsteil Lachen-Speyerdorf) und Schweighofen nahe der deutsch-französischen Grenze in Betrieb (→ Flugplätze).

Mit dem Flugzeug

Eine wichtige Fernverbindungsstrecke, die Route Frankfurt – Mannheim – Kaiserslautern – Saarbrücken – Metz – Paris, durchschneidet den Pfälzerwald in ost-westlicher Richtung. Sie kreuzt die Deutsche Weinstraße bei Neustadt a. d. W. und wird auch von IC- und EC-Zügen befahren. Eine weitere überregionale Fernverbindung ist die Strecke Karlsruhe – Landau – Saarbrücken, die die Deutsche Weinstraße bei Siebeldingen kreuzt. Von Landau über Neustadt bis nach Grünstadt verläuft die Bahnlinie parallel zur Weinstraße. Durch die Strecke Frankenthal – Freinsheim besteht eine Querverbindung von dieser Eisenbahnlinie zur Linie Mannheim – Mainz. Bad Dürkheim ist von Mannheim – Ludwigshafen auch mit der elektrischen Überlandbahn "Rhein-Haardtbahn" zu erreichen.

Mit der Eisenbahn

Von Europa- und Fernbuslinien wird die Deutsche Weinstraße nicht berührt. Die Bedienung des öffentlichen Nahverkehrs teilen sich mehrere Verkehrsunternehmen (→ Autobusverbindungen).

Mit dem Bus

Drei Autobahnen liegen im Bereich der Deutschen Weinstraße: Die A 6 (Nürnberg – Mannheim – Saarbrücken), die A 65 (Ludwigshafen – Karlsruhe; sie verläuft zwischen Neustadt a. d. W. und Landau parallel zur Deutschen Weinstraße) und die A 650 (Ludwigshafen – Bad Dürkheim). Mehrere Bundesstraßen führen an die Deutsche Weinstraße bzw. verlaufen parallel zur Touristikroute.

Mit dem Auto

Die Deutsche Weinstraße entspricht (von Nord nach Süd) zwischen Bokkenheim und Neustadt a. d. W. dem Verlauf der B 271, von Maikammer bis Klingenmünster den Landstraßen L 512, L 507, L 508, bis Bad Bergzabern fährt man auf der B 48, von dort bis Dörrenbach auf der B 427 und L 508 und schießlich bis Schweigen-Rechtenbach auf der B 38.

Verlauf der Deutschen Weinstraße (letzter August-sonntag autofrei)

Auskunft

Fremdenverkehrsverband Rheinland-Pfalz e. V.
Geschäftsstelle Pfalz
Martin-Luther-Straße 69,
Postfach 100416
6730 Neustadt a. d. W., Tel. (06321) 2466

Fremdenverkehrs-verbände

◀ *Gasthaus in Neustadt-Gimmeldingen*

213

Auskunft   **Praktische Informationen**

Fremdenverkehrs- verbände (Fortsetzung)	Südliche Weinstraße e.V. Zentrale für Tourismus An der Kreuzmühle 2, Postfach 21 24 6740 Landau, Tel. (063 41) 38 01 48
	Kreisfremdenverkehrsamt Bad Dürkheim Philipp-Fauth-Straße 11 6702 Bad Dürkheim, Tel. (063 22) 7 96-1 02
	Verkehrsvereinigung Leininger Land e.V. Industriestraße 11 6719 Grünstadt, Tel. (06356) 284
	Mittelhaardt Deutsche Weinstraße e.V. Chemnitzer Straße 3 6730 Neustadt a.d.W., Tel. (063 21) 91 23 33/32
Wandervereine	Pfälzerwald-Verein e.V. Fröbelstraße 26 6730 Neustadt a.d.W., Tel. (063 21) 22 00
	Touristenverein "Die Naturfreunde" Landesverband Rheinland-Pfalz Hohenzollernstraße 14 6700 Ludwigshafen, Tel. (06 21) 52 31 91
Jugend- herbergswerk	Deutsches Jugendherbergswerk Hauptverband Bismarckstraße 8 4930 Detmold, Tel. (052 31) 74 01-0
ADAC	ADAC Pfalz Martin-Luther-Straße 69 6730 Neustadt, Tel. (063 21) 89 05-0
	ADAC Landau Im Parkhaus Feuerwehrplatz, Tel. (063 41) 8 22 88
Deutsche Bundesbahn	Bf Annweiler am Trifels, Tel. (063 46) 72 52 Bf Bad Bergzabern, Tel. (063 43) 75 07 Bf Bad Dürkheim, Tel. (063 22) 21 13 Bf Deidesheim, Tel. (063 26) 851-4 34 Bf Edenkoben, Tel. (063 23) 851-4 12 Bf Freinsheim, Tel. (063 53) 73 40 Bf Grünstadt, Tel. (063 59) 32 49 Bf Haßloch, Tel. (063 24) 851-4 49 Bf Lambrecht, Tel. (063 25) 24 12 Bf Landau Hbf, Tel. (063 41) 1 48-2 03 Bf Neustadt a.d.W., Tel. (063 21) 851-1 55 Rhein-Haardtbahn GmbH, 6702 Bad Dürkheim, Tel. (063 22) 60 06-0

Auskunftsstellen der Städte und Gemeinden

Allgemeines	Im Gebiet der Deutschen Weinstraße unterhalten nur die größeren Orte und die Städte eigene Auskunftsstellen für den Fremdenverkehr. Für die kleineren Orte wird diese Funktion von zentralen Auskunftsstellen wahrgenommen, die sich in der Regel am Sitz der Verbandsgemeindeverwaltung befinden.
Annweiler	Büro für Tourismus, Rathaus, Postfach 13 60, 6747 Annweiler, Tel. (063 46) 22 00.

Praktische Informationen   **Auskunft**

Kurverwaltung, Kurtalstraße 25, 6748 Bad Bergzabern, Tel. (06343) 8811.   Bad Bergzabern

Städtisches Verkehrsamt, Mannheimer Straße, 6702 Bad Dürkheim, Tel. (06322) 793-275/6.   Bad Dürkheim

Gemeindeverwaltung, Leininger Ring 51, 6719 Bockenheim, Tel. (06359) 4297.   Bockenheim

Amt für Fremdenverkehr der Verbandsgemeinde Deidesheim, Bahnhofstraße 11, Postfach 220, 6705 Deidesheim, Tel. (06326) 5021.   Deidesheim

Gemeindeverwaltung, Rathaus, 6711 Dirmstein, Tel. (06238) 667.   Dirmstein

Fremdenverkehrsverein Dörrenbach, Im Rödelstal, 6749 Dörrenbach, Tel. (06343) 2244 und bei Bad Bergzabern.   Dörrenbach

Südliche Weinstraße e.V., Büro für Tourismus, Weinstraße 86, 6732 Edenkoben, Tel. (06323) 3234.   Edenkoben

Donnersberg-Touristik-Verband e.V., Tourist-Information, Uhlandstraße 2, 6719 Kirchheimbolanden, Tel. (06352) 1712.   Eisenberg

Verkehrsamt Elmstein, Bahnhofstraße 14, 6738 Elmstein, Tel. (06328) 234.   Elmstein

Verbandsgemeindeverwaltung Hochspeyer, Postfach 40, Hauptstraße 121, 6755 Hochspeyer, Tel. (06305) 71-0.   Frankenstein

Fremdenverkehrsverein der Verbandsgemeinde Freinsheim e.V., Rathaus, Hauptstraße 2, 6713 Freinsheim, Tel. (06353) 50173 oder 1779.   Freinsheim

Reise- und Verkehrsbüro Wiegand, Hauptstraße 19, 6718 Grünstadt 1, Tel. (06359) 5092 (zuständig für die Stadt und die Verbandsgemeinde Grünstadt-Land). Für die Stadt ferner: Stadtverwaltung, Kreuzerweg 2, 6718 Grünstadt 1, Tel. (06359) 805-0.   Grünstadt

Gemeindeverwaltung, Abt. Fremdenverkehr, Rathausplatz 1, 6733 Haßloch, Tel. (06324) 5992-42.   Haßloch

Verbandsgemeindeverwaltung, Obere Hauptstraße 2, 6742 Herxheim, Tel. (07276) 501-0.   Herxheim b. L.

Verbandsgemeindeverwaltung, Hauptstraße 45, 6719 Hettenleidelheim, Tel. (06351) 4050.   Hettenleidelheim

Fremdenverkehrsamt der Verbandsgemeinde Lambrecht, Sommerbergstraße 3, 6743 Lambrecht, Tel. (06325) 1810.   Lambrecht

Südliche Weinstraße e.V., Büro für Tourismus, Marktstraße 50, 6740 Landau, Tel. (06341) 13180.   Landau

→ Leinsweiler   Landau-Land

Südliche Weinstraße e.V., Büro für Tourismus, Rathaus, Leinsweiler, Tel. (06345) 3531. Zuständig für die Orte der Verbandsgemeinde Landau-Land. Während der Wintermonate: Verbandsgemeindeverwaltung Landau-Land, An 44 Nr. 31, 6740 Landau, Tel. (06341) 1430   Leinsweiler

Südliche Weinstraße e.V., Büro für Tourismus, Marktstraße 1, 6735 Maikammer, Tel. (06321) 589917   Maikammer

Gemeindeverwaltung, Mittelgasse 46, 6719 Neuleiningen, Tel. (06359) 2315   Neuleiningen

Aussichtspunkte   **Praktische Informationen**

Auskunft (Fortsetzung) Neustadt a. d. W.	Tourist-Information, Exterstraße 2, Postfach 100962, 6730 Neustadt a. d. W., Tel. (06321) 855329
Offenbach a. d. Q.	Verbandsgemeindeverwaltung, Konrad-Lerch-Ring 6, 6745 Offenbach a. d. Q., Tel. (06348) 690
St. Martin	Verkehrsamt, Haus des Gastes, Tanzstraße, 6731 St. Martin, Tel. (06323) 5300 und ⟶ Maikammer
Schweigen-Rechtenbach	Verkehrsverein, Landrat-Hoffmann-Straße 1, 6749 Schweigen-Rechtenbach, Tel. (06342) 7504, siehe auch bei Bad Bergzabern
Speyer	Fremdenverkehrsamt, 6720 Speyer, Maximilianstr. 11, Tel. (06232) 14392
Wachenheim	Verkehrsamt der Verbandsgemeinde Wachenheim, Weinstraße 16, Postfach 1163, 6706 Wachenheim, Tel. (06322) 608-32
Wissembourg (Weißenburg)	Office de Tourisme, Syndicat d'Initiative, Hôtel de Ville, 11, Rue de la Rèpublique, F-67160 Wissembourg, Tel. (003388) 941011
Worms	Verkehrsverein Worms e. V., Neumarkt 14, 6520 Worms 1, Tel. (06241) 25045
Zellertal	Donnersberg-Touristik-Verband e. V., Tourist-Information, Uhlandstraße 2, 6719 Kirchheimbolanden, Tel. (06325) 1712

Aussichtspunkte

Allgemeines	Die abwechslungsreiche Landschaft des 127500 ha großen Pfälzerwaldes bietet zahlreiche markante Aussichtspunkte. Besonders schöne Fernblicke gewähren die bis zu 600 m aufsteigenden Höhen am Gebirgsabfall zur Oberrheinischen Tiefebene oberhalb der Deutschen Weinstraße und im pfälzisch-elsässischen Grenzgebiet. Von vielen Stellen überblickt man die gesamte Bergkette jenseits des Rheines vom Odenwald bis zum Schwarzwald und im Bereich der Südpfalz den Übergang zwischen Wasgau und Nordvogesen. Empfehlenswert ist der Besuch von Aussichtstürmen und Aussichtswarten (Auskunft über Öffnungszeiten erteilen die örtlichen Touristik-Informationsstellen).
Albersweiler	Orensfels (565 m)
Annweiler	Buchholzfels (386 m); Hohenberg (552 m; Aussichtsturm); Kirschfelsen (496 m; Fels mit Aussichtsturm in der Nähe des Annweiler Forsthauses); Kleiner Adelsberg (484 m); Krappenfels (507 m; an der Ostseite des Großen Adelsberges); Rehberg (576 m; Aussichtsturm an der Südspitze des Ebersberges); Burg Trifels (497 m); Wasgaublick (462 m; an der Südspitze des Ebersberges)
Bad Bergzabern	Neuberg (ca. 300 m; Aussichtsturm)
Bad Dürkheim	Bismarckturm (nordwestlich von Bad Dürkheim); Michaelsbergkapelle; Ortsteil Seebach: Ebersberg (342 m; Aussichtswarte)
Birkweiler	Hohenberg (556 m; Aussichtsturm); Köppel (280 m)
Böllenborn	Hohe Derst (561 m)
Burrweiler	St. Annaberg (429 m); Trifelsblickhütte (530 m) auf dem Südausläufer des Teufelsberges; Geisberg (277 m)

Praktische Informationen	Aussichtspunkte
Eckkopf (516 m; Aussichtsturm) St. Michaelkapelle (267 m) am Osthang des Kirchberges (347 m) Wallberg (344 m; Turmschenke) Stabenberg (496 m; Aussichtswarte)	Deidesheim
Burgruine Neuscharfeneck (501 m)	Dernbach
Stäffelberg mit Stäffelsbergturm (481 m; Aussichtsturm)	Dörrenbach
Sieges- und Friedensdenkmal auf dem Werderberg (350 m; Aussichtsplattform); Steigerkopf (614 m) mit Schänzelturm (Aussichtsturm); Villa Ludwigshöhe	Edenkoben
Kesselberg (662 m); Schindhübel (571 m; Aussichtsturm)	Elmstein
Ruine Madenburg auf dem Rothenberg (459 m)	Eschbach
Ringelsberg (447 m) mit Steinbruch (heller Sandstein)	Frankweiler
Kleine Kalmit (270 m) mit Naturschutzgebiet und Kapelle 'Trost der armen Seelen'	Ilbesheim
Treidelsberg (504 m) mit Martinsturm (Aussichtsturm); Burgruine Landeck (305 m)	Klingenmünster
Dicker Stein (370 m; mit Aussichtswarte); Hinterer Stoppelkopf (566 m); Teufelsfelsen (360 m)	Lambrecht
Palmberg (119 m)	Laumersheim
Burgruine Neukastell (463 m)	Leinsweiler
Kalmit (673 m); Wetterkreuzberg (400 m) mit Mariäschutzkapelle	Maikammer
Bergstein (409 m); Ortsteil Gimmeldingen: Stabenberg (494 m; mit Aussichtswarte); Ortsteil Haardt: ganze Ortslage ('Balkon der Pfalz'; 212 m); Weinbiet (554 m; Aussichtsturm); Ortsteil Hambach: Hohe Loog (619 m); Sühnekreuz (480 m); Hambacher Schloß	Neustadt a.d.W.
Ruine Ramburg (442 m)	Ramberg
Ruine Rietburg (544 m; Höhengaststätte mit Aussichtsterrasse)	Rhodt u. Rietburg
Burgruine Kropsburg (334 m)	St. Martin
Burgruine Guttenburg (491 m)	Schweigen-Rechtenbach
Schweinefelsen (427 m); Abtskopf (486 m)	Silz
Burgruine Lindelbrunn (437 m) (Aussichtspunkt); Rödelstein (428 m) (Aussichtspunkt)	Vorderweidenthal
Wachtenburg (232 m)	Wachenheim
Wachtfelsen (388 m)	Wernersberg
Schweizerhaus am Südosthang des Blättersberg (605 m); Ludwigsturm (Aussichtsturm) auf dem Blättersberg (605 m)	Weyher

Autobusverbindungen	**Praktische Informationen**

Autobusverbindungen

Drei größere Regionalgesellschaften teilen sich die Bedienung des öffentlichen Nahverkehrs im Gebiet der Deutschen Weinstraße: die "Regional Busverkehr Südwest GmbH" (von Landau bis zur französischen Grenze südlich von Landau), die "Weinstraßenverkehr Landau-Neustadt GmbH" (Gebiet zwischen Landau und Neustadt a. d. W.) und die "Bahnbusverkehr Rhein-Neckar GmbH" (Bereich des Landkreises Bad Dürkheim). Die Busse fahren häufig und z. T. im Taktfahrplan, so zwischen Landau und Neustadt a. d. W. stündlich. Allerdings sollte man für die Fortbewegung per Bus etwas mehr Zeit mitbringen, da auf den meisten Strecken viele Ortschaften angefahren werden. An den Wochenenden herrscht eingeschränkter Betrieb.

Autohilfe

⟶ Auskunft

Bäder

⟶ Schwimmbäder
⟶ Heilbäder

Bahnverbindungen

⟶ Auskunft, ⟶ Anreise

Burg- und Schloßschenken

Altleiningen	Berhof, Burgstraße 12, Tel. (063 46) 84 79.
Annweiler	Burgrestaurant Trifels, Auskunft: Fritz Weiser, Tel. (063 46) 84 79. Täglich außer Mo. geöffnet.
Bad Dürkheim	Klosterschenke Limburg, Tel. (063 22) 71 27.
Battenberg	Burg Battenberg, Tel. (063 59) 21 96. Frühjahr bis Herbst Mi.–So. ab 16.00 Uhr geöffnet.
Edenkoben	Gaststätte im Keller des Sieges- und Friedensdenkmals auf dem Werderberg. Auskunft: Peter Fruth, Tel. (063 23) 29 76 und 59 18. Sa. und So. ab 10.00 Uhr, in den Herbstmonaten täglich geöffnet.
Eschbach	Madenburgschenke. Auskunft: Buchwald, Tel. (063 45) 86 72. Täglich außer Mo. geöffnet.
Klingenmünster	Burgschenke Burg Landeck, Tel. (063 49) 87 44. Täglich 10.00 – 20.00 Uhr, außer Mo., geöffnet.
Lambrecht	Burgschenke Burg Spangenberg, Tel. (063 25) 2027; Schloßschenke Burg Erfenstein, Tel. (063 25) 26 34.
Neuleiningen	Burgschenke, Untergasse 54, Tel. (063 56) 29 34.

Praktische Informationen   **Cafés**

Schloßschenke Burg Hambach, Tel. (06321) 31325.   Neustadt-
                                                          Hambach

Ramburgschenke, Tel. (06345) 1055.   Ramberg

Höhengaststätte Rietburg, Tel. (06323) 2936.   Rhodt unter
                                                          Rietburg

Burgschenke Kropsburg, Tel. (06323) 5924.   St. Martin

Burgschenke Wachtenburg, Tel. (06322) 64656.   Wachenheim

Cafés (Auswahl)

Café Harlekin, Gerbergasse 3, Tel. (06346) 2847   Annweiler
Parkcafé, Tel. (06346) 2983

Café Berzel, Kurtalstraße 8, Tel. (06343) 1533   Bad Bergzabern
Rieder, Kurtalstraße 1, Tel. (06343) 1591
Schwamm, Marktstraße 38, Tel. (06343) 4725
Café Theiss, im Kurtalcenter, Tel. (06343) 8763
Thermalbad-Café, Kurtalstraße 25, Tel. (06343) 3907
Zentralcafé, Kurtalstraße 17, Tel. (06343) 1530

Cafeteria im Kurmittelhaus, Kurbrunnenstraße 14, Tel. (06322) 8736   Bad Dürkheim
Harm, Stadtplatz 8, Tel. (06322) 7636
Parkcafé Traubenkur, Salinenstr. 21, Tel. (06322) 66810
Schaupp, Mannheimer Straße 2, Tel. (06322) 1066
Schloßcafé, Kurgartenstraße 11–13, Tel. (06322) 2094
Café Tempel, Weinstraße Nord 20, Tel. (06322) 8502

Café-Pub Prestige, Klingbachstraße 1, Tel. (06349) 7044   Billigheim-
                                                          Ingenheim

Stadtcafé, Weinstraße 15, Tel. (06326) 8612   Deidesheim

Eckert, Hauptstraße 39, Tel. (06343) 8580   Dörrenbach

Café Klein, Goldenes Eck, Tel. (06323) 4563   Edenkoben
Café im Parkhotel, Triefenbachanlage, Tel. (06323) 7045
Café Staub, Rhodter Straße 1, Tel. (06323) 4574
Café Ziegelhütte, Luitpoldstraße 79 c, Tel. (06323) 1551
Eis-Café Rialto, Weinstraße, Tel. (06323) 2744
Terrassencafé an der Talstation der Rietburgbahn, Tel. (06323) 1642
und 7051

Nicklis, Eschkopfstraße 6, Tel. (06328) 388   Elmstein-
                                                        Iggelbach

Roth, Hauptstraße 65, Tel. (06325) 2638   Esthal

Bergcafé, Neufelderstraße 3, Tel. (06325) 8480   Frankeneck

Rathaus-Café, Hauptstraße 4, Tel. (06353) 7150   Freinsheim
Weinheber, Hauptstraße 18, Tel. (06353) 7519

Zum Weinberg, Badstraße 18, Tel. (06345) 3341   Gleisweiler

Fickas, Östlicher Graben 15, Tel. (06359) 2292   Grünstadt
Kurpfalz-Konditorei, Hauptstraße 109, Tel. (06359) 3209
Wilhelm, Asselheimer Straße 8, Tel. (06359) 2522

Schwanencafé, Obere Hauptstraße 36, Tel. (07276) 5244   Herxheim b. L.
Wiener Café, Obere Hauptstraße 43, Tel. (07276) 358

219

Cafés (Forts.) Kallstadt	Fruth, Weinstraße 65, Tel. (063 22) 20 88
Klingenmünster	Café Brutsch, Weinstraße 36, Tel. (063 49) 63 53
Landau	Café Gutting, Danziger Platz, Tel. (063 41) 5 19 17
	Café Heess, Cornichonstraße 3 B, Tel. (063 41) 6 08 37
	Café Kuntz, Marktstraße 63, Tel. (063 41) 8 64 08
	Café am Markt, Marktstraße 51, Tel. (063 41) 48 48
	Café Oswald, Marktstraße 110, Tel. (063 41) 8 68 75
	Goethepark-Café, Zweibrücker Straße 42, Tel. (063 41) 38 18 46
	Wiener Caféhaus, Königstraße, Tel. (063 41) 43 53
Maikammer	Café Centner, Schulstraße 4, Tel. (063 21) 50 14
Neustadt a. d. W.	Altstadt-Café, Hauptstraße 94, Tel. (063 21) 8 30 78
	Bassler, Hauptstraße 116, Tel. (063 21) 26 75
	Elvers, Friedrichstraße 13, Tel. (063 21) 8 23 72
	Klimperkasten, Klemmhof 8, Tel. (063 21) 8 21 26
	Schloßcafé, Freiheitstraße 91, Tel. (063 21) 8 48 50
	Schluckebier, Hauptstraße 12, Tel. (063 21) 8 48 68
	Sixt, Hauptstraße 3, Tel. (063 21) 21 92
	Wintergarten, Alter Turnplatz 2, Tel. (063 21) 3 33 07
Rhodt unter Rietburg	Café Wambsganz, Weinstraße 41, Tel. (063 23) 55 83
	Höhengaststätte Rietburg, Tel. (063 23) 29 36
St. Martin	Café Dalberg, Tanzstraße 18, Tel. (063 23) 45 53
	Park-Café, Im Stöckelfeld, Tel. (063 23) 40 88
Schweigen-Rechtenbach	Café am Weintor, Hauptstraße 1, Tel. (063 42) 73 51
Wachenheim	Weißes Rössl, Waldstraße 101, Tel. (063 22) 18 05
Wattenheim	Bergblick, Hochgerichtsstraße 1, Tel. (063 56) 2 18
Weisenheim am Sand	Waldcafé Ludwigshain, Ludwigshain 12, Tel. (063 53) 54 32
Weyher	Waldrestaurant Buschmühle, im Modenbachtal, Tel. (063 23) 45 98
	Zur Winzerstube, Kirchgasse 19, Tel. (063 23) 45 91

Camping

Allgemeines	Das Campen ist im Gebiet der Deutschen Weinstraße nur auf ausgewiesenen Campingplätzen erlaubt.
Übergeordnete Auskunftsstelle	Deutscher Camping-Club e.V. Mandlstr. 28/ Postfach 40 04 28 D(W)-8000 München 40
Campingführer	Wertvolle Hinweise für Campingfreunde finden sich in den jährlich aktualisierten Camping-Führern (Band 2: Deutschland, Mitteleuropa, Nordeuropa) des ADAC-Verlags.

Campingplätze (Auswahl)

Annweiler	Campingplatz des Touristenvereins am Sonnenberg, Naturfreunde Annweiler, Victor-v.-Scheffel-Straße 20, Tel. (063 46) 81 98. April – Oktober geöffnet; 22 Stell-, 24 Touristen- und 30 Zeltplätze auf Grasboden (teilweise schattig gelegen; Touristenplätze mit Stromanschluß); Tiere erlaubt.

Praktische Informationen   **Einkäufe, Souvenirs**

Azur-Knaus-Camping-Park, In den Almen, Tel. (06322) 61356. Ca. 650 Stellplätze, modernste Anlagen, Gaststätte, Terrassen-Café.

Camping (Forts.)
Bad Dürkheim

Campingplatz Klingbachtal, Frau Thea Hesse, Klingener Straße 52 (Ingenheim), Tel. (06349) 6278. April – Oktober geöffnet; 150 Stell-, 30 Touristen- und 40 Zeltplätze mit Stromanschluß auf Grasboden (teilweise schattig); Badesee Billigheim 2 km entfernt; Tiere erlaubt.

Billigheim-
Ingenheim

Campingplatz beim Naturfreundehaus Rahnenhof, Tel. (06356) 281; 15 Stellplätze.

Carlsberg-
Hertlingshausen

Campingplatz zum Stäffelsbergturm, Am Kolmerberg 10, Tel. (06343) 1387. April – Oktober geöffnet; 18 Stellplätze auf Grasboden, teilweise schattig (Touristenplätze mit Stromanschluß); Tiere an der Leine erlaubt.

Dörrenbach

Campingplatz Wappenschmiede im St.-Martiner-Tal, Fam. Riede, Talstraße 60, Tel. (06323) 6435. Von Gründonnerstag bis zum 11. 11. geöffnet; 35 Stell- und 40 Touristenplätze (mit Stromanschluß) auf teilweise Gras- und Sandboden, sehr schattig; Restaurant; Tiere an der Leine erlaubt.

St. Martin

Campingplatz beim Naturfreundehaus Bethof, Hüttenwart Ernst Kofler, Tel. (06398) 244. Ganzjährig geöffnet; 50 Stell- und 50 Touristenplätze (mit Stromanschluß) auf Gras- und Kiesboden, schattig; Tiere erlaubt.

Vorderweidenthal

Campingplatz im Burgtal, Waldstraße 105, Tel. (06322) 2689, 80 Stellplätze.

Wachenheim

Zeltplätze

Gruppenzeltplatz am Turnerheim Annweiler (im Naturpark Pfälzerwald), Im Weg 60, Tel. (06346) 8438. April – Oktober geöffnet; 750 m² Fläche auf Grasboden, Strom- und Wasseranschluß, Feuerstelle, Sport- und Freizeitgelände.

Annweiler

Jugendzeltplatz Kaiserbachtal (im Naturpark Pfälzerwald), Deutsche Pfadfindergemeinschaft, Tel. (06232) 102316. April – Oktober geöffnet; Grasboden, schattig, Stromanschlüsse, Grillplatz, Zentralhütte mit Gemeinschaftsküche, Telefonanschluß (06346/5620).

Speyer

Einkäufe, Souvenirs

Da die Pfalz eine durch und durch kulinarische Landschaft ist, sind auch die Souvenirs in der Hauptsache kulinarischer Art. Von der weit gefächerten Skala der Pfälzer Weine und Sekte bis hin zum edlen Pfälzer Weinbrand, von der herzhaften Leberwurst bis zum berühmten Pfälzer Saumagen reicht das vielfältige Angebot. Als ausgesprochene Gaumenfreuden bekannt sind Hefeschnäpse und Tresterbrände, feine Essig-Spezialitäten, das aromatische Weingelee oder, ganz nach Jahreszeit, Äpfel, Pflaumen, Nüsse und Weintrauben. Die Möglichkeit, direkt bei Winzern oder Winzergenossenschaften, auf kleinen Wochenmärkten, vor der Haustür der Erzeuger oder in den gemütlichen Probierstuben einzukaufen, sollte man nutzen – Einkäufe dieser Art sind in der Regel ausgesprochen preisgünstig und ein schönes Urlaubserlebnis.
Wer gerne Antiquitäten, Kunst und Kunsthandwerk nachspürt, findet im Umfeld der Deutschen Weinstraße interessante Adressen. Atelier- und Werkstattbesuche bei Malern, Bildhauern und Keramikern sind sehr aufschlußreich und nach Anmeldung immer willkommen. Nähere Einzelheiten geben örtliche Tourist-Informationsstellen bekannt.

Essen und Trinken	**Praktische Informationen**

Einkäufe,
Souvenirs
(Fortsetzung)

Ein außergewöhnliches Pfalz-Souvenir ist neben dem bekannten (einen halben Liter fassenden) Schoppenglas der pfälzische National- und Phantasievogel "Elwedritsche". Dieses seit Generationen in der Pfalz beheimatete Fabelwesen gibt es in unzähligen Variationen in Bronze, Ton, Marzipan und Schokolade geformt.

Eisenbahn

$\longrightarrow$ Anreise
$\longrightarrow$ Auskunft
$\longrightarrow$ Museumseisenbahn

Essen und Trinken

Allgemeines

Die Pfälzer Küche ist eine Art Schmelztiegel französischer, bayrischer und badischer Gaumenfreuden – ein Tatbestand, der sich aus der Grenzlage, aber auch aus der wechselvollen Geschichte der ehemals unter französischer und bayrischer Herrschaft stehenden Pfalz erklärt. Dazu kommt der begünstigende Einfluß eines ausgesprochen milden Klimas, in dem selbst Spargel, Mandeln, Feigen und Kastanien hervorragend gedeihen. Abgerundet wird die pfälzische Kochkunst durch eine Vielfalt an mediterranen Kräutern, die den Gerichten den charakteristischen würzigen Geschmack verleihen.

Traditionelle
Küche

Bekannt ist die traditionelle Pfälzer Küche vor allem für ihre herzhaften Spezialitäten nach Hausmacher Art: Bratwurst und Schwartenmagen, Leber- und Blutwurst oder der berühmte Pfälzer Saumagen. Zu diesen einfachen und sehr beliebten Gerichten, die vornehmlich in Weinstuben und gutbürgerlichen Gasthäusern serviert werden, zählen auch die zarten Fleischklöße mit Meerrettichsoße, Leberknödel mit Weinsauerkraut, Pellkartoffeln mit weißem Käse, die pikante Kartoffelsuppe oder köstliche Dampfnudeln mit Weinsoße, um nur einige Beispiele zu nennen.

Neue Pfälzer
Küche

Die Neue Pfälzer Küche zeichnet sich insbesondere dadurch aus, daß sie sehr stark jahreszeitlich orientiert ist und durch ihre Leichtigkeit gefällt. Die Gerichte sind weniger deftig, werden dafür aber meist aus frischen, aus der Region stammenden Zutaten zubereitet.

Beliebte Gerichte aus der Pfälzer Küche

Pfälzer Saumagen

Für den Pfälzer Saumagen werden durchwachsenes Schweinefleisch, magerer Schweinebauch und gekochte Kartoffeln in gleichmäßige, etwa einen Zentimeter große Würfel geschnitten, mit feiner Bratwurstfülle, eingeweichten Brötchen und Eiern vermischt und in der Hauptsache mit Salz, Pfeffer und Majoran kräftig gewürzt. Diese Masse wird in einen gereinigten und über Nacht gewässerten Schweinemagen gefüllt, dessen Enden abgebunden werden. In reichlich siedendem Wasser muß der Saumagen zwei bis drei Stunden ziehen. Diese Spezialität wird in der Regel in Scheiben geschnitten, in etwas Butter gedämpft oder leicht angebraten und auf Weinsauerkraut serviert. Am besten schmecken dazu ein kräftiges Bauernbrot und ein herzhafter Riesling.

Pfälzer
Fleischklöße

Die Fleischklöße (pfälzisch: Flääsch-Knepp) bestehen aus fein gehacktem Kalbfleisch, Schweinefleisch und Rindfleisch, vermischt mit Eiern, altbackenen Brötchen, Zwiebelwürfelchen und einer Gewürzmischung aus Salz, Pfeffer, Muskat, gemahlener Nelke, Thymian und feingewiegter Petersilie. Die Fleischklöße werden in heißer Fleischbrühe gegart und mit Meerret-

Praktische Informationen | Essen und Trinken

Herzhafte Spezialitäten der Pfälzer Küche

tichsoße serviert. Dazu ißt man gerne Weißbrot oder Schnitzkartoffeln mit in Butter gedünsteten Zwiebelwürfelchen.

Pfälzer Fleischklöße (Fortsetzung)

Dampfnudeln (pfälzisch: Dambnudle) nehmen unter den Leib- und Magenspeisen der Pfalz einen Spitzenplatz ein. Voraussetzung für perfekte Dampfnudeln sind ein gut verarbeiteter Hefeteig und ein gußeiserner Topf. Die etwa kinderfaustgroßen Dampfnudeln garen in erhitztem Öl oder Schmalz und etwas heißem Wasser im geschlossenen Topf. Sie werden noch warm serviert, vornehmlich mit Weinsoße und auch als Ergänzung zu einer Kartoffelsuppe.

Pfälzer Dampfnudeln

Diese Sommerspezialität ist ein Klassiker der pfälzischen Familienküche. Viele Geheimrezepte sind dafür im Umlauf, doch grundsätzlich gehören Eier, Zucker, altbackene Brötchen oder Kuchenreste, Mandeln, Zimt und natürlich Kirschen dazu. Man ißt ihn als Hauptspeise (nach einer Gemüsesuppe) oder als Dessert (meist mit Vanillesoße).

Kersche-Plotzer

'Schneebällchen' werden die feinsten unter den in der Pfalz beliebten Kartoffelklößen genannt. Gekochte geriebene Kartoffeln, in Butter gedünstete Zwiebelwürfelchen, Eier, Salz, Majoran und Muskat sind die wesentlichen Zutaten. Bevorzugte Beilage zum feinen Braten und zu Wildgerichten mit Soßen. Etwas herzhafter sind die 'Hoorige Knepp' ('Haarige Knöpfe') aus einer Mischung aus roh geriebenen und gekochten Kartoffeln, Eier, Mehl und Salz, die gerne zu Schweinebraten oder im Laufe einer Schlachtpartie zum Schweinepfeffer auf den Tisch kommen.

Pfälzer Schneebällchen und 'Hoorige Knepp'

Eng verwandt mit der elsässischen Quiche ist der pfälzische Flammkuchen, der wahlweise mit Brot- oder mit Hefeteig (dünn ausgerollt) gemacht wird. Für den Kuchenbelag werden Sahnequark, Eier, Sauerrahm sowie blanchierte Zwiebeln und Speckwürfel vermischt und mit Pfeffer, Salz und Muskat herzhaft gewürzt.

Flammkuchen

Ferien auf Bauern- und Winzerhöfen

Allgemeines	Viele der im Bereich der Deutschen Weinstraße gelegenen Winzer- und Bauernhöfe bieten Unterkunftsmöglichkeiten für Feriengäste an. Vor allem bei Familien mit Kindern wird diese Form des Urlaubs mehr und mehr beliebt, zumal da nicht selten interessante Freizeitangebote wie Reiten, Angeln usw. genutzt werden können.
Auskunft	Über Einzelheiten der Unterkunftsmöglichkeiten informieren die örtlichen Fremdenverkehrsämter sowie der jährlich aktualisierte Katalog "Ferien auf Bauern- und Winzerhöfen", anzufordern beim Fremdenverkehrs- und Heilbäderverband Rheinland-Pfalz e.V., Postfach 1420, 5400 Koblenz, Tel. (0671) 31079. Für den Bereich der Südlichen Weinstraße erhält man eine gebietsspezifische Informationsbroschüre beim Verein Südliche Weinstraße e.V., Zentrale für Tourismus, An der Kreuzmühle 2, 6740 Landau, Tel. (06341) 380148.

Ferienwohnungen

Auskunft	Übersichtsverzeichnisse über das reiche Angebot an Ferienwohnungen im Gebiet der Deutschen Weinstraße sind erhältlich bei den regionalen und lokalen Fremdenverkehrsämtern (→ Auskunft) sowie beim Fremdenverkehrs- und Heilbäderverband Rheinland Pfalz e.V., Geschäftsstelle Pfalz, Martin-Luther-Str., 6730 Neustadt, Tel. (06321) 2466.
Feriendorf	Feriendorf Sonnenberg Leinsweiler, Barbarossaweg 1 Tel. (06345) 1060

Freilichtbühnen

→ Theater

Freizeitangebote

Seminare und Hobbykurse	Die Freizeitmöglichkeiten an der Weinstraße sind allein schon durch die schöne Landschaft und die abwechslungsreiche Natur reichhaltig. Wer in den Ferien gerne mit anderen sein Hobby ausüben oder ein neues erlernen will, hat dazu ebenfalls Gelegenheit im Rahmen der Seminare und Kurse, die man in vielen Fremdenverkehrsorten belegen kann. Der Schwerpunkt des Angebots liegt dabei auf kulinarischen und kreativen Kursen sowie Seminaren zum Thema Natur. Die Palette der Pauschalangebote reicht von Pilz- und Kräuterseminaren über Malerferien bis zum Flugurlaub. Des weiteren gibt es die Möglichkeit zum Töpfern, Keramiken, Batiken und Holzschnitzen.
Auskunft	Nähere Informationen sowie Programmübersichten über Pauschalangebote erhält man bei der Zentrale für Tourismus Südliche Weinstraße e.V. (→ Auskunft) und bei allen übergeordneten Auskunftsstellen.
Sport	→ dort
Volksfeste	→ Veranstaltungskalender
Weinseminare	→ Pfälzer Wein

Praktische Informationen · Gaststätten und Restaurants

Freizeitparks

Holiday-Park
→ Reiseziele von A bis Z, Haßloch

Haßloch

Wild- und Wanderpark Südliche Weinstraße
→ Reiseziele von A bis Z, Silz

Silz

Kurpfalz-Park, Erlebnis- und Familienpark an der Deutschen Weinstraße
→ Reiseziele von A bis Z, Wachenheim

Wachenheim

Galerien

→ Kunstausstellungen, Galerien

Gaststätten und Restaurants

Dorfstübl, Weinstraße 47, Tel. (06345) 8684
Zum Hirsch, Hauptstraße 11, Tel. (06345) 3443

Albersweiler

Zum Löwen, Hauptstaße 66, Tel. (06327) 5247
Zur Pfalz, Hauptstraße 7, Tel. (06327) 5707
Gutsausschank Spelzenhof, Hauptstraße 77, Tel. (06327) 845 und 5895
Weinstube-Straußenwirtschaft Litty, Hauptstraße 39, Tel. (06327) 2907

Altdorf

Schloßschenke, Hauptstraße 63, Tel. (06356) 467
Zum Lamm, Hauptstraße 53, Tel. (06356) 1445
Zum Weinerhof, Talstaße 2, Tel. (06356) 1576
Zur Krone, Hauptstraße 70, Tel. (06356) 8550

Altleiningen

Stadtschänke, Landauer Straße 1, Tel. (06346) 8909
Storchentor, Altenstraße 18, Tel. (06346) 8404
Weinstube s' Reiwerle, Flitschberg 7, Tel. (06346) 8871
Zur Alten Gerberei, Am Prangertshof 11, Tel. (06346) 3566
Barbarossa, Zweibrücker Straße 10, Tel. (06346) 7510
Schipka-Pass, Schipka-Pass, Tel. (06346) 3784
Annweiler Forsthaus, Tel. (06397) 254
Burgrestaurant Trifels, Schloßäcker, Tel. (06346) 8479
Richard Löwenherz, Burgstraße 23, Tel. (06346) 8394
Zum Burgenring, Burgenring 50, Tel. (06346) 7341

Annweiler

Zum Burgenblick, Rehbergstraße, Tel. (06346) 8153
Tennisclubhaus, Kurhausstraße, Tel. (06346) 2250

– Bindersbach

Hacienda, Gut Rebenhof, Weinstraße 58, Tel. (06343) 2207
Herberts Zwitscherstube, Weißenburger Straße 11, Tel. (06343) 8025
Kurpark, Am Kurpark, Tel. (06343) 7312
Weinstube Bock, Georg-Weber-Straße 13, Tel. (06343) 3154 und 5642
Zum Engel, Königstraße 45, Tel. (06343) 4933
Zur Reblaus, Königstraße 62, Tel. (06343) 7605
Paulaner-Bräustüberl, Königstraße 8, Tel. (06343) 3944
Pschorr-Stube, Weinstraße 17, Tel. (06343) 8351
Restaurant Central, Kurtalstraße 17, Tel. (06343) 1530
Restaurant Firenze, Bärengasse 3, Tel. (06343) 5649
Herberts Herberge, Am Bühl 3, Tel. (06343) 1461
Gasthaus Waldfrieden, Dorfstraße 42, (06343) 1412
Weinstube Koch, Am Plätzl 8, (06343) 1596

Bad Bergzabern

225

Gaststätten und Restaurants

Praktische Informationen

Bad Bergzabern (Fortsetzung)	Augsburger Mühle, Kurtalstraße 87, Tel. (06343) 7591 Pfälzer Wald, Kurtalstraße 77, Tel. (06343) 1056 Restaurant Canne al Vento, Kurtalstraße 49, Tel. (06343) 7173
Bad Dürkheim	Bad Dürkheimer Riesenfaß, Am Wurstmarktgelände, Tel. (06322) 2143 Dürkheimer Weineck, Weinstraße Süd 14, Tel. (06322) 8361 Marktschänke, Marktgasse 1, Tel. (06322) 67070 Die Schlemmerecke, Schloßplatz 1–4, Tel. (06322) 7970 Tenne, Römerplatz 12, Tel. (06322) 4394 Vier Jahreszeiten, Kaiserslauterer Straße 1, Tel. (06322) 2400 Waffenschmiede, Kurbrunnenstraße 6, Tel. (06322) 8510 Weinakademie, Holzweg 76, Tel. (06322) 2414
– Hardenburg	Waldgaststätte Lindenklause, Burgruine Hardenburg, Tel. (06322) 64975 Waldschlössel, Kaiserslauterer Straße 393, Tel. (06322) 3915 Zum Brunnen, Kaiserslauterer Straße 323, Tel. (06322) 5019
– Grethen	Traminer Klause, Hermann-Schäfer-Straße 15, Tel. (06322) 4578 Zur Herzogmühle, Kaiserslauterer Straße, Tel. (06322) 65322
– Leistadt	Sonnenhof, Hauptstraße 32, Tel. (06322) 8639 Weinstube Hebel, Hauptstraße 41, Tel. (06322) 2033
– Ungstadt	Bender's Winzerstube, Weinstraße 78, Tel. (06322) 2782 Zum Herrenberg, Weinstraße 12, Tel. (06322) 1097
Battenberg	Zur Traube, Hauptstraße 34, Tel. (06359) 2915
Billigheim-Ingenheim	Zum Rebstöckl, Kaiserbachstraße 7, Appenhofen, Tel. (06349) 6297 Turmstube, Oberes Tor, Billigheim, Tel. (06349) 1470 Weinhaus Schneiderfritz, Marktstraße 9, , Billigheim, Tel. (06349) 6416 Zum Bräustübl, Hauptstraße 45, Ingenheim, Tel. (06349) 6432 Pfälzer Hof, Hauptstraße 30, Ingenheim, Tel. (06349) 86616 Zum Jupp, Hauptstraße 29, Ingenheim, Tel. (06349) 5879 Weinstube Dyck, Oberdorfstraße 2, Mühlhofen, Tel. (06349) 1241
Birkenhördt	Sole 'Oro, Geghlmühle 2, Tel. (06343) 3173 Gasthaus Jägerhof, Tel. (06343) 1575
Birkweiler	St. Laurentiushof, Hauptstraße 21, Tel. (06345) 8945
Bissersheim	Lindenhof, Luitpoldstraße 10, Tel. (06359) 5351
Bobenheim a. B.	Weinstube Kirsch, Kleinkarlbacher Straße 5, Tel. (06353) 1744
Bockenheim	Bockenheimer Hof, Leininger Ring, Tel. (06359) 4996 Sonnenhof, Weinstraße 79, Tel. (06359) 4317 Zum Schloßkeller, Schloßweg 17, Tel. (06359) 4448
Böbingen	Straußwirtschaft Pfaffmann, Hauptstraße 43, Tel. (06327) 3663
Böllenborn	Zur Brunnenstube, Friedhofstraße 2, Tel. (06343) 8106
Bornheim	Bornheimer Wein- und Vesperstube, Hauptstraße 30, Tel. (06348) 1502 Weinstube Bornheimerhof, Tel. (06348) 7636
Burrweiler	Gutsrestaurant St. Annaberg, Tel. (06345) 3258 Ritterhof, Weinstraße 11, Tel. (06345) 3598 Schloßgarten, Hauptstraße 108, Tel. (06345) 2622 Vesperstube Argus, Hauptstraße 194, Tel. (06345) 8277 Winzergaststätte Grafen von der Leyen, Weinstraße 70, Tel. (06345) 3620 Gutsausschank Burrweiler Mühle, Tel. (06323) 4568

Praktische Informationen   Gaststätten und Restaurants

Weinstuben und Gaststätten laden zum Einkehren ein

Paradies, Linienstraße 4, Tel. (06356) 302 Pfälzer Stuben, Wattenheimer Straße 19, Tel. (06356) 8868 Zum Kamin, Brunnenstraße 11, Tel. (06356) 1558	**Carlsberg**
Im Winkel, Kirchenstraße 12, Tel. (06353) 1297	**Dackenheim**
Zum Seewolf, Am Stadtplatz, Tel. (06326) 8833 Goldener Weinberg, Weinstraße 8, Tel. (06326) 351 Zur Kanne, Weinstraße 31, Tel. (06326) 396 Schloßwiese, Schloßwiese 1, Tel. (06326) 8101 Winzerverein, Weinstraße 67, Tel. (06326) 365	**Deidesheim**
Gasthaus Schneider, Hauptstraße 88, Tel. (06345) 8348	**Dernbach**
Zum Ochsen, Mitteltor 13, Tel. (06238) 2496	**Dirmstein**
Altdeutsche Weinstube, Hauptstraße 14, Tel. (06343) 1505 Keschtehäusel, Hauptstraße 4, Tel. (06343) 8797 Küferstubb, Borngasse 6, Tel. (06343) 4027 Zum Rathaus, Hauptstraße 85, Tel. (06343) 4146 Zum Spundloch, Obergasse 4, Tel. (06343) 8332 Zum Wachthäusel, Ecke Hauptstraße/Obergasse, Tel. (06343) 2240 Zur Krone, Hauptstraße 79, Tel. (06343) 8347	**Dörrenbach**
Zum Bahnhof, Bahnhofstraße 12, Tel. (06359) 6216 Zum Bürgerstübchen, Turnstraße 4, Tel. (06359) 6263	**Ebertsheim**
Hotel-Restaurant Gutshof Ziegelhütte, Luitpoldstraße 79c, Tel. (06323) 7051 und 1551 Hotel-Restaurant Parkhotel, Triefenbachanlage, Tel. (06323) 7045 Hotel Pfälzer Hof, Weinstraße 85, Tel. (06323) 2941	**Edenkoben**

Gaststätten und Restaurants   **Praktische Informationen**

Edenkoben (Fortsetzung)	Hotel Tivoli, Edesheimer Straße 31, Tel. (06323) 2327
	Weinstube Zur alten Kanzlei, Weinstraße 120, Tel. (06323) 3983
	Restaurant Fuder, Weinstraße 23, Tel. (06323) 5451
	Mazara/Rebenhof, Weinstraße 92, Tel. (06323) 3297
	Speisegaststätte Schubert, Bahnhofstraße 191, Tel. (06323) 5008
	Artemis-Grill, Tanzstraße 1, Tel. (06323) 4304
	Korfu, Weinstraße 59a, Tel. (06323) 2552
	Kühler Keller, Klosterstraße 83, Tel. (06323) 81231
	Altdeutsche Weinstube, Luitpoldstraße 4, Tel. (06323)
	Bergstübl, Am Berggäßchen, Tel. (06323) 5999
	Zum Doktor, Luitpoldstraße 79, Tel. (06323) 7780
	König Ludwig Keller, Ludwigsplatz 10, Tel. (06323) 7276

Edesheim
Wein-Castell, Staatsstraße 21, Tel. (06323) 2392
Zur Traube, Ludwigstraße 113, Tel. (06323) 5367
Zur Blume, Ludwigstraße 100, Tel. (06323) 3584
Weinprobierstube Wolf, Ruprechtstraße 20, Tel. (06323) 6284
Schwarz-Straußwirtschaft, Eisenbahnstraße 23, Tel. (06323) 5903
Zum goldenen Engel, Staatsstraße, Tel. (06323) 4533
Weinstube im alten Posthof, Staatsstraße 17, Tel. (06323) 3120

Ellerstadt
Ratsstube, Ratsstraße 21, Tel. (06337) 8167
Weinstube Ultes, Fließstraße 9, Tel. (06337) 3232

Elmstein
Am Bahnhof, Bahnhofstraße 69, Tel. (06328) 878
Zum Klosterstübl, Schankstraße 12, Tel. (06328) 395
Zum Schloßberg, Hauptstraße 56, Tel. (06328) 291

– Appenthal
Zum alten Turm, Talstraße 9, Tel. (06328) 300
Zum Lokschuppen, Bahnhofstraße 96, Tel. (06328) 281
Zum Weihersberg, Talstraße, Tel. (06328) 873

– Harzofen
Waldwinkel, Esthaler Straße 7, Tel. (06328) 259

Erpolzheim
Winzergaststätte, Bahnhofstraße 40, Tel. (06353) 8078

Eschbach
Zum Zehnthaus, Weinstraße 43, Tel. (06345) 1685
Zur Madenburg, Weinstraße 55, Tel. (06345) 2868

Esthal
Esthaler Bürgerstübl, Blumenstraße 2, Tel. (06325) 2768

Eußerthal
Birkenthaler Hof, Taubenstuhlstraße 2, Tel. (06345) 1441

Flemlingen
Weinstube Bentz, Hainfelder Straße 5, Tel. (06323) 4331
Weinstube Zechpeter, Maxstraße 12 und 17, Tel. (06323) 4526

Forst
An der Wehr, Landhausrestaurant, Im Elster 8, Tel. (06326) 6984
Winzerverein, Weinstraße 57, Tel. (06326) 259
Zum Schockelgaul, Weinstraße 96, Tel. (06326) 5669

Frankweiler
Frankenburg, Orensfelsstraße 31, Tel. (06345) 3268
Weinstube Stadel, Trifelsstraße 13, Tel. (06345) 171
Weinstube Brand, Weinstraße 28, Tel. (06345) 1531
Weinstube Weiß, Frankenburgstraße 4, Tel. (06345) 3188

Freimersheim
Zum Jagdstübel, Hauptstraße 90$^{1/2}$, Tel. (06347) 1671

Freinsheim
Alt-Freinsheim, Korngasse 5, Tel. (06353) 2582
Zur Linde, Bärengasse 15, Tel. (06353) 7419
Am Eisentor, Herrengasse 12, Tel. (06353) 8035
Stadtschänke, Bahnhofstraße 3a, Tel. (06353) 3410
von Busch Hof, von Busch Hof 5, Tel. (06353) 7705

Praktische Informationen	**Gaststätten und Restaurants**

Weinstube St. Martin, Martinstraße 23, Tel. (063 53) 64 66
Zum Goldenen Adler, Bärengasse 2, Tel. (063 53) 63 62

Freinsheim
(Fortsetzung)

Beck, Hauptstraße 42, Tel. (063 22) 10 42
Zum Lamm, Schulstraße 1, Tel. (063 22) 6 13 21

Friedelsheim

Alte Scheune, Römerstraße 4, Tel. (062 38) 5 92
Schützenhaus, Am Palmberg, Tel. (062 38) 28 86

Gerolsheim

Gasthaus-Pension Zickler, Badstraße 4, Tel. (063 45) 85 15 und 16 56
Zur alten Küferei, Bergstraße 15, Tel. (063 45) 25 44
Zur Post, Hauptstraße 15, Tel. (063 45) 18 15
Zur Eulengasse, Badstraße 6, Tel. (063 45) 34 73
Straußwirtschaft Kost, Hainbachtalstraße 3, Tel. (063 45) 30 00
Weinstube Zur Weinstraße, Weinstraße 21, Tel. (063 45) 34 15
Krutzenbichler, Badstraße 18, Tel. (063 45) 33 41

Gleisweiler

Rebmeerinsel, Kirchbergstraße 11, Tel. (063 43) 81 50
Winzerhaus, Winzergasse 4, Tel. (063 43) 23 44
Zur Winzergasse, Winzergasse 37, Tel. (063 43) 85 18
Winzerkeller, Winzergasse, Tel. (063 43) 15 07
Gasthaus Brunnenstubb, Tel. (063 43) 41 18
Hotel Südpfalzterrassen, Winzergasse, Tel. (063 43) 20 66

**Gleiszellen-
Gleishorbach**

Zum Schwanen, Hauptstraße 67, Tel. (063 49) 52 30

Göcklingen

Vereinsgaststätte zur Gänsewiese, Auf der Gänsewiese, Tel. (063 22) 81 66
Zum Lamm, Bismarckstraße 21, Tel. (063 22) 6 43 30

Gönnheim

Zum Schwanen, Hauptstraße 89, Tel. (063 27) 33 35

Gommersheim

Großkarlbacher historische Gaststätte, Hauptstraße 57, Tel. (062 38) 37 37
Gebr. Meurer, Hauptstraße 67, Tel. (062 38) 6 78
Zum Wiesengrund, Hauptstraße 16, Tel. (062 38) 7 88

Großkarlbach

Alte Münze, Weinstube, Hauptstraße 107, Tel. (063 59) 25 25
Zum Bär, Rathausstraße 18, Tel. (063 59) 37 22
Kupferpfanne, Kirchheimer Straße 19, Tel. (063 59) 51 56
Moser, Weinhaus, Hauptstraße 26, Tel. (063 59) 23 26
Zur Kanne, Neugasse 57, Tel. (063 59) 27 80
Zur Pfalz, Kirchheimer Straße 8, Tel. (063 59) 13 28

Grünstadt

Armbrust, Weinstube, Schloßstraße 4, Tel. (063 59) 56 13
Metzger, Langgasse 34, Tel. (063 59) 53 35
Scharfes Eck, Holzweg 6, Tel. (063 59) 8 00 30

– Asselheim

Dorfbrunnen, Weinstraße 28, Tel. (063 23) 40 56
Weinstube Trollschoppen, Weinstraße 25, Tel. (063 23) 57 78
Weinstube Hummel, Roschbacher Straße 3, Tel. (063 23) 68 11

Hainfeld

Aumühle, An der Aumühle, Tel. (063 24) 46 85
Pfalzhalle, Brühl 14 a, Tel. (063 24) 12 71
Pfalzstuben Restaurant, Lindenstraße 50, Tel. (063 24) 31 25
Weinstube Löwer, Langgasse 152, Tel. (063 24) 21 79
Zum Blauen Bock, Schießmauer 18, Tel. (063 24) 29 15
Zum Ratskeller, Schillerstraße 11, Tel. (063 24) 15 08
Zur Dorfschänke, Lachener Weg 29, Tel. (063 24) 45 15

Haßloch

Bärenklause, Holzgasse 28, Tel. (072 76) 51 00
Ratskeller, Obere Hauptstraße 4, Tel. (072 76) 71 73
Zur Post, Untere Hauptstraße 120, Tel. (072 76) 4 66
Zum Waldstadion, St.-Christopherus-Straße, Tel. (072 76) 3 64

Herxheim

Gaststätten und Restaurants **Praktische Informationen**

Herxheim (Fortsetzung)	La Fontanina, Eisenbahnstraße 30, Tel. (07276) 8524 Waldblick, Kettelerstraße 81, Tel. (07276) 369
– Hayna	Silence-Hotel Krone, Hauptstraße 62–64, Tel. (07276) 5080
Herxheim am Berg	Zum Goldberg, Weisenheimer Straße 14, Tel. (06353) 7413 Zum Honigsack, Weinstraße 22, Tel. (06353) 7316
Herxheimweyher	Jägerklause, Tel. (07276) 7156
Hettenleidelheim	Alte Ziegelei, Tiefenthaler Straße 6, Tel. (06351) 43637 Weißer Bock, Hauptstraße 14, Tel. (06354) 5135 Zum Adler, Obergasse 32, Tel. (06351) 43976
Heuchelheim- Klingen	Mühlengrund, Tel. (06349) 8174 Weinstube Vogler, Hauptstraße 75, Tel. (06349) 6351 Zur Dorfschänke, Hauptstraße 61, Tel. (06349) 8754
Hochstadt	Zum Waldhaus, Am Bahnhof 2, Tel. (06347) 484 Zum Sterne Sepp, Hauptstraße 104, Tel. (06347) 7255
Ilbesheim	Weinstube Kalmitstube, Hauptstraße 44, Tel. (06341) 32055 Kleine Kalmit, Landauer Straße, Tel. (06341) 32055 St. Hubertushof, Arzheimer Straße 5, Tel. (06341) 3635
Impflingen	Bauernstube, Kirchstraße 36, Tel. (06341) 85445
Insheim	Zum Löwen, Zeppelinstraße 8, Tel. (06341) 80878
Kallstadt	Breivogel, Neugasse 28, Tel. (06322) 61108 Gewölbekeller, Freinsheimer Straße 4, Tel. (06322) 66881 Saumagenstube, Hebengasse 8, Tel. (06322) 8929 Weinhaus Henninger, Weinstraße 93, Tel. (06322) 2277 Weinkabinett, Weinstraße 123, Tel. (06322) 2644 Winzerstuben, Weinstraße 126, Tel. (06322) 5300
Kapellen- Drusweiler	Kapeller Hopfenstubb, Obere Hauptstaße 8, Tel. (06343) 8240
Kapsweyer	Südpfalzhalle, Raiffeisenstraße 3, Tel. (06340) 1446
Kindenheim	Sportlerheim Andingstraße 6, Tel. (06359) 4711
Kirchheim a.d.W.	Alte Gräfliche Leininger Mühle, Weinstraße Nord 59, Tel. (06359) 3031 Leininger Eckbackklause, Rickgasse 30, Tel. (06359) 3332
Kirrweiler	Zum Erwin, Gartenstraße 6, Tel. (06321) 59806 Zum Schwanen, Hotel-Restaurant, Hauptstraße 3, Tel. (06321) 58068 Gutsausschank Zöller, Marktstraße 16, Tel. (06321) 5500
Kleinfischlingen	Hofklause, Hauptstraße 11, Tel. (06347) 1673
Kleinkarlbach	Beim Onkel Martin, Hauptstraße 18, Tel. (06359) 83791 Zum Rebstöckel, Flurystraße 2, Tel. (06359) 3581
Klingenmünster	Burg Landeck, Tel. (06349) 8744 Gutsschenke Kaiserbacher Mühle, Tel. (06349) 5445 Zum Adler, Weinstraße 7, Tel. (06349) 6473 Zum Ochsen, Weinstraße 28, Tel. (06349) 6451
Lambrecht	Bayerischer Hof, Hauptstraße 86, Tel. (06325) 2486 Ratskeller, Hauptstaße 99, Tel. (06325) 300 Zum Lambrechter Gäsbock, Wiesenstraße 12, Tel. (06325) 7034

Praktische Informationen   Gaststätten und Restaurants

Landau

Augustiner, Königstraße 26, Tel. (06341) 4405
Hotel-Restaurant Brenner, Lienstraße 16, Tel. (06341) 20039
Landauer Weinstube, Friedrich-Ebert-Straße 15, Tel. (06341) 86167
Pfälzer Weinstube, Meerweibchenstraße 12, Tel. (06341) 86919
Weinstube Raddegaggl, Industriestraße 9, Tel. (06341) 87157
Weinstube Rebstöckl, Nußdorfer Weg 32, Tel. (06341) 61800
Zur Blum, Weinstube, Kaufhausgasse 9, Tel. (06341) 84800
Goethepark, Zweibrücker Straße 42, Tel. (06341) 381846
Straubs Dubbeglasstubb, Nordring 39, Tel. (06341) 84005
Landauer Brauhof, Industriestraße 10, Tel. (06341) 85009
Restaurant Olympia, Martin-Luther-Straße 26, Tel. (06341) 82808
Hotel-Restaurant Deutscher Kaiser, Königstraße 20, Tel. (06341) 86861
La Scala, Am Rathausplatz 1, Tel. (06341) 83534
Zur Roten Laterne, Langstraße 11, Tel. (06341) 82418

– Dammheim

Zum Schwanen, Speyerer Straße 26, Tel. (06341) 53078

– Godramstein

Keller, Bahnhofstraße 28, Tel. (06341) 60333

– Mörzheim

Alte Kelter, Weinstube, Hauffenstraße 22, Tel. (06341) 31551

– Nußdorf

Zur Pfalz, Geisselgasse 15, Tel. (06341) 60451
Weinstube Übel, Walsheimer Straße 13, Tel. (06341) 61385

– Queichheim

Hotel-Restaurant Provencal, Hauptstraße 136, Tel. (06341) 50557

Laumersheim

Zur Krone, Hauptstraße 24, Tel. (06238) 863

Leinsweiler

Slevogthof, Neukastell, Tel. (06345) 3685
Zum Trifels, Trifelsstraße 4, Tel. (06345) 3845
Zehntkeller, Weinstraße 5, Tel. (06345) 3075
Rebmann, Weinstraße 8, Tel. (06345) 2530
Leinsweiler Hof, Tel. (06345) 3640

Lindenberg

St. Cyriacus-Weinstube, Hauptstraße 16, Tel. (06325) 2200
Ratskeller, Hauptstraße 93, Tel. (06325) 2537

Maikammer

Dorfchronik, Marktstraße 7, Tel. (06321) 58240
Gutsausschank Alt Maikammer, Weinstraße Nord, Tel. (06321) 58171
Immenhof, Immengartenstraße 26, Tel. (06321) 58001
Weinstube Wilhelm, Weinstraße Nord 1, Tel. (06321) 59429
Zum Wurmstübchen, Schulstraße 2, Tel. (06321) 59978
Waldhaus Wilhelm, Kalmitstraße 6, Tel. (06321) 58044
Zum Goldenen Ochsen, Marktstraße 4, Tel. (06321) 58101
Zur Rheinpfalz, Hartmannstraße 33, Tel. (06321) 5072
Zur Kalmit, Hartmannstraße 33, Tel. (06321) 5054
Weinstube Rebstock, Hartmannstraße 14, Tel. (06321) 5373
Zum Weingarten, Schwimmbadstraße 5, Tel. (06321) 58525
Weinstube Schwaab, Weinstraße Süd 5, Tel. (06321) 5417
Weinstube Wingerter, Hartmannstraße 41, Tel. (06321) 5152

– Alsterweiler

Winzerkeller Alsterweiler, Mühlstraße 14, Tel. (06321) 5041

Meckenheim

Alte Töpferei, Rödersheimer Straße 9, Tel. (06326) 8807
Weinstube Härtel, Hauptstraße 23, Tel. (06326) 7484
Zellfelder, Hauptstraße 68, Tel. (06326) 390
Zum Lamm, Hauptstraße 94, Tel. (06326) 8514

Mertesheim

Beller, Eistalstaße 90, Tel. (06359) 2223
Zur Au, Eistalstraße 92, Tel. (06359) 84720

Neidenfels

Sportheim, Zwerlenbachstraße 54, Tel. (06325) 7292

Gaststätten und Restaurants   **Praktische Informationen**

Neuleiningen	Burgschenke, Kirchgasse 12, Tel. (06359) 2934 Haus Sonnenberg, Am Sonnenberg, Tel. (06359) 82660 Zum Burggraf, Mittelgasse 11, Tel. (06359) 2826 Zum Gäsbock, Mittelgasse 32, Tel. (06359) 82932
Neustadt a. d. W.	Alte Brauerei Mohr, Hauptstraße 90, Tel. (06321) 83801 Altstadtkeller, Kunigundenstraße 2, Tel. (06321) 32320 Bahnhofgaststätte, Bahnhofsplatz 6, Tel. (06321) 84406 Bierbrunnen, Hauptstraße 19, Tel. (06321) 84784 Jever Krog, Kunigundenstraße 3, Tel. (06321) 33279 Ratsherrenstube, Marktplatz 10, Tel. (06321) 2070 Zum Rathaus, Rathausstraße 11, Tel. (06321) 35682 Zum Stadtschreiber, Marktplatz 5, Tel. (06321) 86657 Zur Post, Hauptstraße 94, Tel. (06321) 80164
– Gimmeldingen	Meerspinnenkeller, Peter-Koch-Straße 43, Tel. (06321) 60175
– Haardt	Pfälzer Wald, Mandelring 6, Tel. (06321) 60159 Mandelhof, Mandelring 11, Tel. (06321) 88220
– Hambach	Jägerstübl, Andergasse 84, Tel. (06321) 86328 Lindenhof, Freiheitsstraße 4, Tel. (06321) 82588
– Königsbach	Zur Rebenterrasse, Raiffeisenstraße 20, Tel. (06321) 68789 Winzergaststätte, Deidesheimer Straße 12, Tel. (06321) 68151
– Mußbach	Winzerstuben, An der Eselshaut 32, Tel. (06321) 6158 Zur Sonne, An der Eselshaut 27, Tel. (06321) 69836
Niederhorbach	Bürgerstube, Hauptstraße 38, Tel. (06343) 4192 Weinstube Fritz Walter, Landauer Straße 82, Tel. (06343) 1420
Niederkirchen	An der Roßmühle, Hauptstraße 57, Tel. (06326) 8936 Winzerstube, Friedelsheimer Straße 281, Tel. (06326) 281 Zum Heuspeicher, Hauptstraße 48, Tel. (06326) 5273 Zum Klosterstübchen, Klostergasse 1, Tel. (06326) 8568
Oberhausen	Gemeinschaftshalle, Raiffeisenstraße 14, Tel. (06343) 4701
Oberotterbach	Goldener Stern, Tel. (06342) 223 Musikantenbuckl, Herrengasse 8, Tel. (06342) 240 Schützenhaus, Oberdorfstraße 74, Tel. (06342) 7522 Zur Guttenburg, Tel. (06342) 7993
Obersülzen	Sportverein, Neuweg 6, Tel. (06359) 1251
Obrigheim	Friesenstube, Hauptstraße 31, Tel. (06359) 5903 Rosengarten, Hauptstraße 15, Tel. (06359) 2015
Offenbach	Hotel-Restaurant Krone, Hauptstraße 4–6, Tel. (06348) 7064 und 8630 Gaststätte Waldeslust, Essinger Straße 31, Tel. (06348) 302
Pleisweiler-Oberhofen	Schloßbergkeller, Im Bienengarten, Tel. (06343) 3916 und 1582 St. Urbanshof, Hauptstraße 15, Tel. (06343) 1379 Wappenschmiede, Wappenschmiedstraße 14, Tel. (06343) 1331 Weinstube Leonhard, Hauptstraße 19, Tel. (06343) 8290 Weinstube Wendel, Hauptstraße 27, Tel. (06343) 1212 Schoggelgaul, Schäfergasse 1, Tel. (06343) 7900 Weinstube Zum Holzapfel, Hauptstraße, Tel. (06343) 4245
Quirnheim	Zur Krone, Schmittgasse 5, Tel. (06359) 3497

232

Praktische Informationen	Gaststättten und Restaurants

Gästehaus Eyer, Im Harzofen 4, Tel. (06345) 8318 — **Ramberg**

Müllers Woidächel, Weinstube, Weinstraße 68, Tel. (06345) 7187 — **Ranschbach**
Rebstöckel, Am Sportplatz, Tel. (06345) 7319

Weinstube Harteneck, Weinstraße 42, Tel. (06323) 581 — **Rhodt unter Rietburg**
Weinstube Waldkirch, Weinstraße 53, Tel. (06323) 582
Zur Sonne, Weinstraße 39, Tel. (06323) 2132
Weinstube Zur alten Schmiede, Weinstraße 35, Tel. (06323) 7179
Rietburg-Weinstube, Theresienstraße 87, Tel. (06323) 4426
Unnergässer Weinprobierstube, Weinstraße 81, Tel. (06323) 2258
Alte Rebschule, Theresienstraße 200, Tel. (06323) 5517
Rhodter Adler, Weinstraße 10, Tel. (06323) 6311
Zum alten Winzerhaus, Theresienstraße 59, Tel. (06323) 6151
Zum Schuhmacher, Weinstraße 49, Tel. (06323) 6147 und 1238
Höhengaststätte Rietburg, Ruine Rietburg, Tel. (06323) 2936

Ritterstube, Hauptstraße, Tel. (06346) 8159 — **Rinnthal**

Jägerhof, Bahnhofstraße 37, Tel. (06349) 5312 — **Rohrbach**
Zum Rappen, Landauer Straße 2, Tel. (06349) 7335
Zum Schimmel, Landauer Straße 8, Tel. (06349) 1816

Zum Deutschen Haus, Hauptstraße 24, Tel. (06323) 2787 — **Roschbach**
Winzerstube Lutz, Hauptstraße 67, Tel. (06323) 2209

Weinhaus Motzenbäcker, Obergasse 24, Tel. (06326) 288 — **Ruppertsberg**
Zum Winzer, Obergasse 23, Tel. (06326) 6098

Altes Rathaus, Weinstube, Tanzstraße 9, Tel. (06323) 2404 — **St. Martin**
Grafenstube, Edenkobener Straße 30, Tel. (06323) 2798
Jugendhaus am Weinberg, Höhenrestaurant, Oberst-Barett-Straße 1,
    Tel. (06323) 4050
Haus am Rebenhang, Einlaubstraße 64–66, Tel. (06323) 7017
St. Martiner Castell, Maikammerer Straße 2, Tel. (06323) 2095
Martinusstube, Tanzstraße 22, Tel. (06323) 1216
St. Martiner Weintel, Maikammerer Straße 44, Tel. (06323) 7083
Krabbenescht, Mühlstraße 15, Tel. (06323) 6540
Ratsschenke, Tanzstraße 5, Tel. (06323) 5111
Wappenschmiede, Talstraße 59, Tel. (06323) 2019
Winzerhof, Maikammerer Straße 22, Tel. (06323) 2088
Dalberg, Tanzstraße 18, Tel. (06323) 4553
Talmühle, Tanzstraße 49, Tel. (06323) 2131
Bergel, Talstraße 5, Tel. (06323) 4122
Burgschänke Kropsburg, Tel. (06323) 5924
Weinstube Christmann, Edenkobener Straße 50,
    Tel. (06323) 3713
Schreiecks Weinhäusel, Hornbrücke 2, Tel. (06323), 4501
Wirtshaus im Wolsel, Totenkopfstraße 336, Tel. (06323) 5545

Schweigener Hof, Tel. (06342) 244 — **Schweigen-Rechtenbach**
Zur Traube, Gartenstraße 7, (06342) 7264
Deutsches Weintor, Weinstraße 4, Tel. (06342) 7352
Rebstöckel, Längelsgasse 16, Tel. (06342) 7151
Sonnenberg, Sonnenberg 3, Tel. (06342) 7879
Zum Bären, Hauptstraße 27, Tel. (06342) 229
Zum Weintor, Hauptstraße 1, Tel. (06342) 7351
Zur Linde, Paulinerstraße 2, Tel. (06342) 7251

Windhof, Tel. (06342) 7341 — **Schweighofen**

Schneckeheisel, Bergstraße 2, Tel. (06346) 5924 — **Silz**

Gaststätten	Tennisheim TC Bienwald, Tel. (06340) 8050
(Fortsetzung)	Gasthaus Waldblick, Waldstraße 46, Tel. (06340) 356
Steinfeld	
Steinweiler	Bauernstube, Tel. (06349) 1880
	Zum Eckstübel, Tel. (06349) 7060
	Zur Pfalz, Hauptstraße 27, Tel. (06349) 5833
Venningen	Straußwirtschaft Bauer, Altdorfer Straße 3, Tel. (06323) 2734
	Weinstube Marienhof, Hauptstraße 10, Tel. (06323) 5727
	Straußwirtschaft Hund, Hauptstraße 3, Tel. (06323) 3970
Wachenheim	Alte Münzen, Weinstube, Langgasse 2, Tel. (06322) 65219
	Burgruine Wachtenburg, Tel. (06322) 64656
	Kapellchen, Weinstraße 29, Tel. (06322) 65455
	Luginsland, Weinstraße 2, Tel. (06322) 8635
	Stadtmauerschänke, Langgasse 27, Tel. (06322) 2465
	Weinstube Wachtenburg, Weinstraße 36, Tel. (06322) 1837
	Weißes Rössel, Waldstraße 101, Tel. (06322) 1805
	Zum Bächel, Bleichstraße 6, Tel. (06322) 63093
Waldrohrbach	Zur Linde, Tel. (06346) 5196
Walsheim	Silberberg-Weinstuben, Hauptstraße 67, Tel. (06341) 61756
	Zum Landhaus, Landhaus 1, Tel. (06341) 62450
Wattenheim	Bierfäßl, Lochbergstraße 9, Tel. (06356) 1547
	Haus Bergblick, Hochgerichtsstraße 1, Tel. (06356) 218
	Waldgaststätte Hetschmühle, Tel. (06356) 285
	Zur Linde, Carlsberger Straße 25, Tel. (06356) 8813
Weidenthal	Erb, Hauptstraße 200, Tel. (06329) 482
	Zum Löwen, Hauptstraße 74, Tel. (06329) 382
Weisenheim am Berg	Pfälzer Weinstuben, Leistadter Straße 25, Tel. (06353) 7439
	Zum Admiral, Leistadter Straße 6, Tel. (06353) 7400
Weisenheim am Sand	Pfälzer Hof, Dr.-Welte-Straße 2, Tel. (06353) 3420
	Zum Adler, Laumersheimer Straße 25, Tel. (06353) 811
Wernersberg	Zur Linde, Mühlstraße 11, Tel. (06346) 2537
Weyher	Buschmühle, Modenbachtal, Tel. (06323) 4598
	Zur Traube, Kehrgasse 13, Tel. (06323) 2169
	Hotel-Restaurant Zum Kronprinz, Josef-Meyer-Straße 11, Tel. (06323) 2324
	Zur Winzerstube, Kirchgasse 19, Tel. (06323) 4591
	Zum Löwen, Josef-Meyer-Straße 1, Tel. (06323) 4580
	Weinstube Rebwaldblick, Hübühl 7, Tel. (06323) 1869

Heilbäder und Heilquellenkurbetriebe

Annweiler	Kneippmöglichkeiten, Wassertretanlage in den Markwardanlagen.
Bad Bergzabern	Im Kurmittelhaus: Thermalbewegungsbad mit einem Innenbecken (32°C) und zwei Außenbecken (29°C und 32°C; Wildwasser- und Gegenstromkanal; Sprudel- und Massageliegen; Druckwasserkanone), Kneipp-Therapie, Sauna, Massagen, Inhalationen, medizinische Bäder, Fango, Unterwassermassagen, Eisbehandlung und Rückengymnastik. Viele dieser Kurmittel können auch in bestimmten Hotels und Kurheimen in Bad Bergzabern in Anspruch genommen werden.

Praktische Informationen   **Hotels und Gasthöfe**

Heilanzeigen: Herz- und Kreislauferkrankungen organischer, nervöser und
funktioneller Art, organische und funktionelle Nervenleiden, rheumatische
Leiden, Verschleißerscheinungen am Knochen- und Muskelsystem, chro-
nische Erkrankungen der Atmungsorgane, Stoffwechselstörungen,
Erkrankungen der Verdauungsorgane, Leber-Galle-Erkrankungen, Frau-
enkrankheiten sowie körperliche und seelische Erschöpfungszustände.
Auskunft: Kurverwaltung, Kurtalstraße 25, Tel. (06343) 8811.

Heilbäder,
Bad Bergzabern
(Fortsetzung)

Kurhaus, Kurmittel- und Bäderhaus, Brunnenhalle, Kurpark, Freiluftinhala-
torium im Gradierbau, Nebelkammer (Raumfeuchtinhalation), Sauna,
Kneippanlagen. Hallen-Thermalsole-Bewegungsbad (32 °C) im Kurzen-
trum und im Kurparkhotel, hier auch Sole-Warmbecken (38 °C). Massagen
aller Art, Hydrotherapie, Elektro-Therapie, Fangopackungen, Kneippsche
Anwendungen, Eisbehandlung sowie im Herbst Traubenkuren.

Bad Dürkheim

Heilanzeigen: Rheumatische Erkrankungen, Erkrankungen der Atemwege,
Magenerkrankungen und funktionelle Darmstörungen.
Auskunft: Kurverwaltung, Kurbrunnenstraße 14, Tel. (06322) 8735.

Hotels und Gasthöfe

Annahof, Schloßstraße 16, Tel. (06345) 3581, 43 B.   **Albersweiler**

Berghof, Burgstraße 17, Tel. (06356) 8075, 20 B.   **Altleinigen**

Zum Jagdschloß, Hauptstraße 29, Tel. (06356) 251, 9 B.   – Höningen

Burgenring, Burgenring 50, Tel. (06346) 7341, 12 B.   **Annweiler**
Richard Löwenherz, Burgstraße 23, Tel. (06346) 8394, 12 B.   **am Trifels**
Volksgarten, Landauer Straße 42, Tel. (06346) 2137, 6 B.
Scharfeneck, Altenstraße 17, Tel. (06346) 8392, 28 B.
Zur Post, Bahnhofstraße 15, Tel. (06346) 2523, 20 B.

Zum Kurtal, Anebosstraße, Tel. (06346) 7104, 12 B.   – Bindersbach
Anebos, Anebosstraße, Tel. (06346) 7368, 36 B.
Kurhaus Trifels, Kurhausstraße, Tel. (06346) 8365, 38 B.

Petronella, Kurtalstraße 47, Tel. (06343) 1075, 55 B.   **Bad Bergzabern**
Pfälzer Wald, Kurtalstraße 77, Tel. (06343) 1056, 40 B.
Rebenhof, Weinstraße 58, Tel. (06343) 1035, 32 B.
Rössel, Schlittstraße 2, Tel. (06343) 1558, 15 B.
Seeblick, Kurtal 71, Tel. (06343) 2539, 90 B.
Wasgau, Friedrich-Ebert-Straße 21, Tel. (06343) 8401, 38 B.

An den Salinen, Salinenstraße 15, Tel. (06322) 68037, 25 B.   **Bad Dürkheim**
Dorinthotel, Kurbrunnenstraße 30−32, Tel. (06322) 6010, 200 B.
Fronmühle, Salinenstraße 15, Tel. (06322) 68081, 44 B.
Gartenhotel Heußer, Seebachstraße 50−52, Tel. (06322) 2066, 130 B.
Haus Boller, Kurgartenstraße 19, Tel. (06322) 1428, 24 B.
Kurparkhotel, Schloßplatz 1−4, Tel. (06322) 7970, 195 B.
Landhaus Fluch, Seebacher Saße 95−97, Tel. (06322) 2488/89, 42 B.
Leininger Hof, Kurgartenstraße 17, Tel. (06322) 6020, 200 B.

Leininger Hof, Kaiserslauterer Straße 353, Tel. (06322) 1047, 11 B.   – Hardenburg
Zum Brunnen, Kaiserslauterer Straße 323, Tel. (06322) 5019, 10 B.

Pension Fionk, Freinsheimer Straße 7a, Tel. (06322) 5260   – Leistadt
Pension Hanewald, Pochelstraße 37, Tel. (06322) 63206, 8 B.

Pension Leckron, Seebacher Straße 110, Tel. (06322) 5359, 12 B.   – Seebach

235

Hotels und Gasthöfe   **Praktische Informationen**

– Ungstein

Bettelhaus, Weinstraße 89, Tel. (06322) 63559, 33 B.
Panorama, Dürkheimer Weg, Tel. (06322) 4711, 30 B.

Billigheim-
Ingenheim

Gästehaus Villa Maria, Vogesenstraße 18, Tel. (06349) 6854, 16 B.
Purzlerhof, Mozartstraße, Tel. (06349) 6334, 14 B.

Birkenhördt

Johanna Stöbener, Hauptstraße 50, Tel. (06343) 2896, 13 B.

Birkweiler

St. Laurentiushof, Hauptstraße 21, Tel. (06345) 8945, 32 B.

Bobenheim
am Berg

Gästehaus Wilz, Hinter den Gärten 1, Tel. (06353) 7586, 6 B.
Winzereck, Kleinkarlbacher Straße 3, Tel. (06353) 2338, 7 B.

Bockenheim

Bockremer Faß, Weinstraße 52–54, Tel. (06359) 4300, 32 B.
Bockenheimer Hof, Leininger Ring, Tel. (06359) 4996, 8 B.
Zur Krone, Weinstraße, Tel. (06359) 4936, 7 B.

Böbingen

Straußenwirtschaft Pfaffmann, Hauptstraße 43, Tel. (06347) 3663, 4 B.

Böllenborn

Haus Erika, Hauptstraße 27, Tel. (06343) 7611, 8 B.

– Reisdorf

Waldeslust, Hauptstraße 2, Tel. (06343) 2470, 19 B.

Bornheim

Bornheimer Hof, Kirchstraße 14, Tel. (06348) 7636, 12 B.
Zur Weinlaube, Wiesenstraße 31, Tel. (06348) 1584, 45 B.

Burrweiler

Gutsrestaurant St. Annaberg, Tel. (06345) 3258, 15 B.

Carlsberg

Am Waldesrand, Wattenheimer Straße, Tel. (06356) 496, 13 B.
Zum Leininger Tal, Gartenstraße 37, Tel. (06345) 1552, 10 B.

Dackenheim

Gästehaus Mönchshof, Kirchheimer Straße 24, Tel. (06353) 3615, 6 B.

Deidesheim

Deidesheimer Hof, Romantik-Hotel, Marktpl. 2, Tel. (06326) 1811, 49 B.
Haardt-Hotel 'Zum Geisbock', Weinstraße 11, Tel. (06326) 7070, 125 B.
Kurpark-Residenz, An der Marlach 20, Tel. (06326) 6060 und 7080, 88 B.
Ratskeller, Weinstraße 30–32, Tel. (06326) 6045/46, 30 B.
Haus Sonneck, Kirschgartenstraße 24, Tel. (06326) 8227, 24 B.
Zum Reichsrat, Weinstraße 12, Tel. (06326) 6011, 96 B.

Dirmstein

Bengel, Marktstraße 15, Tel. (06238) 624, 6 B.
Kempf, Marktstraße 3–7, Tel. (06238) 3011, 51 B.
Spormühle, Spormühlenweg 12, Tel. (06238) 790

Dörrenbach

Trösch, Übergasse 19, Tel. (06343) 1503, 9 B.
Waldruhe, Wiesenstraße 6, Tel. (06343) 1506, 19 B.

Edenkoben

Fuder, Weinstraße 23, Tel. (06323) 5451, 7 B.
Gutshof Ziegelhütte, Luitpoldstraße 79c, Tel. (06323) 1551, 23 B.
Mazara/Rebenhof, Weinstraße 92, Tel. (06323) 3297, 16 B.
Speisegaststätte Schubert, Bahnhofstraße 191, Tel. (06323) 5008, 11 B.
Parkhotel, Unter dem Kloster 1, Tel. (06323) 7045, 50 B.
Pfälzer Hof, Weinstraße 85, Tel. (06323) 2941, 19 B.
Tivoli, Edesheimer Straße 31, Tel. (06323) 2327, 26 B.
Weinstube zur alten Kanzlei, Weinstraße 120, Tel. (06323) 3983, 11 B.

Edesheim

Weincastell, Staatsstraße 21, Tel. (06323) 2392, 21 B.
Zum goldenen Engel, Staatsstraße 30, Tel. (06323) 4533, 22 B.

Einselthurn

Weller's Weinhäusel, Hauptstraße 2, Tel. (06355) 2323, 10 B.

Eisenberg

Gästehaus Mielke, Kinderdorfstraße 25, Tel. (06351) 8363, 24 B.

236

Praktische Informationen	Hotels und Gasthöfe

Waldhotel Eisenberg, Martin-Luther-Straße 20, Tel. (06351) 43175, 78 B.

Eisenberg
(Fortsetzung)

Landhaus Feuerberg, Mannheimer Straße 2, Tel. (06327) 5388, 18 B.

Ellerstadt

Zur Linde, Hauptstraße 60, Tel. (06328) 1239, 18 B.
Zur Schwarzen Katz, Hauptstraße 79, Tel. (06328) 1868, 8 B.

Elmstein

Hornesselwiese, Tel. (06328) 724, 13 B.

– Hornesselwiese

Gästehaus Heller, Schloßgasse 31, Tel. (06328) 626, 16 B.
Haus Mühleck, Mühlweg 3, Tel. (06328) 358, 10 B.
Cafe Nicklis, Eschkopfstraße 8, Tel. (06328) 388, 30 B.
Pfälzer Hof, Dorfstraße 97, Tel. (06328) 252, 17 B.
Zur Waldtante, Dorfstraße 9, Tel. (06328) 293, 7 B.

– Iggelbach

Waldesruhe, Tel. (06306) 338, 15 B.

– Schwarzbach

Waldschlössel, Ortsstraße 15, Tel. (06328) 280, 16 B.

– Speyerbrunn

Zum Schwanen, Hauptstraße 19, Tel. (06353) 7409, 13 B.

Erpolzheim

Gästehaus Brigitte, Madenburgweg 19, Tel. (06345) 1616, 12 B.
Weingut Herrenhof, Tel. (06345) 2723, 20 B.
Gästehaus am Kirschengärtel, Burgstraße 2a, Tel. (06345) 3971, 12 B.

Eschbach

Schloßschenke, Ortsteil Erfenstein, Talstraße 12, Tel. (06325) 2634, 12 B.
Haus Waldesruhe, Tannenweg 17, Tel. (06325) 7210, 12 B.

Esthal

Waldblick, Hauptstraße 28, Tel. (06345) 1754, 17 B.

Eußerthal

Zur Traube, Weinstraße 16a, Tel. (06326) 8621, 11 B.

Forst

Dornacker, Talstraße 77, Tel. (06325) 2631, 9 B.
Waldfrieden, Hausbergstraße 23, Tel. (06325) 7564, 8 B.

Frankeneck

Landgasthaus Schmitt, Diemerstein 1, Tel. (06329) 1722, 20 B.

Frankenstein

Pension Brand, Weinstraße 28, Tel. (06345), 1531, 20 B.
Frankweiler Hof, Bergbornstraße 8, Tel. (06345) 1552, 28 B.
Gästehaus Kräußle, Bergbornstraße 33, Tel. (06345) 2159, 14 B.
Gästehaus Nerding, Zum Kunststück, Tel. (06345) 2636

Frankweiler

Altes Landhaus, Hauptstraße 37, Tel. (06353) 8065, 20 B.
Weisbrod, Gewerbestraße 7, Tel. (06353) 7776 oder 1659, 24 B.
Zum grünen Baum, Hauptstraße 15, Tel. (06353) 7466, 15 B.
Zum Musikantenbuckel, In den Bohnengärten, Tel. (06353) 3931, 17 B.

Freinsheim

Renate Helfer, Hauptstraße 53, Tel. (06322) 1411, 8 B.

Friedelsheim

Weingut Schönsiegel, Bergstraße 20, Tel. (06345) 3663, 15 B.
Gästehaus Zickler, Badstraße 4, Tel. (06345) 1656 und 8515, 20 B.
Zum Weinberg, Badstraße 18, Tel. (06345) 3341, 10 B.
Haus Lieselotte, Wiesenstraße 13, Tel. (06345) 2691, 20 B.
Zur alten Küferei, Bergstraße 12, Tel. (06345) 2544, 8 B.

Gleisweiler

Südpfalz-Terrassen, Winzergasse 42, Tel. (06343) 2086, 100 B.
Zur Winzergasse, Winzergasse 37, Tel. (06343) 8518 oder 8135, 10 B.
Pension Henriette, Höhenstraße 24, Tel. (06343) 3397 und 5568, 14 B.
Gästehaus Im Weinberg, Schulstraße 8, Tel. (06343) 1721, 8 B.
Gästehaus Irmgard, Im Spieß 5, Tel. (06343) 1486, 7 B.
Gästehaus Rebblüte, Blidenfeldstraße 18, Tel. (06343) 5568, 8 B.
Gästehaus Kirchberg, Schulstraße 17, Tel. (06343) 7587, 4 B.

**Gleiszellen-
Gleishorbach**

237

Hotels und Gasthöfe   **Praktische Informationen**

Göcklingen	Weingut Brauner, Am Kreuz 11, Tel. (06349) 6228, 6 B. Weingut Schäfer, Hauptstraße 24, Tel. (06349) 1353, 8 B. Weingut Altschuh, Hauptstraße 66, Tel. (06349) 6903, 8 B.
Gönnheim	Gutsausschank Eymann, Ludwigstraße 35, Tel. (06322) 64837, 8 B.
Gossersweiler-Stein	Birkenhof, Alte Landstraße 42, Tel. (06346) 5135, 27 B.
Großkarlbach	Pfälzer Hof, Hauptstraße 46, Tel. (06238) 2115, 22 B. Winzergarten, Hauptstraße 17, Tel. (06238) 2151, 75 B.
Grünstadt	Graf Leiningen, Turnstraße 7, Tel. (06359) 82094, 26 B. Jakobslust, Jakobstraße 15, Tel. (06359) 2182, 27 B.
– Asselheim	Pfalzhotel, Holzweg 6, Tel. (06359) 80030; 65 B., Schwimmbad.
Hainfeld	Weingut Theodorhof, Tel. (06323) 5034, 6 B. Höffner Thekla, Weinstraße 99, Tel. (06323) 3975, 4 B. Weinbau Anton Weisbrod, Weinstraße 45, Tel. (06323) 5431, 4 B.
Haßloch	Pfalz-Hotel, Lindenstraße 50, Tel. (06324) 4047, 70 B. Sägmühle, Sägmühlweg 140, Tel. (06324) 1031, 34 B. Zum Blauen Bock, Schießmauer 18, Tel. (06324) 2915, 10 B.
Herxheim b. L.	Silencehotel Krone, Hauptstraße 62–64, Tel. (07276) 5080, 50 B. Zum Waldstadion, St.-Christopherus-Straße 14, Tel. (07276) 5954, 12 B.
Hettenleidelheim	Grüner Baum, Hauptstraße 26, Tel. (06351) 5371, 10 B. Weißer Bock, Hauptstraße 14, Tel. (06351) 5135, 7 B.
Heuchelheim-Klingen	Gitta Becker, Kirchstraße 6, Tel. (06349) 8847, 8 B. Pension Mühlengrund, Heuchelheim, Tel. (06349) 1449, 25 B.
Ilbesheim	Rosel Böbinger, Zittergasse 1, Tel. (06341) 31495, 10 B. Gästehaus Clemens, Hauptstraße 28, Tel. (06341) 32996, 17 B.
Impflingen	Vongerichten, Kirchstraße 19, Tel. (06341) 4822, 8 B.
Kallstadt	Am Kronenberg, Riedweg 8, Tel. (06322) 6719, 11 B. Im Pfalzgarten, Freinsheimer Straße 6, Tel. (06322) 3826, 9 B. Weincastell Zum weißen Roß, Weinstraße 80–82, Tel. (06322) 5033
Kindenheim	Berghof Nagel, Hauptstraße 60, Tel. (06359) 4526, 4 B.
Kirchheim	Leininger Land, Kleinkarlbacher Straße 34, Tel. (06359) 3436, 7 B.
Kirrweiler	Sebastian garni, Hauptstraße 77–79, Tel. (06321) 59976, 40 B. Gutsausschank Zöller, Marktstraße 16, Tel. (06321) 5500, 13 B. Zum Schwanen, Hauptstraße 3, Tel. (06321) 58068, 34 B.
Kleinkarlbach	Magdalena Weber, Hauptstraße 14, Tel. (06359) 1753, 8 B.
Klingenmünster	Gästehaus Bohrer, Steinstraße 22a, Tel. (06349) 1700, 6 B. Cafe Brutsch, Weinstraße 36, Tel. (06349) 6352, 13 B.
Lambrecht	Kuckert, Hauptstraße 51, Tel. (06325) 8133, 33 B.
Landau	Brenner, Linienstraße 16, Tel. (06341) 20039, 40 B. Deutscher Kaiser, Königstraße 20, Tel. (06341) 86851, 18 B. Kurpfalz, Horstschanze 8, Tel. (06341) 4523, 38 B.
– Arzheim	Café Fernblick, Hauptstraße 126, Tel. (06341) 30162, 7 B.

Praktische Informationen   **Hotels und Gasthöfe**

Zum Schwanen, Speyerer Straße 26, Tel. (06341) 53078, 37 B.   – Dammheim

Zur Pfalz, Geiselgasse 15, Tel. (06341) 60451, 17 B.   – Nußdorf

Weingut Andreashof, Hauptstraße 116, Tel. (06341) 60451, 6 B.   – Queichheim
Hotel-Restaurant Provencal, Hauptstraße 136, Tel. (06341) 50557, 7 B.

Silencehotel Leinsweiler Hof, Weinstraße, Tel. (06345) 3640/46, 80 B.   **Leinsweiler**
Rebmann, Weinstraße 8, Tel. (06345) 2530 oder 8999, 20 B.

Zum Hirsch, Hauptstraße 84, Tel. (06325) 2469, 29 B.   **Lindenberg**
Zum Ratskeller, Hauptstraße 93, Tel. (06325) 2537, 15 B.
Zur Lindenburg, Hauptstraße 19, Tel. (06325) 343, 13 B.

Motel Am Immengarten, Marktstraße 71, Tel. (06321) 5518/19, 26 B.   **Maikammer**
Apart-Hotel Immenhof, Immengartenstraße 26, Tel. (06321) 58005, 80 B.
Gästehaus Weindel, St. Martiner Straße 40, Tel. (06321) 59909, 20 B.
Waldhaus Wilhelm, Kaltmitstraße 6, Tel. (06321) 58044, 44 B.
Zum goldenen Ochsen, Marktstraße 4, Tel. (06321) 58101/2, 45 B.
Weinstube Wilhelm, Weinstraße Nord, Tel. (06321) 59429, 12 B.

Winzerkeller, Mühlstraße 14, Tel. (06321) 5041, 18 B.   – Alsterweiler

Christel, Gartenstraße 16, Tel. (06326) 8396, 9 B.   **Meckenheim**

Zur Au, Eistalstraße 92, Tel. (06359) 2598, 6 B.   **Mertesheim**

Alte Pfarrey, Untergasse 54, Tel. (06359) 82059, 23 B.   **Neuleiningen**
Haus Sonnenberg, Sonnenberg 1, Tel. (06359) 82660, 15 B.
Zum Burggraf, Mittelgasse 11, Tel. (06359) 2826, 18 B.

Festwiese, Festplatzstraße 8, Tel. (06321) 32506, 62 B.   **Neustadt a. d. W.**
Kurfürst, Mußbacher Landstraße 2, Tel. (06321) 7441, 68 B.
Kurpfalz, Gabelsberger Straße 1, Tel. (06321) 84173, 22 B.
Page-Kongreß-Hotel, Exterstraße 2, Tel. (06321) 8980, 246 B.
Kuchers Hotel garni, Fröbelstraße 9, Tel. (06321) 32637, Fax 88926, 27 B.

Kurpfalz-Terrassen, Kurpfalzstraße 162, Tel. (06321) 6268, 7 B.   – Gimmeldingen
Haus Utech, Kurpfalzstraße 113, Tel. (06321) 6444, 14 B.

Haardter Herzel, Eichkehle 58, Tel. (06321) 6421, 21 B.   – Haardt
Haus Müller-Pressler, Mandelring 112, Tel. (06321) 6287, 14 B.
Tenner, Mandelring 216, Tel. (06321) 6541, Fax 69306, 64 B.

Haus am Seminargarten, Enggasse 9, Tel. (06321) 32600, 9 B.   – Hambach
Klostergut, Enggasse 20, Tel. (06321) 7293/94, Fax 83271, 20 B.
Rittersberg, am Hambacher Schloß, Tel. (06321) 86250, Fax 32799, 11 B.
Nickel, Andergasse 43, Tel. (06321) 86582, 14 B.

Zum Postillion, Goethestraße 2, Tel. (06327) 2008, Fax 1083, 70 B.   – Lachen-
Speyerdorf

Zum Hirsch, Breitenweg 7, Tel. (06321) 68801, 26 B.   – Mußbach

Gästehaus Annel, Bahnhofstraße 96, Tel. (06343) 2306, 8 B.   **Niederhorbach**
Gästehaus Fritz Walter, Landauer Straße 82, Tel. (06343) 1420, 8 B.

Heil, Hauptstraße 60, Tel. (06326) 8776, 27 B.   **Niederkirchen**
Buscher, Hauptstraße 62, Tel. (06326) 8053, 10 B.

Beuke's Hotel, Rosengarten, Große Hohl 4, Tel. (06359) 2015, 50 B.   **Obrigheim**

Krone, Hauptstraße 4–6, Tel. (06348) 7064, 73 B.   **Offenbach**

Hotels und Gasthöfe   **Praktische Informationen**

Pleisweiler-Oberhofen
Schloßbergkeller, Im Bienengarten 22, Tel. (06343) 1582 oder 3016, 21 B.

Ramberg
Gästehaus Eyer, Im Harzofen 4, Tel. (06345) 8318, 31 B.
Haus Walthari, Waltharistraße 202, Tel. (06345) 8254, 24 B.
Zum goldenen Lamm, Hauptstraße, Tel. (06345) 8286, 55 B.

Ranschbach
Weingut am Bildstock, Weinstraße, Tel. (06345) 1407, 8 B.
Gästehaus Müller, Weinstraße 7, Tel. (06345) 1041, 7 B.

Rhodt unter Rietburg
Alte Rebschule, Theresienstraße 200, Tel. (06323) 5517, 16 B.
Hotel Waldkirch, Weinstraße 53, Tel. (06323) 5825, 28 B.
Rhodter Adler, Weinstraße 10, Tel. (06323) 6311, 14 B.
Zum Schwanen, Edesheimer Straße 5, Tel. (06323) 3994, 10 B.
Zum alten Winzerhaus, Theresienstraße 59, Tel. (06323) 6151

Roschbach
Winzerstube Lutz, Hauptstraße 67, Tel. (06323) 2209, 4 B.

Ruppertsberg
Kurpfalz, Haagweg 22, Tel. (06326) 297, 8 B.
Gästehaus Werner, Löwengasse 10, Tel. (06326) 8519, 8 B.
Gästehaus Veth, Schloßgarten 32, Tel. (06326) 1498, 8 B.

St. Germanshof
St. Germanshof, Tel. (06394) 1455, 22 B.

St. Martin
Haus am Rebenhang, Einlaubstraße 64–66, Tel. (06323) 7017, 35 B.
Grüner Baum, Tanzstraße 2, Tel. (06323) 4532, 20 B.
St. Martiner Castell, Maikammerer Straße 3, Tel. (06323) 2095, 40 B.
St. Martiner Weintel, Maikammerer Straße 44, Tel. (06323) 7081/82, 71 B.
Winzerhof, Maikammerer Straße 22, Tel. (06323) 2088, 43 B.
Jugendhaus am Weinberg, Oberst-Barrett-Str. 1, Tel. (06323) 4050, 136 B.
Krabbenescht, Mühlstraße 15, Tel. (06323) 6540, 6 B.
Wirtshaus im Wolsel, Totenkopfstraße 336, Tel. (06323) 5545, 4 B.
Bergel, Talstraße 5, Tel. (06323) 4122, 14 B.

Schweigen-Rechtenbach
Am Deutschen Weintor, Bacchusstraße 1, Tel. (06342) 7353, 31 B.
Schweigener Hof, Hauptstraße 2, Tel. (06342) 244, 23 B.
Zur Linde, Paulinenstraße 2, Tel. (06342) 7251, 12 B.
Zur Traube, Gartenstraße 7, Tel. (06342) 7264, 10 B.

Siebeldingen
Zum Adler, Bismarckstraße 26, Tel. (06345) 2866, 24 B.

Silz
Zur Linde, Hauptstraße 41–43, Tel. (06346) 5121, 10 B.

Wachenheim
Burgstüb'l, Waldstraße 45–54, Tel. (06322) 8559, 35 B.
Goldbächel, Waldstraße 99, Tel. (06322) 7314 oder 5068, 29 B.
Weinstube Gabel, Mundhardter Hof 2, Tel. (06322) 2674, 20 B.
Zur Sonne, Weinstraße 8, Tel. (06322) 1827, 14 B.

Wattenheim
BAB-Raststätte Wattenheim, an der Autobahn, Tel. (06329) 330, 25 B.
Bayerischer Hof, Hauptstraße 85, Tel. (06329) 325, 6 B.
Landgasthof Holz, Leininger Straße 1, Tel. (06329) 1662, 11 B.
Zum goldenen Pflug, Hauptstraße 63, Tel. (06329) 748, 4 B.

Weidenthal
Birkenhof, Hauptstraße 226, Tel. (06329) 308, 24 B.
Erb, Hauptstraße 200, Tel. (06329) 482, 8 B.

Weisenheim am Berg
Weinstube und Metzgerei Speeter, Leistadter Straße 10a,
Tel. (06353) 3132, 8 B.

Weisenheim am Sand
Steiger-Hilzensauer, Wilhelm-Busch-Straße 1, Tel. (06353) 8027, 12 B.

Wernersberg
Zur Sonne, Hauptstraße 8, Tel. (06346) 8978, 6 B.
Trifelsblick, Hauptstraße 27, Tel. (06346) 2631, 14 B.

Hotel d'Alsace, 16, rue Vauban, Tel. (00 33 88) 94 98 43, 63 B.	**Wissembourg**
Gästehaus Nossek, Oberdorf 46, Tel. (06323) 5922, 15 B.	**Weyher**
Waldrestaurant Buschmühle, Im Modenbachtal, Tel. (06323) 4598, 4 B.	
Zum Kronprinz, Josef-Meyer-Straße 22, Tel. (06323) 2324, 22 B.	
Gästehaus Hundemer, Kirchstraße 6, Tel. (06323) 5030, 11 B.	
Gästehaus Siener, Froehlichstraße 5, Tel. (06323) 4467, 23 B.	
Zum Löwen, Josef-Meyer-Straße 1, Tel. (06323) 4580, 9 B.	
Gästehaus Weidmann, Josef-Meyer-Straße 10, Tel. (06323) 3980, 8 B.	
Weingut Ottmar Graf, Borngasse 7 und 9, Tel. (06323) 1865, 6 B.	
Weinstube Rebwaldblick, Im Hübühl 7, Tel. (06323) 1869, 4 B.	
Pension Lind, Bubenheimer Straße 1, Tel. (06355) 1456, 9 B.	**Zellertal-Harxheim**

Jugendherbergen

Burg Altleiningen, mit beheiztem Freibad, Tel. (06356) 1580, 153 B.	Altleiningen
Turnerjugendheim mit Jugendherberge und Seminartrakt, Turnerweg 60, Tel. (06346) 8438, 70 B. (Jugendherberge), 30 B. (Seminartrakt). Turnhalle, Rasenplatz, 400-m-Laufbahn, Leichtathletik-Anlagen.	Annweiler
Jugendherberge Bad Bergzabern, Altenbergweg, Tel. (06343) 8383, 140 B.	Bad Bergzabern
Jugendheim St. Christopherus, Schillerstr. 151, Tel. (06322) 63151, 16 B.	Bad Dürkheim
Naturfreundehaus Rahnenhof, Tel. (06356) 281, 48 B.	Carlsberg-Hertlingshausen
Hans-Geiger-Straße 27, Tel. (06321) 2289, 78 B.	Neustadt a. d. W.

Karten und Wanderführer (Auswahl)

Generalkarte Bundesrepublik Deutschland, 1:200000, Bl. 15 und 18, Mairs Geographischer Verlag, Ostfildern	Straßenkarten
1:50000 Topographische Karten mit Wanderwegen, Landesvermessungsamt Rheinland-Pfalz, Koblenz	Wanderkarten
Aus der Reihe "Kompaß Wanderführer" Deutscher Wanderverlag Dr. Mair & Schnabel & Co.: Pfalz, die 100 schönsten Wanderungen Burgen- und Felsenwanderungen/Pfalz Radwanderführer Rheinhessen-Pfalz Radwanderführer Oberrhein-Elsaß 1	Wander- und Rad-wanderführer

Kunstausstellungen, Galerien

Galerie Stadtmühle, Hauptstraße, Tel. (06346) 1017, geöffnet Mi.–Fr. 14.30–18.00, Sa. 10.00–12.00, So. 14.00–17.00 Uhr.	Annweiler
Galerie der Südpfälzischen Kunstgilde im alten Rathaus, Tel. (06343) 2241, geöffnet Mi.–Fr. 15.00–17.00, So. 10.30–12.30 Uhr. Foyer des Thermalbades, Kurtalstraße 25, 6748 Bad Bergzabern, Auskunft: Kurverwaltung, Tel. (06343) 8811; geöffnet Mo.–Fr. 9.00–20.00, Sa., So. und Fei. 9.00–16.00 Uhr.	Bad Bergzabern

Kunstausstellungen, Galerien   Praktische Informationen

Bad Bergzabern
(Fortsetzung)

Galerie Gossmann, Weinstraße 32, Tel. (06343) 2437; geöffnet Mo.–Fr. 8.00–12.00, 14.00–18.00, Sa. 8.00–13.00 Uhr.

Deidesheim

Museum für moderne Keramik, Stadtmauergasse 17, Tel. (06326) 6705; geöffnet Fr., Sa., So. 10.00–12.00, 14.00–17.00 Uhr, Mi. 18.00–20.00 Uhr, im Januar, Februar und Juli geschlossen.
Atelier Hil, Weinstraße 45, Tel. (06326) 1302.
Atelier und Galerie Klug, Heumarktstraße 18, Tel. (06326) 1215; geöffnet täglich 10.00–12.00, 15.00–19.00 Uhr.
Atelier Kämmer, Heumarktstraße 17, Tel. (06326) 6110; geöffnet täglich nach Vereinbarung.
Atelier Paul Kube, Weinstraße 48, Tel. (06326) 5699; geöffnet Do., Fr. und Sa. 14.00–18.00 Uhr.
Keramik-Werkstatt, Niederkircherstraße 6, Tel. (06326) 477; geöffnet Mo.–Fr. 9.00–18.00, Sa. 9.00–12.00 Uhr.

Edenkoben

Hobby- und Bauernmalerei, Landauer Weg 10, Tel. (06323) 2545; geöffnet Di.–Fr. 9.00–12.00, 14.00–18.00, Sa. 9.00–18.00 Uhr.
Künstlerhaus, Klosterstraße 175, Tel. (06323) 2325; geöffnet Mo.–Sa. 17.00–20.00, So. 11.00–18.00 Uhr.
Kreativ-Werkstatt (mittelalterliche Kleidung, mittelalterliche Maltechnik, Puppenprogramm) Gudrun Vögeli, Klosterstraße 7, Tel. (06323) 7581; geöffnet nach tel. Vereinbarung.
Atelier am Museum, Schmuck und Design Britta Bode, Weinstraße 107, Tel. (06323) 6277; geöffnet Mi.–Fr. 15.00–18.00, Sa. 10.00–13.00 Uhr und nach Vereinbarung.
Schloß Villa Ludwigshöhe, ständige Ausstellung mit Werken von Max Slevogt, Tel. (06323) 3148; geöffnet täglich außer Mo., April–September 9.00–13.00, 14.00–18.00 Uhr, Oktober–März 9.00–13.00, 14.00–15.00 Uhr, im Dezember geschlossen.

Freinsheim

Gottfried-Weberhaus, östliche Ringmauer, Tel. (06353) 3588; geöffnet täglich ab 10.00 Uhr.

Grünstadt

Kunst am Taubengarten, Taubengartenhohl 4, Tel. (06359) 2528.

Hainfeld

Galerie Ruppert, Weinstraße 3, Tel. (06323) 2401; geöffnet Do., Fr., Sa. 15.00–19.00, So. 11.00–19.00 Uhr und nach Vereinbarung.

Hettenleidelheim

Atelier Rörig, Bildhauerwerkstatt, Schulwiesenstraße 1, Tel. (06351) 8808.

Herxheim b. L.

Villa Wieser, Obere Hauptstraße 3, Tel. (07276) 50117; geöffnet Mo.–Sa. 16.00–18.00, So. 11.00–12.30, 15.00–18.00 Uhr.

Klingenmünster

Galerie und Schmuckatelier Kreklow, Steinstraße 12, Tel. (06349) 7624; geöffnet Mo.–Fr. 9.00–12.00, 14.30–18.30, Sa. 9.00–13.00 Uhr, So. und Mittwoch morgens geschlossen.

Landau

Städtische Galerie Villa Streccius, Südring 20, Tel. (06341) 13176; geöffnet Di.–Fr. 10.00–13.00, 14.00–17.00, Sa. und So. 14.00–17.00 Uhr.
Galerie Büchner, Ostring 15, Tel. (06341) 86103; geöffnet Mo.–Fr. 9.30–12.30, 14.30–18.00, Sa. 9.30–16.00 Uhr.
Galerie Kachina, Marktstraße 41, Tel. (06341) 85333; geöffnet Mo.–Fr. 9.00–18.00 Uhr, Sa. 9.00–13.00 Uhr.
Galerie "Z", Kaufhausgasse 9, Tel. (06341) 86494; geöffnet Di.–Fr. 10.00–12.00, 15.00–18.00, Sa. 10.00–13.00 Uhr.
Kreishaus Südliche Weinstraße, An der Kreuzmühle 2, Tel. (06341) 380141; geöffnet Mo.–Mi. 8.00–17.00, Do. 8.00–18.00, Fr. 8.00–13.00 Uhr.

Maikammer

Kleine Galerie, Neugasse 36, Tel. (06321) 5695; geöffnet täglich 11.00–13.00 Uhr, Mi. ab 12.00 Uhr geschlossen.

Praktische Informationen   **Lehrpfade**

Rathaus der Verbandsgemeinde Maikammer, Immengartenstraße 24, Tel.   Kunstausstellun-
(06321) 5899-0; geöffnet zu den Dienstzeiten: 8.15 – 12.00, 14.00 – 16.00,   gen, Galerien,
Mo. 14.00 – 18.00 Uhr, Freitagnachmittag, Sa., So. geschlossen.   Maikammer
Galerie in der Berufsgenossenschaft der chem. Industrie, Weideweg 37,   (Fortsetzung)
Tel. (06321) 5880; geöffnet Mo.–Do. 7.00 – 19.00 Uhr.

Leininger Hobby-Kunststube, Am Höllpfad 4, Tel. (06359) 6520.   Neuleiningen

Villa Böhm, Maximilianstraße 25.   Neustadt a. d. W.
Galerie am Bach, Klemmhof, Tel. (06321) 31255.

Galerie "Palette", Kunst- und Kunsthandwerk, Hauptstraße 6, Tel. (06343)   Pleisweiler-
8379; geöffnet Mi.–Fr. ab 15.30, Sa. ab 10.00 Uhr und nach Vereinbarung.   Oberhofen

Galerie im Herrengässel, Malerei, Grafik, Kunsthandwerk, Herrengasse 29,   Rhodt unter
Tel. (06323) 3220 und 7833; geöffnet Do.–Sa. 15.00 – 18.00 Uhr.   Rietburg

Kutsch- und Planwagenfahrten

Informationen bei der Kurverwaltung, Kurtalstraße 25, Tel. (06343) 8811.   Bad Bergzabern

Johann Rasp, Kohlenhäuser 2, Tel. (06353) 7142.   Bad Dürkheim

Bestellungen über die Tourist-Information, Bahnhofstraße 11, Tel. (06326)   Deidesheim
5021/22 oder 70211.

Gasthaus 'Stilles Tal', Tel. (06328) 1858.   Elmstein

Informationen und Buchung beim Fremdenverkehrsverein Freinsheim,   Freinsheim
Hauptstraße 2, Tel. (06353) 1779 oder 50152.

Kutschfahrten, Auskunft beim Büro für Tourismus, Tel. (06341) 13181.   Landau

Auskunft bei der Gemeindeverwaltung Neuleiningen, Tel. (06359) 2315.   Neuleiningen

Patricia Eberle-Rau, Hintergasse 38, Tel. (06326) 1618.   Niederkirchen

Planwagen mit rollender Weinprobe, Herbert Heußler, Mühlgasse 5, Tel.   Rhodt unter
(06323) 2235.   Rietburg

Historische Fahrten mit Kutsche und Planwagen, Fritz Rieser, Ringstraße   Schweigen-
1, Tel. (06342) 7760.   Rechtenberg

Lehrpfade

In vielen Gemeinden an der Deutschen Weinstraße hat man Wanderer die   Allgemeines
Möglichkeit, sich auf ausgewiesenen Spazierwegen über Natur und vor
allem über den Weinanbau zu informieren.

Weinlehrpfade sollen dem Interessierten einen Überblick geben über die in
der jeweiligen Gegend (Lage) angebauten Rebsorten und ihm ihre spezifi-
schen Eigenschaften an Ort und Stelle vermitteln. Anschauungstafeln und
gelegentlich auch Geräte des Weinanbaus begleiten die Wege.

Waldsportpfad (2,5 km).   Albersweiler

Waldlehrpfad mit 60 Stationen (4 km), Beginn nahe beim Waldparkplatz   Altleiningen
Bildstock am Ortsausgang von Altleiningen in Richtung Höningen.

243

Lehrpfade	**Praktische Informationen**

Annweiler — Naturlehrpfad (Jägerweg; 6 km); Waldsportpfad (2,5 km).

Bad Dürkheim — Weinlehrpfad rund um Michelsberg und Spielberg (2 ,5 und 6,5 km); Naturlehrpfad durch das Landschaftsschutzgebiet Bad Dürkheimer und Erpolzheimer Bruch (8 km); Waldlehrpfad (4 km).

Birkweiler — Weinlehrpfad (2 km).

Bockenheim — Der 1,5 km lange Weinlehrpfad macht mit den wichtigsten Rebsorten des Leininger Landes bekannt.

Deidesheim — Neu angelegter Rebsortenweg unterhalb der Stadthalle (ca. 100 m) und Weinlehrpfad am westlichen Stadtrand, parallel zum Wanderweg Deutsche Weinstraße.

Edenkoben — Weinlehrpfad als Rundwanderweg (4 km vom Stadtrand bis zum Waldrand; Beginn: Ecke Landauer Weg/Villastraße) mit reichhaltiger Ausstattung, u.a. eine über 200 Jahre alte Holzkelter, Weinerntewagen, alte Holzfässer, eine alte Anlage mit Kammerbau und Rebenbeschreibungen. Waldlehrpfad zum Hüttenbrunnen (4 km).

Ellerstadt — Weinlehrpfad mit 35 Stationen (2,2 km). Den Schwerpunkt bilden die örtlichen Rebsorten Gewürztraminer und Portugieser.

Elmstein — Waldlehrpfad.

Frankweiler — Waldlehrpfad (3 km), Beginn am Parkplatz Ringelsberg.

Gleisweiler — Weinlehrpfad (ca. 600 m; noch nicht vervollständigt).

Göcklingen — Bachlehrpfad entlang des Kaiserbaches, von Göcklingen bis Billigheim-Ingenheim (10 km).

Gossersweiler-Stein — Lehrpfad für Vogel- und Pflanzenkunde (1 km).

Großkarlbach — Drei Weinwanderwege: Burgweg (1,8 km), Osterberg (2,4 km), Schwarzenerde (4,5 km).

Grünstadt — Weinlehrpfad über den Grünstadter Berg vom Ortsteil Sausenheim zum Ortsteil Asselsheim (1,5 km).

Haßloch — Waldlehrpfad (2,7 km).

Herxheim am Berg — Weinlehrpfad (200 m) am südlichen Ortsausgang.

Kallstadt — Weinlehrpfad (100 m).

Maikammer — Weinlehrpfad Mandelhöhe (1,6 km), Museumsweingarten mit verschiedenen Systemen der Rebenerziehung und alten, seltenen Rebsorten. Waldlehrpfad vom Rastplatz Totenkopfhütte zum Forsthaus Heldenstein.

Niederhorbach — Rundwanderweg Wein und Natur, "Weinlehrpfad" mit Einblicken in die Natur- und Vogelwelt (4,5 km).

Niederkirchen — Weinlehrpfad beim Winzerverein Niederkirchen am nordwestlichen Ortsrand (Richtung Forst).

Ruppertsberg — Rebsortengarten mit über 70 verschiedenen Rebpflanzungen, westlich des Orts.

Schweigen-Rechtenbach — Schweigen-Rechtenbach besitzt den ersten, bereits 1969 eingerichteten Weinlehrpfad Deutschlands. Der ca. 1,5 km lange Pfad informiert auf

Praktische Informationen   **Musik**

anschauliche und unterhaltsame Art (nebenste-
hende Abbildung zeigt den 'Traubendieb') und
mit Hilfe von Texttafeln und Werkzeugen über
die Geschichte des Weinbaus und der Weinher-
stellung. Einzigartig ist das Denkmal für die
Reblaus. Auch ein Weinprobierstand gehört
zum Lehrpfad.

Naturlehrpfad (400 m), Waldlehrpfad (300 m)
und Pilzlehrpfad (200 m) im Wild- und Wanderpark Südliche Weinstraße.

Weinlehrpfad (3 km), wird zur Zeit vervollständigt.

Weinlehrpfad (2,5 km); vier Weinwanderrund-
wege (6 km, 6 km, 7 km und 8 km)

Geografisch-historischer Lehrpfad von Kirchheimbolanden über Albisheim nach Wachenheim in Rheinhessen und weiter nach Bockenheim.

Schweigen-
Rechtenbach
(Fortsetzung)

Silz

Venningen

Wachenheim

Zellertal

Museen

Die wichtigsten musealen Einrichtungen sind im Hauptteil dieses Reiseführers, 'Sehenswürdigkeiten von A bis Z' bei den Orten, in denen oder in
deren Umgebung sie liegen, näher beschrieben.

⟶ Wein

Allgemeines

Weinmuseen

Museumseisenbahn

Das Kuckucksbähnel ist ein historischer Dampfzug, der in den Monaten
Mai bis Oktober an bestimmten Sonntagen (meist vierzehntägig) die für
den öffentlichen Reiseverkehr längst stillgelegte Bahnstrecke durch das
romantische Tal des Speyerbaches, auch Elmsteiner Tal genannt, befährt.
Vom Ausgangspunkt Neustadt a.d.W. wird bis Frankeneck die Haupt-
strecke Ludwigshafen – Kaiserslautern mitbenutzt, dann zweigt der Zug
ins Tal ab. Nach 20 km Fahrt, die u.a. auch an den Burgruinen Erfenstein
und Spangenberg vorbeiführt, endet der Bahnausflug in Elmstein.
Zum Einsatz kommen eine Dampflokomotive aus dem Jahre 1910 (Spur-
weite 1 435 mm) und historische Waggons, von denen der älteste aus dem
Jahre 1891 stammt. Im Dezember gibt es sog. Nikolausfahrten.

Auskunft über Fahrzeiten, Fahrpreise usw. erteilen die örtlichen Fremden-
verkehrsämter (⟶ Auskunft) oder Herr Horst Kayser, Postfach 10 03 18,
6730 Neustadt a.d.W., Tel. (063 25) 86 26 oder (063 21) 3 03 90.

'Kuckucksbähnel'

Auskunft

Musik

In allen Städten und größeren Gemeinden an der Deutschen Weinstraße
gibt es musikalische Veranstaltungen (Konzerte, Sängerfeste, Jazzfesti-
vals), über die man bei den örtlichen Fremdenverkehrsämtern (⟶ Auskunft) Informationen erhält. Nachstehend eine Liste der wichtigsten musikalischen Veranstaltungen.

In den Sommermonaten Serenadenkonzerte auf der Burg Trifels.

Allgemeines

Annweiler
am Trifels

Musik (Forts.) Bad Bergzabern	Kurkonzerte im großen Kursaal im Haus des Gastes oder im Kurpark.
Bad Dürkheim	Kurkonzerte vor oder in der Brunnenhalle oder im Kurpark; Konzerte in der Salierhalle.
Billigheim- Ingenheim	Geistliche Konzerte in der evangelischen Kirche in Billigheim.
Dörrenbach	Konzerte in der Wehrkirche.
Edenkoben	Konzerte auf Schloß Villa Ludwigshöhe, Konzerte im Künstlerhaus Edenkoben.
Eußerthal	Konzerte in der Zisterzienserkirche.
Freinsheim	Konzerte im Von-Busch-Hof, Burggasse 2.
Grünstadt	Konzerte in der Stadthalle.
Herxheim b. L.	Konzerte in der Festhalle und im Kulturzentrum Villa Wieser.
Landau	Konzerte in der städtischen Festhalle und im Frank-Loebsche-Haus.
Leinsweiler	Musikwochen in der Martinskirche, Ende August bis Mitte Oktober.
Neuleiningen	Serenadenkonzerte auf der Burg Neuleiningen.
Neustadt a. d. W.	Rathaus-Serenaden (Juli – September), Konzerte im Saalbau, Konzerte des Kinderchores "Pfälzer Weinkehlchen".
Neustadt- Hambach	Konzerte im Hambacher Schloß.
Oberotterbach	Konzerte in der Kleinkunstkneipe 'Musikantenbuckel'.
Wachenheim	Wachenheimer Serenaden (jährlich 8 Konzerte in der Ludwigskapelle, in der Sektkellerei Schloß Wachenheim und im alten Kelterhaus des Weingutes Dr. Bürklin-Wolf).

Naturdenkmäler

Allgemeines	An vielen Stellen an der Deutschen Weinstraße läßt sich die Entstehung und die Geschichte dieser Landschaft anschaulich nachvollziehen. Von den nachfolgend erwähnten Natursehenswürdigkeiten sind die bedeutendsten im Kapitel 'Sehenswürdigkeiten von A bis Z' unter dem jeweiligen Hauptstichwort näher beschrieben.
Albersweiler	Steinbrüche der Basalt AG. Überregional bekannte, geowissenschaftlich interessante Aufschlüsse. Klassischer Aufschluß (teils verfüllt) im stillgelegten Teil. Sedimente des Oberrotliegenden über ehemaliger Landoberfläche aus mineral- und achatführenden Gneisen und Granit des Grundgebirges.
Bad Dürkheim	Naturdenkmal Heidenfels mit der Heidengrotte. Eine imposante Felsengrotte nahe dem Forsthaus Lindemannsruhe.
Battenberg	'Blitzröhren' an der Straße unterhalb der Burg, entstanden durch Versinterung des Bodens durch eisenhaltige Quellen.
Burrweiler	Naturdenkmal 'Teufelsberg', ein Felsenensemble westlich des Ortes. Naturdenkmal 'Alter Steinbruch', ein geologischer Aufschluß mit Granitgängen, westlich der Burrweiler Hütte.

Praktische Informationen   **Naturdenkmäler**

Naturdenkmal Dirmsteiner Löß, eine 6 m hohe und 250 m lange Lößwand   Naturdenkmäler
am westlichen Ortsrand von Dirmstein, von der Straße nach Grünstadt aus   (Fortsetzung)
bereits sichtbar. Sie bietet zahlreichen Tierarten einen hervorragenden   Dirmstein
Nistplatz.

Naturdenkmal 'Erlenbrunnen', schwefelhaltige Naturquelle mit Schulacker   Edesheim
am Ortsausgang Richtung Hainfeld.

Basaltvorkommen mit großen Steinbrüchen auf dem Pechsteinkopf, etwa   Forst
2 km westlich von Forst.
⟶ Sehenswürdigkeiten von A bis Z, Forst.

Naturdenkmal 'Subtropischer Park' im Sanatorium mit beachtlichem alten   Gleisweiler
Baumbestand. Wellingtonie, Mammutbaum, Redwood, Eibe, Andentanne,
Sumpfzypresse, Küstenmammutbaum. Öffentlich zugänglich.

Steinbruch Semar am westlichen Ortsausgang von Gleishorbach.   Gleiszellen-
⟶ Sehenswürdigkeiten von A bis Z, Gleiszellen-Gleishorbach.   Gleishorbach

Am 2 km nordwestlich gelegenen Gerstenberg erhebt sich der 'Hohe Fels',   Grünstadt-
ein Korallenriff aus der Tertiärzeit.   Asselheim

Naturdenkmal 'Schwefelbrunnen' im Hof des Anwesens Weinstraße 49.   Hainfeld

Naturschutzgebiet 'Kleine Kalmit'.   Ilbesheim
⟶ Sehenswürdigkeiten von A bis Z, Ilbesheim.

Durch den unterirdischen Abbau des hier anstehenden Tertiärkalkes ent-   Kindenheim
standen die bis zu 10 m tiefen sog. 'Steinlöcher' mit typischer Kalkflora.
⟶ Sehenswürdigkeiten von A bis Z, Kindenheim.

Unmittelbar oberhalb des Ortsteiles Grevenhausen bilden mehrere Fels-   Lambrecht
blöcke inmitten von großem Geröll den Teufelsfelsen (360 m).

Im Westen der Stadt, unmittelbar nördlich über der Königsmühle befinden   Neustadt a.d.W.
sich das 'Heidenloch' und die 'Eremitage', zwei natürliche Felsenhöhlen in
einem mächtigen Felsklotz.

Nordöstlich oberhalb der Burgruine Wolfsburg liegt die eindrucksvolle Fel-
sengruppe Hohfels (340 m) und etwas weiter auf dem Weg zum Weingebiet der 'Steinerne Hirsch', ein im Boden liegender Felsen in Form eines
Hirsches.

Der 'Auf dem Sudel' genannte Wald ist wegen seiner Flora bedeutsam   Pleisweiler-
(Orchideen-Buchenwald).   Oberhofen

Der 'Traminerweinberg' ist mit über 350 Jahre der älteste im Ertrag ste-   Rhodt
hende Weinberg der Welt. Er liegt gegenüber der Winzergenossenschaft
am Südrand der L 506.

Felsenmeer auf dem Hüttenbergkamm, Kugelhorizont des Buntsand-   St. Martin
steins.

Ungeheuersee, Naturschutzgebiet mit seltener Flora im Landschafts-   Weisenheim
schutzgebiet Krummbachtal.   am Berg
⟶ Sehenswürdigkeiten von A bis Z, Weisenheim am Berg.

Naturfreundehäuser

⟶ Wanderheime, Rasthäuser, Naturfreundehäuser

Naturschutzgebiete

→ Zahlen und Fakten, S. 19

Notrufe

Polizei	Tel. 110
Feuerwehr	Tel. 112
Deutsches Rotes Kreuz	Rettungsdienste des Deutschen Roten Kreuzes mit Krankentransportdienst erreicht man unter der Rufnummer 19222 in den Orten Annweiler a. Trifels (06346), Bad Bergzabern (06343), Bad Dürkheim (06322), Edenkoben (06323), Grünstadt (06359), Haßloch (06324), Herxheim b. Landau (07276), Lambrecht (06325), Landau (06341), Neustadt a.d.W. (06321).

Radwandern

Die abwechslungsreiche Landschaft zwischen Wald und Weinbergen und ein ausgezeichnetes Radwegenetz machen diese Region für Radwanderer ausgesprochen attraktiv. Das Angebot der exakt ausgearbeiteten Tourenvorschläge richtet sich nach kulturhistorischen Sehenswürdigkeiten, herausragenden Naturdenkmälern und besonders reizvollen Aussichtspunkten, und es umfaßt die gemütliche Freizeittour für die ganze Familie ebenso wie die anspruchsvollere Strecke für sportliche Radfahrer. Beliebt sind im Gebiet der Mittelhaardt und in der südlichen Hälfte der Weinstraße die durch die Weinberge führenden befestigten Wirtschaftswege.

Für den Bereich der Südlichen Weinstraße wurden bereits Routenvorschläge mit genauen Fahrtbeschreibungen ausgearbeitet und in einer Broschüre zusammengestellt, die man bei der Zentrale für Tourismus Südliche Weinstraße, Postfach 2124, 6740 Landau/Pfalz erhält. Für die Mittelhaardt sind vergleichbare Angebote in Vorbereitung.

Erlebnistag (letzter Augustsonntag)
Ein besonderes Ereignis ist alljährlich der letzte Sonntag im August, der sogenannte Erlebnistag. An diesem Tag bleibt die über 80 km lange Deutsche Weinstraße von Bockenheim bis Schweigen an der deutsch-französischen Grenze für den Autoverkehr gesperrt und den Radfahrenden (und Fußgängern) vorbehalten.

Pauschalangebote
Unter dem Motto "Radwandern im Weinland-Ferienland Südliche Weinstraße" gibt es während des ganzen Jahres (außer in den Monaten September und Oktober) Radtouren als Pauschalangebot für 3 oder 6 Tage. Im Pauschalpreis enthalten sind neben der Übernachtung inklusive Frühstück auch verschiedene sonstige Dienstleistungen wie Gepäcktransfer, Stadtführungen und vieles mehr. Auskunft und Anmeldung: Zentrale für Tourismus Südliche Weinstraße, Postfach 2124, 6740 Landau/Pfalz.

Empfehlenswerte Rundtouren

Ausgangspunkt Grünstadt
Streckenführung: Grünstadt – Neuleiningen – Hackterhof – Wattenheim – Carlsberg – Hertlingshausen – Altleiningen – Höningen – Kleinkarlbach – Grünstadt (30 km).

Ausgangspunkt Bad Dürkheim
Streckenführung a: Bad Dürkheim – Ellerstadt – Gönnheim – Friedelsheim – Wachenheim – Bad Dürkheim (18 km).

Praktische Informationen   **Radwandern**

Streckenführung b: Bad Dürkheim – Ungstein – Freinsheim – Dackenheim   Ausgangspunkt
– Kirchheim a. d. W. – Kleinkarlbach – Battenberg – Bobenheim am Berg –   Bad Dürkheim
Weisenheim am Berg – Leistadt – Bad Dürkheim (28 km).   (Fortsetzung)

Streckenführung a: Neustadt a. d. W. – Gimmeldingen – Hildebrandseck –   Ausgangspunkt
Königsbach – "Pfalzblick" – Deidesheim – Forst – Wachenheim –   Neustadt
Wachenheimer Tag – Forsthaus Rotsteig – Forsthaus Silbertal – Gimmel-
dingen – Haardt – Neustadt a. d. W. (30 km).
Streckenführung b: Neustadt a. d. W. – Maikammer – Edenkoben – Villa
Ludwigshöhe – Rhodt u. R. – Edesheim – Großfischlingen – Venningen –
Kirrweiler – Lachen-Speyerdorf – Neustadt a. d. W. (35 km).

Neustadt a. d. W. – Hambach – Diedesfeld – Kirrweiler – Duttweiler – Spe-   Weinstadt-Tour
yerdorf – Mußbach – Gimmeldingen – Neustadt a. d. W. (23 km).

Ausgangspunkt: Maikammer   Mandelblüten-Tour
Maikammer/Alsterweiler – entweder Abstecher zum Habacher Schloß –
oder nach Diedesfeld – Kirrweiler – Maikammer – St. Martin – über Alsterweiler nach Maikammer oder Ausweitung der Strecke über die Totenkopfstraße zur Kalmit (18 km; mit Ausweitung der Strecke 32 km).

Ausgangspunkt: Edenkoben   Gäu-Tour
Edenkoben – Venningen – Altdorf – Böbingen – Freimersheim – Klein-
fischlingen – Essingen – Knöringen – Walsheim – Roschbach – Hainfeld –
Rodt unter Rietburg – Edenkoben (30 km).

Ausgangspunkt: Rhodt unter Rietburg   Schloß-Tour
Rhodt unter Rietburg – Edenkoben – über Hilschweiher und Villa Ludwigshöhe oder über Rhodt nach Weyer – Buschmühle – Burrweiler – Flemlingen – Roschbach – Walsheim – Knöringen – Edesheim – Hainfeld – Rhodt
(25 km).

Ausgangspunkt: Burrweiler   Keschede-Tour
Burrweiler (Buschmühle) – Ramberg – Dernbach – Abstecher nach Eußer-
thal – Albersweiler – Birkweiler – Siebeldingen – Frankweiler – Gleisweiler
– Burrweiler (30 km).

Ausgangspunkt: Landau   Panorama-Tour
Landau – Godramstein – Frankweiler – Böchingen – Walsheim – Knöringen – Essingen – Offenbach a. d. Queich – Mörlheim – Landau (27 km).

Ausgangspunkt: Landau   Gartenstadt-Tour
Streckenführung Nordschleife: Landau – Horstring – Dammheim – Nußdorf – Godramstein – Landau (19,5 km).
Streckenführung Südschleife: Landau – Arzheim – Wollmesheim – Mörzheim – Wollmesheim – Mörlheim – Queichheim – Landau (24 km).

Ausgangspunkt: Herxheim bei Landau   Tabak-Tour
Herxheim – Hayna – von dort über verschiedene Wege nach Mörlheim –
Offenbach – Ottersheim – Herxheimweyher – Herxheim – Hayna (32 km).

Ausgangspunkt: Leinsweiler   Weindorf-Tour
Leinsweiler – Eschbach – Klingenmünster – Heuchelheim – Appenhofen –
Ingenheim – Billigheim – Rohrbach – Insheim – Landau – Wollmesheim –
Mörzheim – Ilbesheim – Leinsweiler (35 km).

Ausgangspunkt: Annweiler am Trifels   Burgen-Tour
Annweiler – Wernersberg – Völkersweiler – Gossenweiler – Stein – Abstecher zum Wild- und Wanderpark Südliche Weinstraße möglich – Silz –
Münchweiler am Klingbach – Klingenmünster – Eschbach – Leinsweiler –
entweder über Ranschbach, Birkweiler, Albersweiler, Queichhambach –
oder über Burg Trifels – nach Annweiler (33–40 km).

Radwandern (Fortsetzung) Weinbergs-Tour	Ausgangspunkt: Bad Bergzabern Bad Bergzabern – Pleisweiler – Gleishorbach – Niederhorbach – Hergersweiler – entweder direkt oder über den Deutschhof nach Bad Bergzabern (30 km).
Grenz-Tour	Ausgangspunkt Schweigen (Deutsches Weintor) Schweigen – Weißenburg – Schweighofen – Kapsweyer – Steinfeld – Kleinsteinfeld – Oberotterbach – Rechtenbach – Schweigen (28 km).

Reisezeit

Die Deutsche Weinstraße ist beinahe zu jeder Jahreszeit ein attraktives Reiseziel mit vielen Freizeitmöglichkeiten und großen landschaftlichen Reizen. Im Frühjahr locken Tausende von Obstbäumen und die zartrosa blühenden Mandelbäume mit ihrer Blütenpracht. Im Sommer gedeihen durch das milde Klima südliche Früchte wie Feigen, Kiwi, Zitronen und Kastanien. Der Herbst ist die Zeit der Weinlese und der zahlreichen Winzerfeste, die – nach der Bezeichnung für den Neuen Wein – auch Feste des Federweißen genannt werden. Von Frühjahr bis Herbst kann man auf bestens ausgebauten Rad- und Wanderwegen die Landschaft erkunden und Geschichte dieser traditionsreichen Region nachspüren. Im Winter ist Skilanglauf möglich, aber kein alpiner Wintersport.

Reiten

Allgemeines	An einigen Ferienorten an der Deutschen Weinstraße gibt es Reiterhöfe oder Reitvereine, nachfolgend eine Auswahl.
Albersweiler	Ponyhof Hahn, Im Steinbruch Tel. (06345) 1615.
Altleiningen	Reiterverein Leininger Land e.V.
Annweiler am Trifels	Reiterhof Zörcher, Gut Hohenberg, Krämerstraße 23, Tel. (06346) 2592.
Bad Dürkheim	Reiterverein Bad Dürkheim e.V., Bruchstraße, Tel. (06322) 8836/66021.
Billigheim-Ingenheim	Südpfälzischer Reit- und Fahrverein e.V., Reithalle, Tel. (06349) 1474.
Gossersweiler-Stein	Ferien- und Reiterhof Munz, Auf dem Berg, Tel. (06346) 5272.
Haßloch	Reiterverein Neustadt a.d.W.-Pfalzmühle, In den Böllerwiesen, Tel. (06324) 3800.
Herxheim b. L.	Reitstall Fischer, Langgasserweg 38, Tel. (07276) 7812. Renn- und Reitverein Südliche Weinstraße Herxheim e.V., Tel. (07276) 445.
Lambrecht	Reiterverein Kupferhammer e.V., Reiterstübchen am Reitplatz, Tel. (06325) 8272.
Landau i.d. Pfalz	Reiterverein Landau e.V., Am Birnbach 52, Tel. (06341) 4217.
Neustadt a.d. W.	Reitclub Neustadt/Weinstraße e.V., Branchenweilerhofstraße, Am Odenswald, Tel. (06321) 12710.
Oberotterbach	Reitanlage Heidebrunnerhof, Inh. H. Brunck, Tel. (06342) 7383.
Offenbach a.d. Queich	Hofgut Dreihof, Reit- und Pensionsstall, Tel. (06348) 7971.

Praktische Informationen   **Schwimmbäder**

Restaurants

⟶ Gaststätten und Restaurants

Schwimmbäder

Beheiztes Freibad im ehemaligen Burggraben der Burg Altleiningen.	Altleiningen
Trifelsbad, beheiztes Freibad.	Annweiler
Thermalbad, Kurtalstraße 25, Tel. (06343) 8811. Hallen- und Freibad, Friedrich-Ebert-Straße 40, Tel. (06343) 7120.	Bad Bergzabern
Thermalbad im Kurmittelhaus und im Kurparkhotel (⟶ Heilbäder). Freizeitbad Salinarium (beim Kurpark).	Bad Dürkheim
Freibad am Campingplatz, Klingener Straße, Klingbachtal, Tel. (06349) 6278.	Billigheim-Ingenheim
Beheiztes Freibad.	Deidesheim
Hallenbad am Kurbrunnen, Tel. (06323) 80886.	Edenkoben
Beheiztes Freibad, Leonhard-Eckel-Siedlung, Tel. (06323) 4347.	Edesheim
Beheiztes Allwetterbad.	Grünstadt
Badepark Haßloch, Tel. (06324) 599476.	Haßloch
Beheiztes Waldfreibad, St.-Christopherus-Straße, Tel. (07276) 8274.	Herxheim b. L.
Beheiztes Freibad.	Hettenleidelheim
Freischwimmbad (nicht beheizt), Mühlgasse 16, Tel. (06349) 6217.	Klingenmünster
Städtisches Hallenbad, Horstring 2, Tel. (06341) 289-169. Stadionfreibad, Prießnitzweg, Tel. (06341) 13168.	Landau
Freibad, Wiesenstraße 18, Tel. (06321) 5585.	Maikammer
Stadionbad, Talstraße. Beheiztes Freibad, im Winter Hallenbad. Freibäder in den Ortsteilen Diedesfeld, Duttweiler, Hambach und Mußbach.	Neustadt a.d.W.
Beheiztes Freibad, Konrad-Lerch-Ring 7, Tel. (06348) 6957.	Offenbach a.d.Q.
Freibad, Tel. (06340) 1250.	Steinfeld
Schwimmbad, Tel. (06322) 7525.	Wachenheim
Naturschwimmbad im Langental.	Weidenthal

Badeseen

Geisbachweiher und Helmbachweiher.	Elmstein
Silzer See.	Silz

Kletterparadies Pfälzer Wald

Sport

Allgemeines

So vielfältig wie sich die Landschaft an der Deutschen Weinstraße zeigt, so variationsreich präsentiert sich auch das sportliche Angebot. Geradezu geschaffen ist dieser Landstrich für ausgedehnte Wanderungen zu Fuß oder mit dem Fahrrad durch das Rebenmeer.
Nicht nur dem Segel- oder Drachenflieger bieten sich herrliche Rundblicke, auch beim Wandern und Klettern wird man mit schönen Aussichten belohnt.

Angeln

Große Flüsse und Seen gibt es im Gebiet der Deutschen Weinstraße nicht, wohl aber zahlreiche Bäche, die aus dem Haardtgebirge in die Oberrheinische Tiefebene fließen, sowie eine Anzahl von Weihern und Stauweihern. In ihnen können Süßwasserfische, vor allem Forellen, geangelt werden. Angelkarten, die zum Fischen in diesen Gewässern berechtigen, erhält man bei den Gemeindeverwaltungen oder auch bei den Anglervereinen.

Drachenfliegen

Der Drachenflugsport ohne und mit Motor (Ultraleichtflugzeuge) kann an mehreren Stellen der Deutschen Weinstraße ausgeübt werden, u.a. in Dirmstein (Schulung von Drachenfluglehrern), Madenburg bei Eschbach (ohne Motor), Hohenberg bei Annweiler (ohne Motor) und in Stauf bei

Praktische Informationen   **Theater**

Eisenberg (ohne Motor). Auskunft erteilt der Pfälzische Drachenflugclub, Tel. (063 59) 52 32 oder Tel. (063 47) 82 13.

Sport
(Fortsetzung)
Drachenfliegen

Im Ortsteil Geinsheim an der Straße nach Speyer (B 39) gibt es einen Golfplatz mit 18 Löchern. Auskunft erteilt der Golfclub Pfalz e.V., Tel. (063 27) 29 73.

Golf

Vom leichten Kraxeln bis zum anspruchsvollen Klettern bieten sich unweit der Deutschen Weinstraße im südlichen Teil des Pfälzerwaldes, dem Wasgau, Aktivurlaubern interessante Möglichkeiten an. Im Bereich der pfälzisch-elsässischen Grenzregion liegt eine der schönsten Buntsandsteinlandschaften Europas. Beliebte Ziele der Kletterer sind in der Nähe der Burg Trifels der Asselstein (48 m), der Buchholzfelsen (30 m), der Jungturm (40 m) und die Trifelswand (30 m) sowie der 25 m hohe Münzfelsen. Weitere Klettermöglichkeiten finden sich in unmittelbarer Nachbarschaft, vor allem im Dahner Felsenland.

Klettern

Informationen über Kletterführungen und Kletterkurse sowie über Pauschalangebote "Klettern im Trifelsland" sind zu erhalten beim Büro für Tourismus, Südliche Weinstraße e. V., 6747 Annweiler, Tel. (063 46) 22 00.

Die Möglichkeit zum Segelfliegen ist an folgenden Orten an der Deutschen Weinstraße gegeben: Haßloch, Landau-Ebenberg, Neustadt a. d. Weinstraße (Flugplatz Lilienthal im Ortsteil Lachen-Speyerdorf), Quirnheimer Berg (bei Grünstadt), Schweighofen und Neuleiningen.

Segelfliegen

Viele Sportvereine in den Gemeinden an der Deutschen Weinstraße haben eigene Tennisanlagen, die im allgemeinen auch von Feriengästen benutzt werden können. Man wende sich an die örtlichen Tourist-Informationsstellen (⟶ Auskunft) oder direkt an die Sport- und Tennisvereine.

Tennis

⟶ dort
⟶ dort
⟶ dort

Radwandern
Reiten
Wandern

Theater

Theater mit festem Ensembles gibt es im Bereich der Deutschen Weinstraße nicht, die nächsten Theaterhäuser befinden sich in Mannheim, Karlsruhe und Kaiserslautern (Pfalztheater). Man findet jedoch in einer Reihe von Orten repräsentative Saalbauten oder Festhallen, in denen auswärtige Bühnen oder Ensembles gastieren und gelegentlich Heimat- und Laienspielgruppen auftreten. Termine werden in den regionalen Veranstaltungskalendern bekanntgegeben bzw. sind von den örtlichen Verkehrsämtern zu erfahren.

Allgemeines

Aufführungen unter freiem Himmel finden in der Burgruine Altleiningen (Juni – August), in der Klosterruine Limburg bei Bad Dürkheim und auf der Freilichtbühne Haßloch statt.

Freilichtbühnen

Unterkunft

⟶ Hotels und Gasthöfe
⟶ Jugendherbergen
⟶ Wanderheime, Rasthäuser, Naturfreundehäuser
⟶ Ferien auf Bauern- und Winzerhöfen
⟶ Ferienwohnungen
⟶ Camping

| Veranstaltungskalender | Praktische Informationen |

Veranstaltungskalender

| Allgemeines | Fast alle Orte der Pfalz feiern ihr jährliches Kirchweihfest (pfälzisch Kerwe) und die meisten weinbaubetreibenden Gemeinden an der Deutschen Weinstraße darüber hinaus auch ihr Weinfest, wobei manchmal beide Veranstaltungen zusammenfallen (Weinkerwe). Auf den Festen des 'Federweißen' im September und im Oktober kann zum ersten Mal der neue Wein probiert werden. Ferner gibt es zwischen Frühjahr und Herbst zahlreiche, oft mehrere Tage dauernde Volks- und Heimatfeste sowie Jahrmärkte. Die Termine variieren nur wenig, es sei denn, sie orientieren sich an kirchlichen Feiertagen (Ostern, Pfingsten usw.). |

| Auskunft | Vom Fremdenverkehrs- und Heilbäderverband Rheinland-Pfalz, Postfach 1420, 5400 Koblenz, Tel. (0261) 31079, und von der Gebietswerbung Rheinpfalz-Weinpfalz e.V., Postfach 101002, 6730 Neustadt a.d.W., Tel. (06321) 13096, wird jährlich ein Veranstaltungskalender herausgegeben, der die wichtigsten Termine enthält. Regionale Veranstaltungskalender werden auch von den Verbandsgemeinden zusammengestellt. |

| Weinseminare | Der Kalender der Gebietswerbung Rheinpfalz-Weinpfalz e.V. (s.o.) enthält auch die Termine der Wein- und Sektseminare (in der Regel Wochenendseminare), die zur Zeit der Weinlese in Bad Dürkheim und in St. Martin stattfinden. Nähere Informationen, insbesondere Anschriften von Veranstaltern, finden sich in der Einleitung des Reiseführers im Kapitel "Pfälzer Wein" S. 38. |

| Musik | → dort |

| Hinweis | WE = Wochenende, OT = Ortsteil |

März

| | Carlsberg-Hertlingshausen: 'Eingeschärrdes' (alter Volksbrauch) |

| März/April | Neustadt-Gimmeldingen: Mandelblütenfest |

April

| Drei Wochen vor Ostern | Carlsberg, Neuleiningen: Stabumzug mit Winterverbrennung
Wattenheim: Stabumzug mit Winterverbrennung |

| 3. Sonntag vor Ostern | Forst: Hanselfingerhutspiel |

| 2. WE vor Ostern | Bad Bergzabern: Ostermarkt
Landau/Pfalz: Lätarespiel (nur am Sonntag)
Ruppertsberg: Ostereierschießen
Bad Dürkheim: Ostermarkt |

| Ostern | Annweiler am Trifels: Ostermarkt |

| 3. WE im April | Wachenheim: Georgimarkt (Kerwe) |

| 4. WE im April | Neustadt-Speyerdorf: Wein- und Froschkerwe
Kallstadt: Fest der 100 Weine
Carlsberg: Frühlingsfest
Weisenheim am Sand: Blütenfest
Bockenheim: Mundarttage |

| 4. WE im April bis 1. WE im Mai | Landau/Pfalz: Maimarkt |

Praktische Informationen   **Veranstaltungskalender**

Mai

Neustadt a. d. W.: Burgenfest, Burg Spangenberg in Erfenstein (WE vor Himmelfahrt und Himmelfahrt) Maikammer: Maifest (Himmelfahrt bis So.)	Himmelfahrt

Landau-Wollmesheim: Mai- und Weinfest — 1. Mai

Haßloch: Kerwe
Bad Dürkheim-Grethen: Weinkerwe
Schweigen-Rechtenbach, OT Schweigen: Kirchweih
Neustadt-Hambach: Andergasser Fest
Neustadt-Haardt: Weinfest — 1. WE im Mai

Weisenheim am Berg: Partnerschafts-, Wein- und Heimatfest
Neustadt a. d. W.: Vorstadter Kerwe
Herxheim b. L.: Frühlingsmarkt
Wernersberg: Kerwe
Knöringen: Weinkerwe — 2. WE im Mai

Erpolzheim: Spargelfest — 2. und 3. WE im Mai

Landau-Queichheim: Weinfest
Neustadt-Gimmeldingen: Loblocher Weinzehnt
Dackenheim: Frühlingsfest — 3. WE im Mai

Landau-Arzheim: Weinfest
Altleiningen: Höninger Maikerwe — 4. WE im Mai

Meckenheim: Gässelweinkerwe
Ellerstadt: Weinfest — letztes WE im Mai

Juni

Bad Dürkheim: Käs-König-Fest und Pfingstmarkt — WE vor Pfingsten und Pfingsten

Obrigheim-Heidesheim: Heweleskerwe
Oberrotterbach: Weinfest
Annweiler am Trifels: Rehbergfest
Annweiler-Sarnstall: Kerwe
Deidesheim: Pfingstmarkt mit historischer Geißbockversteigerung
am Pfingstdienstag — Pfingsten

Kirrweiler: Frühlingsmarkt
Rhodt u. R.: Heimat- und Blütenfest — Freitag bis Pfingstmontag

Hettenleidelheim: Traditionelles Weinfest
Wissembourg: traditionelle Festveranstaltung mit Pferderennen, elsässi-
schem und internationalem Trachtenfest — Pfingstmontag

Frankweiler: Kastanienblütenfest — 8 Tage nach Pfingsten

Annweiler am Trifels: Historischer Straßenmarkt — WE nach Pfingsten

Freimersheim: Kirchweih — 14 Tage nach Pfingsten

Kirrweiler: Weinfest (bis Mo.) — Fronleichnam

Bad Bergzabern, Freinsheim: Altstadtfest
Neustadt a. d. W.: Altstadtfest (nur Samstag)
Neustadt a. d. W.: Schöntaler Kerwe — 1. WE im Juni

Veranstaltungskalender   **Praktische Informationen**

Geißbockversteigerung in Deidesheim

2. WE im Juni	Erpolzheim: Giwicke-Weinfest Rohrbach: Weinfest Kirchheim: Rebblütenfest Neustadt-Königsbach: Weinkerwe Siebeldingen: Kirchweih Billigheim-Ingenheim, OT Billigheim: Frühjahrsmarkt Neustadt-Diedesfeld: Lavantefest Edenkoben: Owwergässer Winzerkerwe
2./3. WE im Juni	Wachenheim: Burg- und Weinfest
3. WE im Juni	Weisenheim am Sand: Weinfest unter den Linden Göcklingen, Knöringen: Weinfest Landau-Arzheim: Weinfest Eisenberg: Jubiläumsmarkt Carlsberg: Sommernachtsfest Münchweiler am Klingbach: Kerwe Elmstein-Appenthal: Kerwe
4. WE im Juni	Annweiler am Trifels: Johannismarkt (nur Sonntag) Neustadt-Hambach: Brunnen- und Gässelfest Bad Dürkheim-Hardenburg: Kerwe Neustadt-Duttweiler: Kerwe Zellertal-Harxheim: Parkfest Klingenmünster: Landeckfest
letztes WE im Juni	Edesheim: Peter- und Paulskerwe/Kirchweih Maikammer: Brunnenfest in Alsterweiler Niederkirchen: Fest um den Wein Pleisweiler-Oberhofen: Weinfest Grünstadt-Asselheim: Dorfangerfest

Praktische Informationen	**Veranstaltungskalender**

Frankweiler: Rieslingkerwe	letzter Sonntag im Juni
Gommersheim: Kindelsbrunnenfest (Sa. und 1. So. im Juli)	Juni/Juli
Altleiningen: Burgspiele auf der Burg	Juni – August

Juli

Schweigen-Rechtenbach: Rebblütenfest Neustadt a. d. W.: Winzinger Kerwe Burrweiler: Weinfest und Kirchweih Großkarlsbach: Hüttenfest (Weinfest) Wattenheim: Kirchweihfest Kirchheim a. d. W.: Markt- und Weinkerwe Gönnheim: Weintage Steinfeld: Heidelbeerfest Altleiningen: Kirchweih Grünstadt-Asselheim: Dorfangerfest	1. WE im Juli
St. Martin: Weinfest in der Pergola Freinsheim: Stadtmauerfest Carlsberg: Kirchweihfest Edesheim: Purzelkerwe (Weinfest) Albersweiler: Weinfest Freimersheim: Weinfest Heuchelheim-Klingen: Weinfest Ramberg: Kerwe Waldhambach: Kerwe Battenberg: Kirchweih Rodenbach (Ebertsheim 2): Kirchweih Neustadt-Mußbach: Eselhautfest	2. WE im Juli
Quirnheim: Erbsenkerwe (nur Sonntag) Maikammer: Weinkerwe Einselthurn: Weinkerwe Oberotterbach: Schützenfest Hettenleidelheim: Vizinalstraßenfest Ranschbach: Seligmacherfest Siebeldingen: Faßschlubberfest Walsheim: Weinfest Bad Dürkheim-Seebach: Weinkerwe Böbingen, Dernbach: Kerwe	3. WE im Juli
Venningen: Weinfest Dierbach: Weinfest	vorletzter Sonntag im Juli
Leinsweiler: Brunnenfest Dackenheim: Liebesbrunnenfest Großkarlsbach: Kändelgassenfest (Weinfest) Neustadt-Hambach: Jakobuskerwe Hettenleidelheim: Fischerfest Carlsberg-Hertlingshausen: Sauhäuschen-Kerwe Grünstadt: Grünstadter Weinwettstreit am Jacobimarkt Landau-Mörzheim: Weinkerwe Zell: Park- und Weinfest Birkweiler: Weinfest	4. WE im Juli
Kleinfischlingen (Kirchweih)	4. Sonntag im Juli
Billigheim-Ingenheim, OT Mühlhofen: Weinfest Ilbesheim: Weinfest	letztes WE im Juli

257

Veranstaltungskalender   **Praktische Informationen**

August

1. WE im August:	Roschbach: Weinfest (kann auch am letzten Juli-WE stattfinden) Forst: Weinkarussel beim Ungeheuer St. Martin, Herxheim am Berg: Weinkerwe Neustadt-Mußbach: Weinkerwe Bad Dürkheim-Trift, Landau-Nußdorf, Gleisweiler: Weinkerwe Klingenmünster, Kapellen-Drusweiler: Weinfest Hettenleidelheim: Sommernachtsfest Carlsberg-Hertlingshausen: Kirchweihfest Silz: Kerwe Neuleiningen: Dorffest
2. WE im August	Bobenheim am Berg: Dorfkerwe Neustadt-Duttweiler: Weinfest der Freundschaft Weisenheim am Sand: Weinkerwe Bad Dürkheim-Ungstein, Bissersheim: Weinkerwe Böchingen, Eschbach, Landau-Nußdorf: Weinfest Hochstadt: Wein- und Knoppfest Gossersweiler-Stein, OT Stein, Lambrecht: Kerwe Annweiler-Queichhambach: Kerwe Flemlingen und Dierbach: Kirchweih Neustadt a. d. W.: Wolfsburgfest Dackenheim: Weinkerwe
3. WE im August	Leinsweiler: Weinfest am Rathaus Erpolzheim, Friedelsheim, Hainfeld: Weinkerwe Neustadt-Diedesfeld, Grünstadt-Asselsheim: Weinkerwe Landau-Dammheim: Weinkerwe Weisenheim am Berg: Kerwe nach alter Tadition Neustadt-Lachen: Bauern- und Winzerkerwe Esthal, Kapsweyer, Kapellen-Drusweiler: Kerwe Gleiszellen-Gleishorbach: Kerwe Tiefenthal: Kirchweihfest Impflingen, Siebeldingen: Weinfest Frankeneck, Neidenfels, Eußerthal, Elmstein-Speyerbrunn, Annweiler-Bindersbach: Kerwe Völkersweiler: Dorffest
4. WE im August	Ruppertsberg, Neustadt-Gimmeldingen: Weinkerwe Bad Dürkheim-Leistadt: Weinkerwe Bockenheim, Gönnheim: Weinkerwe Essingen: Weinkerwe Laumersheim, Klingenmünster: Weinkerwe Freinsheim: Freinsheimer Markt (Kirchweih) Schweigen-Rechtenbach: Weinfest am Sonnenberg Oberhausen: Kirchweih Wachenheim: Burgfest auf der Wachtenburg Hettenleidelheim: Kirchweihfest Lindenberg: Kerwe Annweiler am Trifels: Wassergassenfest
Vorletztes WE im August	Böchingen: Kirchweihfest
letztes WE im August	Billigheim-Ingenheim, OT Ingenheim: Weinkerwe Burrweiler: Weinfest Großfischlingen: Kirchweih Wachenheim: Waldfest an der Aybach
letzter Sonntag im August	Erlebnistag an der Deutschen Weinstraße (autofrei) Bad Bergzabern-Blankenborn: Kirchweih

Praktische Informationen   **Veranstaltungskalender**

September

Altleiningen-Höningen: Torbogenfest	1. Sonntag im September
Meckenheim: Kirchweihfest Oberotterbach, Weidenthal, Walsheim, Dackenheim: Kerwe Insheim, Ellerstadt: Weinkerwe Heuchelheim-Klingen: Rotwein-Kerwe Landau-Godramstein: Weinfest Kindenheim: Weintage Kallstadt: Saumagenkerwe Neustadt-Haardt: Wein- und Quetschekuchekerwe Schweigen-Rechtenbach, OT Rechtenbach: Kerwe Edesheim: Weinfest und Herbstmarkt Kleinkarlbach, Venningen, Impflingen, Ilbesheim: Weinkerwe Pleisweiler-Oberhofen, Obersülzen: Kerwe Obrigheim-Colgenstein, Obrigheim-Mühlheim: Kerwe Battenberg, Schweighofen: Kerwe Elmstein-Mückenwiese: Sägmehlfest Weidenthal, Albersweiler, Altdorf: Kerwe	1. WE im September
Dörrenbach, Gleiszellen-Gleishorbach, Weyher: Weinfest Dirmstein: Jahrmarkt-Weinkerwe Ebertsheim, Hainfeld: Kirchweih Annweiler-Gräfenhausen, Elmstein-Iggelbach: Kerwe Annweiler am Trifels: Mühlenfest Steinfeld, Böllenborn, Reisdorf, Barbelroth, Niederotterbach: Kerwe	2. WE im September
Bad Dürkheim: Dürkheimer Wurstmarkt	2. und 3. WE im September
Landau: Herbstmarkt mit Weindorf	2.–3. WE im September
Rhodt unter Rietburg: Weinfest mit neuem Wein Großkarlbach: Markt- und Weinkerwe Albisheim: Königsfest Altdorf: Weinfest und Kirchweih Landau-Mörlheim, Grünstadt-Sausenheim: Weinkerwe Elmstein-Schwarzbach: Kerwe Mertesheim: Kirchweih Gossersweiler-Stein, OT Gossersweiler: Kerwe Billigheim-Ingenheim: Purzelmarkt (von Freitag bis Montag)	3. WE im September
Edenkoben: Weinfest der Südlichen Weinstraße Neuleiningen, Obrigheim-Albsheim: Kirchweih Gerolsheim: Weinkerwe Zellertal-Harxheim: Kerwe um den Wein Waldrohrbach: Kerwe Offenbach: Jahrmarkt Essingen: Fest des Federweißen	4. WE im September
Weisenheim am Sand: Federweißenfest Quirnheim: Kirchweih (falls es kein 5. WE im September gibt: 2. WE im Oktober) Hainfeld: Fest des neuen Weines	letztes WE im September

Oktober

Erpolheim: Federweißenfest Gommersheim: Kerwe Böchingen, Hainfeld: Federweißenfest Weisenheim am Sand, Ilbesheim: Federweißenfest	1. WE im Oktober

Verhalten in Wald und Flur	**Praktische Informationen**

1. und 2. WE im Oktober	Freinsheim: Federweißenfest
1.–2. WE im Oktober	Neustadt a. d. W.: Deutsches Weinlesefest (mit Krönung und Wahl der Pfälzischen und Deutschen Weinkönigin)
2. WE im Oktober	Neustadt-Diedesfeld: Federweißenfest Pleisweiler-Oberhofen: Federweißenfest Bockenheim: Winzerfest
3. WE im Oktober	Landau, Weißenheim am Sand, Neustadt a. d. W.-Diedesfeld, Gleiszellen-Gleishorbach: Fest des Federweißen Herxheim b. L.: St. Gallusmarkt (Kerwe) Bockenheim: Winzerfest mit Pfälzer Mundart-Wettstreit Dierbach: Weinfest
4. WE im Oktober	Kindenheim: Bitzlerfest
letztes WE im Oktober	Frankweiler: Fest des Federweißen Weyher: Kirchweih (nur Sonntag)
4. WE im Okt.–1. WE im Nov.	Bad Bergzabern: Herbstmarkt

November

1. und 2. WE im Nov. und 11.11.	St. Martin: Martini-Weinfest
2. WE im November	Weisenheim am Berg: Weinfest Wachenheim: Martinimarkt (Kerwe) Deidesheim: Katharinenmarkt Niederkirchen: Martinikirchweih Rhodt u. R.: Kerwe

Dezember

1. Advents-WE	Annweiler am Trifels: Weihnachtlicher Straßenmarkt Eisenberg, Freinsheim, Weisenheim am Sand: Weihnachtsmarkt Bobenheim am Berg: Belzenickelmarkt
1.–3. Advents-WE	Weisenheim am Sand, Freinsheim: Weihnachtsmarkt
1.–4. Advents-WE	Neustadt a. d. W., Deidesheim, Landau: Weihnachtsmarkt
2. Advents-WE	Wattenheim: Weihnachtsmarkt Hettenleidelheim: Barbaramarkt
2./3. Advents-WE	Carlsberg, Grünstadt: Weihnachtsmarkt

Verhalten in Wald und Flur

Waldbrandgefahr	Im Wald darf das ganze Jahr über kein Feuer angezündet werden. Dies gilt auch für einen 100 m breiten Schutzstreifen am Waldrand.
Feuerstellen	Nur ausgewiesene Feuerstellen dürfen benutzt werden. Wilde Feuerstellen dürfen weder angelegt noch benutzt werden.
Funkenflug	Funkenflug ist dringend zu vermeiden. Nach dem Verlassen von Rastplätzen sind die an ausgewiesenen Stellen entfachten Feuer gänzlich zu löschen.

Praktische Informationen   **Wanderheime, Rasthäuser, Naturfreundehäuser**

Das Rauchen ist im Wald vom 1. 3. bis zum 31. 10. verboten. Rauchverbot

Wanderer und Waldläufer sollten auf das Wild und weitere Erholungssu- Ruhe
chende Rücksicht nehmen und das Wild nicht aufscheuchen.

Befestigte Wanderwege sollte man möglichst nicht verlassen. Hunde sind Wandern
an der Leine zu führen.

Im Pfälzerwald ist Reiten nur auf ausgewiesenen Reitwegen erlaubt. Reiten

Das Befahren von Forstwegen ist verboten, Zufahrten sind freizuhalten. Wege

Das Campen ist im Pfälzerwald nur auf ausgewiesenen Plätzen erlaubt Campen
(→ Camping). und Zelten

Bestellte Äcker und vor dem Mähen stehende Wiesen sollten nicht betre- Äcker und Wiesen
ten werden. Diese Flächen sind randlich zu umgehen.

Abfälle sollte man entweder in die dafür vorgesehenen Abfallbehälter wer- Abfall
fen oder mit nach Hause nehmen und dort entsorgen.

Verkehrsmittel

→ Autobusverbindungen, → Auskunft, → Anreise

Wanderheime, Rasthäuser, Naturfreundehäuser

Alle genannten Häuser befinden sich im Ostteil des Pfälzerwaldes; es wur- Allgemeines
den jedoch nur solche Häuser aufgeführt, die im Einzugsbereich der Deutschen Weinstraße liegen und von dort auf Spazierwegen oder in Halb- oder
Ganztagswanderungen zu erreichen sind.

Die Wanderheime usw. sind den Orten zugeordnet, denen sie am nächsten
liegen bzw. von denen sie am günstigsten zu erreichen sind.

Naturfreundehäuser (NFH, mit Übernachtungsmöglichkeit)

Landauer Naturfreundehaus am Orensberg; Tel. (063 41) 3 16 62, 26 B. Albersweiler
Geöffnet an Wochenenden und an Feiertagen.

NFH Annweiler, Viktor-von-Scheffel-Straße 18, 6747 Annweiler, Tel. Annweiler
(063 46) 81 98, 11 B. am Trifels

NFH Groß-Eppental, Groß Eppental 212, 6702 Bad Dürkheim, Tel. (063 22) Bad Dürkheim-
23 80, 43 B. Grethen

NFH Rahnenhof, 6719 Carlsberg-Herlingshausen, Tel. (063 56) 2 81, ganz- Carlsberg-
jährig geöffnet. Hertlingshausen

NFH Edenkoben am Steigerhof, Sauermilchtälchen, Postfach 54, 6732 Edenkoben
Edenkoben, Tel. (063 23) 18 51, 45 B., ganzjährig geöffnet.

NFH Elmstein, Harzofen, 6738 Elmstein 1, Tel. (063 28) 2 29, 100 B., ganz- Elmstein
jährig geöffnet.

Naturfreundehaus Haßloch, An der Fohlenweide 55, 6733 Haßloch, Tel. Haßloch
(063 24) 57 22, ganzjährig geöffnet.

261

Wanderheime, Rasthäuser, Naturfreundehäuser	**Praktische Informationen**

Lambrecht	Info: Bernd Fecht, Wilhelm-Gisbertz-Straße 27, 6730 Neustadt a. d. W., Tel. (06321) 83252, 24 B. Juni–Sept. voll bewirtschaftet, sonst am Wochenende und an Feiertagen geöffnet.
Neustadt a. d. W.	NFH Heidenbrunnertal, Tel. (06321) 88169, 50 B., ganzjährig geöffnet.
Vorderweidenthal	NFH Bethof, Bethof 1, 6749 Vorderweidenthal, Tel. (06398) 244, ganzjährig geöffnet.
Wachenheim	Oppauer NFH im Pferchtal, 6706 Wachenheim, Tel. (06322) 1288, 28 B., ganzjährig geöffnet.

Wanderheime des Pfälzerwald-Vereins (PWV mit Übernachtungsmöglichkeit)

Edenkoben	Edenkobener Hütte am Hüttenbrunnen, Schänzelstraße 2, 6732 Edenkoben, Tel. (06323) 2827, 28 B. + 22 Lager. Geöffnet Mo. 12.00 – 22.00 Uhr, Di.–So. 9.00 – 22.00 Uhr.
Eußerthal	Wander- und Jugendheim Taubensuhl. Auskunft: Tel. (06321) 2200.
Neidenfels	Lichtensteinhütte Neidenfels, Tel. (06325) 7691 bzw. (06325) 7605, 10 B. (Hütte). Mi., Sa. und So. geöffnet.
Vorderweidenthal	Cramerhaus Lindelbrunn, unter der Burgruine Lindelbrunn, Tel. (06398) 237. Außer Do. tgl. geöffnet.

Rasthäuser des Pfälzerwald-Vereins (PWV, ohne Übernachtungsmöglichkeit)

Bad Bergzabern	Hirzeckhaus am Westhang ders Hirzeckberges, Birkenhördt, Tel. (06343) 1517 oder 4871 PWV. Von Ostern bis 31. 10. So. und Fei. geöffnet.
Bad Dürkheim	Hütte an der Weilach, Dürkheimer Hütte, Tel. (06322) 65278. Sa. und So. geöffnet.
Burrweiler	St.-Anna-Hütte in der Nähe der Annakapelle auf dem Annaberg, Tel. (06345) 3931. Geöffnet So. und Fei. von November bis März, am 3. Samstag Schlachtfest.
Deidesheim	Waldschenke im Mühltal, Deidesheimer Hütte. Mi., Sa. und So. geöffnet.
Eisenberg	Waldhaus Schwefelbrunnen. April – Okt., sonst nur So. geöffnet.
Esthal	Waldhaus Schwarzsohl, Ortsgruppe Weidenthal-Frankenstein, Tel. (06338) 1617. Sa. und So. geöffnet. Wolfsschluchthütte Esthal, Tel. (06328) 1386. Sa. und So. geöffnet.
Eußerthal	Geldmünzhütte – Siebeldinger Hütte im Geldmünztal nordwestlich von Eußerthal; Tel. (06345) 2814. So. und Fei. geöffnet.
Frankweiler	Landauer Hütte am Zimmerplatz, Tel. (06349) 1290 oder (06345) 3797 (Hütte). Sa., So., Fei. und Sommerferien (in Rheinland-Pfalz) geöffnet.
	Ringelsberghütte auf dem Ringelberg, Tel. (06345) 8486 oder 7463 (Hütte). So., Fei. und zwischen Weihnachten und Neujahr geöffnet.
Gleisweiler	Trifelsblickhütte auf dem Teufelsberg, Tel. (06345) 1419. Sa., So. und Fei. geöffnet.
Gommersheim	Waldhaus an den Steinen im Gäuwald; Tel. (06327) 5470 oder (06327) 5611 (Hütte). Mi., Sa. 14.00 – 21.00, So., Fei. 10.00 – 21.00 Uhr geöffnet.

Praktische Informationen　　　　**Wanderheime, Rasthäuser, Naturfreundehäuser**

Kalmithaus, Ludwigshafener Hütte, Tel. (06321) 582598 (Geschäftsstelle PWV) oder (06323) 5466 (Hütte). Mi., Sa. und So. geöffnet. — Maikammer

Totenkopfhütte an der Totenkopfstraße, Tel. (06323) 2764 (Hütte) oder (06321) 59394. Sa. und So., in den Sommerferien (Rheinland-Pfalz) tgl. geöffnet.

Lambertskreuz-Hütte, Tel. (06325) 1890. Tgl. außer Mo. geöffnet. — Neidenfels

Hellerplatzhaus, Tel. (06321) 82222.
Sa., So. und Fei. geöffnet. — Neustadt a.d.W.

Klausentalhütte und Diedesfelder Hütte, Tel. (06321) 30177. Mi., Sa. und So. geöffnet. — Neustadt-Diedesfeld

Weinbiethaus, Tel. (06321) 32596. Tgl. außer Di. geöffnet. — Neustadt-Gimmeldingen

Hohe-Loog-Haus, Tel. (06321) 2081. Mi., Sa. und So. geöffnet. — Neustadt-Hambach

Waldhaus Drei Buchen; Tel. (06341) 52687. Geöffnet Sa. und So. ab 13.00, Fei. ab 10.00 Uhr. — Ramberg

Rasthaus an den Fichten, Tel. (06323) 7844 (Hütte) oder (06323) 3443 bzw. 5747. Sa. 11.00–20.00 Uhr (18.00 Uhr), So. und Fei. 9.00–20.00 Uhr (18.00 Uhr). In Klammern stehen die Öffnungszeiten von Nov. bis März. — St. Martin

Weisenheimer Hütte am Ungeheuersee. So. und vom 13. 3. bis 6. 12. geöffnet. — Weisenheim am Berg

Schweizerhaus, im Weyherer Vorderwald; Tel. (06323) 5644. So. und Fei., Sa. auf Anmeldung geöffnet. — Weyher

Weitere Rasthäuser und Waldgaststätten

Jungpfalzhütte oberhalb von Sarnstall, Tel. (06346) 8473. Samstagnachmittag, So. und Fei. geöffnet.
Kletterhütte am Asselstein; Tel. (06346) 8825 (Hütte). Di.–So. 10.00–19.00 Uhr geöffnet.
Annweilerer Forsthaus zwischen Annweiler und Johanniskreuz an der B 48; Tel. (06397) 254. Mo.–So. 10.30–19.00 Uhr geöffnet. — Annweiler am Trifels

Alte Schmelz, Tel. (06322) 8583
Forsthaus Kehrdichannichts, Tel. (06322) 1084
Forsthaus Lindemannsruhe, Tel. (06322) 8564
Forsthaus Weilach, Tel. (06322) 2177
Jägertal, Im Jägertal 10, B 37, Tel. (06329) 246
Lindenklause, Burgruine Hardenburg, Tel. (06322) 64975
Mundhardter Hof, Tel. (06322) 2609
Saupferch im Jägertal, Tel. (06329) 583
Schützenhaus, Retzerwald, Tel. (06322) 2617
Wolfental im Jägertal, Tel. (06329) 201 — Bad Dürkheim

Dernbacher Haus am Waldrand, Ostseite des Dernbachtals; Tel. (06345) 9827 (Hütte) oder 3736. Sa. nachm., So. und Fei. geöffnet. — Dernbach

Raststätte am Hilschweiher, Tel. (06323) 2973. Tgl. von Karfreitag bis Ende Okt. von 9.00 Uhr bis zum Einbruch der Dunkelheit geöffnet.
Forsthaus Heldenstein am Schänzelturm, Tel. (06323) 4503. Di.–So. ab 10.00 Uhr, in den Herbstmonaten Mo. 10.00–15.00 Uhr geöffnet.
Siegfriedschmiede, im Edenkobener Tal, Tel. (06323) 3912. Tgl 11.00–21.30 Uhr, Mo. ab 14.00 Uhr und Di. ganztags Ruhetag. — Edenkoben

263

Wandern   **Praktische Informationen**

Rasthäuser (Fortsetzung) Eußerthal	Forsthaus Taubensuhl, Landauer Stadtwald, Tel. (06345) 3007. Di.–So. geöffnet. Pottaschtalhütte und Böchinger Hütte im Pottaschtal, Tel. (06341) 63552. So. und Fei. geöffnet. Walsheimer Hütte; Tel. (06341) 62169. So. und Fei. von Ostermontag bis Ende Okt. geöffnet.
Klingenmünster	Gutsschenke Kaisersbacher Mühle, im Kaiserbachtal, Tel. (06349) 5445. Mi.–Mo. geöffnet.
Lambrecht	Forsthaus Breitenstein, an der Totenkopfstraße, Tel. (06338) 227. Fr., Sa., So. und Fei. geöffnet.
Lindenberg	Forsthaus Silbertal, Tel. (06325) 8492
Neustadt a. d. W.	Forsthaus Benjental, Tel. (06321) 66033, täglich geöffnet. Looganlage im Gimmeldinger Tal, Mi.–So. geöffnet. Tel. (06321) 66047. Zur Talmühle, Tel. (06321) 6166.
St. Martin	Wappenschmiede, am Campingplatz, Tel. (06323) 2019. Di.–So. ab 11.00 Uhr geöffnet.
Wachenheim	Forsthaus Rotsteig, Tel. (06322) 7905.
Weyher	Amicitiahütte, Weyherer Vorderwald, Hütte, Tel. (06323) 7672 oder (06341) 51900. Sa. nachmittag, So., Fei. und während der Ferienzeit geöffnet. Waldrestaurant Buschmühle, im Modenbachtal, Tel. (06323) 4598. Tgl. außer Mo. und Di geöffnet. Nellohütte, am Kesselberg im Modenbachtal, Tel. (06323) 80947. So. und Fei. 9.00–22.00 Uhr und nach Vereinbarung geöffnet.
Rhodt unter Rietburg	Rietaniahütte, im Klausental, westl. von Rhodt, Hütte Tel. (06323) 6852 oder 8075. Sa., So. und Fei. geöffnet.

Wandern

Allgemeines

Die Deutsche Weinstraße und die angrenzenden Naturlandschaften sind ein ausgesprochen lohnendes und gut ausgebautes Wandergebiet. An die Deutsche Weinstraße stößt von Westen die stark bewaldete Haardt, der östliche Gebirgsrand des Pfälzer Waldes. Ein Großteil dieses großräumigen Landschaftsschutzgebietes gehört zum Naturpark Pfälzerwald, einer von sechs Naturparks in Rheinland-Pfalz. Dem Engagement der Wandervereine, im besonderen dem des Pfälzerwald-Vereins, verdankt die Region ein dichtes Wanderwegenetz, das mittlerweile schon auf eine Gesamtlänge von über 11 000 km angewachsen ist. Nachfolgend soll ein kleine Auswahl der zahlreichen Wanderwege vorgestellt werden. Routenvorschläge für kleinere Wanderungen zwischen 10 und 20 km im Bereich der Südlichen Weinstraße sind in einer Broschüre, die gegen eine Schutzgebühr erhältlich ist, zusammengestellt (Südliche Weinstraße e. V., Zentrale für Tourismus, An der Kreuzmühle 2, 6740 Landau/Pfalz, Tel. (06341) 380148).

Alljährlich im Oktober veranstaltet die Volkshochschule Wachenheim mehrere jeweils 5tägige Wanderungen entlang der Deutschen Weinstraße von Bockenheim im Norden bis zum Weintor im äußersten Süden. Auskünfte und Anmeldung bei der VHS Wachenheim, Verbandsgemeindeverwaltung, 6706 Wachenheim, Tel. (006322) 60851. Im Bereich der Südlichen Weinstraße werden das ganze Jahr über außer in den Monaten September und Oktober zwei organisierte Wanderungen mit Hotelreservierung und

Praktische Informationen   **Wandern**

Gepäcktransfer angeboten (3- bzw. 7-Tageswanderung). Auskünfte und Anmeldung bei der Zentrale für Tourismus Südliche Weinstraße (Adresse s. o.). Für Streckenwanderungen unterschiedlicher Länge (3 – 15 Tage) auf den Westpfalz-Wanderwegen gibt es ebenfalls Pauschalangebote, die über das Verkehrsamt der Stadt Kaiserslautern, Postfach 1320, 6750 Kaiserslautern, Tel. (0631) 852 23 16 zu buchen sind.

Pauschalangebote (Fortsetzung)

→ Auskunft

Wandervereine

→ Karten und Wanderführer

Wanderkarten

Wanderwege (Auswahl)

Kürzere Wanderrouten und Rundwanderwege sind im Hauptteil dieses Reiseführers, Sehenswürdigkeiten von A bis Z, bei den jeweiligen Ausgangsorten zu finden.

Hinweis

Wanderweg 'Deutsche Weinstraße'
Die gut ausgeschilderte, etwa 100 km lange Route verläuft parallel zur Touristikstraße und führt durch malerische Winzerdörfer und über weite Strecken durch Weingärten am Haardtrand. Die kulturhistorischen Sehenswürdigkeiten, die nicht direkt berührt werden, wie Naturdenkmäler, Schlösser oder Burgen, können in kurzen Abstechern erwandert werden. Für die gesamte Strecke (rund 100 km) benötigt man je nach Laufgeschwindigkeit und Dauer der Aufenthalte zwischen vier und sieben Tagen.
Streckenverlauf: Bockenheim – Grünstadt – Bad Dürkheim – Neustadt a. d. W. – Gleisweiler – Eschbach – Klingenmünster – Bad Bergzabern – Schweigen-Rechtenbach (Deutsches Weintor).

Fernwanderweg 'Franken-Hessen-Kurpfalz' (Teilstrecke).
Der 350 km lange Fernwanderweg führt von Aschaffenburg durch den Odenwald und den Pfälzerwald bis zur Burg Lichtenberg in der Nordpfalz. Streckenführung (im Bereich der Weinstraße): Speyer – Edenkoben – Forsthaus Taubensuhl – Eschkopf – Johanniskreuz.

August-Becker-Wanderweg.
Der nach dem pfälzischen Heimatdichter benannte Rundwanderweg im südlichen Teil der Weinstraße berührt einige der herausragenden Sehenswürdigkeiten in diesem Gebiet.
Streckenverlauf: Bad Bergzabern – Dörrenbach – Ruine Guttenberg – Erlenbach/Schloß Berwartstein – Vorderweidenthal – Ruine Lindelbrunn – Völkersweiler – Annweiler – Ruine Scharfenberg – Neukastell – Leinsweiler – Madenburg – Klingenmünster – Gleiszellen-Gleishorbach – Pleisweiler – Bad Bergzabern (ca. 70 km).

Westpfalz-Wanderwegnetz.
Das Westpfalz-Wanderwegenetz mit einer Gesamtlänge von rund 1400 km setzt sich aus mehr als 10 einzelnen, sich teilweise überschneidenden Routen zusammen, die nicht selten auf ausgewiesenen Wanderwegen des Pfälzerwald-Vereins verlaufen (siehe Pauschalangebote).

Zabern-Weg.
Streckenführung: Rheinzabern – Kandel – Bad Bergzabern – Maimont/ Bundesgrenze – Saverne / Elsaß.

Rund 140 km langer Wanderweg von der pfälzisch-elsässischen Grenze bei Schweigen nach Kirchheimbolanden. Zahlreiche Burgruinen und markante Aussichtsplätze in der Haardt liegen auf dieser Route.
Streckenführung: Schweigen – Bad Bergzabern – Ruine Landeck – Ruine Madenburg – Trifels – Albersweiler – Kurpfalzpark Wachenheim – Teufelstein – Altleiningen (Donnersberg, Kirchheimbolanden).

265

| Wein | Praktische Informationen |

Wandern
(Fortsetzung)

Wanderweg von der deutsch-französischen Grenze bei Hirschthal bis Altleiningen.
Streckenführung: Nothweiler – Niederschlettenbach – Vorderweidenthal – Lindelbrunn – Annweiler – Taubensuhl – Elmstein – Klingental – Drachenfels – Bad Dürkheim – Forsthaus Lindemannsruhe – Altleiningen.

Wanderweg von Niederhausen/Nahe bis zum Germanshof/Bundesgrenze (gesamt 143 km).
Streckenführung im Bereich der Deutschen Weinstraße: Lindelbrunn – Silzer Linde – Bad Bergzabern – Drei Eichen – Ruine Guttenberg.

Wanderweg von Blieskastel nach Germersheim (gesamt 132 km).
Streckenführung im Bereich der Deutschen Weinstraße: Eußerthal – Gräfenhausen – Annweiler – Ilbesheim – Kleine Kalmit – Landau.

Wanderweg von Neuleiningen nach Siebeldingen (63 km).
Streckenführung: Bobenheim am Berg – Weisenheim am Berg – Bad Dürkheim – Wachenheim – Neustadt-Königsbach – Neustadt-Haardt – Neustadt a. d. W. – Hambacher Schloß – St. Martin – Ruine Kropsburg – Villa Ludwigshöhe – Gleisweiler-Steigerhof.

Wanderweg von Battenberg nach Wörth am Rhein (gesamt 100 km).
Streckenführung im Bereich der Deutschen Weinstraße: Battenberg – Forsthaus Lindemannsruhe – Bismarckturm – Hardenburg – Kupferbrunnental – Weinbiet – Neustadt a. d. W. – Haßloch.

Wein

Hinweis

Im Einleitungskapitel dieses Reiseführers, S. 27 ff., ist dem Thema 'Wein' ein eigenes Kapitel gewidmet, das über Weingeografie, Rebsorten, Kellertechniken und Weinkultur berichtet.

Winzergenossenschaften der Rheinpfalz

Gebietswinzergenossenschaft "Deutsches Weintor"
  6741 Ilbesheim, Tel. (06341) 38150
Gebietswinzergenossenschaft "Palmberg" eG
  6711 Laumersheim, Tel. (06238) 1033
Gebietswinzergenossenschaft "Rietburg"
  6741 Rhodt unter Rietburg, Edesheimer Straße 50
Winzergenossenschaft Edenkoben eG
  6732 Edenkoben, Weinstraße 130
Winzergenossenschaft Erpolzheim eG
  6701 Erpolzheim, Bahnhofstraße 40
Winzerverein Deidesheim eG
  6705 Deidesheim, Prinz-Rupprecht-Straße 8
Forster Winzerverein eG
  6701 Forst, Weinstraße 57
Winzergenossenschaft Friedelsheim eG
  6701 Friedelsheim, Hauptstraße 97
Winzergenossenschaft Haardt eG
  6730 Beustadt-Haardt, Mandelring 7
Winzergenossenschaft "Hambacher Schloß" eG
  6730 Neustadt-Hambach, Weinstraße 110
Winzergenossenschaft "Herrenberg-Honigsäckel" eG
  6702 Bad Dürkheim-Ungstein, Weinstraße 12
Winzergenossenschaft Herxheim am Berg eG
  6719 Herxheim am Berg, Weinstraße 1

Praktische Informationen   **Winzergenossenschaften der Rheinpfalz**

Winzerverein "Hoheburg" eG
    6701 Ruppertsberg, Hauptstraße 74
Winzergenossenschaft Kallstadt eG
    6701 Kallstadt, Weinstraße 126
Winzergenossenschaft Königsbach-Neustadt eG
    6730 Neustadt-Königsbach, Deidesheimer Straße 12
Winzerverein Leistadt eG
    6702 Bad Dürkheim-Leistadt, Hauptstraße 38
Winzerverein "Liebfrauenberg" eG
    6713 Freinsheim, Südliche Weinstraße 2–6
Winzerverein Meckenheim eG
    6730 Neustadt-Mußbach, An der Eselshaut 76
Niederkirchener Winzerverein eG
    6701 Niederkirchen, Deidesheimer Straße 1
Winzergenossenschaft Weisenheim eG
    6719 Weisenheim am Sand, Dr.-Kurt-Schumacher-Straße 4
Winzergenossenschaft "Vier Jahreszeiten" – Kloster Limburg eG
    6702 Bad Dürkheim, Limburgstraße 8
Winzergenossenschaft "Weingebiet" eG
    6730 Neustadt-Mußbach, An der Eselshaut 57
Winzerverein "Zum Ritter von Dalberg"
    6731 St. Martin, Maikammerer Straße 34

Winzergenossen-
schaften
(Fortsetzung)

Register

ADAC 214
Albersweiler 51
Albisheim 211
Albsheim 179
Alsterweiler 163
Altdorf 52
Altleiningen 53
Alt-Scharfeneck 112
Anebos 59
Angeln 252
Annweiler am Trifels 55
Anreise 213
Appenhofen 65
Arzheim 157
Asselheim 126
Auskunft 213
Aussichtspunkte 216
Autobusverbindungen 218

Bacchus 31
Bad Bergzabern 61
Bad Dürkheim 82
Barbelroth 140
Bassermann-Jordan, Friedrich Armand von 24
Battenberg 60
Bauernhöfe, Unterkunft in 224
Becker, August 24, 47
Billigheim 66
Billigheim-Ingenheim 65
Birkenhördt 65
Birkweiler 67
Bissersheim 143
Bobenheim am Berg 204
Bockenheim 68
Böbingen 113
Böchingen 67
Böllenborn 65
Bornheim 106
Boßweiler 182
Branchweilerhof 171
Breitenstein 102
Burg ... siehe Eigenname
Burg- und Schloßschenken 218
Burrweiler 70

Cafés 219
Camping 220
Carlsberg 71
Colgenstein 180

Dackenheim 73
Dammheim 157
Deidesheim 73
Dernbach 78
Deutsche Bundesbahn 214

Dialekt, pfälzischer 45
Diedesfeld 172
Diemerstein 203
Dienstleistungssektor 11
Dierbach 140
Dirmstein 78
Dörrenbach 80
Dornfelder 33
Drachenfliegen 252
Dürkheimer Wurstmarkt 85
Duttweiler 172

Ebertsheim 90
Edenkoben 92
Edesheim 96
Einkäufe 221
Einselthurn 211
Eisenberg 98
Ellerstadt 100
Elmstein 100
Elmsteiner Tal 102
Erfenstein 102
Erlebnistag 248
Erpolzheim 116
Eschbach 103
Essen 222
Essingen 105
Esthal 107
Eußerthal 108

Faberrebe 33
Fauna 18
Felsenberg 132
Ferienwohnungen 224
Flemlingen 71
Forst 109
Forstwirtschaft 10
Frankeneck 152
Frankenstein 203
Frankweiler 111
Freilichtbühnen 253
Freimersheim 112
Freinsheim 113
Freisbach 122
Freizeitangebote 224
Freizeitparks 225
Fremdenverkehrsverbände 213
Friedelsheim 116

Galerien 241
Gasthöfe 235
Gaststätten 225
Geiger, Hans 24
Geilweiler Hof 112, 194
Geinsheim 172
Geißbockversteigerung 76
Geologie 13

Gerolsheim 117
Geschichte 20
Gewürztraminer 30
Gimmeldingen 172
Gleisweiler 118
Gleisweiler, Bad 119
Gleiszellen-Gleishorbach 119
Gliederung, politische 9
Godramstein 157
Göcklingen 120
Gönnheim 117
Golf 253
Gommersheim 122
Gossersweiler-Stein 194
Grabenrandschollen 15
Gräfenhausen 57
Großbockenheim 69
Großfischlingen 96
Großkarlbach 122
Grünstadt 124
Guttenberg 192

Haardt (Gebirge) 12
Haardt (Ortsteil) 172
Hainfeld 127
Hambach 173
Hambacher Schloß 173
Hardenburg 87
Harxheim 211
Haßloch 129
Hayna 133
Heidenlöcher 77
Heidenmauer 86
Heidenschuh 147
Heidesheim 179
Heilbäder 234
Heilquellenkurbetriebe 234
Hergersweiler 140
Herxheim am Berg 131
Herxheim bei Landau 132
Herxheimweyer 133
Hettenleidelheim 134
Heuchelheim-Klingen 134
Hobbykurse 224
Hochspeyertal 202
Hochstadt 106
Höningen 54
Hohenberg 67
d'Holbach, Paul Henry Thiry 24
Holiday-Park 130
Hollerith, Hermann 24
Hotels 235
Hüttenberg 164
Huxelrebe 31

Ilbesheim 136
Impflingen 137

Register

Industrie 11
Ingenheim 66
Insheim 157

Jugendherbergen 241

Kaiserbachtal 148
Kallstadt 138
Kalmit 164
Kalmit, Kleine 137
Kapellen-Druisweiler 139
Kapsweyer 198
Karten 241
Kellertechnik 36
Kerner 30
Kindenheim 141
Kirchheim
  an der Weinstraße 142
Kirrweiler 143
Kleinbockenheim 69
Kleinfischlingen 96
Kleinkarlbach 145
Klettern 253
Klima 16
Klingenmünster 146
Knöringen 106
Königsbach 175
Krez, Konrad 25
Krimhildenstuhl 86
Kropsburg 190
Krumbachtal 143
Kuckucksbähnel 102
Kultur 41
Kunst 41
Kunstausstellungen 241
Kunstdenkmäler 41
Kurpfalz-Park 201
Kutschfahrten 243

Lachen-Speyerdorf 175
Lage 9
Lambrecht 150
Landau in der Pfalz 152
Landeck 148
Landschaftsbild 11
Landwirtschaft 10
Laumersheim 158
Lehrpfade 243
Leinsweiler 159
Leistadt 87
Lenz, Jacob Michael
  Reinhold 47
Lichtenstein 165
Limburg, Klosterruine 89
Lindelbrunn 199
Lindenberg 161
Liselotte von der Pfalz 25
Ludwigshöhe, Schloß 93

Madenburg 104
Maikammer 162
Margaretental 110

Meckenheim 164
Meistersel 183
Mertesheim 92
Modenbachtal 71
Mörlheim 157
Mörzheim 157
Morio-Muskat 31
Mühlheim 179
Mühlhofen 65
Müller-Thurgau 30
Münchweiler
  am Klingbach 149
Mundatwald 191
Museumseisenbahn
  102, 245
Musik 245
Mußbach 176

Nast, Thomas 25
Naturdenkmäler 246
Naturfreundehäuser 261
Naturraum 11
Naturschutz 19
Naturschutzgebiete 19
Neidenfels 165
Neukastell, Hofgut 160
Neukastell, Ruine 161
Neuleiningen 165
Neuoffstein 180
Neuscharfeneck 182
Neustadt an der
  Weinstraße 167
Niederhorbach 141
Niederkirchen 177
Niederotterbach 198
Niederschläge 16
Nonnenfels 88
Notrufe 248
Nußdorf 157

Oberhausen 140
Oberotterbach 178
Oberrheingraben,
  Entstehung 13
Oberschlettenbach 200
Obersülzen 127
Obrigheim 179
Offenbach an der Queich
  158
Orenfels 52
Ortega 33
Pechsteinkopf 110
Persönlichkeiten,
  berühmte 24
Pfälzer Dialekt 45
Pfälzer Küche 222
Pfälzer Wald 11
Pflanzen 17
Planwagenfahrten 243
Pleisweiler-Oberhofen 180
Portugieser 33
Profil, geologisches 15

Purzelmarkt, Billigheimer
  66

Queichheim 157
Quirnheim 181

Radtouren (Auswahl) 248
Radwandern 248
Ramberg 182
Ramburg 183
Ranschbach 184
Rasthäuser 261
Rebsorten 29
Reisezeit 250
Reiten 250
Restaurants 225
Rheinebene 12
Rheinhessen 13
Rheinpfalz 12, 27
Rhodt unter Rietburg 184
Riehl, Wilhelm Heinrich 47
Riesling 29
Rinnthal 186
Rodenbach 91
Rohrbach 187
Roschbach 98
Ruländer 30
Ruppertsberg 188

Saalfeld, Martha 26, 48
Sausenheim 126
Schänzelturm 96
Scharfenberg 59
Schaumwein 35
Scheffel, Victor von 47
Scheurebe 31
Schlößl 147
Schloßeck 88
Schweigen-Rechtenbach
  191
Schweighofen 192
Schwimmbäder 251
Seebach 86
Segelfliegen 253
Semar (Steinbruch) 120
Sickingen, Franz von 26
Siebeldingen 193
Siebenpfeiffer, Philipp
  Jakob 26
Silvaner 30
Silz 194
Slevogthof 160
Slevogt, Max 26
Souvenirs 221
Spätburgunder, Blauer 33
Spangenberg 102
Speyer 195
Speyerbachtal 102
Sport 252
Stäffelberg 82
Stauf 100
Steinfeld 197

269

Register

St. Germershof 192
St. Johann 51
St. Laurent 33
St. Martin 189

Tennis 253
Teufelsberg 71
Theater 253
Tiefenthal 134
Tiere 17
Tourismus 11
Traubensaft, Pfälzer 36
Treitelsberg 147
Triefenbachtal 95
Trifels 57
Trinken 222

Ungeheuersee 204
Ungstein 87

Venningen 198
Veranstaltungskalender 254
Verhalten in Wald und Flur 260
Verkehrsmittel 213, 214, 218

Völkersweiler 195
Vollmersweiler 198
Vorderweidenthal 199

Wachenheim 200
Wachtenburg 201
Waldhambach 149
Waldrohrbach 149
Walsheim 106
Wanderführer 241
Wanderheime 261
Wandern 264
Wandervereine 214
Wanderwege (Auswahl) 265
Wattenheim 202
Weidenthal 202
Wein 27
Weinbrand 35
Weindorf 43
Weinetikett 37
Weingeographie 27
Weinkultur 38
Weinlehrpfade 243
Weinmuseen 38
Weinseminare 39
Weintor, Deutsches 191
Weinwirtschaft 10, 34

Weisenheim am Berg 203
Weisenheim am Sand 116
Weißburgunder 30
Weißenburg 206
Weiss, Franz 47
Wernersberg 57
Weyher 204
Wildparks 225
Wild- und Wanderpark Südliche Weinstraße 194
Winzeressig 36
Winzergenossenschaften 34, 266
Winzerhaus 43
Winzerhöfe, Unterkunft in 224
Winzingen 176
Winzingen, Ruine 173
Wirtschaft 10
Wissembourg 206
Wolfsburg 176
Wollmesheim 157
Worms 207

Zell 210
Zellertal 210
Zeltplätze 221
Zitate 47

Verzeichnis der Karten, Pläne und graphischen Darstellungen im Reiseführer

	Seite
Lage der Deutschen Weinstraße in Deutschland	10
Entstehung des Oberrheingrabens	14
Geologisches Profil	15
Logo des Naturparks Pfälzerwald	19
Weinanbaugebiet Rheinpfalz: Großlagen	28
Logo der Bereiche	28
Entwicklung der Weinmosternte (Tabelle)	35
Deutsches Weinsiegel	38
Annweiler: Trifels (Grundriß)	59
Bad Bergzabern: Stadtplan	61
Bad Dürkheim: Stadtplan	83
Hardenburg (Grundriß)	87
Limburg (Rekonstruktion und Grundriß)	89
Eschbach: Madenburg (Grundriß)	104
Klingenmünster: Burg Landeck (Grundriß)	148
Landau in der Pfalz: Stadtplan	153
Neustadt an der Weinstraße: Stadtplan	168
Hambacher Schloß (Grundriß)	173
Speyer: Stadtplan	196
Worms: Stadtplan	208
Wanderwegezeichen	265, 266
Panoramakarte	hintere Umschlaginnenseite

271

Bildnachweis

Bernhard Abend: S. 186
DGEG-Eisenbahnmuseum: S. 101
Fix: S. 197
Hartmut Frien: S. 40, 44 (oben), 50, 73, 75, 84, 86, 90, 114, 115 (2x), 131, 200 (links), 204, 216
Historia Photo: S. 25 (Mitte)
Holiday-Park Haßloch: S. 130 (2x)
Helmut Kratz: S. 54, 102 (2x), 103, 149, 166, 190, 200 (rechts), 203
Kurverwaltung Bad Bergzabern: S. 18 (links), 62, 63 (rechts)
Bettina Lutterbeck: S. 9, 56 (links), 128 (links), 175 (2x), 188
Museum für Weinkultur, Deidesheim: S. 38
Pfälzische Landesbibliothek Speyer: S. 25 (links)
Rheinpfalz-Weinpfalz: S. 32 (oben rechts), 37, 170
Wolfgang Schmitt: S. 42 (rechts), 43 (2x), 60 (rechts), 69 (2x), 72, 77 (rechts), 79, 91, 99, 122, 123 (2x), 125, 127 (2x), 145, 151 (2x), 177, 179, 181 (rechts), 211, 256
Stadtarchiv Landau: S. 22
Stadtinformation Worms: S. 209
Richard Stöbener: S. 92, 100, 140, 141, 150
Karl-Heinz Sträßner: S. 18 (rechts und unten), 31, 34 (2x), 44 (unten), 60 (links), 66 (2x), 95 (rechts), 97, 110 (rechts), 111, 118, 121 (2x), 135, 138, 146, 147, 154 (links), 183, 185, 193 (2x), 205 (2x), 227 (2x), 248
Tourist-Information Neustadt a. d. Weinstraße: 169 (links), 174
Ullstein Bilderdienst: S. 23, 25 (rechts)
Verkehrsamt Bad Dürkheim: S. 85, 88
Verkehrsamt Wissembourg: 206 (2x)
VG Kunst: S. 160 (2x)
Weingut Kloster Heilsbruck: S. 92
Andrea Wurth: 42 (links), 70 (2x), 74, 110 (links), 120, 154 (rechts), 169 (rechts), 212, 264
Zentrale für Tourismus Südliche Weinstraße: S. 8, 12/13, 16, 32 (oben links), 33 (2x), 44 (links), 52, 56 (rechts), 58, 63 (links), 77 (links), 81, 94, 95 (links), 107, 109, 128 (rechts), 133, 136, 144, 155, 163, 178, 181 (links), 192, 223, 245, 252